भारतीय राजनीति पर एक दृष्टि

गतिरोध, सम्भावना और चुनौतियाँ

भारतीय राजनीति पर एक दृष्टि

गतिरोध, सम्भावना और चुनौतियाँ

किशन पटनायक

सम्पादक

अशोक सेकसरिया

सुनील

राजकमल प्रकाशन

ISBN : 978-81-267-1260-1

मूल्य : ₹995

पहला संस्करण : 2006
दूसरी आवृत्ति : 2022
This book is printed on **Print on Demand** Technology : 2025

प्रकाशक : राजकमल प्रकाशन प्रा.लि.
1-बी, नेताजी सुभाष मार्ग, दरियागंज
नई दिल्ली-110 002

शाखाएँ : अशोक राजपथ, साइंस कॉलेज के सामने, पटना-800 006
पहली मंजिल, दरबारी बिल्डिंग, महात्मा गांधी मार्ग, प्रयागराज-211 001
1, अनमोल सोराबजी संतुक लेन, धोबी तलाव, मरीन लाइंस, मुम्बई-400 002
वेबसाइट : www.rajkamalprakashan.com
ई-मेल : info@rajkamalprakashan.com

BHARTIYA RAJNITI PAR EK DRISHTI
Gatirodh, Sambhavna Aur Chunotian
by Kishan Patnayak

भूमिका

लोकतंत्र एक पहेली है–विशेषकर भारत के लिए। एक ओर, जनसंख्या की दृष्टि से दुनिया का सबसे बड़ा लोकतंत्र कहलाने में भारत के पढ़े-लिखे प्रबुद्ध जन गर्व महसूस करते हैं। देश आजाद होने के बाद जो संविधान बना और उसके बाद 59 वर्षों से अधिक समय बीत जाने पर भी लोकतंत्र टिका रहा, उस पर भी भारतवासियों को गर्व महसूस होता है। तीसरी दुनिया के देशों और पाकिस्तान, बांग्लादेश, नेपाल, म्यांमार, आदि पड़ोसी देशों में तो बीच-बीच में सैनिक या दूसरे किस्म के तानाशाह आते-जाते रहे। भारत में एक बार लोकतांत्रिक अधिकारों पर रोक लगाकर आपातकाल लागू किया गया था, तो भारत की जनता ने मौका मिलते ही उसे भारी बहुमत से अस्वीकार कर दिया।

दूसरी ओर, दुनिया के इस सबसे बड़े लोकतंत्र में दुनिया के सबसे ज्यादा गरीब, कुपोषित और अशिक्षित लोग भी रहते हैं। इस मायने में भारत का लोकतंत्र बुरी तरह असफल रहा। आजादी व लोकतंत्र को आधी से अधिक सदी गुजर जाने के बाद भी करोड़ों मनुष्य कंगाली और फटेहाली में जीते हैं। जाति, वर्ग, लिंग, क्षेत्र और समुदायों की विषमताएँ बढ़ी हैं व मजबूत हुई हैं। ये खाइयाँ और दरारें-दीवारें इतनी बढ़ गई हैं कि पूरा राष्ट्र ही टूटता नजर आ रहा है। नीचे के स्तर की घूसखोरी से लेकर ऊपर के महाघोटालों तक भ्रष्टाचार अपनी चरम सीमा पर है। भारत की राजनीति और यहाँ के राजनैतिक दल अनैतिकता, सिद्धान्तहीनता और अवसरवाद के मूर्त रूप नजर आते हैं। राजनीति में और चुनावों में अपराधी तत्त्वों, हिंसा, काले धन, जाति व साम्प्रदायिकता का वर्चस्व बढ़ता जा रहा है। फासीवाद का खतरा भी मँडराता रहता है और अब तो देश की सम्प्रभुता और आजादी को ही भारत की सरकारों ने दाँव पर लगा दिया है।

ऐसा क्यों हुआ ? क्या हमारे लोकतंत्र की बनावट में कोई बुनियादी खोट है ? पश्चिमी देशों और तीसरी दुनिया के देशों के लोकतंत्र के अनुभव में क्या फर्क है और क्यों ? लोकतंत्र और पूँजीवाद का क्या रिश्ता है ? लोकतंत्र में सत्ता और शक्ति के केन्द्र कहाँ होते हैं ? भ्रष्टाचार से मुक्ति कैसे मिले ? अलगाववाद और उग्रवाद की समस्याओं का उत्स क्या है और निदान क्या है ? हमारी विदेशनीति और प्रतिरक्षा नीति की क्या विसंगतियाँ हैं ? जनान्दोलनों की हमारे लोकतंत्र में क्या भूमिका हो सकती है ?

इन सारे प्रश्नों और ऐसे अन्य प्रश्नों का उत्तर जो खोज रहे होंगे, उन्हें किशन पटनायक की इस पुस्तक से मदद मिलेगी। किशन पटनायक के पास इन सवालों के रेडीमेड समाधान तो नहीं हैं, लेकिन उन्हें समझने, उनकी गुत्थियों को खोलने, उनका विश्लेषण करने और राह खोजने में उनसे महत्त्वपूर्ण मदद मिल सकती है। कई बार उनकी मान्यताएँ व स्थापनाएँ, उनके कथन और प्रतिपादन पाठक को कुछ अटपटे और अप्रमाणित लग सकते हैं, लेकिन सत्य की राह शायद ऐसी ही होगी, जिसकी ओर वे संकेत करते हैं। वे विनम्रता से एक शास्त्रज्ञ होने का दावा नहीं करते हैं, लेकिन बार-बार शास्त्रों, विद्वानों और उनकी प्रचलित मान्यताओं की विसंगतियों को दिखाते हुए चुनौती देते हैं। उनके लेखन में यत्र-तत्र बिखरी गहरी अन्तर्दृष्टि होती है, जो सत्य के अन्वेषण में मदद करती है।

लोकतंत्र को, बल्कि हर चीज को, एक ऐतिहासिक परिप्रेक्ष्य में देखना होगा। लोकतंत्र का जो स्थायित्व और आकर्षक रूप, नागरिक अधिकार, सामाजिक समानता का आभास, कल्याणकारी राज्य आदि पश्चिम के देशों में दिखाई देते हैं, वह कोई पश्चिम की सांस्कृतिक बहादुरी नहीं है। उसका एक सम्बन्ध साम्राज्यवादी लूट और उससे उपजी अति समृद्धि से है। जब यह सम्बन्ध कमजोर होने लगता है, तो उदारता और सुसंस्कृति का आवरण छिन्न-भिन्न होने लगता है, जैसे पश्चिमी देशों में बेरोजगारी बढ़ने लगती है तो नस्लवाद सिर उठाने लगता है। यह सही है कि आधुनिक लोकतंत्र पश्चिम की पैदाइश है। बालिग मताधिकार, शासकों की जवाबदेही और नागरिकों के अधिकार, लोकतंत्र के ये तीन महत्त्वपूर्ण तत्त्व हैं जो पश्चिम से मिले हैं। लेकिन इसके परे जाकर भारत और तीसरी दुनिया को अपना मॉडल बनाना होगा। पश्चिम के देशों में विषमता के साथ लोकतंत्र चल सकता है, क्योंकि साम्राज्यवादी लूट ने वहाँ पर अति समृद्धि पैदा की है। उसी के कारण तीसरी दुनिया में गरीबी, कंगाली, अभाव और विषमता की अतिशय दीवारें पैदा हुई हैं। यहाँ तो विषमता को मर्यादित करना होगा और आर्थिक विकास को अन्तिम आदमी तक पहुँचाना होगा। स्वतंत्रता का अधिकार तभी सार्थक होगा जब सामाजिक व आर्थिक समानता की परिस्थितियाँ निर्मित होंगी। किशन पटनायक कहते हैं कि तीसरी दुनिया की आज की हालत में आर्थिक विषमताओं को मर्यादित करना लोकतंत्र के लिए एक जरूरी कदम माना जाना चाहिए। इसको करने जाएँगे तो पूँजीवादी व्यवस्था को बदलना पड़ेगा। इसलिए लोकतंत्र और समाजवाद का परस्पर गहरा सम्बन्ध है—यूरोप की 'सोशल डेमोक्रेसी' के अर्थ में नहीं, तीसरी दुनिया की परिस्थितियों की क्रान्तिकारी जरूरत के रूप में।

भारत जैसे देशों में लोकतंत्र को सार्थक बनाने के लिए औपनिवेशिक विरासत में मिले प्रशासनतंत्र को भी आमूल बदलना पड़ेगा और सत्ता का पूर्ण विकेन्द्रीकरण करना पड़ेगा। हालाँकि विकेन्द्रीकरण शब्द लेखक को पसन्द नहीं है। इसका मतलब बहुकेन्द्रीकरण से भी लगाया जा सकता है। आज के सरकारी तंत्र में एक फाइल कई केन्द्रों पर जाती है, तभी निर्णय होता है, इसे भी विकेन्द्रीकरण माना जा सकता है। गांधी की 'पंचायत'

की अवधारणा बेहतर है, किन्तु मौजूदा पंचायती राज से वह काफी अलग है।

विविधता, सहिष्णुता और क्षेत्रीय स्वायत्तता भी इस लोकतंत्र के महत्त्वपूर्ण तत्त्व होंगे। भारत की राष्ट्रीयता के संकट और कश्मीर-उत्तर-पूर्व जैसी समस्याओं के निदान के सूत्र भी इसी में छिपे हैं। इन संकटों को किशन पटनायक महज उग्रवाद, अलगाववाद या विदेशी शक्तियों की साजिशों के रूप में नहीं देखते हैं। कतिपय समाजवादियों, वामपंथियों या राष्ट्रवादियों की तरह वे राष्ट्रीयता की अन्धी भावना में नहीं बहते या सैनिक दमन का समर्थन नहीं करते हैं। बल्कि वे 'सख्ती की नीति' और 'दृढ़ नीति' में फर्क करते हैं। अलगाववाद के कारणों के बारे में गहराई में जाकर वे कुछ प्रतिपादन करते हैं, जिन पर राष्ट्रीय स्तर पर मंथन होना चाहिए। किशन पटनायक मानते हैं कि आधुनिक विकास पद्धति, क्षेत्रीय विषमता, आन्तरिक उपनिवेशवाद, राष्ट्रीयता की सतही व संकीर्ण अवधारणा, सत्ता का अत्यधिक केन्द्रीकरण, सैनिक अत्याचार, तात्कालिक स्वार्थ की ओछी राजनीति आदि ने मिलकर इन समस्याओं को उपजाया है और गम्भीर बनाया है। यह भारतीय राज्य की, लोकतंत्र की और भारतीय राजनीति की सामूहिक विफलता है।

इस विफलता को ढ़कने के लिए भारत की सरकारें बीच-बीच में पाकिस्तान को कोसती हैं। 'भेड़िया आया, भेड़िया आया' की तर्ज पर दोनों देशों की सरकारें मिलकर युद्ध का माहौल बनाती हैं। 'युद्ध के बारे में प्रधानमंत्री को पत्र' में लेखक भारत सरकार की अनेक विसंगतियों को बताते हुए इस नाटक की बखिया बखूबी उधेड़ देते हैं। कारगिल प्रसंग से भी कई कमजोरियाँ सामने आई हैं और यह भी साफ हो गया है कि हमारी प्रतिरक्षा के लिए परमाणु बम बेकार है। इसी तरह 'महाशक्ति बनने का ख्वाब' में किशन पटनायक भारत सरकार की विदेश नीति की बुनियादी कमजोरियों व विसंगतियों को उजागर करते हैं। जो भारत देश पश्चिम का आर्थिक और सांस्कृतिक रूप से उपनिवेश बन चुका है, उसकी स्वतंत्र विदेश नीति कैसे हो सकती है ! वह महाशक्ति तो नहीं, महाशक्ति के पीछे चलनेवाला उसका सहयोगी ही बन सकता है। श्रीलंका में भारतीय सेना भेजने और सात सौ से ज्यादा भारतीय सैनिकों को मरवाने की गलती के बारे में इस लेख में आगाह किया गया है। लेख लिखने के बाद इस विसंगतिपूर्ण विदेश नीति और महाशक्ति बनने के इस बेवकूफी भरे ख्वाब ने भारत के प्रधानमंत्री राजीव गांधी की भी बलि ले ली और लेख की चेतावनी पूरी तरह सही साबित हुई।

गुटनिरपेक्षता भारत की विदेश नीति का हिस्सा रहा है, हालाँकि इसमें कभी दम नहीं रहा। किन्तु राजीव गांधी के समय से ही भारत सरकार ने इसका दिखावा भी छोड़ दिया और विदेश नीति में खुली अमरीकापरस्ती की शुरुआत की। अब तो स्थिति यहाँ तक आ गई है कि भारत और अमरीकी सेनाओं के संयुक्त अभ्यास होने लगे हैं, भारत अपने परमाणु बिजलीघरों को विदेशी निगरानी में दे रहा है, कृषि अनुसन्धान को अमरीकी बहुराष्ट्रीय कम्पनियों के हवाले किया जा रहा है, इजराइल से दोस्ती हो गई

है, ईरान के मामले में हम अपने हितों को भूल अमरीका के पीछे लग गए हैं तथा इराक पर हमले के समय अमरीकी विमानों को तेल देने में भी हमें संकोच नहीं होता।

11 सितम्बर के बाद से अमरीका ने पाकिस्तान और अन्य देशों में इस्लामी आतंकवाद के खिलाफ कड़ा रुख अपनाया है और वहाँ की सरकारों को हिदायतें दी, तब से भारत सरकार व भारत के कुछ लोगों को लग रहा है कि अमरीका भारत का दोस्त बन गया है। एक विलक्षण लेख में किशन पटनायक इस भ्रम को ध्वस्त करते हैं कि अमरीका भारत, पाकिस्तान या चीन का मित्र हो सकता है। अमरीका के दोस्त तो सिर्फ 'नाटो' के सदस्य देश और गोरे मुल्क ही हो सकते हैं। बाकी देश तो उसकी साम्राज्यवादी कूटनीति व अर्थनीति के प्यादे हैं, जिनमें वह कभी किसी को और कभी किसी को आगे बढ़ाता है। अश्वेत देशों के बीच एकात्मकता न बनने देना, पड़ोसियों को लड़ाकर दोनों पक्षों को कमजोर बनाना और हथियारों का बाजार पैदा करना—अमरीकी विदेशी नीति के ये तीन प्रमुख लक्ष्य हैं और उसकी भारत-पाक नीति भी इसी का हिस्सा है।

कई बार हमारे बुद्धिजीवी अमरीका-इंग्लैंड की द्विदलीय व्यवस्था की तारीफ करते हैं और भारत में कई छोटे-बड़े, क्षेत्रीय-राष्ट्रीय दलों की उपस्थिति पर अफसोस जाहिर करते हैं, मानो यही भारतीय लोकतंत्र की अराजकता और विकृतियों के लिए जिम्मेदार है। किशन पटनायक का विचार उल्टा है। वे मानते हैं कि दो दलीय व्यवस्था पूँजीवाद की ताकतों द्वारा जानबूझकर बनाई गई है, ताकि दोनों को 'मैनेज' किया जा सके और यथास्थिति को कोई चुनौती न मिल सके। भारत में बढ़ते हुए द्विपक्षीय ध्रुवीकरण से वे चिन्तित हैं तथा इसे भारतीय राष्ट्र, लोकतंत्र और भारतीय राजनीति के लिए अच्छा लक्षण नहीं मानते। नीतियों के मामले में भारत के प्रमुख दलों की बढ़ती हुई मतैक्यता भी एक खतरनाक चीज है। मतदाताओं के सामने विकल्पहीनता की स्थिति इससे पैदा होती है।

भारत के वामपंथी दलों और बुद्धिजीवियों ने पिछले कुछ समय से भाजपा से फासीवाद का खतरा बताते हुए उसके खिलाफ शेष सारे दलों को कांग्रेस के नेतृत्व में एकजुट करने की मुहिम शुरू की है। भाजपा निश्चय ही एक फासीवादी पार्टी है। लेकिन भाजपा को कोसते रहने तथा उसका हव्वा बनाकर कांग्रेस की ग्लोबीकरण की आत्मघाती नीतियों का समर्थन करने से फासीवाद का खतरा दूर नहीं होता। इस ध्रुवीकरण से अन्ततः भाजपा को ही फायदा पहुँचता है। जब कांग्रेस सरकारों की जनविरोधी नीतियों का विरोध करने के लिए मैदान में सिर्फ भाजपा ही बचती है तो इसका फायदा भाजपा को ही मिलता है। यह सही है कि भारतीय जनमानस भाजपा की राजनीति के लिए बहुत अनुकूल नहीं है। कई मौके मिलने पर भी भाजपा का राष्ट्रीय आधार नहीं बन पाया है और भाजपा के गढ़ माने जानेवाले इलाकों में भी इसकी स्थायी सरकारें नहीं बन पाई हैं। किन्तु यह सन्तोष का विषय नहीं हो सकता। 'सेकुलरवादी' राजनीति करनेवाले दल फिर भी रोजी-रोटी व आर्थिक समस्याओं के बजाय

मन्दिर-मस्जिद व साम्प्रदायिकता को ही मुद्दा बनाए हुए हैं। इस अर्थ में वामपंथी दलों की भूमिका तो मार्क्सवाद से ठीक विपरीत है। भारतीय राजनीति के दोनों खेमे ग्लोबीकरण के समर्थक हो चले हैं। ऐसी हालत में ग्लोबीकरण और गलत विकास नीति के कारण जो बेरोजगारी, कंगाली, विस्थापन और जीविका के संकट पैदा होंगे वे एक और फासीवाद के भी जन्मदाता हो सकते हैं।

पुस्तक में चार लेखों का एक पृथक खंड बिहार और झारखंड के विषय में है। बिहार से किशन पटनायक का गहरा जुड़ाव रहा था। जे.पी. आन्दोलन की सुगबुगाहट उन्हें पटना खींच लाई थी, जहाँ वे कई वर्षों तक रहे। बिहार के बारे में एक जोरदार निबन्ध इस पुस्तक में है, जो अभी तक अप्रकाशित है। चाणक्य-चन्द्रगुप्त की जोड़ी का रूपक लेते हुए बिहार को एक नई दिशा देने का आह्वान उन्होंने किया है। दूसरे लेख में बिहार की हिंसा के कारणों, चरित्र और निदान का विश्लेषण किया गया है।

वर्ष 2000 में झारखंड, छत्तीसगढ़ और उत्तरांचल का निर्माण भारत में क्षेत्रीय अस्मिताओं और आदिवासी चेतना के आन्दोलनों के इतिहास में एक महत्त्वपूर्ण घटना थी। किन्तु इन नए प्रान्तों का क्या हश्र होनेवाला है, यह पहले ही दिन पता चल गया, जब शपथ ग्रहण समारोह के दिन झारखंड का सबसे बड़ा आदिवासी नेता शिबू सोरेन ब्राह्मण प्रधानमंत्री अटलबिहारी वाजपेयी के चरण छूते हुए फर्श पर साष्टांग दंडवत लेट गया। किशन पटनायक ने इसकी तुलना भारत के राष्ट्रपति डॉ. राजेन्द्र प्रसाद द्वारा कभी काशी के ब्राह्मणों के पैर धोने की घटना से की है। फिर भी किशन पटनायक निराशा में नहीं डूबे हैं। झारखंड के विकास के लिए घोषणापत्र भी उन्होंने प्रस्तुत किया है, जो महज झारखंड ही नहीं, छत्तीसगढ़, उत्तरांचल, ओडिशा और तमाम पिछड़े व आदिवासी इलाकों के लिए काफी प्रासंगिक और राह बतानेवाला है। इन प्रान्तों की सरकारें तो इसे नहीं लागू करनेवाली हैं, लेकिन वहाँ की जनता के आन्दोलनों के मार्गदर्शन और संघर्ष व निर्माण के लिए यह एक आधारपत्र हो सकता है।

भ्रष्टाचार और हमारे राजनेताओं-नौकरशाहों का नैतिक पतन हमारे समय की एक व्यापक समस्या है। इस पर चर्चा तो हर जगह होती है, लेकिन हमारे बुद्धिजीवियों ने इसे अपने विमर्श का हिस्सा नहीं बनाया है। इसके कारणों का गहराई से विश्लेषण करते हुए इसका निदान खोजने की जरूरत उन्होंने नहीं समझी है। वामपंथियों के लिए तो शायद यह एक सतही समस्या है। जब कोई बड़ा घोटाला सामने आता है तो उस पर हल्ला मचता है, कुछ दिन वह अखबारों की सुर्खियों और टी.वी. की चर्चा में रहता है, फिर बात आई-गई हो जाती है। किन्तु किशन पटनायक के लिए यह एक प्रमुख मुद्दा है। सिर्फ ऊपर के घोटाले ही नहीं, देश के आम आदमी को भारत के दफ्तरों में जिस प्रताड़ना, बेइज्जती और लूट का सामना करना पड़ता है, वह उनकी चिन्ता का मुख्य विषय है। भ्रष्टाचार, नैतिकता, राजनीति और अपराध का गठजोड़, प्रशासनिक सुधार आदि से सम्बन्धित कुछ लेखों को एक पृथक खंड में संकलित किया गया है।

कभी-कभी कहा जाता है कि भ्रष्टाचार खतम नहीं हो सकता। भ्रष्टाचार सर्वव्यापी

है। इन्दिरा गांधी ने कहा था कि भ्रष्टाचार तो एक वैश्विक प्रवृत्ति है। कहनेवालों का आशय होता है कि भ्रष्टाचार से लड़ने की बात (कोशिश) व्यर्थ है, कुछ नहीं हो सकता। किशन पटनायक ने इस मामले में दो स्थितियों में फर्क किया है। कुछ तो मानव स्वभाव की कमजोरियाँ होती हैं और मानव समुदायों में सभी तरह के लोग होते हैं। लेकिन उन पर नियंत्रण के लिए कानून, सरकार, सामाजिक मान्यताएँ, धर्म तथा संस्कृति के मूल्य होते हैं। यदि ये सारी व्यवस्थाएँ जवाब देने लगें और भ्रष्टाचार सारी मर्यादाएँ तोड़ने लगे, ईमानदार आदमी का ईमानदार रहना भी मुश्किल हो जाए, तो समझना चाहिए कि गम्भीर संकट आ चुका है और चुप नहीं बैठा जा सकता है। नियंत्रण के बाहर भ्रष्टाचार जनजीवन और राष्ट्र दोनों के लिए खतरा बन जाएगा।

भ्रष्टाचार का पहला सम्बन्ध तो हमारे समाज की बढ़ती विषमता, विलासिता, आडम्बर, उपभोक्तावादी संस्कृति और आधुनिक विकास नीति से है। इनसे एक अलग तरह के मूल्य, आकर्षण और प्रेरणाएँ पैदा होते हैं, जो भ्रष्टाचार के जनक होते हैं। ऊपर से उन्मुक्त बाजारवाद, उदारीकरण और ग्लोबीकरण की नीतियों ने इस प्रवृत्ति को नई ऊँचाइयों पर पहुँचाया है। निजीकरण के दौर में तो बड़े-बड़े घोटालों के कई कीर्तिमान कायम हुए हैं। भ्रष्टाचार का दूसरा सम्बन्ध उस प्रशासनिक ढाँचे से है जो हमें औपनिवेशिक विरासत में मिलता है। जब तक इसे ऊपर से नीचे तक आमूल नहीं बदला जाता और आम जनता के प्रति संवेदनशील नहीं बनाया जाता, तब तक हालत बदलने वाले नहीं हैं। मात्र सूचना के अधिकार का कानून बनाना पर्याप्त नहीं है। अधिकारी एक गरीब आदमी को मनुष्य समझें, उसकी दरखास्त पर सुनवाई और कार्रवाई हो, यह ज्यादा महत्त्वपूर्ण है।

अन्त में, भ्रष्टाचार का गहरा सम्बन्ध इस बात से भी है कि हम कैसे राष्ट्रीय चरित्र का निर्माण करते हैं और कैसे मूल्य विकसित करते हैं। सार्वजनिक आचरण और निजी आचरण दोनों का एक राष्ट्रीय पैमाना होता है। सदाचार एक व्यक्तिगत गुण नहीं है। सदाचार का उपदेश या प्रशिक्षण देकर अथवा 'सज्जनों' को राजनीति में लाकर भ्रष्टाचार की समस्या से निजात नहीं मिल सकती। इसके लिए एक नई कार्य संस्कृति व राजनैतिक संस्कृति का निर्माण करना होगा। राजनैतिक समूहों में सदाचार के तीन आधार किशन पटनायक ने बताए हैं—समाज को बदलने-सुधारने के आदर्शवादी लक्ष्य, शोषित-पीड़ित वर्ग के प्रति सहानुभूति का वाणी और कर्म के स्तर पर संस्कृति के रूप में विकास तथा दल या संगठन के अन्दर समानता, भाईचारा व अनुशासन।

किशन पटनायक यह भी कहते हैं कि जरूरी नहीं कि चुनाव में ईमानदार या सदाचारी व्यक्ति को ही मतदाता चुनें। जनसाधारण पहले पराक्रम, सामर्थ्य एवं कर्मठता को देखता है, नैतिकता को बाद में। मूल्यों और दिशाओं के प्रवर्तन का काम बुद्धिजीवियों का है। यह उनकी असफलता है। राजनीति का स्वर्णयुग यानी 'पराक्रम और मानवीय मूल्यों का संयोग' तब होता है, जब किसी राज्य या भूभाग में धर्म, संस्कृति, ज्ञान, अर्थनीति और राजनीति के व्यापक क्षेत्र में मूल्यों का आन्दोलन होता है।

कभी-कभी भ्रष्टाचार के लिए सिर्फ राजनेताओं को गाली दी जाती है और नौकरशाहों को बख्श दिया जाता है। लेकिन किशन पटनायक की नजर में वे अधिक नहीं तो समान रूप से जिम्मेदार और दोषी हैं। तहलका कांड ने तो जाहिर कर दिया कि भारतीय सेना भी भ्रष्टाचार के दलदल में गहरे तक फँसी है। भारत का प्रधानमंत्री वर्तमान में एक ईमानदार नौकरशाह है। क्या इससे भ्रष्टाचार पर काबू पाया जा सका है ? और इस नौकरशाह की भक्ति और प्रतिबद्धता किसके प्रति ? क्या वह देश और जनता के प्रति ईमानदार है ?

वास्तव में, वर्ष 2004 के चुनाव के बाद जिस त्वरित घटनाक्रम में सोनिया गांधी की जगह मनमोहन सिंह को प्रधानमंत्री बनाया गया, वह लेखक की पैनी नजर से नहीं बचा है। इस परिवर्तन का सुझाव सबसे पहले एक विदेशी टी.वी. चैनल से आया। विश्व बैंक व अन्तरराष्ट्रीय मुद्राकोष के नौकर रहे, ग्लोबीकरण समर्थक और अमरीकापरस्त एक नौकरशाह को अचानक सामने लाकर प्रधानमंत्री बनाने के पीछे लेखक को एक अन्तरराष्ट्रीय योजना की बू आती है। वर्ष 1991 में मनमोहन सिंह को वित्तमंत्री भी इसी प्रकार से बनाया गया था। तब वे राजनीति में भी नहीं थे। तीसरी दुनिया की सरकारों में इस प्रकार के दखल महाशक्तियाँ रखती हैं। वहाँ के सर्वोच्च तथा महत्त्वपूर्ण पदों पर अपने लोगों को बिठाती हैं।

यहाँ पर लेखक एक सिद्धान्त भी प्रतिपादित करता है—एक नौकरशाह देश का प्रधानमंत्री नहीं होना चाहिए। कारण यह है कि नौकरशाह की कोई विचारधारा, राजनीति या प्रतिबद्धता नहीं होती। इसका नायाब उदाहरण स्वयं मनमोहन सिंह हैं। अस्सी के दशक में दक्षिण आयोग के महासचिव के रूप में उनकी रिपोर्ट उनके वर्तमान विचारों से बिलकुल उल्टी थी। जब मनमोहन सिंह से इस बारे में पूछा गया, तो उनका स्पष्टीकरण था, "मैं तो उदारीकरण का पक्षधर हूँ, लेकिन मैं एक वफादार नौकरशाह भी हूँ। अपने राजनैतिक मालिकों की इच्छा के अनुरूप मैंने काम किया है।"

क्या प्रधानमंत्री पद पर ऐसा आदमी खतरनाक नहीं है ? मनमोहन सिंह आज किसके वफादार हैं ? उनके आका कौन हैं ? किसकी इच्छा के अनुरूप वे देश को ग्लोबीकरण-उदारीकरण के आत्मघाती रास्ते पर ले जा रहे हैं ? किशन पटनायक साधुवाद के पात्र हैं, जो उन्होंने इस सवाल को देश के सामने पेश किया है।

भारत में पिछले तीन दशकों का काल राजनीति की मुख्यधारा से बाहर जनान्दोलनों का काल रहा है। साम्यवादी और समाजवादी सहित सभी दल धीरे-धीरे सत्ता की संकीर्ण और स्वार्थी उठापटक में इतने लीन हो गए कि जन-समस्याओं के लिए असन्तोष और आन्दोलन की अभिव्यक्ति के लिए भी अप्रासंगिक होते गए। जे.पी. आन्दोलन से लेकर असम आन्दोलन, अन्य क्षेत्रीय आन्दोलन, किसान आन्दोलन, दलित आन्दोलन, आदिवासी आन्दोलन, बाँध-विरोधी आन्दोलन आदि तक के सिलसिले में किशन पटनायक की गहरी रुचि रही और जुड़ाव रहा। इन जनान्दोलनों में से ही भविष्य की व्यवस्था-परिवर्तन की राजनीति के सूत्र वे तलाश रहे थे। लेकिन इन आन्दोलनों की

सीमाओं और कमजोरियों के प्रति भी वे सचेत थे और इनको दूर करके एक क्रान्तिकारी विचारधारा व राजनीति से जोड़ने का आग्रह करते रहे। जनान्दोलनों से सम्बन्धित उनके चुने हुए लेखों को इस पुस्तक के एक खंड में संकलित किया गया है। किसान आन्दोलन पर तो उन्होंने काफी लिखा है, किन्तु स्थानाभाव के कारण यहाँ पर एक ही लेख दिया जा रहा है। किसान आन्दोलन सम्बन्धी उनके लेखों की एक अलग पुस्तक साथ ही निकाले जाने की योजना है।

कभी-कभी वर्तमान राजनीति की विद्रूपता और विकृतियों से व्यथित होकर भले इरादेवाले लोग चुनाव में हस्तक्षेप करते हैं। राजनीति से स्वयं को दूर रखनेवाले जनान्दोलन भी एकाएक चुनाव में कूद पड़ते हैं। किन्तु ऐन चुनाव के वक्त होनेवाला 'सज्जनों' या जनान्दोलनों का यह हस्तक्षेप व्यर्थ साबित होता है। यदि चुनावों के नतीजों को मौलिक ढंग से या किसी खास दिशा में प्रभावित करना है, तो पहले देश की राजनीति को प्रभावित करना होगा और चुनाव से काफी पहले राजनीति में इन सज्जनों को स्वयं सक्रिय होना पड़ेगा। एक वैकल्पिक राजनीति की धारा प्रवाहित करनी पड़ेगी। राजनीतिक ताकत बनानी पड़ेगी और नए शक्ति केन्द्र बनाने पड़ेंगे, जो जनशक्ति तथा विचारों पर आधारित होंगे। दरअसल राजनीति का कोई विकल्प नहीं है। पुस्तक में तीन अलग-अलग लेखों में किशन पटनायक ने वैकल्पिक राजनीति के सूत्र निरूपित किए हैं। नई राजनीति का आधार क्या होगा, चुनाव राजनीति कैसे काम करती है और इसको परिवर्तन का माध्यम कैसे बनाया जा सकता है, वैकल्पिक राजनीति के वाहक कार्यकर्ताओं की जमात कैसे तैयार हो सकती है, इन सारे प्रश्नों पर महत्त्वपूर्ण मार्गदर्शन इन लेखों से मिला है। एक लोकतंत्र के अन्दर मूल्य-आधारित राजनीति करनेवाले कार्यकर्ताओं का जीवन निर्वाह कैसे हो, एन.जी.ओ. तथा राजनीति के भ्रष्ट धंधों से उन्हें कैसे मुक्त रखा जाए, इस महत्त्वपूर्ण प्रश्न पर भी किशन पटनायक ने हमारा ध्यान खींचा है। वैकल्पिक राजनीति के निर्माण के आजीवन संघर्ष के उनके अनुभव से यह बात निकली है। शायद किसी अन्य विचारक या नेता ने इस चिन्ता को इतने स्पष्ट ढंग से देश के सामने नहीं रखा है।

किशन पटनायक आजाद भारत के पिछले दशकों के उन बिरले लोगों में से थे, जो चिन्तन और कर्म दोनों के स्तर पर निरन्तर सक्रिय रहे। अन्यथा विचार और कर्म का अलगाव हमारे युग की एक प्रमुख समस्या है। जो बुद्धिजीवी लिखते-पढ़ते और बहस करते हैं, वे वास्तविक जमीन से कटे अलग वातानुकूलित दुनिया में रहते हैं और जो कर्मक्षेत्र में सक्रिय रहते हैं, वे ज्यादा चिन्तन-मनन, पठन-पाठन की जरूरत नहीं समझते। यह भी एक सामाजिक गिरावट का लक्षण है। इस प्रवृत्ति के खिलाफ संघर्ष का एक प्रतीक किशन पटनायक स्वयं थे। इसका असर उनके लेखन पर भी दिखाई देता है। *सामयिक वार्ता* के सम्पादक के रूप में, वैकल्पिक राजनीति के प्रवाहक के रूप में और भारतीय समाजवाद की लुप्त होती धारा के बिरले प्रवक्ता के रूप में उन्होंने लगभग हर महत्त्वपूर्ण राजनैतिक-सामाजिक घटना पर टिप्पणी की तथा उसे एक वैचारिक

परिप्रेक्ष्य में रखने की कोशिश की। उनमें से चुनिन्दा राजनैतिक लेखों को ही इस पुस्तक में संकलित किया गया है। लेकिन 1977 के बाद के भारतीय राजनैतिक घटनाक्रम और परिदृश्य की एक विहंगम दृष्टि तथा उसे समझने के सूत्र इस पुस्तक में पाठक को मिलेंगे।

किशन पटनायक के लेखन की एक और विशेषता है। वैकल्पिक नई राजनीति का निर्माण हो या लोकतंत्र को अर्थपूर्ण बनाने की चुनौती, कश्मीर-पंजाब समस्या के समाधान का प्रश्न हो या भ्रष्टाचार व अनैतिकता से मुक्ति का सवाल हो, संविधान समीक्षा की बात हो, प्रशासनिक सुधार का मामला हो, पंचायती राज को पुनर्परिभाषित करने का मामला हो, या समान नागरिक संहिता का सवाल हो–किशन पटनायक ठोस सुझाव भी पेश करते हैं। मौजूदा व्यवस्थाओं पर प्रहार करते हुए विकल्पों का संकेत भी देते हैं। इस मायने में किशन पटनायक प्रखर आलोचक तो हैं ही, विकल्पों के प्रतिपादक भी हैं। वे खंडन करते हैं तो मंडन भी करने का प्रयास करते हैं। यदि किशन पटनायक की पहली पुस्तक बताती है कि दुनिया विकल्पहीन नहीं है, तो दूसरी पुस्तक में विकल्पों की सघन तलाश भी देखी जा सकती है।

किशन पटनायक अब हमारे बीच नहीं हैं। उनके लेखों का संकलन करके पुस्तकें निकालने का उद्यम सात वर्ष पहले शुरू हुआ था और 'विकल्पहीन नहीं है दुनिया' शीर्षक से पहली पुस्तक का प्रकाशन उनके जीवनकाल में वर्ष 2000 में हुआ था। पहली पुस्तक का सम्पादन उनकी देखरेख में हुआ था और कुछ लेखों का पुनर्लेखन भी उन्होंने किया था। पहली पुस्तक की भूमिका भी उन्होंने स्वयं लिखी थी।

पहली पुस्तक का काफी स्वागत हुआ और तुरन्त ही उसका पुनर्मुद्रण करना पड़ा। इस बीच किशन पटनायक का देहावसान 27 सितम्बर, 2004 को हो गया। किशन पटनायक की अनुपस्थिति में उनके लेखों का चयन और सम्पादन एक जटिल काम था। पहली पुस्तक के बाद भी उनके बचे हुए लेखों की संख्या प्रचुर है। ओड़ियाभाषी होते हुए भी उन्होंने सबसे ज्यादा हिन्दी में लिखा। किन्तु अंग्रेजी और ओड़िया में भी उनके कई लेख हैं। कुछ लेखों का अनुवाद भी किया गया। लेखों की प्रचुर संख्या देखते हुए, अन्ततः निर्णय लिया गया कि एक के स्थान पर दो पुस्तकों में लेखों का संयोजन किया जाए। फिर भी बड़ी संख्या में लेखों को छोड़ देना पड़ा। इस पुस्तक में राजनीति और लोकतंत्र विषयक लेखों का संकलन किया गया है, जिनका सीधा सम्बन्ध लेखक के कर्म से रहा है। दूसरी पुस्तक ज्यादा वैचारिक होगी। ग्लोबीकरण, अर्थनीति, जाति व आरक्षण, विकासनीति, आधुनिकता और समाजवाद सम्बन्धी लेखों का संकलन उसमें होगा।

पुस्तक के लेखों में पाठक दुहराव पाएँगे। स्वतंत्र रूप से समय-समय पर लिखे गए लेखों के संकलन में शायद यह अपरिहार्य है। लेकिन दुहराव का एक और कारण है। किशन पटनायक एक चिन्तक हैं और एक विचारधारा का प्रतिनिधित्व करते हैं। देश व दुनिया की विभिन्न प्रवृत्तियों और घटनाओं के अन्तर्सम्बन्धों को देखना, उजागर

करना और केन्द्रीय प्रवृत्तियों को अलग-अलग रूपों में बारम्बार उद्घाटित करना एक विचारधारा तथा एक विचारक का काम है। किशन पटनायक ने यह काम बखूबी किया है। इसलिए भी कुछ तथ्य बार-बार सामने आते हैं। आशा है कि पाठक को उनसे मदद ही मिलेगी।

दरअसल कुछ बातें किशन पटनायक के विचारों में केन्द्रीय स्थान पर हैं। औद्योगिक पूँजीवाद और उससे जुड़ी आधुनिक सभ्यता का साम्राज्यवादी चरित्र एक बुनियादी कारक है, जो हमारी जिन्दगी के हर पहलू को प्रभावित करता है। इसलिए वे इस सभ्यता का विकल्प खोज रहे हैं और इस खोज का माध्यम है राजनीति। समता और नैतिकता (या भाईचारा) इस वैकल्पिक सभ्यता के मूल तत्त्व हैं और नीतियों की अन्तिम कसौटी भी। पहली पुस्तक की भूमिका में स्वयं किशन पटनायक ने लिखा था, ''मेरा अपना सोचने का ढंग राजनैतिक है। राजनीति में मेरी कोई उपलब्धि नहीं है। लेकिन समाज और दुनिया को समझने के लिए राजनैतिक कर्म एक बहुत बड़ा माध्यम प्रतीत हुआ है। राजनैतिक कर्म में ऊँचे से ऊँचे और घटिया से घटिया स्तर का मानवीय चरित्र और कार्य-कलाप दिखाई पड़ता है, जिनका अनुभव समझदारी को बढ़ाता है। विशेषकर विकासशील देशों की विद्रोहात्मक राजनीति का आकलन करने के लिए यह अनुभव और समझदारी बहुत जरूरी है। सम्भवतः बीसवीं सदी में जो श्रेष्ठ विचार और व्यवहार औपनिवेशिक देशों में दिखाई दिए थे, उन सबका निकट सम्पर्क राजनैतिक क्षेत्र से था। दबी हुई मनुष्यता के पुनरुत्थान की कठिन और अदम्य कोशिश का एक व्यापक क्षेत्र था—औपनिवेशिक देशों का राजनैतिक विद्रोह।''

इस विद्रोह का विस्तार हो, पुनरुत्थान हो और यह एक नई दुनिया के निर्माण का माध्यम बने। इस लक्ष्य में यह पुस्तक मददगार होगी, इसी आशा के साथ यह पुस्तक पाठकों की सेवा में पेश है।

पुस्तक तैयार करने के पीछे श्रीमती वाणी मंजरी दास की प्रेरणा और शुभकामना रही है। हमने कोशिश की है कि पुस्तक उनकी परिकल्पना के अनुरूप बन सके। साथी कश्मीर उप्पल, नवीन, संजय भारती, देवीप्रसाद मौर्य, हरिमोहन मिश्र और प्रेम सिंह ने पुस्तक तैयार करने में कई तरह से सहयोग किया है। आशा है पुस्तक के स्वरूप से इन सभी को सन्तोष होगा।

राजकमल प्रकाशन के प्रबन्ध निदेशक श्री अशोक महेश्वरी ने पुस्तक के प्रकाशन में व्यक्तिगत रुचि ली है। बहुत ही कम समय में एक साथ दो पुस्तकें (दूसरी पुस्तक 'किसान आन्दोलन : दशा और दिशा') प्रकाशित करने के लिए हम उनके हृदय से आभारी हैं।

अशोक सेकसरिया
सुनील

अनुक्रम

भूमिका *5*

खंड-1

लोक, तंत्र, चुनाव

तीसरी दुनिया के नजरिये से लोकतंत्र 19
प्रजातंत्र और धनतंत्र 33
संसद भवन को जला दो 36
राष्ट्र की शासन प्रणाली : बहस से कौन डरता है 39
गठबन्धन राजनीति की संहिता बने 42
संविधान समीक्षा की नकली बहस और असली चुनौती 46
पंचायत का मतलब 51
पूँजीवाद के विरोध से ही जनमेगी नई राजनीति 56
चुनाव परिवर्तन का माध्यम कैसे बने 61
वैकल्पिक राजनीति के वाहक : एक प्रस्ताव 68
मेरा चुनाव 76

खंड-2

देश, दल, सरकारें

वायदे निभाओ 83
1977 : जे.पी. और राष्ट्रीय स्वयंसेवक संघ 93
द्विपक्षीय ध्रुवीकरण के खतरे 99
क्या भारतीय जनता पार्टी फासीवादी है 104
भारतीय मानस और भाजपा 110
समान नागरिक संहिता और सेकुलरवादी 114
2004 का जनादेश और आगे के संकेत 117

खंड-3

भारतीय राज्य की असफलता

भारतीय राज्य की दुर्गति 127
सतही राष्ट्रीयता की राजनीति 131

अलगाववाद : एक प्रतिपादन 136
युद्ध के बारे में प्रधानमंत्री को पत्र 140
कारगिल के सबक 145
प्रधानमंत्री सचिवालय का देशद्रोह 148
महाशक्ति बनने का ख्वाब 151
किसका दोस्त है अमरीका ? 157
राष्ट्र-राज्य, युद्ध और सम्प्रभुता 163
गोलीकांड रुकें तो कैसे 168

खंड-4

भ्रष्टाचार, राजनीति और प्रशासनिक सुधार

भ्रष्टाचार की एक पड़ताल 175
भ्रष्टाचार की बुनियाद कहाँ है ? 182
असहाय सत्य 189
तहलका से उठे सवाल 193
राजनीति में नैतिकता के सूत्र 198
राजनीति में मूल्य 202
राजनीति और अपराध के घालमेल का सच 207
प्रशासनिक सुधार की चुनौती 211

खंड-5

जनान्दोलन और आगे का रास्ता

जे.पी. आन्दोलन और अकेला नायक 219
युवा वर्ग दूसरा सर्वहारा 229
किसान आन्दोलन की कमजोरियाँ 234
आखिरी फैसला बाकी है 239
विषमता विरोधी आन्दोलन की एकता : एक ऐतिहासिक जरूरत 245

खंड-6

बिहार और झारखंड का दर्द

चाणक्य-चन्द्रगुप्त की जोड़ी की जरूरत है बिहार को 251
क्यों इस कदर हिंसक है बिहार ! 258
अस्मिताओं की मृत्यु 265
झारखंड राज्य के विकास के लिए एक घोषणापत्र 270

खंड-1

लोक, तंत्र, चुनाव

- तीसरी दुनिया के नजरिये से लोकतंत्र
- प्रजातंत्र और धनतंत्र
- संसद भवन को जला दो !
- राष्ट्र की शासन प्रणाली : बहस से कौन डरता है
- गठबन्धन राजनीति की संहिता बने
- संविधान समीक्षा की नकली बहस और असली चुनौती
- पंचायत का मतलब
- पूँजीवाद के विरोध से ही जनमेगी नई राजनीति
- चुनाव परिवर्तन का माध्यम कैसे बनें
- वैकल्पिक राजनीति के वाहक : एक प्रस्ताव
- मेरा चुनाव

तीसरी दुनिया के नजरिये से लोकतंत्र

बीसवीं सदी का अन्तिम और इक्कीसवीं सदी का प्रारम्भिक समय लोकतंत्र के लिए ह्रास का समय है। तीस और चालीस के दशकों में यूरोपीय लोकतंत्र का जो क्षय हुआ था, उससे यह भिन्न है। दोनों में गुणात्मक फर्क है। तब फासीवादी हमले से यूरोप का उदारवादी मानस आतंकित हो गया था; लेकिन साथ-साथ लोकतंत्र को विजयी बनाने और उसे विश्व में फैलाने के लिए उसमें एक तड़प पैदा हुई थी। फासीवाद का हमला सिर्फ सत्ता-राजनीति के स्तर पर नहीं था; लोकतांत्रिक दर्शन और विचार पर भी उसका बौद्धिक आक्रमण हुआ था। साम्यवाद का विरोध लोकतंत्र का प्रत्यक्ष विरोध नहीं था, बल्कि एक बेहतर लोकतंत्र देने का उसका दावा था। युद्ध में सोवियत संघ और स्तालिनवादी साम्यवाद ने हिटलरी फासीवाद को परास्त करने में निर्णायक भूमिका निभाई। फिर भी स्तालिनवाद एक प्रकट तानाशाही था। उसकी चुनौती का सामना युद्ध के पहले करना पड़ता था, और युद्ध के तत्काल बाद भी करना पड़ा। इसी तरह यूरोपीय लोकतंत्र को फासीवाद तथा स्तालिनवाद दोनों का जवाब देना था। लोकतंत्र बनाम फासीवाद की यूरोप की लड़ाई में तीसरी दुनिया की प्रत्यक्ष भागीदारी नहीं थी क्योंकि उसके सारे देश उपनिवेश थे। जिन देशों में आजादी का राष्ट्रीय आन्दोलन था उन पर लोकतंत्र और साम्यवाद दोनों का असर था। उन पर फासीवाद विचारों का प्रभाव नहीं था। सुभाषचन्द्र बोस ने दुश्मन के दुश्मन से हाथ मिलाने के लिए जर्मनी और जापान की मदद प्राप्त करने का रणकौशल अपनाया था; लेकिन फासीवाद से उनका कोई वैचारिक या संगठनात्मक सम्बन्ध नहीं था।

चूँकि यूरोप के लोकतंत्र को फासीवाद और स्तालिनवाद दोनों की चुनौतियों के मुकाबले अपनी राजनीतिक प्रणाली और दर्शन को प्रमाणित करना था, इसलिए लोकतंत्र में वैचारिक गहराई आई और उसका संस्थागत रूप भी निखरा। घमासान युद्ध के बीच, जब पराजय और ध्वंस की आशंकाएँ मँडरा रही थीं तब भी ब्रिटेन की पार्लियामेंट सक्रिय थी। युद्ध के बाद चुनाव भी स्वाभाविक ढंग से हुए। अधिक लोकतंत्र के लिए ब्रिटेन के मतदाताओं ने समाजवादी दल (लेबर पार्टी) को चुना। लेबर पार्टी के शासनकाल में ही भारत आजाद हुआ था। युद्ध के बाद के दशकों में स्कैंडिनीविया के (नार्वे, स्वीडेन, फिनलैंड) देशों में लोकतंत्र का संस्थागत और कानूनी रूप इतना लोककल्याणकारी हो

गया कि अभी भी वे सबसे अधिक सामाजिक समानतावाले देश माने जाते हैं। इन देशों ने राष्ट्रीयकरण को उतना नहीं जितना कि सहकारिता (कोऑपरेटिव) को फैलाया, और सभी कमज़ोर तबकों को जमकर राज्य की सहायता पहुँचाई। स्तालिनवादी साम्यवाद के मुकाबले लोकतांत्रिक समाजवाद उर्फ सामाजिक लोकतंत्र (यूरोप में 'सोशल डेमोक्रेसी' शब्द ज्यादा प्रचलित है) का उदय हुआ था और स्वीडेन आदि देशों ने यह करके दिखाया कि साम्यवादी देशों की तुलना में इन यूरोपीय पूँजीवादी देशों का लोकतंत्र अधिक सामाजिक समानता दे सकता है। विश्व समाजवादी संगठन (सोशलिस्ट इंटरनेशनल) का नेतृत्व भी इन यूरोपीय सोशल डेमोक्रेटिक दलों ने किया। इन दलों को आदर्श मानकर भारतीय समाजवादियों ने भारत की सोशलिस्ट पार्टी का गठन उसी ढाँचे पर किया था। उन दिनों अशोक मेहता, लोहिया और जयप्रकाश नारायण यूरोप के इस समाजवाद के घोर प्रशंसक थे, जिसने लोकतांत्रिक पद्धति से समाजवाद की स्थापना का आदर्श विकसित किया था।

इस मॉडल (आदर्श) में पूँजीपति-मिल्कियत को राष्ट्रीयकरण में बदलने का कार्यक्रम भी था। ब्रिटेन की लेबर पार्टी की सरकार ने कई व्यवसायों का राष्ट्रीयकरण किया था। लेकिन राष्ट्रीयकरण का सिलसिला चल नहीं पाया। जो स्थायी हुई, वह है लोक-कल्याणकारी व्यवस्था। स्वीडेन आदि देशों में सहकारिता प्रमुख आर्थिक शक्ति बनी हुई है। हरेक समृद्ध औद्योगिक देश यूरोप का अनुसरण करके एक लोककल्याणकारी व्यवस्था अपनाता है। ये सब पूँजीवादी देश हैं। यूरोपीय सामाजिक लोकतंत्र की पूँजीवाद को यह देन है कि वह (पूँजीवाद) अपनी अत्यधिक समृद्धि से पैदा होनेवाली आर्थिक विषमताओं को, बेरोजगारी और गरीबी को मिटाने के कार्यक्रम चलाकर उनका प्रतिकार करता है। ऐसा नहीं है कि सिर्फ कुछ गरीबों को ही सहायता मिलती है बल्कि प्रत्येक गरीब और बेरोजगार व्यक्ति का अधिकार है कि उसे कल्याणकारी भत्ता मिले। इसी तरह गरीबी को गरीबीरेखा के नीचे जाने से रोक दिया जाता है और लोकतंत्र को काफी हद तक सार्थक व आकर्षक बनाया जाता है। पूँजीवाद और सामाजिक समानता का मेल बैठाया जाता है। अति समृद्धि के कारण यह सम्भव होता है कि पूँजीपतियों के मुनाफों में वृद्धि की दर को बरकरार रखते हुए, पूँजीपतियों पर करों में वृद्धि किए बगैर सामाजिक लोकतंत्र की स्थापना की सम्भावना रहती है।

विकासशील देशों में इस प्रकार का सहअस्तित्व सम्भव नहीं है क्योंकि विश्व-पूँजीवाद दोहरी चाल चलता है। वह साम्राज्यवादी देशों को अति समृद्ध करता है; उपनिवेशों की आर्थिक व्यवस्था को तहस-नहस करता है, जहाँ की सरकारों के पास इतना कम कोष होता है कि गरीबों के लिए प्रारम्भ किया गया लोककल्याणकारी कार्यक्रम हास्यास्पद होता है। वृद्धावस्था पेंशन कुछ ही वृद्धों को मिलती है। इन्दिरा आवास कुछ ही दलितों को मिलता है, जो जरूरत का एक प्रतिशत भी नहीं होता। यहाँ लोकतंत्र को सामाजिक बनाने के लिए पूँजीवाद को बदलना होगा। अमरीका और जापान ने भी लोककल्याणकारी व्यवस्था को अपनाया है। जनकल्याणकारी व्यवस्था के

कारण ही अमरीका के रंगीन चमड़ी के लोग गरीबीरेखा के ऊपर हो गए हैं। रंगभेद अभी भी समाज में है। समाजवाद या सामाजिक लोकतंत्र का पहला उदय अमरीका में न होकर यूरोप में हुआ, इसका विशेष कारण है। यूरोप में समाज था। व्यक्ति के विकास के साथ-साथ समाज के विकास की ओर ध्यान गया। व्यक्ति मालामाल हो जाएँ और समाज में गरीबी का वीभत्स रूप दिखाई दे इसको यूरोपीय मानस ने कबूल नहीं किया। अमरीका में कोई समाज नहीं था, जो था वह दूसरों का था, जिनका सामूहिक संहार करके अमरीकी राज्य बना। अमरीका और यूरोप की इस भिन्नता को समझना सरल नहीं है। लेकिन इसकी जाँच होना जरूरी लगता है क्योंकि यूरोप का अमरीकीकरण हो रहा है। बाद में कभी पूँजीवाद में लम्बे दौर का संकट आएगा और अति समृद्धि का दौर खत्म होगा तो सामाजिक लोकतंत्र का क्या होगा ? तीस-चालीस के दशकों में यूरोप के लोकतंत्र को क्यों राहु ने ग्रस लिया था ? विकासशील देशों के बौद्धिक हलकों में ऐसे प्रश्न नहीं उठते हैं। वे सोचते हैं कि इन बड़ी बातों का अनुसन्धान पश्चिमी लोग करेंगे।

लेकिन अति समृद्धि और लोकतंत्र का एक सम्बन्ध है जिसके बारे में विकासशील देशों के बुद्धिजीवी अगर अनुसन्धान नहीं करते, तो वे इन देशों का सही मार्गदर्शन नहीं कर सकते। भारत भी ब्रिटिश साम्राज्य का अंग था। ब्रिटिश राज इतना बड़ा था कि उसको साम्राज्य कहा जाता था। साम्राज्य कहने का दूसरा कारण यह था कि उपनिवेशों के जनसमूहों का समाज शासक देश के समाज से अलग था। अगर ब्रिटेन की लेबर पार्टी की सरकार अपने समाज में सामाजिक समानता का एक ढाँचा बनाना चाहती थी, तो उपनिवेशों में उसे क्यों नहीं लागू किया गया ? ब्रिटिश पार्लियामेंट में उपनिवेशों के जनप्रतिनिधियों को बुलाकर एक महासंसद स्थापित करने में क्या व्यावहारिक कठिनाई थी ? कठिनाई यह थी कि ऐसा करने पर ब्रिटेन और उसका समाज एक अति समृद्ध समाज नहीं हो सकता था। अति समृद्ध स्थिति में ही पूँजीपतियों के लिए भी तेज रफ्तार से धनवृद्धि होगी और मजदूर तथा कमजोर वर्गों की गरीबी भी घटती जाएगी। यह अति समृद्धि औपनिवेशिक शोषण से उत्पन्न हुई हैं। आज भी पश्चिम की आर्थिक महाशक्तियाँ आर्थिक साम्राज्य के कारण टिकी हुई है। इसलिए कहा जा सकता है कि पश्चिम के लोकतंत्र का स्थायित्व और उसका आकर्षक रूप केवल पश्चिम की सांस्कृतिक बहादुरी नहीं है; इसकी कृत्रिमता यह है कि यह अति समृद्धि पर टिका हुआ है, मुनाफाखोर पूँजीवाद के साथ चल रहा है। जिस दिन यह पूँजीवाद मुनाफा देने में कमजोर हो जाएगा वहाँ के लोकतंत्र को संकट का सामना करना पड़ेगा। यानी पश्चिम के लोकतंत्र का आर्थिक आधार सही नहीं है। उसकी ऐसी आदत हो गई है कि बेरोजगारी जैसी आर्थिक समस्या के तीव्र होते ही नस्लवाद सिर उठाता है और सामाजिक समानता को खतरे में डालता है।

दो

पूँजीवाद और लोकतंत्र के इस सम्बन्ध को जानना औपनिवेशिक देशों के वर्तमान और भविष्य को जानने की एक महत्त्वपूर्ण कुंजी है। समृद्धि और लोकतंत्र पश्चिम की अवधारणा में प्रगति की दो मुख्य कसौटियाँ हैं। पश्चिम की एक अन्य अवधारणा उदारवाद और मार्क्सवाद दोनों विचारधाराओं से पुष्ट हुई है। वह है प्रगति की निरविच्छिन्न और सरल रैखिक गति। यह एक व्यावहारिक दृष्टिकोण के रूप में पश्चिमी ढंग की शिक्षा प्रणाली से उत्पन्न होती है, और अतीत की ओर देखने का मतलब पीछे चले जाना और प्रतिक्रियावादी होना हो जाता है। अगर इक्कीसवीं सदी के प्रारम्भिक काल में हम समझ रहे हैं कि लोकतंत्र का विकास पूरे विश्व में नहीं हो रहा है, कुछ ही देशों में लोकतंत्र सीमित है; और जो है उसकी गुणवत्ता सन्दिग्ध है, तो इसका मतलब होगा कि प्रगति रुक गई है। जबकि पचास साल पहले फासीवाद की ताकत को चकनाचूर कर दिया गया था और अब से दस साल पहले स्तालिनवाद को भी समाप्त कर दिया गया था। अगर लोकतंत्र के लिए ये बाधाएँ थीं तो आज तक लोकतंत्र न सिर्फ विश्वव्यापी हो जाना चाहिए था बल्कि उसका गुणात्मक उत्कर्ष भी दिखाई देना चाहिए था।

धनी औद्योगिक देशों और विकासशील देशों के बीच जिस तरह की आर्थिक विषमताएँ बढ़ती ही जा रही हैं उससे प्रगति का दूसरा लक्षण 'समृद्धि' भी विश्वव्यापी नहीं हो रहा है तो हमारे सामने ही प्रगति की सरल रैखिक गति सन्दिग्ध हो रही है। सम्भवतः समृद्धि और लोकतंत्र दोनों की पश्चिमी अवधारणाओं में खोट है। इसी वजह से उन उपायों के तहत तीसरी दुनिया के मुल्क न समृद्ध हो रहे हैं न लोकतांत्रिक। चीन और भारत की विकास सम्बन्धी तुलना भारत के लिए प्रतिकूल पड़ती है तो यह नियम नहीं बन जाता है कि लोकतंत्र विकास के लिए बाधक है। अगर ऐसा होता तो अधिकांश विकासशील देशों में जहाँ लोकतंत्र नहीं है, आर्थिक बढ़ोतरी दिखाई पड़ती। जो सत्य है वह यह कि आर्थिक विकास हासिल करने में भारतीय लोकतंत्र की असफलता ने लोकतंत्र को समृद्धि के वाहक के रूप में अविश्वसनीय बना दिया है। विश्व का सबसे बड़ा लोकतंत्र विश्व का सबसे बड़ा गरीबों का देश है। यह बात विकासशील देशों के बुद्धिजीवियों को (संविधान की नहीं) लोकतंत्र की समीक्षा करने के लिए बाध्य करती है; ताकि लोकतंत्र की ऐतिहासिक कमजोरियों को समझकर उसको अधिक सबल और सार्वभौम बनाया जा सके।

इस बात को मानने में कोई दिक्कत नहीं होनी चाहिए कि आधुनिक लोकतंत्र की पैदाइश यूरोप के ब्रिटेन में हुई। प्राचीन सभ्यताओं में कौन-सी गैर-तानाशाही राज्य-व्यवस्थाएँ थीं उनका ब्यौरा हमारे सामने नहीं है। ज्यादा जानकारी मिलने पर एक सहूलियत हो सकती है कि उनकी प्रथाओं और तरीकों से हम अपने भविष्य के लिए कुछ उपादानों का संग्रह कर सकें। नागरिकों के कुछ अधिकारों को अनुल्लंघनीय मानना

और मुख्य शासक को आम जनता के द्वारा नियुक्त करना—यह आधुनिक पश्चिम की देन है। इन सिद्धान्तों पर अमल करने की पश्चिमी प्रणाली और ढाँचे को बदला तो जा सकता है, लेकिन इन सिद्धान्तों को आनेवाले युग का सभ्य मनुष्य छोड़ना नहीं चाहेगा। सारे बालिग लोगों के द्वारा चुनाव कराने का सिद्धान्त, शासक की जवाबदेही का सिद्धान्त, और व्यक्ति के अधिकारों का सिद्धान्त—ये तीनों सिद्धान्त, जो पश्चिम के उदारवादी दृष्टिकोण के सर्वसम्मत सिद्धान्त हैं, आगे भी लोकतंत्र को परिभाषित करेंगे। इनके अभाव में आधुनिक मनुष्य स्वतंत्र होने का अहसास नहीं कर सकेगा। इन सिद्धान्तों को भारतीय संविधान में माना गया है। लेकिन उसके पचास साल बाद भी करोड़ों मनुष्य स्वतंत्र होने का अहसास पैदा नहीं कर पाते हैं, तो निष्कर्ष होना चाहिए कि स्वतंत्रता का अधिकार संवैधानिक होना चाहिए। लेकिन मात्र स्वतंत्रता का अधिकार पर्याप्त नहीं है। सामाजिक समानता की परिस्थितियाँ पैदा होने के बाद ही संविधान में दिया गया स्वतंत्रता का अधिकार सार्थक होता है। किसी देश या भूखंड में किन विषमताओं को मिटाने से सामाजिक समानता की स्थिति पैदा होती है यह उस देश की स्थिति के अनुसार निरूपित होगी। तीसरी दुनिया की आज की हालत में आर्थिक विषमताओं को मर्यादित करना लोकतंत्र के लिए एक जरूरी कदम माना जाना चाहिए। इसको करने जाएँगे तो पूँजीवादी व्यवस्था को बदलना पड़ेगा। गांधीजी ने पूँजीवादी व्यवस्था को बदलने का एक खास तरीका बतलाया था—ट्रस्टीशिप। उसको आप मानें या न मानें, लोकतंत्र को सुदृढ़ करने के लिए आपको आर्थिक विषमताओं को मर्यादित करना होगा। ट्रस्टीशिप को न मानें तो उसी उद्देश्य के लिए कोई अन्य विकल्प तैयार करना होगा।

चुनाव और सत्ता-विभाजन का भी गांधीजी ने अपना विकल्प दिया था। गांधीजी को यह कहने में कोई हिचक नहीं थी कि संसद का चुनाव परोक्ष ढंग से होना चाहिए। पश्चिम के उदारवाद में प्रशिक्षित बुद्धिजीवी इसको प्रतिगामी कह सकता है। लेकिन गांधीजी के मतानुसार संसद की सत्ता बिलकुल सीमित होनी चाहिए। शायद उतनी सीमित जितनी जम्मू-कश्मीर के स्वायत्तता प्रस्ताव में है। राज्य विधानसभा की भी गांधीजी के विचार में बहुत ज्यादा सत्ता नहीं है। सर्वाधिक सत्ता, सर्वाधिक प्रशासनिक कार्य राज्य से नीचेवाली इकाइयों का होगा; यानी ग्राम-केन्द्रित इकाइयों का। इन इकाइयों के सदस्यों और शासकों को सारे बालिग नागरिक मिलकर चुनेंगे। अतः गांधीजी के परोक्ष चुनाव का विरोध करनेवाले को पहले इस पर राय देनी होगी कि गांधीजी द्वारा प्रस्तावित इस उग्र विकेन्द्रीकरण का समर्थन करता है या नहीं। जब हम पश्चिमी लोकतंत्र के विकल्प के बारे में चर्चा करते हैं तो गांधीजी द्वारा प्रस्तुत विकल्प पर विस्तृत चर्चा होनी चाहिए। व्यवहार में हम विकल्प के सवाल को उठा तो देते हैं, मगर वहीं पर चर्चा बन्द भी कर देते हैं।

पिछली अर्धशताब्दी के नवस्वाधीन देशों में भारत का लोकतंत्र अपवाद के तौर पर दिखाई पड़ता है। अन्य विकासशील देशों के राजनैतिक इतिहास में सुदृढ़ लोकतंत्र

की धारा क्षीण दिखाई पड़ती है। अफ्रीका, लातिन अमरीका के देशों में लोकतंत्र कभी-कभी लागू होता है, फिर लुप्त हो जाता है; जो दिखाई देता है उसकी गुणवत्ता उत्साहवर्धक नहीं होती है। भारत एक अपवाद होने के कारण भी महत्त्वपूर्ण है। कारण यह नहीं कि प्राचीन भारत में गणराज्यों की परम्परा थी और राजतंत्र के सीमित अधिकार की भी परम्परा थी। अगर इस कारण को लाना होगा तो बहुत परोक्ष ढंग से लाना होगा। जो असली कारण था वह भारत का राष्ट्रीय आन्दोलन था। गांधीजी के नेतृत्व में यह आन्दोलन पूर्णतः लोकतांत्रिक हो गया था। राष्ट्रीय कांग्रेस की सारी राजनैतिक गतिविधियाँ तथा संगठन प्रणाली लोकतांत्रिक थी। नेताओं के आपसी संवाद में, विवाद में, साम्राज्यवादी शासकों के साथ बातचीत में इतनी पारदर्शिता थी कि संगठन के बाहर के लोग भी उसमें अपनी भागीदारी महसूस करते थे। कांग्रेस के नेताओं की क्या गलतियाँ हैं, उनको क्या करना चाहिए, इस तरह की बातें लोगों में होती थीं। लोग जानते थे कांग्रेस उनके प्रति जवाबदेह है। यह परम्परा राष्ट्रीय स्मृति का अंग हो गई, और भारतीय राजनीति राष्ट्रीय आजादी के पहले ही लोकतांत्रिक हो चुकी थी। आजादी के बाद वह गैर-लोकतांत्रिक नहीं हो सकती थी। सशस्त्र हिंसक आन्दोलन की धाराएँ या तो लुप्त हो गई थीं, या बिलकुल किनारे चली गई थीं। इसलिए भारत की राजनीति में सैनिक हस्तक्षेप के लिए कोई मौका नहीं बन पाता है। जबकि राजनीति में सैनिक हस्तक्षेप ने कई विकासशील देशों के लोकतंत्र को क्षत-विक्षत कर दिया है। भारत के राजनैतिक संगठनों में इस वक्त राष्ट्रीय स्वयंसेवक संघ ही ऐसा संगठन है जिसके बारे में अनुमान है कि उसके सत्ता-प्राप्ति के रण-कौशल में सेना का इस्तेमाल भी हो सकता है। लेकिन भारतीय राजनीति की उपर्युक्त परम्परा के कारण उसको मौका नहीं मिल रहा है। राष्ट्रीय आन्दोलन की धर्मनिरपेक्षता की नीति, क्षेत्रीय तथा भाषागत स्वायत्तता के लिए अनुकूलता, गांधी और अम्बेडकर के द्वारा दलित समूहों के राजनैतिक अधिकारों को जागरित करना—यह सब मिलकर भारत में एक राजनैतिक संस्कृति विकसित हो गई थी जिससे लोकतांत्रिक राज्य-व्यवस्था को गति मिली है। यह संस्कृति विविधता की संस्कृति है। विविधतावाली संस्कृति की राजनीति लोकतांत्रिक ही होगी। भाषागत या क्षेत्रीय आन्दोलन जब तक स्वायत्तता के लिए हैं; जाति-आधारित आन्दोलन जब तक जाति प्रथा के विरुद्ध हैं; धार्मिक आन्दोलन जब तक धर्म में सुधार के लिए हैं; तब तक भारतीय लोकतंत्र और भारत की राष्ट्रीय अखंडता को खतरा नहीं है। भारतीय लोकतंत्र और भारत की राष्ट्रीय अखंडता एक-दूसरे से अभिन्न हैं। किसी एक के अभाव में दूसरा विपन्न हो सकता है।

स्वायत्तता (विविधता) का दमन और हिंसा का विस्तार भारतीय लोकतंत्र के लिए विनाश के सूत्र हैं। ये दोनों भारत की लोकतांत्रिक परम्परा के विपरीत हैं। इसलिए इस पर नजर रखनी होगी कि भारतीय राजनीति और समाज में किस अनुपात में हिंसा का उदय हो रहा है, स्वायत्तता का दमन हो रहा है और विविधता को कुचला जा रहा है।

तीन

विडम्बना यह है कि सिर्फ भारत में नहीं, समूची तीसरी दुनिया में उपर्युक्त प्रवृत्तियाँ व्यापक हो रही हैं। इस बढ़ोतरी का सीधा सम्बन्ध ग्लोबीकरण-उदारीकरण की आर्थिक नीतियों से है, जिनके परिणामस्वरूप विकासशील देशों में आर्थिक गैर-बराबरी और बेरोजगारी तेजी से बढ़ रही है। इसके तथ्यों और आँकड़ों को विश्व बैंक तक कबूल करने लगा है। किसी गरीब देश में अगर बेरोजगारी और आर्थिक विषमता बढ़ती जाएगी, तो राजनीति और समाज का चरित्र अप्रभावित नहीं रह सकता। सारे प्रमुख राजनीतिक दल देश के धनी वर्ग तथा अन्तरराष्ट्रीय ताकतों के दबाव में आकर उदारीकरण-ग्लोबीकरण के समर्थक हो जाते हैं और जब जनसाधारण की आर्थिक समस्याएँ जटिल हो जाती हैं तो उनको नजरअन्दाज करने लगते हैं। जनसाधारण की आर्थिक समस्याओं को राजनैतिक मुद्दा नहीं बनाया जाता है। इसलिए लोगों के दैनंदिन जीवन की समस्याओं के समाधान के लिए राजनैतिक दल अप्रासंगिक हो जाते हैं। अतः राजनैतिक दलों को चुनाव जीतने के लिए या सत्ता प्राप्त करने के लिए बहुत अधिक खर्च करना पड़ता है; हिंसा का इस्तेमाल होता है और समूहों के बीच द्वेष और अलगाव की भावना को प्रोत्साहित किया जाता है, ताकि कुछ समूहों का एकतरफा समर्थन उन्हें मिल जाए। गरीबी और आर्थिक अनिश्चितता के शिकार होकर युवा पीढ़ी के लोग हिंसा, अलगाव और सामूहिक द्वेष की राजनीति के वाहक हो जाते हैं। अन्तरराष्ट्रीय शक्तियाँ इस तरह की राजनीति की विभिन्न धाराओं की मदद करती हैं। परस्पर विरोधी दो राजनैतिक धाराओं को वे एक साथ मदद करती हैं ताकि गृहयुद्ध जैसी स्थितियाँ पैदा होकर राज्य कमजोर हो जाए।

राज्य-व्यवस्था के सम्बन्ध में एक सामान्य समझदारी यह है कि राज्य कितना भी गरीब क्यों न हो, राज्य के अन्दर ऐसा कोई समूह या संस्था नहीं होनी चाहिए जिसके पास राज्य के मुकाबले अधिक हिंसक शक्ति हो या अधिक धन का एकत्रीकरण हो। अगर ऐसा होता है तो अपने राज्य पर वहाँ की सरकार का नियंत्रण नहीं रह जाएगा। विकासशील देशों का यह दुर्भाग्य है कि यही हो रहा है। खुले बाजार की नीति को स्वीकार करने के बाद राज्यों के अन्दर दैत्याकार कम्पनियाँ प्रवेश कर रही हैं जिनकी धनशक्ति राज्य की धनशक्ति के मुकाबले इतनी अधिक है कि राज्य उनको नियन्त्रित नहीं कर सकता है। दूसरी ओर समाज में हिंसात्मक गिरोहों का दबदबा भी बढ़ता है। हिंसात्मक गिरोहों का राजनैतिक नेताओं से सम्बन्ध हो जाता है; और बाद में वे इतने शक्तिशाली हो जाते हैं कि उन पर नियंत्रण करना मुश्किल हो जाता है। शिव सेना के सरदार को राज्य चाहकर भी गिरफ्तार नहीं कर पाता है। वीरप्पन एक पुराना डकैत है जिसके सामने कर्नाटक सरकार नाक रगड़ने के लिए तैयार है। बिहार के सीवान जिले में माफिया सरगना सांसद शाहबुद्दीन के हुकुम को कलक्टर अमान्य नहीं कर सकता है। हिंसा के कारण बिहार के कुछ क्षेत्रों में चुनाव नहीं हो सकते हैं। देश के कई क्षेत्रों

में आतंकवादी संगठन सरकारी दफ्तरों से और अधिकारियों से नियमित कर वसूलते हैं; पुरूलिया में शस्त्र-व्यापार के विदेशी अपराधियों को मुक्त कर दिया जाता है, यानी शस्त्र- संग्रह करनेवाले भारतीय गिरोहों को अपनी गतिविधियों के लिए छूट मिल जाती है। ऐसी स्थितियाँ सिर्फ भारत में नहीं बढ़ रही हैं, अन्य विकासशील देशों में भी ये स्थितियाँ पैदा हो रही हैं और अन्तरराष्ट्रीय शक्तियाँ इनको बढ़ावा दे रही हैं।

उदारीकरण-ग्लोबीकरण की अर्थनीति विकास को विदेशी पूँजी पर पूरी तरह निर्भर कर देती है। विदेशी पूँजी प्राप्त करने के लिए सरकारों को अन्तरराष्ट्रीय शक्तियों के सामने झुककर भीख माँगनी पड़ती है। इसी कारण राष्ट्र के अन्दर, सरकारी तथा गैर-सरकारी स्तर पर, उनकी दखलन्दाजी बढ़ती है। सरकार की किसी भी नीति को अपने हित में परिवर्तित करने में वे सफल होती हैं। वित्त-व्यवस्था पर उनका पूरा नियंत्रण रहता है। राष्ट्रीय कोष का एक बड़ा अंश विदेशी कम्पनियों के लिए अनुकूल स्थिति पैदा करने के लिए खर्च होता है, बड़े व्यापार पर कर लगाना बन्द हो जाता है, लोककल्याणकारी कार्यकलापों पर सरकारी कोष से खर्च करना बन्द हो जाता है। लोककल्याण के कार्य के लिए विदेशी धन पर चलनेवाले गैर-सरकारी संगठनों पर निर्भर होने की लोगों की आदत बनाई जाती है। सरकार के महत्त्वपूर्ण विभागों के मुख्य अधिकारी उनको बनाया जाता है जो पहले से विदेशी शक्तियों के अनुगत रहे हैं। वित्तमंत्री की नियुक्ति के लिए भी उनसे सलाह करनी पड़ती है। इतना होने के बाद राजनैतिक दलों को आर्थिक मदद पहुँचाकर उनकी नीतियों को प्रभावित करना आसान हो जाता है। सबसे पहले सारे राजनैतिक दल, जिनकी सत्ता में आने की सम्भावना रहती है, उदारीकरण-ग्लोबीकरण की नीतियों पर सहमत हो जाते हैं।

सिर्फ इतना नहीं, विकासशील देशों के बीच होनेवाले युद्ध और शान्ति के कदमों को, चाहे वह कश्मीर हो या कोसोवो, वे नियन्त्रित करते हैं। किसी देश में अगर उनके द्वारा स्थापित तानाशाह लोगों में ज्यादा अप्रिय हो गया या उनके नियंत्रण के बाहर हो रहा है तो उसको बदलने के लिए वे तानाशाह विरोधी 'लोकतांत्रिक' आन्दोलनों को भी पैसों तथा मीडिया के जरिए मदद करते हैं। मीडिया का मुख्य अंश उन्हीं के नियंत्रण में रहता है; कला, साहित्य और बौद्धिक क्षेत्रों में वे अपने गुलामों को प्रभावशाली बनाने की कोशिश करते हैं और इसी तरह विकासशील देश के पूरे समाज को अपने प्रभाव में रखते हैं। वे हत्या करवाते हैं और हथियारों की अवैध आपूर्ति करते रहते हैं। इस प्रकार से घिरे राष्ट्र में अगर लोकतंत्र भी होगा तो वह अपने लोगों के साथ कितना 'लोकतांत्रिक' होगा ? कभी-कभी वे खुद किसी देश की तानाशाह सरकार को बदलकर लोकतंत्र की स्थापना करवा देते हैं। इसी को लोकतंत्र की पुनः स्थापना (रेस्टोरेशन ऑफ डेमोक्रेसी) कहा जाता है।

अन्तरराष्ट्रीय शक्तियों की उपर्युक्त किस्म की गतिविधियों को हम 'अन्तरराष्ट्रीय फासीवाद' कहें तो क्या उपयुक्त नहीं होगा ? इक्कीसवीं सदी की समूची राजनीति को समझने के लिए, यानी यह समझने के लिए कि लोकतंत्र के सिद्धान्त, विचार और

व्यवहार किन चुनौतियों से घिरे हुए हैं, अन्तरराष्ट्रीय फासीवाद और सामाजिक फासीवाद—फासीवाद के इन दो रूपों को जानना होगा। इन शब्दों को हम अपना अर्थ देकर जाँच के लिए रख रहे हैं।

जब राष्ट्र और सरकार दोनों कमजोर हो जाते हैं, और जनसाधारण की आर्थिक स्थितियाँ तेजी से बिगड़ती हैं, आर्थिक अनिश्चितता में लोग रहते हैं, उस समाज में तरह-तरह की हिंसा पनपती है। सामाजिक हिंसा का राजनीति से गठबन्धन होने लगता है। (अपराध से प्रशासन का गठजोड़ दूसरी चीज है।) सत्ता की स्पर्धा में मदद हासिल करने के लिए राजनेता हिंसात्मक गिरोहों की रक्षा करते हैं। अधिकांश राजनेता धनी वर्ग के बाहर से आते हैं, निम्न मध्यवर्ग से आते हैं। बढ़ती आर्थिक अनिश्चितता के भँवर से बचने का एक उपाय है सत्ता में जाना। एक बार सत्ता में जाकर विशेषाधिकारों को प्राप्त करने के बाद पुनः अपने पुराने समाज में लौटना उसके लिए असह्य होता है। किसी भी उपाय से सत्ता में बने रहना और अपने परिवार को विशेषाधिकारों के रक्षा-मंडल में प्रवेश कराना उनका लक्ष्य हो जाता है। इसी इच्छा से प्रेरित होकर वे सत्ता का दुरुपयोग करके धन बटोरते हैं और सामाजिक हिंसा का साथ देते हैं। विशेषाधिकारों और विशेष सुविधाओं को कानून बनाकर बढ़ा देते हैं जिससे राजनेताओं का अपना एक धनी तबका हो जाता है और अलग-अलग दल में होने पर भी वे एक-दूसरे का बचाव करते हैं। इससे जो परिस्थिति उपजती है उसमें छोटे-छोटे इलाकों में हिंसात्मक गिरोहों का सामाजिक प्रभाव बढ़ जाता है। इन गिरोहों से लोग भयभीत रहते हैं, उनके दबाव में आकर चुनाव में मतदान करते हैं; उनको नियमित टैक्स देते हैं, कुछ क्षेत्रों में उनका शासन चलता है, और समानान्तर सरकार जैसी स्थिति भी हो जाती है। अभी तक इसको हम राजनीति के अपराधीकरण के रूप में जानते हैं। राजनीति का यह चरित्र व्यापक और ताकतवर हो रहा है। जिस कारण बाल ठाकरे को गिरफ्तार करने का निर्णय करने के बाद भी सरकार पीछे हट जाती है; कर्नाटक के मुख्यमंत्री वीरप्पन को पकड़ने की योजना बनाते हैं और एक दिन बाद उससे समझौते के लिए दूत भेजते हैं। देश के वरिष्ठ राजनेता अपने संसदीय क्षेत्र में चुनाव के समय माफिया गिरोहों से समझौता करते हैं जिसमें लेन-देन की बात होती है। यह सामाजिक फासीवाद है; इस वक्त भारत में छोटे आकार में है। उसकी शक्ति और कलेवर बढ़ रहा है। इसकी परिणति क्या हो सकती है ? लोकतंत्र की गुणवत्ता पर इसका क्या असर हो रहा है ? बहुराष्ट्रीय कम्पनियों के खिलाफ अगर स्थानीय जनसाधारण असन्तुष्ट है तो उसका दमन करने के लिए स्थानीय प्रशासन, स्थानीय नेता, स्थानीय माफिया इन सारे तत्त्वों को समन्वित किया जाता है। इनको अमान्य करनेवालों को बिना कारण दर्शाए अनिश्चित काल तक जेल में बन्द करने का कानून बनाया जाता है। शासक वर्ग के वेतनों, भत्तों और विशेषाधिकारों को बढ़ाने के साथ-साथ शान्तिपूर्ण आन्दोलनकारियों को टाडा में बन्द करने की धमकी देना; हिंसक गिरोहों के सामने गिड़गिड़ाना और समाज पर हिंसक गिरोहों के अत्याचार को बरदाश्त करना—इनका समुच्चय सामाजिक फासीवाद है।

सामाजिक फासीवाद का विस्तार होकर राज्य का फासीवाद हो सकता है। सामाजिक फासीवाद राज्य के फासीवाद की पूर्व स्थिति है। हम संघ परिवार के बढ़ते प्रभाव में फासीवाद का खतरा देखते हैं तो गलती नहीं करते हैं। लेकिन सामाजिक फासीवाद के विस्तार के प्रति हम या तो उदासीन हैं या निष्क्रिय हैं। राजनीतिक दलों और नेताओं के चरित्र में पतन, दलों के अन्दर तानाशाही और अपराधीकरण की प्रवृत्ति; यह चारों तरफ है और सारे प्रमुख दल इसके शिकार हो रहे हैं, तो राज्य को फासीवादी बनाने का जिसका एजेंडा है उसके लिए हम भूमि तैयार कर रहे हैं। हम अपने प्रशासन और राजनीति को शाहबुद्दीन के लिए प्रतिकूल नहीं बनाते हैं तो दारा सिंह के प्रतिकूल कैसे बना सकते हैं। अगर लालू के जातवाले युवा 'रंगदारी' वसूलते हैं, तो बजरंग दल के लोग भी ईसाइयों से टैक्स वसूल कर मन्दिर बना सकते हैं। फासीवाद की संस्कृति व्यापक हो रही है, उसका प्रतिकार किए बगैर हम जनता को भविष्य के फासीवाद की चेतावनी सुना रहे हैं। फासीवाद के सम्पूर्ण उदय के पहले ऐसी राजनैतिक-बौद्धिक गलती इतिहास में होती रही है। मार्क्सवादी कम्युनिस्ट पार्टी बिहार के युवा नेता चन्द्रशेखर के हत्यारे का विरोध कर रही है, लेकिन सिवान जिले के अपराधी तानाशाह के विरुद्ध उसकी कोई नीति या कार्यक्रम नहीं है क्योंकि शाहबुद्दीन के दल के साथ उसका राजनैतिक सहयोग है।

अन्तरराष्ट्रीय फासीवाद और सामाजिक फासीवाद के घेरे के अन्दर लोकतंत्र, उसका सिद्धान्त और उसकी संस्थाएँ जकड़ रही हैं। लोकतंत्र को इस जकड़न से, फासीवादी दबावों से मुक्त करना कोई मामूली राजनैतिक कर्म नहीं होगा। केवल 'फासीवाद-फासीवाद' हल्ला करने से फासीवाद को अपनाने के लिए एक जनमानस भी पैदा हो सकता है। हम जानते हैं कि फासीवाद की एक पूर्व स्थिति होती है, कुछ आर्थिक और सामाजिक स्थितियाँ होती हैं। उस पूर्व स्थिति में राजनेताओं और बुद्धिजीवियों की कुछ खास प्रकार की कमजोरियाँ होती हैं। कुछ सांस्कृतिक लक्षण भी होते हैं। इन लक्षणों और स्थितियों को चिन्हित करना और उनके मुख्य कारकों का प्रतिकार खड़ा करना ही लोकतंत्र को सुरक्षित करने का कार्यक्रम है।

चार

लोकतंत्र को सुरक्षित करने का एक जरूरी उपाय है लोकतंत्र को अधिक अर्थपूर्ण बनाना। इसके लिए लोकतंत्र के आर्थिक आधार को परिभाषित करना होगा। यह परिभाषा लोकतंत्र की अवधारणा का अनिवार्य अंश होगी। अम्बेडकर ने संविधान सभा की बहस में जिस आर्थिक लोकतंत्र की दलील दी थी, वह लोकतंत्र के स्थायित्व की गारंटी है। उसी से सामाजिक समानता की शर्त पूरी होती है। उसको हासिल करने के लिए विकासशील देशों की अर्थव्यवस्था में विषमता को मर्यादित करना पड़ेगा। विकासशील देशों की कुल आय को मद्देनजर रखकर अगर हम प्रत्येक परिवार को एक

व्यवस्थित रोजगार देने का कानूनी प्रावधान रखेंगे तो उस देश की आर्थिक विषमता को 1 और 5 या 1 और 10 के अनुपात में मर्यादित किया जा सकेगा। हम विषमता को मिटाने की बात नहीं कर रहे हैं, जो समाजवाद का लक्ष्य है; हम विषमता को मर्यादित करने की बात कह रहे हैं जिससे सामाजिक समानता बनती है। सामाजिक समानता सफल लोकतंत्र की शर्त मानी जानी चाहिए। गरीब लोगों से दस गुनी अधिक आय जिनको प्राप्त होगी वे अगर लोकतांत्रिक हैं तो निश्चय ही अपने को सौभाग्यशाली समझेंगे।

विकासशील देशों में लोकतंत्र के प्रति आम लोगों की उदासीनता का सबसे बड़ा कारण नौकरशाही है। संविधान से मिले इतने सारे अधिकारों का अहसास आम लोगों को नहीं हो पाता है, कारण राज्य से उनका जो बार-बार सम्पर्क होता है वह निर्वाचित प्रतिनिधि या मंत्री के माध्यम से नहीं होता है। नौकरशाही से आम आदमी का दैनंदिन सम्पर्क रहता है। वह उससे भद्रता से बात नहीं करती, उसके सवालों का जवाब नहीं देती। उसका जो वाजिब काम है और एक दिन में हो जाना चाहिए, दस साल में भी नहीं होता है, कभी-कभी जीवन भर नहीं हो पाता है। अदालत भी नौकरशाही का एक अंग है, बल्कि विकासशील देशों में अदालत पुलिस का एक अंग है। दरिद्रतम तबकों के लोगों के खिलाफ पुलिस झूठे मामले बनाती है, अदालत तुरन्त उस आदमी को 'न्यायिक हिरासत' के नाम से जेल भेज देती है। विश्वविद्यालयों के प्रोफेसर लिखते हैं कि न्यायपालिका नागरिक स्वातंत्र्य की रक्षक है। यह झूठ है। न्यायिक प्रणाली में फँसाकर ही भारतीय पुलिस देश के सामान्य जन को इतना सता सकती है कि वह अपने मौलिक अधिकारों का कभी भी इस्तेमाल नहीं कर सकता है। अधिकांश विकासशील देशों में औपनिवेशिक प्रशासन अभी तक जारी है। इस नौकरशाही के ढाँचे को बदल कर उसको लोगों के प्रति जवाबदेह बनाना विकासशील देशों में लोकतंत्र को लोकप्रिय बनाने का सबसे प्रभावशाली कदम होगा। सामान्य नागरिक किसी सरकारी दफ्तर में अपने वाजिब काम को लेकर जाएगा और उसी दिन वो काम हो जाएगा—अपनी जमीन का ब्यौरा माँगा, अपनी पेंशन माँगी, और सात दिन के अन्दर सन्तोषप्रद कार्रवाई हो गई, जब ऐसा दिन आएगा तभी भारत के नागरिक को लगेगा कि उसका एक 'अधिकार' भी है। सूचना के अधिकार को साधारण जन के लिए प्रासंगिक करने का मतलब होगा मौजूदा प्रशासन के ढाँचे को पूरी तरह बदलना। अरुणा राय और उनके साथियों से यह अपेक्षा है कि वे 'सूचना का अधिकार आन्दोलन' को इस परिणति तक ले जाएँ। इस काम में सारे प्रगतिशील लोग उनका सहयोग करें।

पूँजीवाद और लोकतंत्र का सम्बन्ध पुराना है। ब्रिटेन, पश्चिम यूरोप और अमरीका में आधुनिक पूँजीवाद का मौजूदा रूप तब विकसित होने लगा जब पूँजीवाद के द्वारा उन देशों की राष्ट्रीय आय में उत्तरोत्तर वृद्धि हो रही थी। असल में यह धन औपनिवेशिक शोषण की उपज था। इसलिए यूरोपीय लोकतांत्रिक व्यवस्था साम्राज्यवाद के भी साथ-साथ विकसित हुई है। लेकिन हम यह नहीं कह सकते हैं कि ब्रिटेन में जब

आधुनिक लोकतंत्र की शक्तियाँ जागरित हुईं तो उनकी उत्पत्ति पूँजीवाद से हुई। उद्गम अलग था; लेकिन उसके स्वरूप का विकास पूँजीवाद के साथ हुआ। इसलिए आज का ढाँचा बना। लोकतंत्र का ढाँचा और पूँजीवाद दोनों में क्या तार्किक सम्बन्ध है उसकी यहाँ विस्तृत आलोचना नहीं होगी। लेकिन दो पहलुओं पर हमलोग सोचें। यूरोप के लोकतंत्र में प्रशासनिक विकेन्द्रीकरण है; लेकिन सत्ता का विकेन्द्रीकरण नहीं है क्योंकि उनका अपना देश समूचे राज्य की तुलना में एक अत्यन्त छोटी इकाई था। ब्रिटिश राज्य एक विशाल राज्य था, साम्राज्य था; लेकिन लोकतंत्र सिर्फ उस राज्य के सबसे अधिक समृद्ध भौगोलिक इकाई के लिए था क्योंकि वह एक राष्ट्र का क्षेत्र था। (इसी तरह राष्ट्र-राज्य को साम्राज्यवादी ढाँचे में मजबूत आधार मिला।) राज्य के लिए भारत से काफी धन ब्रिटेन जाता था; लेकिन वहाँ की पार्लियामेंट सिर्फ ब्रिटेन के लिए बजट बनाती थी। इससे एक सम्पन्न मध्यवर्ग पैदा हुआ। साम्राज्य के शासक इसी वर्ग से होते थे। किसी देश या समाज में कितनी भी तानाशाही हो, उस समाज के समृद्ध तथा सत्ताधारी वर्ग में एक अन्दरूनी लोकतंत्र रहता है। लोकतंत्र एक प्रकार का भद्र समाज भी है। विकासशील देश का भद्र आदमी वातानुकूलित प्रथम श्रेणी में, जहाँ वह सुरक्षित है, जितना भ्रद्र हो सकता है, द्वितीय श्रेणी के डिब्बे में नहीं हो सकता है जहाँ वह असुरक्षित है। यूरोप का मध्यवर्ग और बाद में मजदूर वर्ग जितना सुरक्षित हो गया है उसमें लोकतंत्र उसके लिए एक जीने की सहज प्रणाली हो गया है। आज भी ग्लोबीकरण के माध्यम से पश्चिमी धनी देशों के मध्यवर्ग को औपनिवेशिक शोषण का लाभ मिलता है। इसलिए सामाजिक समानता तथा न्यूनतम आर्थिक सुरक्षा के बारे में लोकतंत्र की अवधारणा के तहत अलग सोचने की जरूरत नहीं पड़ी। विकासशील देशों में न्यूनतम आर्थिक सुरक्षा की बात लोकतंत्र की अवधारणा में ही अंगीभूत होगी।

पूँजीवाद और साम्राज्यवाद के साथ-साथ विकसित होने के परिणामस्वरूप पश्चिम के लोकतंत्र में जिस तरह की दलीय व्यवस्था और दलों का चरित्र उभरा है वह विकासशील देशों के लिए ज्यादा प्रासंगिक नहीं है। दलीय व्यवस्था के दो प्रकार के दोष हैं, दल का एक अपना स्वार्थ बन जाता है जो जनहित और देशहित से टकराता है। दल के अन्दर और दलों के बीच सत्ता के लिए जो प्रतिस्पर्धा होती है उससे अनेक चारित्रिक अवगुण पैदा होते हैं और सार्वजनिक कार्यकलाप की एक घटिया संस्कृति पैदा होती है। ऐतिहासिक कारणों से लोकतंत्र का वही ढाँचा नवस्वाधीन देशों में भी स्थापित हुआ है। दलविहीन राजनीति का कोई रूप मौजूदा ढाँचे में नहीं बनाया जा सकता है। वर्तमान में लोकतंत्र के सिद्धान्तों को लागू करने के लिए पहले दलीय राजनीति से ही शुरू करना पड़ेगा। जयप्रकाश नारायण की दलविहीन लोकतंत्र की कल्पना निश्चय ही एक बेहतर लोकतांत्रिक व्यवस्था की अवधारणा प्रस्तुत करने के लिए प्रस्थानबिन्दु हो सकती है। अगर हम गांधी के कल्पित विकेन्द्रीकरण का एक मानचित्र बनाते हैं तो उसमें एक निर्दलीय लोकतंत्र की सम्भावना अधिक दिखाई पड़ती हैं क्योंकि सत्ता का बहुलांश नीचे की इकाइयों में ही रहता है।

मौजूदा दलीय अपसंस्कृति का सबसे बड़ा हिस्सा धन सम्बन्धी अनाचार का है। सत्ता इतनी अधिक केन्द्रित है कि उसके लिए जो स्पर्धा होती है और उसको प्राप्त करने का जो उपकरण बनता है, वह अत्यधिक खर्चीला है। वह खर्च कहाँ से आएगा इसका कोई विस्तृत विमर्श लोकतंत्र के शास्त्रों में नहीं मिलता है। केन्द्रीभूत सत्ता का धन-केन्द्रों के साथ हमेशा सम्पर्क रहता है, इसलिए सत्ता के अधिकारी और प्रत्याशी सिर्फ दल के लिए नहीं बल्कि अपने लिए भी धन उन केन्द्रों से प्राप्त करते हैं। उनके तरीके ज्यादातर अवैध होते हैं। सत्ता के संचालक देखते हैं कि कानूनों और निर्णयों में मामूली परिवर्तन से बहुत बड़ा लाभ पूँजीपति को हो जाता है इसलिए उसका कमीशन न लेना अस्वाभाविक लगता है। इस तरह के परिवर्तन का वायदा चुनाव के दिनों में भी किया जा सकता है। पूँजीपतियों के लिए समर्थ राजनेताओं को पैसा देना हमेशा लाभप्रद होता है। इसी तरह पूँजीपतियों और राजनेताओं की साँठगाँठ बन जाती है। पूँजीवादी अर्थव्यवस्था में जब चुनाव खर्चीला हो जाता है तो यह साँठगाँठ अपरिहार्य हो जाती है। जब तक ब्रिटेन में लोकतांत्रिक समाजवाद की कल्पना थी, तब तक लेबर पार्टी की पूरी कोशिश रही कि दलीय खर्च का प्रमुख हिस्सा मजदूरों तथा मध्यवर्गीय समर्थकों से प्राप्त हो। लेकिन जबसे पार्टी में पूँजीवादी व्यवस्था को बने रहने देने का विचार ग्रहण किया है, प्रकट रूप से टोनी ब्लेयर के समय में, उस पार्टी को भी सारा खर्च पूँजीपति घरानों से प्राप्त होता है। अमरीका में दोनों प्रमुख दलों को पूँजीवादी घरानों से पैसा मिलता है; घोषित रूप से एक अंश मिलता है, दूसरा बड़ा अंश पर्दे के पीछे मिलता है। इसी तरह राजनैतिक दल पूँजीवादी व्यवस्था के ही सेवक हो जाते हैं। विचारधारा का स्वातंत्र्य उनमें नहीं रह जाता है। कभी-कभी अन्तरराष्ट्रीय वाणिज्य के पूँजीपतियों की राय इतनी निर्णायक होती है कि अमरीका का राष्ट्रपति या ब्रिटेन का प्रधानमंत्री उनको साथ लेकर दूसरे देशों की यात्रा करते हैं।

पूँजीवाद औद्योगिक धनी देशों के लिए अर्थ की दृष्टि से लाभदायक है। विकासशील देशों की अर्थव्यवस्था को पूँजीवाद बरबाद कर देता है; लोगों को आर्थिक सुरक्षा नहीं दे पाता है। लेकिन सत्ता के लिए स्पर्धा करनेवाले राजनैतिक दलों को पूँजीपतियों पर आश्रित होना पड़ता है। यह समस्या विकासशील देशों के लिए ज्यादा विकट है, इसलिए विकासशील देशों के विद्वानों को इस प्रश्न का उत्तर ढूँढ़ना पड़ेगा कि लोकतंत्र में राजनैतिक दलों के खर्च के लिए पैसा कहाँ से आएगा। बड़ी आबादी के देशों में लाखों राजनैतिक कार्यकर्ताओं की जरूरत होती है। उनमें से कुछ को पूरा समय सार्वजनिक कार्य को देना पड़ता है। उनका खर्च, उनकी एक न्यूनतम आय कहाँ से आएगी ? इसका उत्तर देना असम्भव है, इस वक्त हम उत्तर नहीं दे रहे हैं। लोकतंत्र के विमर्श का यह एक गम्भीर अधूरापन है कि विद्वानों ने इस पर सोचा भी नहीं है।

अगर कोई विद्वान यह कहेगा कि राजनैतिककर्मी स्वयंसेवी संगठन (एन.जी.ओ.) बनाकर धन कमाए तो यह एक घटिया किस्म का सुझाव होगा। वही एन.जी.ओ.

कार्यकर्ताओं को पाल-पोस सकते हैं जो विदेशी दाता संस्थाओं से पैसा प्राप्त करते हैं। धनी देशों के एन.जी.ओ. के बारे में हम कम जानते हैं। अधिकांश दाताओं का उद्देश्य रहता है कि उनके पैसे से जो सार्वजनिक कार्य होता है वह नवउदारवाद और पूँजीवाद का समर्थक हो। जो सचमुच लोकतंत्र का कार्यकर्ता है उसके राजनैतिक खर्च के लिए या न्यूनतम पारिवारिक खर्च के लिए इन देशों में पैसे का कोई स्थायी या सुरक्षित बन्दोबस्त नहीं होता है। देश में हजारों ऐसे कार्यकर्ता हैं जो पूँजीवाद विरोधी राजनीति में जहाँ एक ओर पूँजीवाद और राज्य-शक्ति के विरुद्ध संघर्ष कर रहे हैं वहीं दूसरी ओर अपने मामूली खर्च के लिए ईमानदारी से स्खलित न होने का संघर्ष जीवन भर कर रहे हैं। उनमें से एक-एक का जीवन एक संवेदनापूर्ण किस्सा है, गाथा है, जो अभी तक न विद्वानों के शास्त्र का विषय बना है, न साहित्यिकों की कहानियों का विषय। हमारे लिए वे हैं लोकतंत्र के आलोक-स्तम्भ।

(अगस्त, 2000)

प्रजातंत्र और धनतंत्र

भारत में जब चुनाव आता है तो धनतंत्र की स्थिति को देखकर मन में एक प्रकार की मायूसी आती है। क्या इस चक्रव्यूह का भेदन किया जा सकता है ? कभी भेद लेंगे तो सही सलामत लौट भी पाएँगे ? मूलभूत परिवर्तन के विचारों की उड़ान कुछ क्षण के लिए थम जाती है।

दूसरी भावना यह भी आती है कि पाकिस्तान में हमारी जैसी प्रजातांत्रिक व्यवस्था होती तो वहाँ के लोगों को अच्छा लगता। प्रजातंत्र के न होने से बेहतर है एक लूला-लँगड़ा प्रजातंत्र। प्रजातंत्र में विश्वास न रखनेवालों के लिए भी वहाँ जगह होगी।

इस भावना को हम ज्यादा नहीं खींच सकते हैं। कोई पूछ सकता है कि अगर क्यूबा में साम्यवादी व्यवस्था के स्थान पर भारत जैसी पूँजीवादी-प्रजातांत्रिक व्यवस्था आ जाएगी, तो क्या वह स्वागत योग्य है ? हमारा उत्तर सकारात्मक नहीं होगा। हम कहेंगे कि क्यूबा के लोग अपने आर्थिक समाज में विषमताओं को बढ़ाए बगैर प्रजातंत्र का नया ढाँचा सृजित करें।

इस नए ढाँचे को तलाशने के लिए बीसवीं सदी के मध्य में काफी गहमा-गहमी थी। न सिर्फ राजनीति में, बल्कि विश्वविद्यालयों के विद्वानों में भी अच्छी खासी चर्चा हो जाती थी। चालीस के दशक में ब्रिटेन का प्रो. हैराल्ड जे. लास्की राजनीतिशास्त्र का मूर्धन्य विद्वान था। व्यक्ति स्वातंत्र्य और आर्थिक समानता के बीच के द्वन्द्व को लास्की ने 'अपने समय का सबसे बड़ा विरोधाभास' के रूप में देखा। इस विरोधाभास का विवेचन करने के लिए उसने एक ग्रंथ लिखा। लास्की खुद ब्रिटेन के श्रमिक दल का सक्रिय सदस्य था, तब श्रमिक दल का वैचारिक आधार समाजवाद था।

भारत के समाजवादी दल ने भी भारत के लिए एक समतामूलक प्रजातांत्रिक संविधान लिखने की कोशिश की थी। उन्हीं दिनों भारत की संविधान सभा की बहस में डॉ. अम्बेडकर ने 'आर्थिक लोकतंत्र' की अवधारणा के बारे में एक महत्त्वपूर्ण वक्तव्य रखा था।

बाद के समय में यूरोप तथा भारत में धनतंत्र की मजबूती इतनी बढ़ी है कि उपरोक्त बहस को न राजनीति में, न विश्वविद्यालयों में कोई महत्त्व दिया जा रहा है। मानो इस विषय की प्रासंगिकता खत्म कर दी गई। यूरोप में लास्की के समकक्ष जो

विद्वान हैं और समाज विज्ञान की महान हस्तियाँ माने जाते हैं, वे सब 'विचारधारा की समाप्ति' के पक्षधर लगते हैं। उनके विचारों में इतनी उड़ान नहीं है कि अमरीकी आधिपत्यवाली विश्वव्यवस्था का कोई विकल्प तलाश करें। भारत के विद्वानों ने तो जैसे कसम खा ली है कि मूलभूत और व्यापक सिद्धान्तों को ईजाद करना उनका काम नहीं, महाशक्तियों का है। जिसके पास आधुनिकतम हथियार होंगे और सबसे अधिक धन होगा, ज्ञान का वितरण वही करेगा। हमारे चिन्तन का एक औपनिवेशिक दायरा होगा।

यानी, प्रजातंत्र की संरचना और स्वरूप में बुनियादी बदलाव का सपना इस समय के राजनीतिक समूहों और समाज वैज्ञानिकों में नहीं है। भारतीय विद्वान ज्यादा से ज्यादा चुनाव सुधार की बात कर लेते हैं, या कभी-कभी राष्ट्रपति प्रणाली बनाम प्रधानमंत्री प्रणाली की बचकानी बहस करते हैं। संवैधानिक उपाय से धनतंत्र को नियंत्रित किए बगैर, राजनीतिक प्रणाली में परिवर्तन लाए बगैर चुनाव सुधार का भी कोई परिणाम नहीं निकलनेवाला है। अन्यथा अपनी सामर्थ्य के भीतर चुनाव आयोग ने चुनाव सुधार की कई कोशिशें की हैं। भारत के संविधान में धनतंत्र को मर्यादित करने का जो भी हल्का प्रावधान था, ग्लोबीकरण और उदारीकरण के दर्शन को अपनाकर उसको अप्रभावी कर दिया गया है। इससे भारतीय प्रजातंत्र और राजनीति पर गहरा नकारात्मक असर हुआ है।

प्रजातंत्र की संरचना और राजनैतिक प्रणाली में परिवर्तन की बातें नई पीढ़ी के विद्वानों को असहज लगेगी। इस विषय को सही रूप से समझने के लिए उन्हें जयप्रकाश नारायण तक लौट जाना पड़ेगा। भारतीय प्रजातांत्रिक राजनीति पर सबसे गहरा चिन्तन जे.पी. का था। हालाँकि उन्होंने कोई स्पष्ट विकल्प नहीं दिया। स्वाधीनता प्राप्ति के बाद महात्मा गांधी की एक निकटतम सहकर्मी सुशीला नैयर ने गांधीजी से पूछा—''आजादी मिल गई है, तो क्या आप राजनैतिक व्यस्तता छोड़कर पूरा समय रचनात्मक कार्यों में लगाएँगे ?'' गांधी का उत्तर था, ''पूरी आजादी मिली कहाँ है ? मैं चाहता हूँ कि राजनीति को सुधारने का काम बहुत महत्त्वपूर्ण है। इसके प्रति ध्यान देना होगा'' (गांधीजी के सचिव प्यारेलाल द्वारा उद्धृत)। राजनीति को सुधारना, राजनीतिक प्रणाली को बदलना—विकासशील देशों में प्रजातंत्र को लोकहित में सार्थक बनाने के लिए यह सबसे महत्त्वपूर्ण काम है। राजनीतिशास्त्र को नए ढंग से लिखना होगा।

इस लेख में हम जानबूझकर 'प्रजातंत्र' शब्द का प्रयोग कर रहे हैं। प्रजातंत्र, जनतंत्र, लोकतंत्र—तीनों का अर्थ एक है। ध्वनि में कुछ भिन्नता है। प्रजा पुराना शब्द है, कोई गलत शब्द नहीं है। 'जनतंत्र' या 'लोकतंत्र' की ध्वनि ऐसी है कि मानो जन या लोक खुद राज्य संचालन तथा प्रशासन में सक्रिय भूमिका अदा करते हैं। इक्कीसवीं सदी की दुनिया में कहीं भी ऐसा नहीं होता है। आज की प्रजातांत्रिक व्यवस्था और राजनीतिक प्रणाली में ऐसा सम्भव भी नहीं है। यह एक आदर्श है जिसको साकार करने के लिए नई प्रणाली विकसित करनी होगी। अभी वास्तविक स्थिति इस प्रकार है : कुछ सामाजिक तबकों को मिलाकर एक शासक वर्ग की संरचना होती है। उसकी परिधि में

राजनीतिक प्रक्रियाएँ शुरू होती हैं। चुनाव उसको एक अंजाम देता है—सरकार बनाकर। सामाजिक-आर्थिक विषमताओं के बढ़ने से शासक वर्ग सिकुड़ रहा है। इक्कीसवीं सदी में हर मुल्क का शासक वर्ग सिकुड़ रहा है। भारत के शासक वर्ग की लम्बाई-चौड़ाई को समझने के लिए लोकसभा चुनाव के नामांकन के साथ दी गई सम्पत्ति तालिका पर एक नजर डाली जा सकती है। नामांकन के पहले भाजपा और कांग्रेस की ओर से जिन व्यक्तियों और परिवारों को अपने-अपने दलों में शामिल किया गया, उससे शासक वर्ग अधिक संकीर्ण हो गया। शासक वर्ग के बाहर के लोग प्रजा हैं। प्रजातंत्र में प्रजा की ताकत यह है कि वह कभी-कभी अपने असन्तोष और तकलीफ को शासक विरोधी भावना के रूप में वोट के द्वारा प्रकट कर सकती है। प्रजा के इस रुझान को समझ कर शासक वर्ग कोशिश करता है कि राजनीति द्विपक्षीय हो और दोनों पक्ष मिलकर शासक वर्ग के प्रमुख हितों की रक्षा करें। दुनिया के सारे प्रतिष्ठित प्रजातंत्रों में राजनीति द्विपक्षीय हो गई है। पचास साल पहले इतनी द्विपक्षीय नहीं थी, जितनी आज हो गई है। धनतंत्र की मजबूती का यह लक्षण है। चालीस साल पहले क्लिमेंट एटली की (लेबर पार्टी) सरकार ब्रिटेन में बन गई थी। उस समय लेबर पार्टी सचमुच एक श्रमिक दल था जिस पर आज टोनी ब्लेयर और उसकी विचारधारा हावी है। प्रधानमंत्री के रूप में क्लिमेंट एटली ने उस समय के सबसे बड़े साम्राज्य को भंग करना शुरू किया था। आज का प्रधानमंत्री टोनी ब्लेयर एक नया विश्व साम्राज्य गढ़ने में राष्ट्रपति बुश का छुट्टभैया बना हुआ है। दुनिया भी इसी तरह से द्विपक्षीय है, या तो आप सीधे अमरीका की अधीनता स्वीकार करें, या यूरोप को अपना मार्गदर्शक चुनें। शेष मानव समाज प्रजा है।

धनतंत्र के गैर-प्रजातांत्रिक परिणामों पर काबू पाने के लिए यूरोप के प्रजातांत्रिक समाजवादियों ने (सोशल डेमोक्रेट) एक प्रकार का जनमंगल राष्ट्र स्थापित किया था। उसमें सर्वाधिक सफलता स्कैंडेनेविया के देशों में मिली थी। वहाँ जनमंगल राष्ट्र प्रजातंत्र का अभिन्न आयाम हो गया। व्यापक सब्सिडी और प्रत्यक्ष सरकारी इन्तजाम के द्वारा हरेक नागरिक को एक सम्मानित जीवन मुहैया कराना इस राज्य व्यवस्था का उद्देश्य था। आधुनिक युग के यूरोपीय काल में प्रजातंत्र का यह एक उल्लेखनीय विकास हुआ था। विश्वविद्यालयों को चाहिए था कि पाठ्य-पुस्तकों में इस प्रकार के जनमंगल राष्ट्र को प्रजातंत्र के अभिन्न अंग के रूप में मान्यता दे। भारतीय विश्वविद्यालय प्रजातंत्र का ऐसा पाठ पढ़ा रहे हैं जिसमें लोकमंगल राष्ट्र की कोई अनिवार्यता प्रजातंत्र के लिए नहीं है।

(जून, 2004)

संसद भवन को जला दो

*आजादी के पचास वर्ष पूरे होने पर देश में जो जश्न मनाया गया उसी की एक कड़ी के रूप में संसद का एक सप्ताहव्यापी अधिवेशन बुलाया गया था। इस अधिवेशन पर किशन पटनायक ने यह लेख लिखा था।–**सम्पादक***

यह कोई वीर गर्जना नहीं है, बल्कि असामर्थ्य की एक अभिव्यक्ति है। देश की आजादी के पचासवें साल का उत्सव मनानेवाले संसदीय नेताओं को देखकर और सुनकर असमर्थ क्रान्तिकारियों के मुँह से यह चीख निकल सकती है 'इस संसद भवन को जला दो।'

गांधी ने पार्लियामेंट के बारे में एक शब्द कहा था जिस पर एक महिला ने आपत्ति की थी। वह आपत्ति जायज थी। इसलिए गांधी ने उस शब्द को हटा दिया। उसके बाद गांधी ने पार्लियामेंट को बाँझ कहा। यह भी आपत्तिजनक होना चाहिए था, क्योंकि नारी के लिए निन्दात्मक शब्द के रूप में इसका इस्तेमाल होता रहा है। गांधी ने कभी किसी नारी को बाँझ नहीं कहा। उलटे, गांधी ने कभी-कभी नारियों को बाँझ होने का उपदेश दिया है। फिर भी उन्होंने पार्लियामेंट को बाँझ कहा क्योंकि उन्हें पूरे आक्रोश के साथ इस अति गौरवान्वित संस्था (ब्रिटिश पार्लियामेंट) का उपहास करना था।

जो लोग तानाशाही राज्यव्यवस्था के समर्थन में संसदीय व्यवस्था की आलोचना करते हैं उनसे बिलकुल भिन्न था गांधी का यह उपहास। गांधी ब्रिटिश पार्लियामेंट के विकास के साम्राज्यवादी आधार को जानते थे। केन्द्रीकृत राजसत्ता, पूँजीवादी वर्चस्व, दुनिया के अन्य हिस्सों के शोषण पर आधारित सम्पन्नता से पुष्ट लोकतांत्रिक प्रणाली की असलियत–ब्रिटेन की राज्यव्यवस्था के इन आयामों को जितना गांधी जानते थे और कोई नहीं। ब्रिटेन की शासन व्यवस्था तो आधी दुनिया पर हावी थी, पार्लियामेंट का शासन पूरे साम्राज्य पर था, शासितों के एक छोटे-से हिस्से को ही, जो लुटेरा था या लूट का हिस्सेदार था, नागरिक और राजनीतिक अधिकार उपलब्ध थे। ऐसी एक पार्लियामेंट को दुनिया की संसदों की (यानी लोकतंत्र की) जननी कहकर गौरव प्रदान करने की गलती गांधी नहीं कर सकते थे। ऐतिहासिक विकास की भिन्नताओं को भूलकर अगर अफ्रीका-एशिया का कोई देश लोकतंत्र की स्थापना के उद्देश्य से ब्रिटेन की पार्लियामेंट का अनुकरण करेगा तो निश्चय ही उसकी संसद अपराधियों और लुटेरों

का अखाड़ा हो जाएगी। यूरोपीय साम्राज्यवादियों ने जो कुकर्म अन्य देशों में किया, अपने देश के शासक देश के अन्दर के ही लोगों और इलाकों का उसी तरह शोषण करेंगे। पिछले पचास साल में जहाँ भी किसी विकासशील देश में यूरोप या अमरीका की नकल में एक लोकतांत्रिक ढाँचा खड़ा किया गया है, वहाँ की राजनीति पर पूँजीपतियों का पूर्ण नियंत्रण हो गया है और वहाँ की संसद पर भ्रष्ट तथा अपराधी तत्त्व हावी होते जा रहे हैं।

पन्द्रह अगस्त के दिन और उसके बाद के एक सप्ताहव्यापी संसद के विशेष अधिवेशन में जिस तरह की कार्यवाही चली उससे राष्ट्र को सदमा पहुँच सकता है। चेतन या अवचेतन स्तर पर यह भावना लोगों के मन में आ सकती है कि इस देश को चलानेवाला कोई नहीं है। राष्ट्रपति, प्रधानमंत्री और लोकसभा का अध्यक्ष–तीनों ने जनता को कहा कि राष्ट्र की जटिल समस्याओं के खिलाफ जनता 'आन्दोलन' करे, 'सत्याग्रह' करे और 'दूसरी लड़ाई' शुरू कर दे। सर्वोच्च पदों पर आसीन इन महानुभावों ने यह नहीं कहा कि लोग आन्दोलन करेंगे तो उसमें उनकी भूमिका क्या होगी। किसी देश का सेनापति राजधानी में लोगों को कहे कि हमलावरों का मुकाबला आप लोग करें। राष्ट्रपति, प्रधानमंत्री और लोकसभाध्यक्ष के इन बयानों से निश्चित तौर पर अराजकता का एक मानस बनने लगेगा।

प्रति मिनट सात हजार रुपए खर्च करनेवाले पैंसठ घंटों का यह अधिवेशन भाषणों और प्रस्ताव का था। चौदह सूत्री प्रस्ताव के नाम से जो पारित हुआ उसमें एक भी सूत्र नहीं था जिसको लोग आज याद करते हों। जो लोग देश पर शासन कर चुके हैं या कर रहे हैं वे बढ़ते संकट की बात करते हैं लेकिन पश्चाताप का एक भी शब्द नहीं बोलते हैं, न आगे के लिए एक भी कदम घोषित करते हैं।

चन्द्रशेखर निराशा को देश की सबसे बड़ी समस्या के रूप में पेश करते हैं और कहते हैं कि भ्रष्टाचार उतना बड़ा मुद्दा नहीं है जितना कि लोग समझ रहे हैं। उनका तात्पर्य यह है कि भ्रष्टाचार को अधिक महत्त्व देने पर निराशा बढ़ रही है और यही सबसे बड़ी समस्या है। ऐसा कहकर चन्द्रशेखर ने उन सबको अपना सन्देश दे दिया, जिनको उन्हें देना था। कुछ अरसे पहले तक चन्द्रशेखर ने नई आर्थिक नीति को मुख्य मुद्दा बनाकर एक राजनैतिक खेमा बनाने की कोशिश की थी, पचासवें साल में उन्होंने उस मुद्दे को विशेष महत्त्व का नहीं समझा।

नरसिंह राव ने सबसे लच्छेदार भाषण दिया। प्रधानमंत्री स्तर पर नरसिंह राव ही नई आर्थिक नीति, उदारीकरण और ग्लोबीकरण की नीतियों के संस्थापक के रूप में जाने जाते हैं। उन्होंने यह नहीं बताया कि उनकी नीतियों से भारत को क्या फायदा हुआ, उलटे उनका पूरा भाषण (अखबार के मुताबिक) गांधी की नीति और आर्थिक विकेन्द्रीकरण के समर्थन में दिया गया। तो क्या हमारे सर्वोच्च पद पर बैठनेवाले राजनेता पद पर रहते हुए जो काम करते हैं वे अपने विवेक से नहीं करते ? यानी क्या वे पद पर रहते समय किसी की गुलामी करते हैं ?

कम्युनिस्ट मंत्री इन्द्रजीत गुप्त के बोलने का तर्ज भी वही था। भ्रष्टाचार और अपराधीकरण की समस्या पर विशेष अधिवेशन के अधिकांश भाषण केन्द्रित थे। अपराध और चुनाव गृह मंत्रालय के खास विषय हैं। लेकिन गृहमंत्री के तौर पर इन्द्रजीत गुप्त के पास कोई प्रस्ताव नहीं था। उन्होंने अपने प्रस्ताव को व्यक्तिगत कहा, उनके विभाग या उनकी सरकार का कोई प्रस्ताव अपराधीकरण को रोकने के उपायों पर नहीं था। आजादी के पचासवें साल में देश के भविष्य निर्माण का प्रस्ताव रखना है इसलिए संसद का विशेष सत्र बुलाया गया, मगर गृहमंत्री पेश करता है एक व्यक्तिगत प्रस्ताव, जिस पर न संसद ध्यान देती है न उसके सहयोगी ध्यान देते हैं।

(सितम्बर, 1997)

राष्ट्र की शासन प्रणाली : बहस से कौन डरता है

मौजूदा शासन प्रणाली के बारे में जो बहस बीच-बीच में चल रही है, वह सतही चर्चा है। कोई नहीं चाहता है कि राष्ट्र की शासन प्रणाली के बारे में पूरी तरह से बहस हो। इन्दिरा गांधी के लोग सिर्फ उतनी ही चर्चा चलाना चाहते हैं जिससे मौजूदा प्रधानमंत्री को निरंकुश बनाने का एक माहौल पैदा हो सके। इन्दिरा विरोधी लोग चाहते हैं कि यह बहस बिलकुल न हो। उनका कहना है कि भारत में एक बढ़िया शासन प्रणाली चल रही है।

मौजूदा राजनीति की ही यह विडम्बना है कि सवाल खड़े करने और बहस शुरू करनेवाले सरकार की ओर से ही होते हैं। विपक्ष या बुद्धिजीवी किसी प्रकार की राष्ट्रीय बहस लोगों में नहीं चला पाते। पिछले साल जब कई राज्यों में गैर-कांग्रेसी सरकारें बन गईं, तो उन राज्यों की सरकारों की ओर से एक राजनैतिक सवाल उठाया गया, केन्द्र-राज्य सम्बन्ध को लेकर। लेकिन उसको एक राष्ट्रीय बहस के तौर पर चलाने की इच्छा न राजनेताओं की थी, न राजनीति करनेवालों की। इसलिए शासक दल को बहस में या बहस के परिणामों में फँसना नहीं पड़ा। सरकारिया आयोग नियुक्त कर शासक दल उस बहस से भाग निकला। बहस शुरू होकर चल नहीं पाई, उसके निष्कर्ष निकल नहीं सके। फलस्वरूप केन्द्रीकरण की ही प्रवृत्ति हर स्तर पर बढ़ेगी; और केन्द्रीकरण के खिलाफ जो विद्रोह होगा उसमें अलगाववाद की प्रवृत्ति होगी, विकेन्द्रीकरण की नीति नहीं होगी। हालाँकि केन्द्र-राज्य सम्बन्ध को लेकर राष्ट्रीय बहस होती तो विपक्ष को ही तात्कालिक फायदा होता। इसके बावजूद वह बहस नहीं चला पाता है तो एक कारण यह होगा कि वह सक्षम नहीं है, या उसको भी वही डर है जो शासक दल को है। मौलिक सवालों पर लोगों की बहस चलाने में खतरे दोनों को है।

'शासन प्रणाली' शायद बेहतर शब्द है। 'संविधान' शब्द लोगों की पकड़ के बाहर फैला लगता है। शासन प्रणाली की बहस को लोगों तक ले जाया जा सकता है। 'लोगों के द्वारा, लोगों की, लोगों के लिए' चलनेवाली शासन प्रणाली में कहाँ-कहाँ परिवर्तन जरूरी है, इस बहस में लोगों की हिस्सेदारी हो सकेगी। लेकिन राष्ट्रपति प्रणाली या केन्द्र-राज्य सम्बन्ध को लेकर चर्चा इस ढंग से होती है कि लोगों की हिस्सेदारी तो दूर, राजनैतिक कार्यकर्ताओं के बीच भी बहस नहीं होती है। आजादी के बाद से अगर हम

देखें तो राममनोहर लोहिया ने समाजवादी कार्यकर्ताओं के माध्यम से संविधान बदलने की बहस चलाई थी। शुरुआत यहाँ से की थी कि हमारा संविधान बालिग जनमत द्वारा चुने गए प्रतिनिधियों के द्वारा नहीं बनाया गया है। गुलाम भारत में जो सीमित मतदान प्रणाली थी उसी के तहत संविधान सभा चुनी गई थी। आजाद हिन्दुस्तान के बालिग वोट द्वारा चुने गए प्रतिनिधियों के द्वारा एक बार शासन प्रणाली पर बहस होनी चाहिए।

लोहिया ने संविधान बदलने के कुछ खास मुद्दे उठाए थे जिनको साधारण जनता पकड़ सके। ग्राम पंचायत के अधिकारों और कोष में वृद्धि के लिए संवैधानिक परिवर्तन होना चाहिए ताकि एक केन्द्रीकृत शासन प्रणाली के बदले एक चौखम्भा राज प्रणाली का उदय हो। अन्य एक मुद्दा प्रशासन के सभी स्तरों पर विदेशी भाषा को हटाना था। राज्यपाल के पद को समाप्त करने की बात भी इसी बहस के अन्तर्गत थी।

बिहार आन्दोलन के सन्दर्भ में संवैधानिक मामलों पर लोगों के बीच बहस चलाने के लिए जयप्रकाश नारायण ने कई मुद्दे उठाए थे। प्रतिनिधि की वापसी, रोजगार का संवैधानिक अधिकार, पुलिस और पलटन को अन्यायपूर्ण आदेश न मानने के मामले में अपने विवेक की स्वतंत्रता, चुनाव प्रणाली में परिवर्तन जैसे सवालों से बिहार आन्दोलन का वातावरण गर्म था। इनमें से कुछ मुद्दों को युवा कार्यकर्ताओं ने गम्भीरता से अपनाया। लेकिन एमरजेन्सी के गर्भ से जनमी जनता पार्टी ने इन मुद्दों को दबा दिया।

साम्यवादी जब शासन प्रणाली बदलने की चर्चा करते हैं तो क्रान्ति की विजय के बाद साम्यवादी समाज कैसा होगा, उसकी एक तसवीर बनाते हैं। संविधान बदलना क्रान्तिकारी आन्दोलन की एक प्रक्रिया नहीं हो पाता है। साम्यवादी लोग सरकार की व्यवस्था में तानाशाही, केन्द्रीकरण तथा दल और सरकार के एकीकरण की नीतियों को बहस के परे मानते हैं। ये बातें क्रान्तिकारी आन्दोलन के दिनों में, जब वे सत्ता के बाहर होते हैं, उनके लिए घातक होती हैं। इसलिए संविधान में परिवर्तन की बहस के बारे में वे दुविधा में रहते हैं। कम्युनिस्ट पार्टियाँ संविधान के सिर्फ उन हिस्सों में परिवर्तन की बहस चला सकीं जिन पर आधुनिक पूँजीवाद को कोई एतराज नहीं था। मसलन कृषि भूमि पर सामन्तवादी विशेष अधिकार को खतम करना।

अगर संवैधानिक मुद्दों पर जनसाधारण के बीच बहस चलाई जाएगी तो बहस के प्रारम्भिक बिन्दु होंगे—पुलिस, पंचायत, अदालत, नौकरशाहों के अधिकार, लोक प्रतिनिधियों की जवाबदेही, चुनाव के तरीके, रोजगार का अधिकार आदि। इन मुद्दों पर बहस चलाकर ही राष्ट्रपति प्रणाली या केन्द्र-राज्य सम्बन्ध की बहस को अर्थवान बनाया जा सकता है। बहस को इतना अधिक फैलाना कोई नहीं चाहता।

अन्ततोगत्वा संविधान यथास्थिति बनाए रखने का एक ढाँचा है। ऐसे राजनेता और बुद्धिजीवियों की संख्या काफी है जो पूँजीवादी अर्थव्यवस्था और लोकतांत्रिक मूल्यों को साथ-साथ चलाना चाहते हैं। सम्पन्न पूँजीवादी देशों में दोनों को साथ-साथ चलाना सम्भव हुआ है। इसलिए भारत में भी यह सम्भव होगा, यह उनकी मान्यता है। लेकिन

ऐसा मानना एक किस्म की नादानी है। तीसरी दुनिया के देशों में पूँजीवादी विकास की कुछ खास विशेषताएँ है। इन विशेषताओं के बारे में कोई शास्त्र नहीं बना है। इन देशों के पूँजीवादी विकास में राजनीति, प्रशासन, व्यापार आदि तीनों स्तरों पर दलालों के गिरोह बनते जाते हैं। इन गिरोहों का प्रभाव निर्णायक होने लगता है। इनके लिए लोकतांत्रिक मूल्य एक आवश्यक परिपाटी तो हैं ही नहीं, बल्कि एक बाधा हैं। इन्दिरा कांग्रेस इन गिरोहों का प्रतिनिधित्व करती है। विपक्षी दल औपनिवेशिक पूँजीवाद की उपर्युक्त वास्तविकता को समझ नहीं पाते हैं और सोचते हैं कि पूँजीवाद और लोकतांत्रिक मूल्यों को साथ-साथ चलाया जा सकता है।

असलियत यह है कि यह संविधान, यह शासन प्रणाली आगे चलनेवाली नहीं है, अभी ही नहीं चल पा रही है। इसको या तो दलाल शक्तियाँ अपनी सुविधा के मुताबिक बदलेंगी, या वे लोग बदलेंगे जो आर्थिक-सामाजिक व्यवस्था को बदलना चाहते हैं। तीसरी दुनिया के देशों में लोकतांत्रिक मूल्यों को पूँजीवादी आर्थिक प्रणाली के साथ-साथ नहीं एक समतामूलक अर्थव्यवस्था बनाने के संघर्ष में ही चलाया जा सकता है। तीसरी दुनिया में आर्थिक सामाजिक विकास की प्रणाली क्या होगी, इसके बारे में साफ-साफ नहीं सोच पानेवाले राजनेता संविधान बदलने की प्रक्रियाओं को नहीं चला पाएँगे। दक्षिणपंथी विपक्ष तथा वामपंथी विपक्ष दोनों की सोच इस मायने में मन्द हो गई है। दोनों को राष्ट्रपति प्रणाली से डर है। लेकिन संविधान बदलने की कोई आक्रामक पहल उनकी ओर से नहीं है।

(अक्टूबर, 1984)

गठबन्धन राजनीति की संहिता बने

चीन के मनीषी कनफ्यूसियस ने कहा था कि 'राजनैतिक बुद्धिजीवियों' का एक वर्ग समाज के लिए जरूरी है। चीनी शब्द 'चुन जू' का अनुवाद अंगरेजी में 'नोबल मैन' के रूप में किया गया है। सज्जन या आचार्यकुल कहना गलत होगा। शायद 'राजनैतिक सज्जन वर्ग' कहना बेहतर होगा। लेकिन हम जानबूझकर 'राजनैतिक बुद्धिजीवी' कह रहे हैं क्योंकि इस वर्ग को राजनीति से (सम्राटों के उस युग में) कोई परहेज नहीं था, बल्कि राजनीति को सुधारना उसका एक लक्ष्य था। खुद कनफ्यूसियस ने राजनीति में हिस्सेदारी की थी। उनका सबसे बड़ा शिष्य मैनसियस राजनैतिक सक्रियता में विश्वास करता था। दूसरी सदी में चीन के अन्दर जो किसान विद्रोह हुआ और जिसके अन्तिम परिणाम के तौर पर चीन का 'पहला साम्राज्य' समाप्त हुआ उसके पीछे कनफ्यूसियसवादी बुद्धिजीवियों और ताओवादी धार्मिक नेताओं का नेतृत्व था।

कनफ्यूसियसवादियों के दृष्टिकोण में राजनीति का अर्थ व्यापक होता था। परिवार भी राजनीति का एक अंश है। अपने परिवार को अगर आप सही ढंग से संचालित करेंगे तो राजनीति अवश्य प्रभावित होगी। इस काम को करनेवाला समूह अपने ऊपर बहुत बड़ा बोझ लेने के लिए तैयार होगा। "उसको उदारमना और दृढ़ संकल्पवाला बनना होगा। उसको समझना होगा कि मानवजाति का बोझ उसके सिर और कन्धों पर है। मृत्यु तक यह बोझ ढोना पड़ेगा।"

जार्ज बरनार्ड शॉ नें गांधी की मृत्यु के बाद एक बात कही थी : "अभी तक मैंने पश्चिमी दुनिया का बोझ अपने ऊपर ले रखा था। अब तो पूरी दुनिया का बोझ उठाना पड़ेगा (क्योंकि इस काम में हिस्सेदारी करनेवाला आदमी चला गया)।" दुनिया या देश का बोझ आज कौन उठाने के लिए तैयार है।

समस्याएँ असंख्य हो गई हैं, और कई सारे संकटों का सिलसिला चल रहा है। सबको मिलाकर देखें तो निराशावाद पैदा हो सकता है। या तो भाग्य और नियति पर भविष्य को छोड़ देना होगा, या फिर एक केन्द्रीय हथियार के तौर पर राज्य दिखाई देगा। यह दिखाई देगा कि राज्य की शक्ति को समग्र सुधार के लिए इस्तेमाल किया जा सकता है। तब राज्य को विश्वसनीय बनाना आवश्यक होगा। यह एक स्वाभाविक इच्छा है कि राज्य रहे और उसका सही इस्तेमाल हो। लेकिन अभी स्थिति ऐसी होने लगी है कि राज्य ही नहीं चल पा रहा है। सरकारों के पास पैसा नहीं है। इस पर चर्चा नहीं

होती है, लेकिन कभी एक संकट के रूप में यह लोगों को दिखाई देगा। अब तो यह भी होने लगा है कि चुनाव के बाद भी विधानसभा नहीं बन पा रही है और सरकार का गठन नहीं हो पा रहा है। तो, भारतीय राज्य कैसे विश्वसनीय ढंग से चल पाएगा, यह सवाल एक चुनौती के रूप में खड़ा हो सकता है।

इसी उद्देश्य से संविधान का निर्माण हुआ था जो बहुत अच्छा नहीं था, पर कामचलाऊ अवश्य था। लेकिन राजनीति, अर्थनीति और संस्कृति ऐसी दिशाओं में चली गई हैं कि उस संविधान का कार्यान्वयन नहीं हो पा रहा है। संविधान की कुछ लोकतांत्रिक धाराएँ हैं, मगर कुछ आपातकालीन धाराएँ भी हैं जो गैर-लोकतांत्रिक हैं। जो लोकतांत्रिक धाराएँ हैं वे नाकारा साबित हो रही हैं और जो आपातकालीन धाराएँ हैं उनका उपयोग बढ़ता जा रहा है क्योंकि लोकतंत्र की स्वाभाविक प्रक्रियाओं को न चला पाने की स्थितियाँ बढ़ रही हैं। किसी राज्य पर राष्ट्रपति शासन लागू करना ऐसी ही एक धारा है। ऐसी धाराओं का बार-बार उपयोग संविधान के तहत या संविधान में संशोधन के द्वारा किया जा सकता है। इसी तरह बहुत सारे काम हो रहे हैं जो संवैधानिक तो हैं मगर गैर-लोकतांत्रिक हैं।

सिर्फ सरकार बनाने की बात को लेकर नहीं बल्कि अर्थनीति, शिक्षा, प्रतिरक्षा आदि कई क्षेत्रों में संकट पैदा हो रहे हैं और होनेवाले हैं। बहुत सारे संकट अभी भी दिखाई पड़ रहे हैं जो भविष्य में बड़ा रूप धारण करेंगे। पहले से जानकर उनका समाधान नहीं ढूँढ़ा जा रहा है इसलिए कनफ्यूसियस की याद आ रही है। राजनेताओं और बुद्धिजीवियों का कोई मिश्रित तबका अगर 'बोझ ढोने के लिए' तैयार होता तो आनेवाले संकटों के बारे में समाज को समझाता। उसकी बात कम से कम आंशिक रूप से तो अवश्य सुनी जाती। यहाँ सवाल आदर्श समाज के निर्माण का नहीं, बल्कि फिलहाल राज्य, समाज और लोकतंत्र के विघटन को रोकने का है।

संविधान बदलने की बात बचकानी है क्योंकि मौजूदा तथा आनेवाले संकटों का आयाम कानूनी नहीं है। इन संकटों का एक मुख्य आयाम राजनीतिक संस्कृति का है। कुछ बिन्दुओं पर संविधान संशोधन की जरूरत हो सकती है लेकिन वह गौण बात है। राजनैतिक संस्कृति में सुधार के बिना कोई भी संवैधानिक संशोधन देश की राजनीति में स्थिरता या सहजता नहीं ला सकेगा। समाजवादी विचारक सच्चिदानन्द सिन्हा की 1987 में प्रकाशित किताब 'कोएलिशन इन पालिटिक्स' में एक भविष्यवाणी की गई थी कि देश को संयुक्त सरकारों की अनिवार्यता के लिए तैयार रहना पड़ेगा। लेकिन राजनैतिक बुद्धिजीवियों का कोई ऐसा समूह नहीं था जो इसके बारे में कुछ राजनेताओं को और समाज को भी इस सम्बन्ध में प्रशिक्षित करता। अब सब जान चुके हैं कि संयुक्त सरकार के अलावा सरकार बनाने का कोई दूसरा उपाय नहीं है, फिर भी उसके तरीकों के बारे में नहीं सोचा जा रहा है। संयुक्त सरकारों को कारगर बनाने के लिए संविधान में संशोधन की कोई जरूरत नहीं है, होगी भी तो कुछ मामूली तकनीकी कारणों से होगी। संयुक्त सरकार का मतलब है अलग-अलग या परस्पर विरोधी स्वार्थों का

प्रतिनिधित्व करनेवाले राजनैतिक दलों का मिला-जुला ढाँचा। कानून के बल पर ऐसी सरकारों को टिकाऊ या उपयोगी नहीं बनाया जा सकता। देश और जनता के प्रति उत्तरदायित्व तथा आचरण की मर्यादा से ही ऐसी सरकारें टिकाऊ हो सकती हैं। सिर्फ सरकारों का गठन पर्याप्त नहीं है, उनमें टिकाऊपन होना चाहिए और देश के लिए उनकी उपयोगिता भी होनी चाहिए। नियमों और मर्यादाओं की एक अनौपचारिक संहिता होनी चाहिए जिसके बारे में राजनेताओं और समाज दोनों को ज्ञान हो। इसकी छूट राजनेताओं को नहीं दी जा सकती कि वे मनमाने ढंग से जब चाहें किसी का समर्थन कर दें या समर्थन वापस ले लें। गठबन्धन, समर्थन, समर्थन की वापसी—यह सब पारदर्शी होना चाहिए। इसके लिए संविधान का संशोधन नहीं, बल्कि राजनीति को बाँधने और पारदर्शी बनाने के नियम और मर्यादाएँ सोची जानी चाहिए और जनसाधारण को भी इसके बारे में सचेत होना चाहिए। प्रचार माध्यम के द्वारा यह काम नहीं हो सकता। अखबारों में इसकी सम्भावना थी लेकिन अखबार अभी पूरी तरह से पूँजीवाद और उपभोक्तावाद के प्रचार-माध्यम बन चुके हैं।

वयोवृद्ध समाजवादी चिन्तक श्री विनायक राव कुलकर्णी* हमें बार-बार कह रहे हैं कि भारत में लोकतंत्र को बनाए रखने के लिए नए-नए तरीके सुझाने पड़ेंगे। सरकार बनाने की जो पद्धति केन्द्र और राज्य में अपनाई जा रही है वह उनकी दृष्टि में लोकतांत्रिक नहीं है, क्योंकि चुनाव का जो जनादेश होता है, सरकार बनाते समय उसका ख्याल नहीं रखा जा रहा है, बल्कि चुनाव के जनादेश का उल्लंघन हो रहा है। मतदान के क्षण तक जो दल एक-दूसरे को दुश्मन घोषित करते हैं, चुनाव के एक हफ्ते बाद वे कैसे मिलकर सरकार बना सकते हैं ? फिर हम जनादेश की बात कहते क्यों हैं ?

विनायक जी का आग्रह यह है कि ऐसे सवालों और विसंगतियों को हम नजरअन्दाज न करें। समाधान ढूँढ़ें और सुझाएँ, अन्यथा मर्यादाहीनता इतनी बढ़ जाएगी कि लोकतंत्र को टिकाना सम्भव नहीं होगा।

1996 में उत्तर प्रदेश में जो हुआ वह सचमुच शर्मनाक है। चुनाव होने के बाद राष्ट्रपति शासन लागू हो गया। चुनाव के बाद अवश्य एक सरकार बननी चाहिए और उसका उपाय समझ में आना चाहिए। लोकतांत्रिक सरकार बनाने के बारे में मान्यता यह है कि जिस दल का स्पष्ट बहुमत होगा वह सरकार बनाएगा। अगर किसी एक दल को स्पष्ट बहुमत हासिल नहीं है तो एक गठबन्धन की सरकार हो सकती है। यानी सिद्धान्त बहुमत का है। इससे निष्कर्ष निकलता है कि अगर कोई गठबन्धन भी नहीं बन पा रहा है तो सबसे बड़े दल को ही सरकार बनाने की अनुमति मिलनी चाहिए। अगर ऐसा नहीं होता तो किसी अल्पमतवाले को ही सरकार बनाने का मौका देकर (जैसा कि केन्द्र में हुआ), या राष्ट्रपति शासन लागू करके (जैसा कि हो रहा है) चुनाव की भ्रूणहत्या करनी पड़ेगी।

---

* समाजवादी चिन्तक और नेता विनायक राव कुलकर्णी का 83 वर्ष की उम्र में पुणे में 1997 में निधन हो गया।

इन उपायों को मानने से भविष्य में बहुत सारी दिक्कतों का हम समाधान दे पाएँगे। अगर इन उपायों को नहीं मानते हैं तो बार-बार चुनाव के बाद राष्ट्रपति शासन ही लागू होगा। जब यह एक परिपाटी बन जाएगी कि सबसे बड़ा दल सरकार बना सकता है तब विश्वास या अविश्वास प्रस्ताव के बारे में भी नई मर्यादा बनानी पड़ेगी। विनायक राव कुलकर्णी की यह टिप्पणी बिलकुल सटीक है कि जब कुछ ही दिन पहले चुनाव हुआ और नतीजा निकल चुका है तब विश्वास प्रस्ताव की प्रासंगिकता क्या है ? क्या हम चुनाव का निष्कर्ष निकालने में असमर्थ हैं ? या फिर चुनाव के जनादेश को ही हम बदलना चाहते हैं ? यहीं पर एक नियम बनाने की जरूरत है कि सरकार के गठन के बाद एक वर्ष तक अविश्वास प्रस्ताव नहीं लाया जाएगा। अन्य दलों को एक साल तक संयम रखना होगा या बरदाश्त करना पड़ेगा। यह कोई बिलकुल नई बात नहीं है। कई राज्यों में पंचायत या नगरपालिकाओं के लिए यह पाबन्दी है कि एक निश्चित अवधि तक अविश्वास प्रस्ताव नहीं आ सकता है। राष्ट्रपति शासन और सबसे बड़े दल की सरकार–इन दोनों में चुनना है तो किसको चुना जाए ?

एक दूसरा फायदा इससे हो सकता है–एक साल तक अविश्वास प्रस्ताव पर मतदान नहीं होगा मगर विधेयकों पर, सरकारी प्रस्तावों पर तो होगा ही। तब शासक दल हमेशा चौकन्ना रहेगा कि ऐसे प्रस्ताव और विधेयक लाए जिन पर सदन का बहुमत हासिल किया जा सके। उनको लाने के पहले विभिन्न दलों से बात करनी पड़ेगी, संवाद का एक सिलसिला होगा जो सार्थक साबित हो सकता है।

उत्तर प्रदेश में भाजपा ने जो माँग की वह हमारी बात से भिन्न है। भाजपा ने अपनी माँग को एक स्थायी राजनीतिक मर्यादा के रूप में पेश नहीं किया है। वह सिर्फ यह चाहती थी कि भाजपा को सरकार बनाने का मौका मिलना चाहिए। अगर स्थायी समाधान के रूप में कहना होगा तो इस प्रश्न का उत्तर देना होगा कि विश्वास प्रस्ताव का क्या होगा ? अन्यथा इसका मतलब होता है कि एक बार हम सिंहासन पर बैठ जाएँगे तो चुनाव के जनादेश के विरुद्ध कुछ तिकड़म करके विश्वास मत प्राप्त कर लेंगे।

(दिसम्बर, 96)

संविधान समीक्षा की नकली बहस और असली चुनौती

इस वक्त कई तरह की बहसें चल रही हैं; और बहस को शुरू करनेवाला खुद शासक दल है। वह शासक दल सचमुच खुशनसीब है, जो बहसों को इस तरह चला देता है कि सारी चर्चा सिर्फ 'हाँ या ना' में होने लगती है। चर्चा होती है कि धर्मान्तरण होना चाहिए या नहीं, जबकि धर्म पर कोई चर्चा नहीं होती है। हिन्दू विधवाओं पर फिल्म बननी चाहिए या नहीं ? यह नहीं कि विभिन्न धार्मिक समाजों में नारी की सुरक्षा के लिए क्या-क्या सुधार होना चाहिए ? संविधान को बदलना चाहिए या नहीं ? यह नहीं कि संविधान में जो भी जनहित के प्रावधान हैं उन पर कब अमल होगा ? परमाणु परीक्षण होना चाहिए या नहीं ? यह नहीं कि देश की सुरक्षा और पड़ोसियों से शान्ति के लिए किन कार्यक्रमों की जरूरत है।

ऐसी बहसों को प्रचार माध्यम पूरे जोर से प्रोत्साहित करते हैं। 'हाँ या ना' की बहस में वो पक्ष मजबूत होता है जो जानबूझकर चतुराई से अपने लिए अनुकूल प्रश्नों को खड़ा कर पाता है। असली सवालों से ध्यान हटाने के लिए बहसों को एक खास ढंग से प्रस्तुत किया जाता है, जिससे औसत नागरिक अपने को दिशाहीन अनुभव करता है।

सरकारी कर्मचारी प्रशासन को कैसे चलाएँ ? उनकी कार्य प्रणाली से आम नागरिक क्यों परेशान रहता है ? इसके बारे में चर्चा होने लगेगी तो शायद अस्सी फीसदी जनता उसमें हिस्सेदारी करना चाहेगी। लेकिन हम अगर सरकारी कर्मचारी के बारे में सिर्फ यह सवाल उठाएँ कि 'रा. स्व. संघ में वह शरीक हो सकता है या नहीं ?' तो नगण्य लोग ही उस पर बात कर पाएँगे ? अगर पहले सवाल पर चर्चा का मौका नहीं मिलता है और दूसरे सवाल पर सारे प्रचार माध्यम टूट पड़ते हैं तो समझना चाहिए कि हमारे समाज में संवादहीनता की स्थिति आ गई है। सार्वजनिक मुद्दों को जब जनता की प्रत्यक्ष अनुभूति से काटकर बहस का दायरा तय किया जाता है तब राजनीति में संवादहीनता की स्थिति आ जाती है। राजनीति में संवादहीनता का मतलब लोकतंत्र की मौत। लाखों कम्प्यूटर इस संवादहीनता को भेद नहीं पाएँगे, क्योंकि आधुनिक टेकनोलॉजी संवाद को

पूरी तरह यांत्रिक बनाकर संवादहीनता को अधिक गहन बना देती है। इससे नकली बहसों को चलाना या बहसों को सिर्फ 'हाँ या ना' में चलाना सुगम होता है।

दो

तो क्या संविधान समीक्षा की बहस नकली है ? प्रस्तावक के लिए नकली नहीं है, क्योंकि इस बहस का सिलसिला चलाकर वह इसे एक परिणति तक ले जाना चाहता है। राज्य और राजनीति का चरित्र बदलना, एक गैर-लोकतांत्रिक सामाजिक-आर्थिक व्यवस्था को प्रतिष्ठित करना उसका लक्ष्य है। इस प्रस्ताव को नकारनेवाले भी गम्भीर हैं, क्योंकि वे भयभीत हैं कि उनका विरोधी अपने लक्ष्य की ओर बढ़ रहा है। भयभीत होने की स्थिति को गम्भीर ही कहा जाएगा। खतरा बिलकुल वास्तविक है। (काश, भयभीत होने की स्थिति को छिछली या हास्यास्पद कहने का साहित्य में प्रचलन होता !) बहस नकली इसलिए है कि विरोध करनेवाले किसी बड़े लक्ष्य को सामने रखकर बहस नहीं कर रहे हैं। वे यह नहीं कह रहे हैं कि हम इसी संविधान के द्वारा ही जनता की हालत को बेहतर और समृद्ध बनाने के काम में एकजुट हो जाएँ।

अभी तक संविधान के प्रति राजनैतिक दलों का रवैया क्या रहा है ? यही कि हम संविधान के बारे में कुछ न करें; अदालतों के लिए संविधान को छोड़ दें। राज्य और राजनीति को संविधान के बारे में कुछ नहीं करना है; जो करना है, अदालतों को करना है।

यही हो रहा था। लोगों के लिए और राजनीति के लिए संविधान की कोई उपयोगिता नहीं रह गई है। कांग्रेस और अन्य भाजपा-विरोधी दल अपने शासन काल में संविधान को इतना मूल्यहीन साबित कर चुके हैं कि लोग उसके प्रति उदासीन हो चुके हैं।

संविधान मात्र कानूनों की किताब नहीं है। राज्य और राजनीति के चरित्र को निर्धारित करनेवाला यह राष्ट्र का एक मौलिक दस्तावेज है। न्यायालय से इसका सम्बन्ध दूसरे स्तर का है। इसका प्राथमिक सम्बन्ध सरकार और राजनैतिक दलों से है, जो इसकी कसम खाते रहते हैं। संविधान के सिर्फ उन हिस्सों पर न्यायालय को निर्णय करने की क्षमता प्राप्त है, जिनका स्वरूप कानूननुमा है। दुनिया के जो भी महत्त्वपूर्ण लिखित संविधान हैं या थे, उनका अध्ययन करने पर पता लगेगा कि संविधान का एक निर्णायक हिस्सा होता है जिस पर न्यायालय कुछ विशेष नहीं कर सकता है, क्योंकि उसका मुख्य उद्देश्य राज्य और समाज व्यवस्था के चरित्र को निरूपित तथा नियन्त्रित करना होता है। संविधान का यह अंश किसी समाज के इतिहास के एक मोड़ को परिभाषित करता है। यह एक समय का अन्त होता है और एक नए समय का प्रारम्भ। उसका साक्ष्य और आश्वासन संविधान देता है।

भारतीय संविधान की प्रारम्भिक उद्‌घोषणा और चौथा भाग, जिसे निदेशक

सिद्धान्त कहा गया है, सर्वाधिक महत्त्व की चीज है। विश्वविद्यालयों की बौद्धिक चर्चाओं में इन अंशों का यह कहकर अवमूल्यन किया गया है कि इनकी अवधारणाओं और सिद्धान्तों को न्यायालय का विषय नहीं बनाया जा सकता है। यानी इन पंडितों की राय में संविधान सिर्फ न्यायालय के लिए लिखा गया है, यानी 'इंडियन पीनल कोड' की तरह यह कानून की एक किताब है। जिन धाराओं में न्यायिक सजा का प्रावधान नहीं है, उन धाराओं का कोई महत्त्व नहीं है। मानो ये धाराएँ निदेशक न होकर उपदेशात्मक हों।

संविधान में ही लिखा गया है कि ये धाराएँ निदेशक हैं। भारत का संविधान मात्र कुछ राजनीतिक नेताओं और कानून के विशेषज्ञों के दिमाग की उपज नहीं था, बल्कि यह बीसवीं सदी के एक महान जन आन्दोलन की एक परिणति था। संविधान का यह ऐतिहासिक चरित्र भाग 4 में ही प्रतिबिम्बित होता है। बाकी सारे अधिकार, जिनको न्यायालय का विषय माना गया है, यहाँ तक कि तीसरा भाग भी, जिसको मौलिक अधिकार का भाग कहा जाता है, इसके बिना मूल्यहीन हैं। यह एक महान जन आन्दोलन का तकाजा था कि संविधान बनानेवालों को कबूल करना पड़ा कि एक समतावादी सामाजिक-आर्थिक व्यवस्था की संरचना के बगैर लोकतंत्र, योग्यता, न्याय, मौलिक अधिकार, समान अवसर आदि की अवधारणाएँ खोखली हैं। 38 से 51 तक की धाराओं को पढ़ने पर यह स्पष्ट हो जाता है कि तीसरे भाग के अधिकारों की पुष्टि का उपाय चौथे भाग में सुझाया गया है। इन धाराओं में सुझाई गई सामाजिक व्यवस्था के अन्दर ही तीसरे भाग के मौलिक अधिकारों की सार्थकता समझ में आती है। बेंगलूरु के हमारे एक साथी की यह टिप्पणी कि "सामान्य आदमी का मौलिक अधिकार चौथे भाग में है", शत-प्रतिशत सही है। बार-बार यह निर्देश आता है कि एक नई 'समाज व्यवस्था' बनानी होगी और साधारण जनों के लिए 'अधिकार' पैदा करना होगा; अधिकारों को प्रभावी बनाना होगा। और बातों के साथ धारा 38 यह निर्देश देती है कि 'आय, प्रतिष्ठा, सहूलियत और सुविधा आदि की विषमताओं' को मिटा देने की पूरी कोशिश करनी होगी। धारा 41 के इस निर्देश को हमेशा ध्यान में रखना चाहिए। इसके अनुसार रोजगार तथा शिक्षा के अधिकारों को प्रभावी बनाना होगा। धारा 39 भी गजब है, जो यह कहती है कि समाज के भौतिक संसाधनों की मिल्कियत का बँटवारा इस ढंग से हो कि सबकी भलाई हो; आर्थिक व्यवस्था इस प्रकार की बनाई जाए कि सम्पत्ति और आर्थिक संसाधनों का केन्द्रीकरण न हो पाए।

'अगर-मगर' की शब्दावली इस्तेमाल किए बगैर संविधान कहता है कि एक समतावादी सामाजिक-आर्थिक व्यवस्था बनानी होगी। इन निर्देशों पर अमल नहीं करने की सबसे ज्यादा दोषी है कांग्रेस, जिसका शासन सबसे लम्बा रहा, जिसके हाथ में तीस साल तक सम्पूर्ण सत्ता थी। आजादी आन्दोलन के दौरान पैदा हुई जनसाधारण की आकांक्षाओं को, जो संविधान के माध्यम से राष्ट्र की घोषित आकांक्षाएँ बन गईं, कुचलने का अपराध कांग्रेस के नेतृत्व ने किया है। संवैधानिक निर्देशों के विपरीत वंचितों की

संख्या में, आय तथा प्रतिष्ठा की विषमताओं में भारी वृद्धि हुई है। शुरू से इन आकांक्षाओं को कुचल देने के बाद जनमानस में संविधान के प्रति लगाव खत्म हो गया है। संवैधानिक निर्देशों के बिलकुल विपरीत किस्म की एक अर्थव्यवस्था को खुले ढंग से प्रचलित कराने के पक्ष में संसद के सारे प्रमुख राजनैतिक दलों की एक संयुक्त कोशिश चल रही है। पहले नरसिंह राव-मनमोहन सिंह की कांग्रेस सरकार, बाद में वाम दलों द्वारा समर्थित राष्ट्रीय मोर्चे की सरकार, अब संघ परिवार द्वारा निर्देशित राजग की सरकार ने संवैधानिक निर्देश की विपरीत दिशा में राष्ट्र की अर्थव्यवस्था को ले जाने का काम किया है। इस सन्दर्भ में सोचें तो निश्चय ही संविधान पुराना पड़ गया; उसको बदलना एक तार्किक आवश्यकता है !

तीन

भारत के संविधान को बदलने का एक इरादा संघ परिवार या राजग का है, तो भारत के संविधान को बदलने का एक दूसरा इरादा अन्तरराष्ट्रीय पूँजीवाद का है। दोनों का इस वक्त संयोग है। संविधान बदलने का संघ का इरादा तो बहुत पुराना है। लेकिन उसके लिए मौका नहीं था। संविधान मुर्दा नहीं हुआ था; संविधान की जीवन्तता उसके लिए बाधक थी। वाजपेयी-पूर्व सरकारों के द्वारा संविधान की आत्मा को नष्ट कर दिए जाने के बाद, भारत की अर्थनीति में अन्तरराष्ट्रीय पूँजीवाद को खुली छूट देने के बाद संघ का इरादा प्रचंड हो रहा है। संविधान बदलने के मामले में साम्राज्यवाद और मनुवाद की दृष्टि में कहीं-कहीं तो भिन्नता आएगी ही, लेकिन दोनों नहीं चाहेंगे कि भारत एक 'समाजवादी गणराज्य' हो; दोनों नहीं चाहेंगे कि कानून के द्वारा आय की विषमताओं को घटाया जाए; दोनों नहीं चाहेंगे कि सम्पत्ति और संसाधनों के केन्द्रीकरण पर सरकारी रोक लगाई जाए। अगर कांग्रेस रा. स्व. संघ के प्रस्ताव का विरोध करती है, लेकिन अन्तरराष्ट्रीय पूँजीवाद का हुकुम मानने के लिए तैयार है, तो संविधान की रक्षा कहाँ से होगी ? शुरू के दिनों में आधे-अधूरे ढंग से, मजबूरी मानकर, गरीबों के हित में या विषमता घटाने के लिए जो भी कानून बने थे या बन रहे थे, उनको पलटने का सिलसिला 1991 के बाद से घोषित तौर पर शुरू हो गया है। भूमि हदबन्दी कानून में ढिलाई दी जा चुकी है। प्राकृतिक संसाधनों पर बहुराष्ट्रीय कम्पनियों को नियंत्रण का अधिकार दिया जा रहा है। धनी वर्ग की सबसिडी को बढ़ाते हुए गरीबों की सबसिडी को खत्म किया जा रहा है। इसका मतलब है कि वाजपेयी सरकार बनने के पहले से संविधान को चुनौती दी जा रही है। अभी वही कांग्रेस और उसके सहयोगी दल भाजपा द्वारा प्रस्तावित संविधान समीक्षा का घोर विरोध कर रहे हैं। अपने राजनैतिक प्रतिद्वन्द्वी के विरोध के अलावा इसमें और क्या सच्चाई है ? इस संविधान के प्रति उनका क्या रवैया है, उन्होंने स्पष्ट नहीं किया है। क्या वे यह सत्य कबूलने के लिए तैयार हैं कि अभी तक की सरकारें संविधान की आत्मा को नष्ट करने की दोषी हैं ? क्या वे अभी

भी यह संकल्प करेंगे कि आय की विषमताओं को मिटाने और रोजगार का अधिकार दिलाने लायक एक समतावादी सामाजिक-आर्थिक व्यवस्था स्थापित करने के लिए कार्यक्रम और अभियान तुरन्त शुरू करेंगे ? अगर नहीं, तो वे किस संविधान की रक्षा करना चाहते हैं ? संविधान को न बदलने का एकमात्र उपाय है कि संविधान के जनकल्याणकारी और समतावादी प्रावधानों को तत्काल लागू करने की मुहिम चलाकर संविधान को गरिमायुक्त करना, ताकि उसके बचाव के लिए देश का जनसाधारण खड़ा हो जाए, अन्यथा संविधान समीक्षा पर 'हाँ या ना' की यह बहस भाजपा बनाम भाजपा-विरोधी राजनीति का ही एक खेल बन जाएगी, जिसमें भाजपा का पलड़ा भारी होने की सम्भावना ज्यादा है।

काश, संविधान समीक्षा का विरोध करनेवाले सारे राजनैतिक दल, सामाजिक कार्यकर्ता और बुद्धिजीवी संविधान के लोकतांत्रिक समतामूलक गौरवमय पक्ष को अमल में लाने के लिए एकत्रित होकर एक मुहिम छेड़ दें।

(मार्च, 2000)

पंचायत का मतलब

पंचायत हमारा बड़ा पुराना और सुन्दर शब्द है, उसके साथ प्राचीनता की मिठास जुड़ी है।

—गांधीजी

पंचायती राज के सवाल पर कांग्रेस और विपक्ष के बीच विवाद पैदा हो गया है। यह एक राजनैतिक विवाद है। इस विवाद में राजीव गांधी की जीत हो चुकी है। विपक्ष ने अपना वैचारिक खोखलापन जाहिर किया है। 1960 से 1988 तक पंचायत या विकेन्द्रीकरण का सवाल कांग्रेस के प्रचार का मुद्दा नहीं होता था (विपक्ष में ही एक खेमा है जिसने विकेन्द्रीकरण के मुद्दे को अपनी क्रान्तिकारिता के प्रतीक के रूप में प्रचारित किया था)। संविधान में संशोधन का सुझाव भी सर्वप्रथम विपक्ष की ओर से आया था। लेकिन जब से राजीव गांधी ने पंचायती राज के बारे में संविधान संशोधन लाने की इच्छा जाहिर की और उसकी वे एक रणनीति बनाने लगे, तब से विपक्ष हतप्रभ हो गया है। अपने बेहतर सुझाव पेश करने और संशोधन की निर्दिष्ट धाराओं का विरोध करने के बजाय इन लोगों ने पूरे संशोधन की मुखालफत करना शुरू कर दिया। वामपंथी दलों ने तो 'भारत बन्द' की धमकी दे दी थी। निश्चय ही वे इस बात पर भारत बन्द नहीं करा पाएँगे और अब तक समझ चुके होंगे कि वे बुरी तरह फँसा दिए गए हैं। प्रचार की लड़ाई में राजीव गांधी ने पहली बार विपक्ष को ध्वस्त कर दिया है। लम्बे अरसे की चर्चा के बाद जब राजीव गांधी अपना विधेयक पेश कर चुके हैं, तब विश्वनाथ प्रताप सिंह कहते हैं कि हम अपना मॉडल प्रस्तुत करने के लिए एक आयोग गठित करेंगे जिसके अध्यक्ष गद्दीच्युत बोम्मई होंगे। यानी अभी तक वी. पी. सिंह या जनता दल के समर्थक बुद्धिजीवी जो विकेन्द्रीकरण को अपना मुद्दा मानते थे, बगैर मॉडल बनाए हवाई बातें कह रहे थे।

दो

दरअसल प्रचार युद्ध और राजनीतिक विवाद की तह के नीचे एक भयंकर वस्तुस्थिति, एक घोर मतैक्य की स्थिति है जिसको न राजीव गांधी, न जनता दल, न विपक्ष समर्थक

बुद्धिजीवी समझ पाते हैं। तीसरी दुनिया की सामाजिक-आर्थिक व्यवस्था की गति एक खास दिशा में बन चुकी है। इस गति को बदलना असम्भव जैसा है (बुद्धिजीवियों के अहं को सहलाने के लिए हम 'असम्भव' शब्द का इस्तेमाल कर रहे हैं, अन्यथा कहते कि इसको बदलने के लिए अभूतपूर्व क्रान्ति जरूरी है)। 'विधाता' के द्वारा जिस व्यक्ति का भविष्य निर्धारित हो चुका है, उसका व्यवहार और चिन्तन उसी के अनुकूल हो जाते हैं। उसी तरह तीसरी दुनिया के समाजों की परिणति की जो दिशा निर्धारित हो चुकी है, उन समाजों का शासक वर्ग उस लक्ष्य के अनुकूल ही अपनी नीतियाँ बनाता है। उन समाजों का बुद्धिजीवी वर्ग जाने-अनजाने उस लक्ष्य के तहत अपने विचारों को संगठित करता है। ये राजनेता या बुद्धिजीवी समझ नहीं पाते हैं कि उनके शब्दों में अर्थ कौन भरता है। अपने कोमल मन की जीवदया और परोपकारी वृत्ति के अनुरूप वे अपने शब्द और नारे गढ़ लेते हैं, लेकिन उन शब्दों में अर्थ डालता है खुद 'विधाता'। इसी अर्थ में हरेक समाज की एक ऐतिहासिक नियति होती है। अगर इस नियति के बारे में आलोचनात्मक समझ नहीं होगी तो उस नियति के अनुकूल ही बुद्धिजीवी अपने विचार व्यक्त करेगा। अक्सर नेहरू जैसे कोमल मन और परोपकारी वृत्ति के लोग ही किसी सभ्यता की पतनशील अवस्था में उसके सबसे बड़े संरक्षक बनते हैं। नेहरू ने 'समाजवादी ढाँचा' शब्द बनाया, व्यवस्था ने उसके अन्दर एक अर्थ डाल दिया और उसी अर्थवत्ता के बल पर समाजवाद के नाम से पूँजीवाद को तेज गति मिल गई। 'समाजवाद' का अर्थ 'गरीबी' हटाना हो चुका है। गरीबी हटाने का अर्थ कंगाली से बचाना हो चुका है। उसी तरह राजीव गांधी और विपक्षी नेताओं के सम्मिलित स्वर में जो विकेन्द्रीकरण और पंचायती राज का नारा गूँज रहा है, उसका भी एक खास अर्थ समाज की वास्तविकता के साँचे पर तैयार हो रहा है। "गाँवों का शोषण, गाँवों का अधिक शोषण, गाँवों का अधिकतम शोषण" जिस आधुनिक तकनीकी समाज का लक्ष्य है, उस समाज की जरूरत के मुताबिक इन शब्दों का कानूनीकरण हो रहा है।

विकेन्द्रीकरण एक नकारात्मक शब्द है। उसमें गांधीजी वाली मिठास नहीं है। हालाँकि यह एक सुन्दर शब्द हो गया है। रजनी कोठारी या अन्य शास्त्रीय लोग 'विकेन्द्रीकरण' शब्द का ही इस्तेमाल करते हैं। 'पंचायत' शब्द उनकी शास्त्रीय अवधारणाओं के साथ बेमेल हो जाता है। राममनोहर लोहिया ने भी विकेन्द्रीकरण शब्द का ज्यादा प्रचार किया, शायद उसी से ही यह एक आम प्रचलन का शब्द बन गया। लोहिया को इसकी कीमत देनी पड़ी है। उनके अमरीकी चेले हैरिस बोफोर्ड ने, जो पंचायत के बारे में अनपढ़ था, अमरीका के दैत्याकार निगमों (कारपोरेशन) को विकेन्द्रीकरण का नमूना सिद्ध करने की कोशिश की है, क्योंकि ये निगम स्वायत्त होते हैं, सार्वभौम भी होते हैं। लोहिया का दूसरा शब्द था 'चौखम्भा राज'। यह अधिक सकारात्मक है और पंचायत के साथ जुड़ता है, लेकिन यह शब्द प्रचलित नहीं हुआ। विकेन्द्रीकरण शब्द की दिक्कत यह है कि इसकी न कोई परम्परा है, न कोई मॉडल है। अधिक केन्द्रों के होने यानी बहुकेन्द्रीयता को ही विकेन्द्रीकरण समझना शिक्षित लोगों

के लिए आसान होता है। विकेन्द्रीकरण शब्द का जिस फूहड़ ढंग से इस्तेमाल होता है, उसके हिसाब से भारतीय प्रशासन अत्यधिक विकेन्द्रित है, क्योंकि किसी भी सरकारी फाइल पर बहुत सारे केन्द्रों में ऊपर-नीचे होने के बाद ही कोई फैसला हो पाता है।

तीन

पंचायत एक सकारात्मक शब्द है। उसका अर्थ है आदमी के निकटतम बिन्दु पर सारा फैसला हो जाए। पंचायत के सकारात्मक गुण ढूँढ़नेवाले को गांधीजी के पास जाना पड़ेगा। गांधीजी के बहुत सारे पद्यात्मक वाक्य पंचायत के सम्बन्ध में हैं : ''हरेक गाँव में जम्हूरी सल्तनत होगी। उसके पास पूरी सत्ता और ताकत रहेगी। यहाँ तक कि वह सारी दुनिया के खिलाफ अपनी हिफाजत खुद कर सके।...ऐसा समाज अनगिनत गाँवों का बना होगा, उसका फैलाव एक के ऊपर एक के ढंग पर नहीं, बल्कि लहरों की तरह एक के बाद एक की शकल में होगा। जिन्दगी मीनार की शकल में नहीं होगी, जहाँ ऊपर की तंग चोटी को नीचे के चौड़े पाए पर खड़ा होना पड़ता है। समुद्र की लहरों की तरह जिन्दगी एक के बाद एक घेरे के शकल में होगी और व्यक्ति उसका मध्यबिन्दु होगा।''

गांधीजी अपनी तसवीर को अतिशयोक्ति ही मानते हैं; लेकिन इस अर्थ में कि ''यूक्लिड की परिभाषावाला बिन्दु कोई इनसान खींच नहीं सकता, फिर भी उसकी कीमत तो हमेशा रही है और रहेगी। इसी तरह मेरी तसवीर की कीमत है। प्रत्येक गाँव एक समृद्ध लोकतंत्र होगा।'' यह यूक्लिड जैसी परिभाषा है। व्यवहार की पंचायत इस परिभाषा के नजदीक होगी जितना कि कागज पर लिखा बिन्दु अपनी परिभाषा के निकट होता है। सचमुच व्यवहार परिभाषा के कितना नजदीक होगा यह हम कह नहीं सकते, लेकिन जो लोग पंचायत को एक प्रशासनिक सुविधा की चीज न मानकर एक मौलिक ढाँचा मानते हैं, उनको चाहिए कि गांधीजी की दृष्टि को ध्यान में रखकर वे कोई मापदंड तय करें।

कहीं पर पंचायत है या नहीं, इसके लिए निम्नलिखित प्रश्न पूछने होंगे :

(क) कितनी चीजें हैं जिनका फैसला ग्रामवासी खुद करते हैं ? फैसले को कार्यान्वित करने के वित्तीय साधन गाँव के पास है या नहीं ?

(ख) क्या जमीन सम्बन्धी सारे दस्तावेज ग्राम पंचायत के दफ्तर में रहते हैं और पटवारी-तहसीलदार जैसे कर्मचारी भी ग्राम पंचायत के अधीन (जिला परिषद के अधीन नहीं) रहते हैं ?

(ग) कितने उद्योग हैं जिनका संचालन ग्राम पंचायत/प्रखंड पंचायत खुद करती है ?

(घ) क्या गाँव के पास उतने अधिकार और साधन हैं कि वे अपनी पूरी आबादी के लिए माध्यमिक शिक्षा मुफ्त दे सकें और सारे नौजवानों को रोजगार दे सकें ?

(च) क्या गाँवों के पास उतने अधिकार और साधन हैं कि वे अपने परिवेश और सफाई की सारी जरूरतें पूरी कर सकें ?

(छ) क्या प्रत्येक गाँव में मनोरंजन और अध्ययन के साधन उपलब्ध हैं ?

उपर्युक्त सवालों से पंचायत की जो परिभाषा पैदा होगी, वह यूक्लिड जैसी परिभाषा नहीं होगी, बल्कि व्यवहार लायक परिभाषा होगी। इसको अमल में लाने के लिए केन्द्र की सत्ता का अर्धांश, राज्य की सत्ता का दो-तिहाई और जिला प्रशासन की पूरी सत्ता ग्राम पंचायत और प्रखंड पंचायत को हस्तान्तरित हो जानी चाहिए। गाँव जितना ले सकेगा, उसको दे देना होगा; गाँव जो नहीं ले सकेगा उसको प्रखंड को सौंप देना है, प्रखंड जो नहीं ले पाएगा, वह राज्य को सौंपा जाएगा; राज्य जो नहीं ले पाएगा, वह केन्द्र का बना रहेगा। इससे चारों इकाइयाँ अपने-अपने क्षेत्रों में मजबूत होंगी।

चार

राजीव गांधी के विधेयक और हेगड़े-बोम्मई-वी.पी. सिंह के मॉडल में जबरदस्त मतैक्य है। दोनों मॉडल जिले को ही विकेन्द्रीकरण का प्रमुख स्तर मानते हैं। दोनों मॉडल गाँव को नकारते हैं। दोनों मॉडल के प्रारूपों को पढ़कर आप पूछेंगे : 'इससे गाँवों को क्या मिला ?' इसका कोई स्पष्ट उत्तर नहीं होगा। हेगड़े के कर्नाटक में जिला परिषद मुख्य स्तर है। राजीव गांधी के विधेयक में प्रस्तावित वित्तीय आयोग जो सारे साधन पंचायती राज को मुहैया करेगा, वे जिला परिषद को मिलेंगे और जिला परिषद अपनी मर्जी से उन्हें प्रखंड पंचायत या ग्राम पंचायत को देगी। जिला अभी भी प्रशासन का केन्द्र है और पंचायत राज विधेयक के बाद भी रहेगा। जिला कलक्टर और अनुमंडल अधिकारी जिस सामाजिक वर्ग के हैं, जिला परिषद के अध्यक्ष-उपाध्यक्ष भी उसी वर्ग और वर्ग स्वार्थवाले होंगे। भारत के प्रमुख राज्यों में एक औसत जिले की आबादी 10 लाख से 20 लाख है। भौगोलिक लम्बाई कहीं-कहीं तीन सौ किलोमीटर से भी अधिक हो जाती है। इतने बड़े इलाके में प्रत्यक्ष चुनाव नहीं हो सकता है। राजीव गांधी के विधेयक में परोक्ष चुनाव का ही प्रावधान है। प्रखंडों से चुने गए प्रतिनिधियों के मत से जिले के पदाधिकारी चुने जाएँगे। अभी तक प्रखंडों के अनुभवों से देखा गया है कि इन पदों पर जो लोग चुने जाते हैं उनका स्वार्थ ग्रामवासियों से बिलकुल भिन्न होता है। अनुभव और अनुमान से हम कह सकते हैं कि जिस वर्ग के लोग मंत्री, विधायक या बड़े ठेकेदार होते हैं, उसी वर्ग के लोग ही जिला परिषद के पदाधिकारी बनते हैं। इससे शासक दल की बड़ी भलाई होगी। जो लोग विधायक या मंत्री नहीं बन सकेंगे वे जिला परिषद के अध्यक्ष आदि बनकर असन्तुष्टों की संख्या घटाएँगे। जिला परिषद के अध्यक्ष के पास गाड़ी-बंगला का उतना ही तामझाम होगा जितना एक उपमंत्री या राज्यमंत्री के पास होता है। विडम्बना यह होगी कि विकेन्द्रीकरण के नाम से अनुत्पादक खर्च बढ़ जाएगा। इसका बोझ अन्ततोगत्वा गाँव पर पड़ेगा। ऐसे तरीके अपनाए जाएँगे जिससे जिला

स्तरीय ग्रामीण प्रतिनिधियों की माँग होगी कि किसानों पर अधिक टैक्स लगना चाहिए। उत्तर प्रदेश के मुख्यमंत्री ने एक मौलिक सुझाव पेश किया है। जिस गाँव का जितना लगान होगा उसकी सारी रकम गाँवों के विकास के लिए दी जाएगी। राजीव गांधी द्वारा प्रस्तावित वित्तीय आयोग शायद इसकी सिफारिश करेगा। इससे गाँव पर टैक्स बढ़ाने का मार्ग प्रशस्त हो जाएगा। जिले को विकेन्द्रीकरण का मुख्य स्तर मानने का अन्ततोगत्वा यही परिणाम होगा।

यह जिला क्या चीज है ? अंगरेजों को प्रशासन की कोई ऐसी इकाई बनानी थी जिसका केन्द्र गाँव के बाहर हो। वह गाँव से इतना निकट हो कि गाँव पर आसानी से हुकुम जारी किया जा सके, लेकिन गाँव से इतनी दूर हो कि गाँव का कोई दबाव उस पर न बन पाए। मामूली समस्याओं की सुनवाई के लिए जिला या अनुमंडलीय दफ्तरों में जाना पड़ता है। वहाँ जाने के लिए खास योग्यता होती है। गाँव को अधिकार नहीं देना था, इसलिए साम्राज्यवादियों ने जिलों को बनाया। जिस दिन गाँव को अधिकार देना होगा उस दिन जिले को खत्म करना होगा। साम्राज्यवादियों ने भी जिले को स्वायत्तता दी थी। ब्रिटिश शासन में जिला बोर्ड जितने ढंग से चला उतने ढंग से स्वाधीन भारत में जिला परिषद नहीं चल पाई है। राजीव-हेगड़े की जिला परिषद ब्रिटिश जिला बोर्ड की ही उत्तराधिकारी है। तीन स्तरीय पंचायती राज बिलकुल बेमानी है।

पाँच

एक गाँव का आम खेतिहर है, उसकी जमीन को लेकर विवाद खड़ा हो गया है। एक भूमिहीन हरिजन है, उसको दो साल पहले सरकारी भूमि आवंटन के तहत एक एकड़ का पट्टा मिल गया था, लेकिन अभी तक जमीन नहीं मिली है और उससे लगान वसूला जा रहा है। एक ग्रामीण स्कूल का आदिवासी छात्र है। 6 महीनों से उसको वजीफा नहीं मिला है। राजीव गांधी के विधेयक या रामकृष्ण हेगड़े के जिला परिषद कानूनों को देखने के बाद क्या आप आश्वस्त हो पाएँगे कि ग्राम पंचायत के अन्दर ही इन समस्याओं का तत्काल हल निकल पाएगा ?

(जुलाई, 1989)

पूँजीवाद के विरोध से ही जनमेगी नई राजनीति

जवाहरलाल नेहरू ने भारत में जिस आर्थिक-सांस्कृतिक व्यवस्था की नींव रखी, वह उस जमाने के जनसाधारण और शिक्षित मध्यवर्ग की चेतना के विरुद्ध थी। इसलिए उसकी स्पष्ट घोषणा नहीं हो सकती थी। उस पर एक झीना समाजवादी आवरण डालना जरूरी था। नेहरू के जमाने में जो भी जनसंघर्ष था, वह सामन्तवाद के विरुद्ध था। वह पूँजीवाद के विरुद्ध नहीं था क्योंकि वह तो पूँजीवाद को ही विकसित करने का अदृश्य कौशल था। बस इसमें इतनी सतर्कता चाहिए थी कि यह विकास आहिस्ते-आहिस्ते हो ताकि पूँजीवाद, सामन्तवाद की सत्ता को अपने हाथ में ले सके और बचे हुए सामन्तवादी तत्त्वों को अपने अन्दर अंगीभूत कर सके। इसी शर्त पर सामन्तवाद विरोधी आन्दोलनों में कम्युनिस्टों को हमेशा कांग्रेस के अधिक महत्त्वपूर्ण हिस्से का सहयोग मिलता रहा। समाजवादियों के सामन्तवाद विरोधी आन्दोलन में कोई रणनीति नहीं थी; लेकिन कम्युनिस्टों के सामन्तवाद विरोध के पीछे जिस रणनीति का विचार था, वह यह था कि सामन्तवादी समाज से समाजवादी समाज तक जाने के रास्ते से पूँजीवाद का विकास जरूरी और प्रगतिशील कदम है। भारत का सामन्तवाद विरोधी आन्दोलन वहाँ तक चला जहाँ तक कांग्रेस का सहयोग रहा यानी पूँजीवाद की अनुमति रही। सामन्तवादी आधिपत्य उस हद तक खतम करना जरूरी था जिससे राज्य-सत्ता पर पूँजीवाद का कोई प्रतिद्वन्द्वी न रहे और जिससे पूँजीवाद के लिए बाजार विस्तार का एक सिलसिला बना रहे। पारम्परिक कृषि भूमि पर हदबन्दी कानून लगाकर यह लक्ष्य हासिल हो गया।

इससे अधिक आगे जाना पूँजीवाद के स्वार्थ में नहीं था। इसलिए 'वामपंथी कांग्रेस', 'युवा तुर्क', 'कांग्रेसी समाजवाद' आदि की जरूरत भी खतम हो गई। राजीव गांधी के पहले ही संजय गांधी ने कांग्रेस में इस तरह की जरूरत का सफाया कर दिया था। देश का कम्युनिस्ट आन्दोलन भी कमजोर पड़ गया था क्योंकि कम्युनिस्ट पार्टी भी सामन्तवाद विरोध को किसी तार्किक परिणाम तक ले जाने की रणनीति नहीं बना पाई। शहरी सम्पत्ति पर या पूँजीवादी शैली की कृषि पर (जैसे चाय बागान आदि) हदबन्दी लगाना कम्युनिस्ट पार्टियों की नीति नहीं है। पूँजीवादी उद्योग और पूँजीवादी व्यापार की कम्युनिस्ट आलोचना कर सकते हैं, लेकिन उनके विरुद्ध उनकी कोई

रणनीति नहीं है। बीस साल पहले अविभाजित कम्युनिस्ट पार्टी के जमाने में इजारेदार पूँजीपतियों के खिलाफ कम्युनिस्टों का जो तीव्र अभियान था, वह भी अब नहीं है। इजारेदारी के खिलाफ उनकी कोई स्थायी सक्रिय रणनीति नहीं बन पाई क्योंकि उसके खिलाफ लड़ने के लिए उनके पास कारखाना मजदूरों के संगठन (ट्रेड यूनियन) के अलावा और कुछ नहीं था। इधर पूँजीवाद अपना आधार व्यापक बना रहा था। जिस अधूरे और पूँजीवादी ढंग से सामन्तवादी आधिपत्य को खतम किया गया, उससे पूँजीवाद का एक मजबूत आधार बन गया।

कम्युनिस्टों के इजारेदारी विरोध का मतलब था सार्वजनिक क्षेत्र का विस्तार। लेकिन कम्युनिस्टों ने सार्वजनिक क्षेत्र का जो शोषक चरित्र था, उसका विरोध करना तो दूर की बात है, उसकी आलोचना तक नहीं की। सार्वजनिक उद्योग और निजी उद्योग दोनों ने मिलकर देश के किसानों, ग्रामीणों और पिछड़े इलाकों का एक ही प्रकार का शोषण किया है। अगर इस शोषण को रोकने की कोई चेष्टा होती तो यह समझ में आया होता कि पूँजीवाद और इजारेदारी के खिलाफ संघर्ष करने के लिए केवल ट्रेड यूनियन पर्याप्त नहीं है, बल्कि सारी ग्रामीण जनता का सक्रिय सहयोग प्राप्त करना जरूरी है। उन्हीं की ताकत से पूँजीवाद के खिलाफ सार्थक लड़ाई लड़ी जा सकती है।

1975 के आस-पास कृषि हदबन्दी कानून लगभग सारे देश में बन गए। राजाओं की प्रिवी पर्स इसके पहले ही खतम हो चुकी थी। राज्य-सत्ता पर सम्पूर्ण नियंत्रण के लिए पूँजीवाद की एकमात्र सामाजिक प्रतिद्वन्द्वी सामन्तवादी ताकतें निर्णायक रूप से कमजोर पड़ गईं। इसके बाद से भारत के पूँजीवाद ने आत्मविश्वास के साथ और खुलकर बिना किसी मुखौटे के समाज के हर क्षेत्र को अधीन रखने का प्रयास शुरू किया। पूँजीवाद के विकास को अदृश्य रखने के लिए मिश्रित अर्थव्यवस्था का विचार बनाया गया था। अब जब यह 'विकास' पक्का हो गया है तब मिश्रित विचारधारा या समाजवादी मुखौटे या आवरण की जरूरत भी नहीं है।

आयात को अधिक उन्मुक्त कर देना, प्रत्यक्ष टैक्स को घटाते जाना, आम आदमी के व्यवहार की वस्तुओं का दाम बढ़ाते जाना, उच्च मध्यवर्ग के भोग की वस्तुओं पर छूट देना—ये सारी बातें एकाएक नहीं हो गई हैं। लेकिन अब इन बातों को एक नीति के तहत एक विचार के अन्तर्गत कर लिया गया है। विचार यह है कि अब गरीब जनसाधारण की भलाई राज्य सीधे तौर पर नहीं करेगा। राज्य पूँजीपतियों की भलाई करेगा और पूँजीपति देश की अर्थव्यवस्था की सेवा करेंगे। पूँजीपति जब अपना व्यापार और उद्योग बढ़ाएँगे तो जनसाधारण की भलाई हो जाएगी।

पूँजीपतियों के अलावा अगर किसी वर्ग की भलाई राज्य खुद करेगा तो वह है उच्च मध्यवर्ग—इस वर्ग में आते हैं सरकारी और गैर-सरकारी अफसरशाह। इस वर्ग के लिए आय पर टैक्स घटाने, सुविधाओं को बढ़ाने और उपभोग की नई-नई वस्तुएँ उपलब्ध कराने की सरकार की नीति अब पक्की बन चुकी है।

पूँजीपतियों और उच्च मध्यवर्ग को छोड़कर बाकी सारे लोगों के लिए राज्य सीधे कुछ नहीं करेगा। बाकी सारे लोग अपने हित के लिए इन दो वर्गों पर आश्रित रहेंगे। उनको अनुशासित रखने के लिए तानाशाही की जरूरत हो सकती है, नहीं भी हो सकती है। तानाशाही न हो, इसके लिए दो महत्त्वपूर्ण शर्तें हैं :

(1) विपक्ष की राजनीति प्रभावहीन हो जाए और

(2) प्रचार और सम्प्रेषण के सारे माध्यमों पर राज्य (सरकार) और व्यापार का पूर्ण नियंत्रण हो जाए।

संगठित वामपंथ का अवसान हो जाने के बाद औपचारिक प्रतिपक्ष ही रह जाता है। प्रतिपक्ष के कमजोर होने का कारण यह है कि विपक्षी दल आबादी के व्यापक और शक्तिशाली तबकों का प्रतिनिधित्व नहीं कर पाते हैं। जिन दिनों सामन्तवाद राज्य-सत्ता पर आधिपत्य जमाने में निर्णायक हिस्सा ले सकता था, उन दिनों प्रतिपक्ष में मजबूती और गतिशीलता थी क्योंकि वह सामन्तवादियों या सामन्तवाद विरोधी आन्दोलन का प्रतिनिधित्व करता था। अब ये शक्तियाँ नहीं हैं। इसलिए विपक्षी राजनीति केवल जाति या धर्म की साम्प्रदायिकता से या आंचलिकता से ही अपने लिए शक्ति प्राप्त करने की कोशिश कर रही है।

प्रचार और सम्प्रेषण का माध्यम (मीडिया) अब एक अत्यन्त महत्त्वपूर्ण भूमिका अदा करने जा रहा है। देश की मानसिकता, प्रतिक्रिया और संवेदनशीलता, आदर्श, मूल्य और सुख का अहसास कुल मिलाकर व्यक्ति-चेतना और सामाजिक चेतना को संचालित और नियन्त्रित करने के जितने भी संगठनात्मक या सर्जनात्मक माध्यम हैं, वे सम्पूर्णरूप से राज्य (सरकार) और व्यापार पर आश्रित होते जा रहे हैं। अन्य बौद्धिक कार्यों के साथ-साथ कला और साहित्य की भी यह स्थिति बनने जा रही है। व्यापारिक घरानों की पत्र-पत्रिकाएँ अपने लेखों और विज्ञापनों के जरिए जिन जीवनमूल्यों का प्रचार करती हैं उनसे अलग कोई मूल्य या संस्कृति है, इसका बोध इसलिए नहीं होता है कि कला और साहित्य की विधाओं में काम करनेवालों की प्रतिभा के प्रमाणित होते ही उनको दैत्याकार बहुराष्ट्रीय कम्पनियों का या देशी पूँजीपतियों या राज्य का कर्मचारी बना लिया जाता है। वे अपने सन्देशों को धारावाहिक ढंग से या तीव्रता के साथ सम्प्रेषित नहीं कर सकते क्योंकि वे कर्मचारी हैं और उनके पास दूसरा कोई प्रकाशन माध्यम नहीं है। सबसे दयनीय स्थिति उनकी है जिनके पास सचमुच कोई सन्देश है, लेकिन उसको (सन्देश) पहुँचाने के लिए कोई भी माध्यम नहीं है। नए मूल्यों या नए आदर्शों की बात तो बहुत दूर की है, परम्परा से या हाल के इतिहास से हमें जो जीवन-मूल्य और सामाजिक आदर्श मिले थे, उनके प्रसार का भी कोई माध्यम नहीं रह गया है। ऐसी स्थिति में राज्य (सरकार) और व्यापार अगर संयुक्त ढंग से एक प्रकार के जीवन-मूल्य और सामाजिक आदर्श प्रचारित करेंगे तो उनके अलावा कोई अन्य संस्कृति नहीं होगी। यह आश्चर्य की बात है कि देश के बुद्धिजीवियों और साहित्यकारों को यह बात खटक नहीं रही है। ऐसे में राज्य और व्यापार के विचारों

और संस्कृति का विकल्प बनाने का काम कितना दुरूह होगा ?

ऐसी स्थिति में सत्ताधारी दल प्रकट तानाशाही लाए बगैर एक प्रच्छन्न तानाशाही की व्यवस्था लागू करने की कोशिश करेगा। संविधान और कानूनों में ऐसे परिवर्तन किए जाएँगे जिनसे विपक्ष अधिक कमजोर होगा और प्रतिपक्ष की सिर्फ औपचारिक भूमिका रहेगी। पाकिस्तान, बांगलादेश और भारत, तीनों इसी दिशा में जा रहे हैं—पाकिस्तान और बांगलादेश एक तानाशाही की स्थिति से इसी दिशा की ओर जा रहे हैं तो भारत एक लोकतांत्रिक स्थिति से।

जो लोग भारतीय राजनीति में नए दल बनाने की या प्रतिपक्ष को नए सिरे से शक्तिशाली बनाने की बात सोच रहे हैं, उनको देश की इस नवीनतम स्थिति के बारे में सचेत होना होगा। नए सिरे से प्रतिपक्ष बनाने के लिए पूँजीवादी व्यवस्था का विकल्प ढूँढ़ना होगा, 'सार्वजनिक क्षेत्र का विस्तार करो' या 'भ्रष्टाचार खत्म करो,' जैसे पुराने नारों से प्रतिपक्ष को कोई नया विश्वास प्राप्त नहीं होनेवाला है। इस व्यवस्था में सबसे अधिक शोषण ग्रामीणों यानी किसानों का, पिछड़े इलाकों और पिछड़े समुदाय का होगा। इसलिए किसानों, पिछड़े इलाकों और पिछड़े समुदायों के आधार पर ही एक विकल्प की राजनीति खड़ी हो सकती है। इसके लिए इन समूहों को मिलाकर उन्हें एक राष्ट्रीय इकाई के तौर पर देखना होगा। अभी तक किसानों, पिछड़े इलाकों या पिछड़े समुदायों का जो भी विद्रोह हुआ है, वह एक क्षेत्रीय इकाई के तौर पर और खंड-खंड रूप में ही हुआ है।

इन समूहों के जब अलग-अलग और खंडित (असमन्वित) आन्दोलन होते हैं तो लगता है कि ये आन्दोलन कुछ अल्पसंख्यकों के या किनारे पर रहनेवालों के आन्दोलन हैं। लेकिन एक राष्ट्रीय कार्यक्रम और एक राष्ट्रीय विचारधारा के ढाँचे में इनको जोड़ा जाए तो आबादी की अस्सी फीसदी जनसंख्या इस समूह में आती है। राष्ट्र की राजनैतिक, सांस्कृतिक, आर्थिक मुख्यधारा इसको छोड़कर चल रही है। इसको जोड़ने, समन्वित करने के लिए तीन प्रकार की विषमताओं को दूर करने के कार्यक्रम चलाने पड़ेंगे। ग्राम और शहर के बीच की विषमता, क्षेत्रीय विषमता और सामाजिक विषमता—इन विषमताओं को अलग-अलग शोषण व्यवस्थाओं के अलग-अलग परिणाम समझना गलत होगा। आज की व्यवस्था में ये तीनों विषमताएँ एक ही शोषण का परिणाम हैं, एक ही आर्थिक व्यवस्था के पहलू हैं—किसान, पिछड़े इलाके और पिछड़े समुदाय—भारत के सन्दर्भ में ये तीनों समूह सामन्तवादी व्यवस्था के ही अवशेष हैं। ये सामन्तों द्वारा शोषित थे और अब सामन्तों के आधिपत्य के खतम होने के बाद पूँजीवादी व्यवस्था में पहले से भी अधिक शोषित हो रहे हैं। पूँजीवाद द्वारा उनका जो शोषण किया जा रहा है उसके खिलाफ कैसे लड़ना है, यह इन समूहों को बताया नहीं गया। आज का कोई भी राजनैतिक दल इन तीन विषमताओं को दूर करना अपने कार्यक्रमों और अपनी राजनीति का आधार बनाना नहीं चाहता।

इन तीन विषमताओं को दूर करने के लिए ठोस कार्यक्रम क्या-क्या हो सकता है,

इनका संगठन किस प्रकार हो सकता है ? इस पर चर्चा करना आवश्यक है। इन विषमताओं को विपक्ष की राजनीति की केन्द्रीय समस्या बनाकर ही शासक दल और शासक वर्ग का मुकाबला करना सम्भव होगा और इसी से एक राष्ट्रीय विकल्प पैदा होगा।

(मई, 1985)

चुनाव परिवर्तन का माध्यम कैसे बने

चुनाव के अध्ययन का एक शास्त्र बना हुआ है। मतदान का आकार-प्रकार किस तरह बदल रहा है, विभिन्न इलाकों में राजनीतिक दलों का जन-समर्थन कैसे घट-बढ़ रहा है, आगे के नतीजे क्या हो सकते हैं–इन सारी बातों का अध्ययन इस शास्त्र के तहत हो रहा है।

जिन बातों का पर्याप्त अध्ययन नहीं हो रहा है वह भी एक महत्त्वपूर्ण पहलू है। क्या सोचकर लोग वोट दे रहे हैं ? मतदाताओं के स्तर पर निर्णय कैसे होता है ? प्रचार, प्रलोभन और दबाव से मतदाता का निर्णय कितना और कैसे प्रभावित होता है ? आदर्शवादी, सुधारवादी तथा क्रान्तिकारी आन्दोलन कहाँ तक चुनाव के निर्णयों को प्रभावित करते हैं ? क्या चुनाव कभी एक बेहतर समाज-व्यवस्था बनाने का माध्यम हो सकता है ? इस उद्देश्य के लिए चुनाव के तरीकों और राजनीति में क्या परिवर्तन करने होंगे ?

इन सवालों का जवाब विशेषज्ञ ही दे पाएँगे–जब वे उपर्युक्त प्रश्नों को अपने शास्त्र यानी अनुसन्धान का विषय बनाएँगे। चुनाव-अध्ययन को अधिक गहरा और व्यापक बनाना होगा।

दो

चुनाव राजनैतिक सत्ता हासिल करने का एक सभ्य तरीका है। राजनैतिक सत्ता हासिल करने का अधिकारी कौन है ? जनसाधारण का मत उसे कैसे मिल जाता है ? किसको मिलना चाहिए ? इन सवालों पर ज्यादा चर्चा होती है; कैसे मिलता है इसका विश्लेषण कम होता है। कभी-कभी एक बात उठती है कि अच्छे लोगों को यानी 'सज्जनों' को उम्मीदवार के तौर पर खड़ा करना चाहिए। यह देखा गया है कि अक्सर सज्जन लोग 'राजनीति' से अपने को दूर रखना चाहते हैं और यह भी देखा गया है कि सज्जन लोग प्रभावशाली दलों की टिकट पाने के लिए आतुर रहते हैं। वोट, राजनीति और सज्जनों के सम्पर्क का प्रश्न शायद भारतीय पाखंड का एक विशेष प्रसंग है। एक तबलावादक को उम्मीदवार बनाना और एक सज्जन को उम्मीदवार बनाना एक जैसी बात है। तबलावादक को लोकसभा या विधानसभा का सदस्य बनाने से देश की राजनीति को

कोई फायदा नहीं होगा लेकिन उस आदमी के तबलावादन का स्तर घट सकता है। उसी तरह किसी सज्जन को लोकसभा या विधानसभा का सदस्य बनाने से भी राजनीति को फायदा नहीं होनेवाला है लेकिन उस बेचारे की सज्जनता का स्तर अवश्य घट सकता है। हरेक कार्यक्षेत्र का अपना चारित्रिक अनुशासन होता है। उससे कार्य अच्छा होता है और उस कार्य से समाज को ज्यादा फायदा होता है। सज्जनता के कुछ सामान्य गुण होते हैं जो सबके लिए जरूरी होते हैं, मगर कार्यक्षेत्र के हिसाब से कुछ विशेष अच्छाई भी चाहिए। कुछ ऐसे भी गुण होते हैं जो एक कार्य के लिए अधिक जरूरी होते हैं तो दूसरे के लिए कम जरूरी है। इसी प्रकार कुछ प्रवृत्तियाँ एक क्षेत्र में ज्यादा दोषपूर्ण मानी जाएँगी एक में नहीं। एक पहलवान या धर्मोपदेशक के लिए शराबी होना खतरनाक है, जबकि एक कलाकार के लिए यह दोष क्षम्य भी हो सकता है।

सज्जनों को वोट देना है—सामान्य मतदाताओं ने कभी भी इस उपदेश को गम्भीरता से नहीं लिया है। मतदान राजनीतिक सामर्थ्य के लिए ही किया जाता रहा है। लेकिन राजनीतिक सामर्थ्य क्या है, संसद सदस्यों और विधायकों से किस प्रकार के काम की अपेक्षा होनी चाहिए, दलों से क्या उम्मीद की जानी चाहिए—इसका प्रशिक्षण नहीं के बराबर है, इसकी कोई संस्कृति विकसित नहीं हुई है; जो थोड़ी-बहुत राजनैतिक संस्कृति बन पाई थी उसका भी क्षय हुआ है। फिर भी मतदाता का एक अपना निर्णय होता है। प्रचार-प्रलोभन-दबाव से घिरे हुए मतदाता जिस प्रकार मतदान करते रहे हैं उससे यह प्रतीत होता है कि मतदान नियन्त्रित भी है और स्वेच्छा से भी मतदान करते हैं, लेकिन प्रचलित राजनीति के अन्दर मोटे तौर पर जो विकल्प दिखाई देते हैं—उन्हीं में से चुनते हैं। चुनते समय भारतीय मतदाता व्यक्ति के तौर पर तथा सामूहिक तौर पर अपनी स्वतंत्रता का प्रमाण देता आया है।

इस बात को दुबारा कहने की जरूरत है। चुनाव में उम्मीदवार बदल सकते हैं, नए व्यक्ति खड़े हो सकते हैं, नए नाम के नए राजनीतिक दल भी खड़े हो सकते हैं, लेकिन जो राजनीति पहले से किसी इलाके या राष्ट्र में प्रचलित रहती है, उस राजनीति से जो राजनीतिक चेतना बनी हुई रहती है, उसी राजनीतिक चेतना के तहत ही चुनाव होता है। चुनाव के दरमियान नई राजनीतिक चेतना पैदा नहीं होती। मुख्य प्रतिद्वन्द्वी पहले से तय रहते हैं। प्रचार-प्रलोभन-दबाव के तरीकों से एक सीमित दायरे में घट-बढ़ होती है। इस घट-बढ़ के होने न होने में मतदाताओं का अपना निर्णय महत्त्वपूर्ण होता है। उससे अधिक की अपेक्षा हम नहीं कर सकते। इसलिए सर्वोदयी, कुलदीप नैयर, मेधा पाटकर जैसे समूह अगर चाहते हैं कि चुनाव पर अपना असर डालें, तो यह सम्भव नहीं है क्योंकि चुनाव के पहले उनकी कोई स्पष्ट राजनीति नहीं रही। चुनाव में राजनीति का ही परिणाम निकलता है, सज्जनों की दखलन्दाजी का नहीं। सज्जनों को चाहिए कि वे पहले राजनीति में हस्तक्षेप करें और उसके बाद ही चुनाव में। सज्जन वे हैं, जो देश की वर्तमान हालत से चिन्तित हैं और सोचते हैं कि चुनावों के भ्रष्ट तरीकों के कारण देश को सही नेतृत्व नहीं मिल रहा है।

जो लोग चुनाव को मौलिक ढंग से या किसी एक खास दिशा में प्रभावित करना चाहते हैं उनको चाहिए कि वे चुनाव के काफी पहले से राजनीति को प्रभावित करने का या खुद राजनीति में सक्रिय होने का तरीका अपनाएँ। लोकतांत्रिक राजनीति का अभी तक जो अनुभव है उससे यह स्पष्ट होता है कि लोकतांत्रिक राष्ट्रों में पूँजीवादी समूह अत्यन्त कारगर ढंग से राजनीति पर अपना नियंत्रण बनाए रखते हैं। चुनाव के मौसम में ये लोग बहुत ज्यादा परेशान या सक्रिय नहीं रहते। उनका सम्बन्ध राजनीति से रहता है; चुनाव से नहीं। राजनीति को वे नियन्त्रित कर लेते हैं तो निश्चित होकर चुनाव का काम जनसाधारण पर छोड़ देते हैं। अमरीका और पश्चिम यूरोप इसके सर्वश्रेष्ठ उदाहरण हैं। वहाँ की राजनीति दो दलों के बीच इस कदर विभाजित हो गई है कि तीसरे दल की बात तो दूर, उसकी जगह भी नहीं दिखाई पड़ती। दोनों दल धनी वर्गों द्वारा पूरी तरह नियन्त्रित हैं। शुरू में ऐसा नहीं था। 1950 के दशक तक यूरोप के श्रमिक दलों तथा सामाजिक लोकतांत्रिक (सोशल डेमोक्रेट) कहलानेवाले दलों ने समाजवाद की राजनीति को एक शक्ति के रूप में खड़ा किया था। अमरीका में भी राष्ट्रपति पद के लिए एक लोकतांत्रिक समाजवादी उम्मीदवार खड़ा होता था। वह हारता था लेकिन चुनाव लड़ता था। राजनीति में उसका महत्त्व होता था। बाद के दिनों में पूँजीवाद का राजनीति पर पूर्ण नियंत्रण स्थापित हो जाने पर अब समाजवाद के नाम पर अमरीका में कोई राजनीति नहीं हो सकती। यूरोप के समाजवादियों द्वारा पूँजीवादी व्यवस्था को स्वीकार कर लेने के बाद वहाँ का लोकतंत्र सफल हो गया है। हमारे पढ़े-लिखे लोगों को सफल लोकतंत्र का मॉडल द्विदलीय व्यवस्था में दिखाई पड़ता है—जहाँ समूची राजनीति दो दलों के बीच सीमित रहती है। ब्रिटेन का श्रमिक दल जब से पूँजीवाद का समर्थक हो गया है तब से वहाँ की लिबरल पार्टी की भूमिका खतम हो गई है और इसी तरह की द्विदलीय राजनीति चलती है। इस व्यवस्था में दोनों दलों का चरित्र और विचार एक जैसा होता है—जीत-हार होती है या फिर बारी बदलने के लिए विपक्ष को जिता दिया जाता है। कुछ विचारकों की राय है कि इस व्यवस्था में नागरिक को असहमति का अधिकार नहीं रह जाता है। उसका मतलब हम यह निकाल सकते हैं कि जब एक तीसरी राजनैतिक शक्ति अमरीका या ब्रिटेन में पैदा होगी तभी वहाँ के नागरिकों के लिए असहमति का अधिकार अर्थपूर्ण होगा।

भारत की राजनीति अभी तक दो-दलीय व्यवस्था में जकड़ी नहीं गई है। मुख्य दलों की मजबूती घटी है। चुनाव दलों के बीच नहीं, मोर्चों के बीच प्रतिद्वन्द्विता का रूप लेने लगा है। कांग्रेस और उसके सहयोगी दल, भाजपा और उसके सहयोगी दल तथा जनता, कम्युनिस्ट और उनके सहयोगी दल—तीन मोर्चे प्रमुख हैं। इनसे भी राजनीति पूरी नहीं होती हैं। इनमें से कोई भी मोरचा स्पष्ट बहुमत नहीं पा सकता। अस्थिरता अन्तर्निहित है। इसलिए विश्वविद्यालयों की किताबों के अनुसार यह सफल लोकतंत्र का लक्षण नहीं है। अस्थिरता से अराजकता पैदा हो सकती है। किन्तु आशावादी विचारक कहेगा कि एक नई राजनैतिक शक्ति पैदा हो सकती है।

ऐसी हालत में भारत का मतदाता अमरीका के नागरिक की तुलना में ज्यादा स्वाधीन है, उसके सामने बहुत सारे विकल्प हैं। यानी भारत का मतदान कम नियन्त्रित है। सम्भवतः इसी कारण (यानी नियंत्रण को पूरा करने के लिए) भारत के चुनाव में हिंसा या माफिया तत्त्व की भूमिका बढ़ती जा रही है। मतदाता को घूस देने और धमकी देने के तरीकों पर पाबन्दी लग जाए तो भारतीय मतदाता की आजादी सचमुच बहुत बढ़ जाएगी।

दूसरी ओर राजनीति पर यानी प्रमुख राजनैतिक दलों पर धनी वर्ग का नियंत्रण इतना बढ़ता जा रहा है कि प्रमुख मोर्चों के बीच चरित्र और विचार की कोई विशेष भिन्नता परिलक्षित नहीं होती। मूल आर्थिक नीति सब की समान है। वैचारिक भिन्नता या कार्यक्रम की भिन्नता सिर्फ क्षेत्रीय समस्याओं को लेकर या जाति और सम्प्रदाय की बातों को लेकर रह गई है। इस अर्थ में भारत की तुलना विकसित पूँजीवादी देशों से की जा सकती है—कि यहाँ भी सभी प्रमुख राजनीतिक दल पूँजीवाद द्वारा नियन्त्रित हो गए हैं। कम्युनिस्ट और समाजवादी भी निजीकरण तथा विदेशी पूँजी के समर्थक हो चुके हैं। चुनाव में किसी भी मोर्चे के घोषणापत्र में धनी वर्ग के शोषण के प्रतिकार का वायदा नहीं होता। इसका अर्थ है कि किसी की सरकार हो, आर्थिक विषमताएँ बढ़ेंगी।

तीन

चुनाव होता है राजनीतिक सत्ता केन्द्रों के लिए। संसद, विधानसभा, पंचायत—ये सब राजनीतिक सत्ता केन्द्र हैं। उनके समानान्तर समाज के अन्दर बहुत सारे शक्ति केन्द्र होते हैं। समाज का शक्ति केन्द्र वही है जहाँ से बहुत सारे लोगों या समूहों को नियन्त्रित तथा प्रभावित किया जाता है। जहाँ धन एकत्रित है वहाँ एक शक्ति केन्द्र है, जहाँ सामाजिक प्रतिष्ठा बहुत ज्यादा है वहाँ भी एक शक्ति केन्द्र है क्योंकि वहाँ से लोगों के मन, कार्य और आचरण को प्रभावित किया जा सकता है। नौकरशाही ऐसी संस्था है जिसमें धन का भी तत्त्व होता है और सामाजिक प्रतिष्ठा का भी। हिंसा जहाँ एकत्रित है वहाँ भी एक शक्ति केन्द्र है। नौकरशाही के अलावा माफिया भी वह बिन्दु है जहाँ सामाजिक हिंसा केन्द्रित है। जब बिना किसी राजनैतिक हस्तक्षेप के चुनाव होगा तो सौ फीसदी नतीजा इन शक्ति केन्द्रों की मर्जी के मुताबिक होगा। राजनैतिक दल और प्रचार माध्यम जब खुद एक-एक शक्ति केन्द्र बन जाते हैं तब उनके हस्तक्षेप से नतीजे बदल सकते हैं और धन, हिंसा तथा सामाजिक प्रतिष्ठा के विपरीत लोगों की राय जा सकती है। हरेक आधुनिक राष्ट्र में राजनैतिक दलों और प्रचार माध्यमों की अपनी शक्ति बनी हुई है। इस तरह समाज के अनेक शक्ति केन्द्र हो जाते हैं। सामाजिक शक्ति के रूप में जाति का अलग केन्द्र है। धर्म का अलग शक्ति केन्द्र बना हुआ है। इसके अलावा राष्ट्र, राज्य, जिला, गाँव आदि भिन्न-भिन्न स्तरों के अनेक शक्ति केन्द्र हो सकते हैं। जब तक इन शक्ति केन्द्रों को राजनैतिक उद्देश्य से संचालित नहीं

किया जाता तब तक इनका प्रभाव चुनाव पर नहीं होगा, लेकिन इनमें से अधिकांश शक्ति केन्द्रों का राजनीतिकरण हो चुका है। 1960 तक उत्तर प्रदेश-बिहार में पिछड़ी जातियों का राजनीतिकरण विशेष ढंग से नहीं हुआ था। अभी तक ओडिशा या बंगाल में पिछड़ी जातियों का राजनीतिकरण नहीं हुआ है। माफिया का राजनीतिकरण भी हाल की घटना है। यानी बहुत सारे नए शक्ति केन्द्रों का उदय पिछले दशकों में हुआ।

राजनीतिक सत्ता कानूनी तौर पर सर्वाधिक शक्तिशाली होती है, कारण राज्य की यह कानूनी क्षमता है कि किसी भी सामाजिक शक्ति को कमज़ोर और पंगु बना दे। राज्य चाहेगा तो धनी वर्ग के धन के परिमाण को कम कर सकता है और मन्दिर की पूजा को भी बन्द करवा सकता है या जातियों में शादी पर भी पाबन्दी लगा सकता है। इसलिए सामाजिक शक्तियों की यह इच्छा रहती है कि राज्य-सत्ता में उनका प्रभावी प्रतिनिधित्व रहे। जिसकी सामाजिक शक्ति या प्रतिष्ठा जितनी अधिक है उसकी उतनी अधिक गरज रहती है कि सत्ता केन्द्रों पर उसका कब्जा हो। इसलिए धन के हिसाब से पूँजीपतियों का और जातियों के हिसाब से सामाजिक़ तौर पर उच्च जातियों का सर्वाधिक आग्रह रहता है कि सत्ता केन्द्रों पर उनका नियंत्रण रहे। इसका मतलब हुआ कि समाज में जिसकी शक्ति जितनी अधिक है राजनीति में उसका आग्रह उतना अधिक होता है। जब कोई नया समूह अपनी शक्ति को संगठित कर राजनीति या चुनाव को प्रभावित करने की कोशिश करता है तो पहले के शक्तिशाली समूह इसको अनुचित समझते हैं। अगर बंगाल की पिछड़ी जातियाँ अपना एक शक्ति केन्द्र बनाकर राजनीति को प्रभावित करने की कोशिश करेंगी तो बंगाल के ब्राह्मण-कायस्थ इस पर जरूर एतराज करेंगे।

राजतंत्र में राजा न सिर्फ राजसत्ता का अधिकारी होता था बल्कि इस पर भी ध्यान देता था कि समाज के अन्दर जितने सामाजिक व सांस्कृतिक समूह हैं उनका भी संरक्षक बना रहे ताकि कोई सामाजिक शक्ति केन्द्र उसकी सार्वभौम सत्ता को चुनौती न दे। उसी तरह आधुनिक समाज में पूँजीपति वर्ग न सिर्फ चुनाव के दिनों में अपने अनुकूल राजनैतिक दलों को जिताता है बल्कि उससे भी ज्यादा उसकी चेष्टा यह रहती है कि समाज में जो प्रभावी समूह यानी शक्ति केन्द्र है उन सब पर उसका नियंत्रण रहे। राजनैतिक दल, जातीय संगठन, प्रचार माध्यम, नाटक, संगीत, क्रिकेट—हरेक प्रभावशाली केन्द्र में वह अपनी पैठ रखता है ताकि जब जरूरत हो उनका राजनीतिकरण कर सके। इसलिए पूँजीपति न सिर्फ राजनैतिक दलों को पैसा देता है बल्कि बुद्धिजीवियों से लेकर क्रिकेट खिलाड़ी तक सबको अपने ऊपर निर्भर बनाकर रखता है। जितने भी शक्ति केन्द्र चुनाव को प्रभावित करने की कोशिश करते हैं उन सारे शक्ति केन्द्रों को पूँजीपति वर्ग अपनी संचालन परिधि में रखता है। जिला या ग्रामीण स्तर का जो व्यापारी होता है वह अपने स्तर का एक शक्ति केन्द्र है, लेकिन वह पहले से राष्ट्रीय स्तर के पूँजीपति से जुड़ा रहता है। इसीलिए अपने इलाके की राजनीति को अपने स्वार्थ के हिसाब से

मोड़ देते समय वह इसका ख्याल रखता है कि उसके इलाके की राजनीति पूँजीपतियों के विरुद्ध न हो जाए। इसी तरह विभिन्न शक्ति केन्द्रों का आपसी समन्वय बन जाता है।

जब से पिछड़ी जातियों का शक्ति केन्द्र बनने लगा है तब से धनी वर्गों का ध्यान उधर भी गया है और पिछड़े नेताओं को अपने साथ रखने की कोशिश हुई है। कुछ उद्योगपतियों का मुलायम सिंह-प्रेम इसी दिशा में एक कदम है ताकि पिछड़ों और दलितों की राजनीति ब्राह्मणों के विरुद्ध हो तो कोई हर्ज नहीं, लेकिन पूँजीपतियों के विरुद्ध नहीं होनी चाहिए। यह कोई मामूली बात नहीं है कि दलितों, पिछड़ों, औरतों और पिछड़े इलाकों की राजनीतिक चेतना विगत दो दशकों में काफी संगठित हुई है, उनका मतदान भी बढ़ा है, लेकिन देश की राजनीति का कोई भी हिस्सा आज पूँजीवाद विरोधी नहीं है। जब तक देशी पूँजीपति भारत की राजनीति पर हावी थे तब तक तो राजनीति का एक महत्त्वपूर्ण हिस्सा पूँजीवाद विरोधी था, लेकिन जब से अन्तरराष्ट्रीय पूँजीवाद का जोरदार प्रवेश हुआ है तब से राजनीति में पूँजीवाद का विरोध महत्त्वहीन हो गया है। इसका मतलब है कि अन्तरराष्ट्रीय पूँजीवाद ने देश की राजनीति पर अपना पूर्ण नियंत्रण पा लिया है—न सिर्फ राजनीति पर बल्कि संस्कृति, शिक्षा और खेल पर भी, ताकि इन बिन्दुओं से राजनीति का कोई दूसरा मोड़ न शुरू हो जाए। क्रिकेट खिलाड़ी सोचेगा : मेरा राजनीति से क्या वास्ता ? मैं तो पैसे के लिए खेल रहा हूँ और दूसरों का मनोरंजन कर रहा हूँ। होता यह है कि जिसके पैसे से वह खेलता है, जाने-अनजाने उसी की राजनीति का वह अंग बनता है। चुनाव में आने के पहले वह राजनीति का हिस्सा बन चुका रहता है। इसी तरह सारे शक्ति केन्द्रों का जाने-अनजाने राजनीतिकरण हो रहा है। जिसको चुनाव में पड़ना है उसको विभिन्न शक्ति केन्द्रों में सक्रिय होना पड़ता है या नए शक्ति केन्द्रों का निर्माण करना पड़ता है।

चार

सत्ता केन्द्रों का चुनाव हो रहा है। अगर शक्ति केन्द्रों के द्वारा राजनीति नियन्त्रित होती है, तो चुनाव को समझने के लिए शक्ति केन्द्रों का अध्ययन जरूरी है। किन शक्ति केन्द्रों का कितना और कैसा राजनीतिकरण हुआ है ? नए-पुराने शक्ति केन्द्रों के प्रभाव और व्यापकता में कितनी घट-बढ़ हो रही है ? एक समय था जब श्रमिक संगठनों की शक्ति का इस्तेमाल पूँजीवाद विरोधी राजनीति के द्वारा होता था। अभी कोई बड़ा श्रमिक संगठन नहीं है जो क्रान्तिकारी राजनीति का पक्षधर हो। तीस साल पहले समाजवादी और साम्यवादी पार्टियाँ क्रान्तिकारी राजनीति का शक्ति केन्द्र थीं तो प्रचार माध्यम का एक हिस्सा, बुद्धिजीवियों का एक हिस्सा, संस्कृति का एक हिस्सा, संगठित किसानों और विद्यार्थियों का एक हिस्सा उसी राजनीति का पक्षधर हो गया था। यहाँ तक कि नौकरशाही का भी एक हिस्सा निजीकरण का विरोधी हो गया था। ये सारे

शक्ति केन्द्र या तो ध्वस्त हो चुके हैं, या फिर उनकी राजनैतिक दिशा बदल चुकी है। उनका इस्तेमाल एक भिन्न राजनीति के द्वारा हो रहा है।

सवाल उठता है कि चुनाव के माध्यम से व्यवस्था परिवर्तन, विषमता को कम करना तथा धनी वर्गों के अत्यधिक प्रभाव का विनाश कैसे हो सकता है ?

भारत की मौजूदा परिस्थिति में चुनाव से इसकी उम्मीद करना कठिन है, यह सम्भव नहीं है, क्योंकि चुनाव का नतीजा गैर-राजनैतिक सज्जन-समूहों का नहीं, एक लम्बे अरसे की राजनीति का परिणाम होता है। 1991 से जो राजनीति चली है, राजनैतिक दिशाओं का जो परिवर्तन पिछले एक दशक में होता रहा है, चुनावों में उसका ही परिणाम निकलेगा। इसमें विषमता के विरुद्ध, धनी समूहों के अतिशय प्रभाव के विरुद्ध, महँगाई, बेरोजगारी या भ्रष्टाचार के विरुद्ध कोई राजनीति नहीं है, गाँव की गिरती हैसियत को बचाने की कोई राजनीति नहीं है। इन उद्देश्यों का चुनाव परिणाम तब निकलेगा जब इन उद्देश्यों से प्रेरित होकर कोई प्रभावी राजनीति पैदा होगी। यह राजनीति समाज के विभिन्न शक्ति केन्द्रों में घुसपैठ करेगी अर्थात किसानों को, विद्यार्थियों को, दलितों, पिछड़ों और नारी आन्दोलन को समाजवादी उद्देश्यों के लिए नए सिरे से प्रेरित करेगी। वह अपना एक प्रचार माध्यम बनाएगी, अपनी एक सांस्कृतिक धारा तथा अपनी एक वैचारिक धारा नए मुहावरे के सहारे बनाएगी। जन आन्दोलनों को अपनी राजनीति घोषित करनी होगी। कोई संगठन, कोई जन आन्दोलन खुद चुनाव लड़े या न लड़े, उसको अपनी राजनीति जाहिर करनी पड़ेगी।

राजनीति पर पूँजी के नियंत्रण पर हमला अमरीका में बाद में होगा, भारत जैसे विकासशील देशों में पहले होगा। विश्व-व्यवस्था में परिवर्तन की अगुवाई विकसित राष्ट्र नहीं कर पाएँगे, पिछड़े-गरीब मुल्क करेंगे।

(अप्रैल, 1996)

वैकल्पिक राजनीति के वाहक : एक प्रस्ताव

भारत की पिछले पचास साल की राजनीति कितनी सार्थक रही या कितनी व्यर्थ रही ? अगर इस राजनीति से लोग असन्तुष्ट हैं तो उसका कोई विकल्प है या नहीं ?

जो लोग थोड़ी-बहुत राजनीति की चर्चा करते हैं वे राजनीति और राजनेताओं के बारे में इस तरह बात करते हैं मानो राजनीति घृणा का विषय है। मगर व्यवहार में अधिकांश शिक्षित लोग राजनीति या राजनेताओं के साथ लिप्त रहते हैं। अक्सर देखा जाता है कि जाने-माने ज्ञानी लोग, जिनका अपने कार्यक्षेत्र में बहुत आदर होता है, बिलकुल घटिया किस्म के राजनेताओं के साथ जुड़े रहते हैं। न सिर्फ जुड़े रहते हैं बल्कि उनको गौरवान्वित करते हैं, फिर भी सामान्य बातचीत में वे राजनीति और राजनेता को एक बुराई समझते हैं। इसको आप विरोधाभास भी कह सकते हैं या पाखंड भी कह सकते हैं। इसका कारण क्या है ?

इसका कारण यह है कि विद्यमान राजनीति की बुराइयों को तो हम देख लेते हैं लेकिन राजनीति की श्रेष्ठता और अनिवार्यता को समझते नहीं हैं। इस सच्चाई को भी हम ओझल किए रहते हैं कि जिसका सामाजिक कार्यकलाप जितना अधिक होगा उसको उतना ही राजनीति से नाता जोड़ना पड़ेगा।

दूसरा कारण यह है कि राजनीति से बहुत बड़ी अपेक्षाएँ रहती हैं। दायित्व निभाने और सार्वजनिक नैतिकता का पालन करने की जितनी अपेक्षा राजनेता से रहती है उतनी व्यापारी, वकील या प्राध्यापक से नहीं की जाती। यह राजनीति की गरिमा और श्रेष्ठता का ही द्योतक है कि उसके लिए ऊँचे मानदंडों का इस्तेमाल किया जाता है। तो हमें जानना चाहिए कि राजनीति वस्तुतः क्या है ?

राष्ट्र या राज्य (यहाँ दोनों का अर्थ एक है) का संचालन करने का काम राजनीति है। यह एक कला है, विज्ञान भी है; नेतृत्व है, और सर्वोपरि एक दायित्व है—राज्य संचालन द्वारा समाज को सन्तुलित और समन्वित बनाए रखने का दायित्व।

इतना बड़ा दायित्व जिसका है उसको बहुत सारे अधिकार या विशेषाधिकार भी दिए जाते हैं। राज्य के अन्दर और किसी (व्यक्ति या समूह) के पास उतनी हिंसाशक्ति और धनशक्ति नहीं होती जितनी कि राज्य के पास होती है। जितना बड़ा दायित्व उतना बड़ा अधिकार। इन विशेषाधिकारों के चलते दायित्व द्विगुणित हो जाता है। अधिकार

के मुकाबले में एक राजनेता का दायित्व का पलड़ा भारी होना चाहिए। अतः एक राजनेता के लिए पहली कसौटी है दायित्व-वहन की क्षमता। इसके अतिरिक्त परिस्थितियों को समझने तथा लक्ष्य की ओर बढ़ने की बुद्धि भी उसमें होनी चाहिए। प्रगति की दिशा के सम्बन्ध में नेहरू या लालबहादुर शास्त्री की समझ नरसिंह राव या लालू प्रसाद से बहुत भिन्न थी ऐसा हम नहीं कह सकते, लेकिन दायित्व-वहन की क्षमता और योग्यता को लेकर इन दो जोड़ियों में कोई तुलना नहीं हो सकती। इसलिए नेहरू और लालबहादुर शास्त्री महान माने जाते हैं। उनका दायित्व-बोध केवल उनका स्वाभाविक गुण नहीं था, बल्कि उनको लम्बे समय का एक प्रशिक्षण भी मिला हुआ था।

भारतीय संविधान ने राजनेताओं को बहुत अधिक अधिकार प्रदान किए हैं। लेकिन राजनीति और राजनेताओं को मर्यादित तथा प्रशिक्षित करने के लिए संविधान के अन्दर या बाहर कोई भी प्रक्रिया या नियमावली नहीं है।

आजादी के पचास साल में राजनीति की गरिमा नष्ट हुई है, और राजनेताओं की विश्वसनीयता घट गई है। इन राजनेताओं के द्वारा अपने देश को महान और समाज को न्यायपूर्ण बनाने का विश्वास किसी को भी नहीं है। अतः राष्ट्र के बेहतर भविष्य के लिए वर्तमान राजनीति का एक विकल्प चाहिए यानी वर्तमान राजनेताओं का विकल्प चाहिए। ऐसा नेतृत्व चाहिए जिसमें राष्ट्र का दायित्व वहन करने की चारित्रिक क्षमता हो, और राष्ट्र के दिशा-निर्धारण की बौद्धिक क्षमता भी हो। दायित्व, नैतिकता का एक पहलू है। दिशा-निर्धारण बौद्धिक कर्म-कुशलता है। क्या हम राजनेताओं का एक ऐसा समूह तैयार करने के बारे में सोच सकते हैं ?

सबसे पहले चाहिए एक बेहतर भविष्य में आस्था। अगर हम यह कहते रहेंगे कि राजनीति एक गन्दी चीज है, तो उसका मतलब होता है कि श्रेष्ठ जन उसमें न जाएँ, अपराधी तत्त्वों के हाथ में राजनीति को छोड़ दें। यही तो हो रहा है। अगर समाज को अच्छी राजनीति चाहिए तो उसके तौर-तरीके बनाएँ और संस्थाओं का निर्माण करें—जिन संस्थाओं के माध्यम से अच्छे राजनेता पैदा हों। अगर हम समाज की ओर से सोच रहे हैं तो हम खुद इसकी शुरुआत करें—इस आस्था के साथ कि बेहतर राजनीति सम्भव है। न सिर्फ अल्प समय के लिए, बल्कि हमेशा के लिए कुछ तरीके और नियम बनाए जा सकते हैं जिससे अच्छी राजनीति का सिलसिला चल सके।

दो

1950 में भारत का संविधान घोषित हुआ और 1951 में प्रथम पंचवर्षीय योजना का मसविदा तैयार हुआ। इन दो घटनाओं से भारत के सार्वजनिक जीवन—राजनैतिक तथा आर्थिक जीवन—की रूपरेखा निर्धारित हो गई। पहली और दूसरी पंचवर्षीय योजना से यह स्पष्ट हो गया कि भारतीय समाज में आर्थिक गैरबराबरी बढ़ती जाएगी और आर्थिक

रूप से हम एक कमजोर पूँजीवादी राष्ट्र होकर रहेंगे। हमारे संविधान में भी कुछ गम्भीर कमियाँ रह गई थीं लेकिन उसमें सकारात्मक सम्भावनाएँ भी थीं। नागरिक आजादी और बालिग मताधिकार के चलते हम यह उम्मीद कर सकते थे कि बहुसंख्यक लोगों की एक भूमिका राजनीति में रहेगी—यदि लगातार नहीं तो बीच-बीच में जनसाधारण की महत्त्वपूर्ण भूमिका रहेगी। 1977 में आपातकाल को खतम करने में जनसाधारण की भूमिका इसका उदाहरण है। इसके अलावा संविधान की सामाजिक दृष्टि काफी सकारात्मक थी। पिछड़ों और दलितों को समाज की मुख्यधारा में लाने के लिए स्पष्ट प्रावधान थे। अगर बालिग मताधिकार नहीं होता तो इन प्रावधानों पर शायद अमल नहीं होता। लेकिन बालिग मताधिकार के चलते पिछड़ों और दलितों के समाज में बहुसंख्यक होने का दबाव राजनीति पर पड़ा, और बड़ी संख्यावाली पिछड़ी तथा दलित जातियाँ राजनीति की मुख्यधारा में आ गईं। सदियों के बाद एक ऐतिहासिक परिवर्तन आया है। और जब तक लोकतंत्र का ढाँचा रहेगा तब तक इसको पलटने की शक्ति किसी के पास नहीं होगी।

इसको हम सामाजिक समानता के लिए एक ऐतिहासिक कदम कह सकते हैं लेकिन एक समतामूलक जातिविहीन समाज की दिशा में इसकी गति होनी चाहिए थी। ऐसा नहीं हो रहा है मानो परिवर्तन अवरुद्ध हो गया है। इसका कारण अवसरवादी राजनीति है। अवसरवादी राजनीति की चपेट में शूद्र-दलित नेतृत्व भी आ गया है। पूँजीवाद अवसरवादी राजनीति को प्रोत्साहित करता है। शूद्र-दलित राजनीति को भी उसने अपने कब्जे में कर लिया है। सामाजिक समानता के बारे में संविधान में जिस तरह का प्रावधान है वैसा आर्थिक समानता के बारे में नहीं है। एक अनुपात से अधिक आर्थिक विषमता न बढ़े इसका कोई प्रावधान संविधान में नहीं है। पंचवर्षीय योजनाओं में भी ऐसा कोई प्रावधान नहीं रखा गया। फलस्वरूप पूँजीवाद सर्वग्रासी होता गया और राजनीति पर उसका नियंत्रण पूरा हो गया। सबसे पहले कांग्रेस पार्टी पूँजीपतियों के नियंत्रण में आ गई। बाद में समाजवादी-साम्यवादी कहलानेवालों के दल भी पूँजीपतियों पर आश्रित हो गए। अब तो हमारे देश की राजनीति पर अन्तरराष्ट्रीय पूँजीवाद हावी हो गया है जिसका प्रमाण यह है कि बहुराष्ट्रीय कम्पनियों का विरोध करनेवाला एक भी राजनैतिक दल आज भारत की संसद में नहीं है। इससे स्पष्ट हो जाना चाहिए कि वैकल्पिक राजनीति का एक प्रमुख उद्देश्य होगा अन्तरराष्ट्रीय पूँजीवाद के चंगुल से भारत को मुक्त करना और आर्थिक गैर-बराबरी पर रोक लगाना। ऐसा होने पर दलितों और पिछड़ों की जो शक्ति अभी जातिवादी राजनीति और पूँजीवादी अर्थनीति के द्वारा अवरुद्ध हो गई है, आर्थिक समानता की लड़ाइयों में वह सक्रिय होकर सामाजिक समता की दिशा में पुनः गतिशील हो जाएगी। आर्थिक बराबरी और सामाजिक न्याय—दोनों लड़ाइयों को संयुक्त ढंग से चलाने की राजनीति नई राजनीति होगी।

संविधान के निर्माताओं ने राजनैतिक दलों का कोई उल्लेख नहीं किया है। उन्हें मालूम था कि जिन देशों के संविधानों को आदर्श मानकर वे भारत का संविधान बना

रहे थे उन सारे देशों में राजनीति राजनैतिक दलों के द्वारा ही नियन्त्रित होती है। इसलिए यह बहुत विचित्र और विडम्बनापूर्ण लगता है कि राजनैतिक दलों और राजनेताओं के आचरण को मर्यादित करने के तरीकों के बारे में कोई गम्भीर प्रयास नहीं हो रहा है। राजनैतिक दलों को जवाबदेह बनाने की कुछ छिटपुट कोशिश चुनाव आयोग की ओर से हो रही है। लेकिन यह काम चुनाव आयोग के वश का नहीं है।

संविधान में राजनीति और राजनैतिक दलों के बारे में कुछ नहीं कहा गया है, क्योंकि हम 'सफल' लोकतांत्रिक देशों की नकल कर रहे थे। यूरोप-अमरीका में, जहाँ लोकतंत्र सफल माना जाता है, वहाँ कुछ सामाजिक शक्तियों के दबाव से राजनेता मर्यादित रहते हैं। शिक्षा की व्यापकता और जनसाधारण की आर्थिक सम्पन्नता के चलते वहाँ जिस प्रकार की सामाजिक शक्तियाँ हैं उनकी हम नकल नहीं कर सकते। साम्राज्यवादी देशों की एक अन्य विशेषता यह है कि उन्हें अपने देश के बाहर विकासशील देशों में जाकर अन्धाधुन्ध पैसा कमाने तथा अन्य प्रकार के अमर्यादित काम करने का पर्याप्त मौका रहता है। इसलिए उनके अपने देश का नैतिक स्तर अपेक्षाकृत ऊँचा रहता है। अगर संविधान बनाते समय इन भिन्नताओं को हम नहीं समझ पाए थे तो बाद के अनुभवों से हमको सावधान हो जाना चाहिए। समाजशास्त्र के लिए यह एक शर्म की बात है कि अभी तक राजनीति का अध्ययन करनेवाले समाजशास्त्रियों ने पिछले पचास साल के विकासशील देशों के राजनैतिक अनुभव का कोई गहरा अध्ययन नहीं किया है, जिससे भारत जैसे देशों की राजनैतिक समस्याओं का समाधान हो सके। अध्ययन भी एक प्रकार की निगरानी है। जहाँ शास्त्र और विश्वविद्यालय अपना काम नहीं करते, वहाँ राजनीति अधिक स्वेच्छाचारी होती है। तथाकथित सफल लोकतंत्र के देशों में विश्वविद्यालय न सिर्फ स्वायत्त हैं, बल्कि स्वाधीन भी हैं। भारत के विश्वविद्यालय स्वायत्त हैं लेकिन स्वाधीन नहीं हैं। उन पर पराधीनता लादी नहीं गई है बल्कि वह एक औपनिवेशिक परम्परा है जो बदली नहीं गई है। राजनीति पर निगरानी जरूरी है, 'ब्राह्मणों' की हो या विश्वविद्यालयों की हो। अखबार या प्रचार माध्यम व्यापारिक संस्थाएँ हैं, उनकी निगरानी सतही और तात्कालिक हो सकती है। व्यवस्था में सुधार का काम बौद्धिक वर्ग का होता है। उनकी निगरानी एक सामाजिक अनिवार्यता होनी चाहिए।

तीन

'सफल लोकतंत्र' के देशों में राजनैतिक दलों का पूँजीपतियों पर आश्रित होना गलत नहीं समझा जाता है। भारत में यह सम्बन्ध गलत माना जाता है। सारे गरीब देशों में यह गलत माना जाएगा। इसलिए इन देशों में लोकतंत्र को सफल और विश्वसनीय बनाने के लिए राजनैतिक दलों का आर्थिक स्रोत भिन्न होना चाहिए। आधुनिक लोकतंत्र में हजारों कार्यकर्ताओं की जरूरत होती है। भारत में सिर्फ सांसदों व विधायकों

की संख्या लगभग पाँच हजार है। इन पदों के लिए विभिन्न दलों के उम्मीदवार होते हैं। नगरपालिकाएँ और जिला परिषदें भी हैं। अतः देश में एक लाख राजनैतिक कार्यकर्ता होंगे। अधिक हो सकते हैं। इनमें से एक बड़ी संख्या ऐसे कार्यकर्ताओं की होगी जिनको अपने जीवन का अधिकांश समय और शक्ति सार्वजनिक काम के लिए ही अर्पित करनी पड़ती है। तो उनके निजी और राजनैतिक खर्च के लिए पैसा कहाँ से आएगा ? राजनीतिशास्त्र में इसकी कोई चर्चा नहीं होती है। चूँकि ब्रिटेन या अमरीका के राजनीतिशास्त्र में यह एक गम्भीर चर्चा का विषय नहीं है इसलिए भारत के राजनीतिशास्त्र में भी इस पर कोई अध्याय नहीं होता है। इसी से हम अनुमान कर सकते हैं कि भारतीय विश्वविद्यालयों का भारत के लोकतंत्र के विकास में कोई योगदान नहीं है।

राजनैतिक दलों का आर्थिक आधार एक गम्भीर विषय है, भ्रष्टाचार के सवाल से यह जुड़ा है। इसका सही समाधान ढूँढ़े बिना दुनिया में लोकतंत्र का भविष्य उज्ज्वल नहीं है। 1947 के बाद जिन आदर्शवादी नौजवानों ने क्रान्तिकारी उद्देश्यों से प्रेरित होकर राजनीति में प्रवेश किया था उनके जीवन इतिहासों का विश्लेषण करने पर मालूम होगा कि उनमें से अधिकांश बाद के दिनों में, खासकर परिवार का दायित्व ग्रहण करने के बाद या तो निष्क्रिय हो गए या अपने आदर्शों के साथ समझौता करने लगे और खुद कहने लगे कि राजनीति में यह सब करना पड़ता है। आरम्भ में और छोटे-मोटे खर्च के लिए छोटे ठेकेदार, घूसखोर अधिकारी आदि से चन्दा लेते हैं और बाद में जब प्रतिष्ठा मिल जाती है, चुनाव जीत लेते हैं, तब बड़े धनवानों से नियमित धन लेने लगते हैं। धनी आदमियों से कभी-कभी मदद लेने में समझौता नहीं करना पड़ता है, लेकिन जैसे-जैसे खर्च बढ़ता जाता है और नियमित पैसा लेना पड़ता है वैसे-वैसे निर्भरता बढ़ती जाती है और भ्रष्टाचार शुरू होता है। जो लोग धनवानों से पैसा नहीं लेना चाहते हैं वे पूर्ण या आंशिक रूप से राजनीति से हट जाते हैं। अगर उनका कोई जायज आर्थिक स्रोत होता तो वे राजनीति में पूरी तरह सक्रिय होकर भ्रष्ट राजनेताओं से टक्कर लेते। अगर ईमानदार राजनेता लगातार सक्रिय रहेंगे तो एक अरसे के बाद, विलम्ब से ही सही, जनसाधारण उनका समर्थन करेगा और चुनाव में भी जिताएगा। आज की हालत में ईमानदार कार्यकर्ता मैदान में ही नहीं रह पाता है, अपना संगठन भी नहीं बना पाता है। जो लोग भ्रष्टाचार को खतम करना चाहते हैं और राष्ट्र की बागडोर ईमानदार देशभक्तों के हाथ में देना चाहते हैं उनको इसके बारे में सोचना होगा।

सारे राजनेता सच्चे हों, यह सम्भव नहीं है। अगर दो-तिहाई राजनेता सच्चे होंगे तो देश का सौभाग्य माना जाएगा। अगर आधे राजनेता ईमानदार होंगे तब भी देश का संचालन ठीक ढंग से हो जाएगा। सर्वोच्च शासक सच्चे हों इसकी गारंटी होनी चाहिए, नहीं तो राजतंत्र क्या बुरा था ? इतिहास में कुछ ऐसे राजा थे जिनकी बराबरी कोई आधुनिक प्रधानमंत्री नहीं कर सकता।

प्राचीन काल में, जब राज्य व्यवस्था और राजनीति जटिल होने लगी, राजनेताओं

को प्रशिक्षित व मर्यादित करने के उपायों पर सोचा गया था। यूनान (ग्रीस) के प्लेटो और चीन के कनफ्यूसियस ने समाज में एक अभिभावक वर्ग की कल्पना की थी। इसको हम राजनैतिक सज्जन वर्ग भी कह सकते हैं। इस वर्ग के लोग प्रशिक्षित होंगे, अनुशासित जीवन बिताएँगे और राज्य की समस्याओं का समाधान ढूँढ़ना अपना दायित्व समझेंगे। कनफ्यूसियस का कहना था कि मृत्यु तक ऐसे लोग सामाजिक दायित्व का बोझ अपने ऊपर लेंगे। वे राजनीति को मर्यादित करेंगे और राजनीति में शरीक भी हो सकते हैं। कनफ्यूसियस का बौद्धिक अनुयायी वर्ग बना था जो राजनीति में दखल देता था। भारत की ब्राह्मण व्यवस्था को हम इस ढाँचे के अनुरूप देख सकते हैं—हालाँकि ब्राह्मणों ने एक जाति प्रथा बना ली और समाज के बहुसंख्यक लोगों को हीन कोटि का मनुष्य समझने लगे। इसके कारण भारतीय समाज का सारा विकास अवरुद्ध हो गया। लेकिन 'ब्राह्मण' की अवधारणा में कुछ ऐसे तत्त्व हैं जो भविष्य में समाज निर्माण के लिए उपयोगी हो सकते हैं। परम्परा के अनुसार ब्राह्मण को गरीब रहना पड़ता था, बड़ी सम्पत्ति का वह मालिक नहीं बन सकता था। राजा और प्रजा दोनों के लिए वह मार्गदर्शक था। सम्पत्ति का संचय करना जिसके लिए मना था। उससे यह अपेक्षा रहती थी कि निःस्वार्थ होकर वह परामर्श देगा। मार्गदर्शक होने के लिए उसका प्रशिक्षण होता था और धन के बिना भी उसको प्रतिष्ठा मिलती थी। ईसाई धर्म के पुरोहितों और धर्मप्रचारकों को भी प्रशिक्षित होना पड़ता है और अनुशासित जीवन बिताना पड़ता है। उनसे अपेक्षा रहती है कि मृत्युपर्यन्त वे सादगी से रहें और धनसंचय न करें। हमारे समाज को चाहिए कि राजनीति में भी एक ऐसा समूह पैदा करे जो बुद्धिमान हो लेकिन धनसंचय न करने का व्रत ले। जो सन्तान पैदा न करे और अपनी कार्यकुशलता के लिए सिर्फ न्यूनतम सुविधाओं की माँग करे। जो मूल्यों के लिए प्रतिबद्ध हो और जिसका जीवन पारदर्शी हो। सादगी और स्वार्थहीनता की कड़ी शर्त को मानने के लिए जो तैयार है उसकी आर्थिक जरूरतों को पूरा करने का दायित्व समाज का होना ही चाहिए। समाज में ऐसी संस्थाएँ स्थापित हों जिनका काम हो अच्छे राजनीतिक कार्यकर्ताओं को प्रशिक्षित करना और मृत्युपर्यन्त उनका खर्च वहन करना। इन संस्थाओं का अपना कोष होगा ताकि वे सरकारी न होकर समाज की संस्थाएँ होंगी। लेकिन प्रारम्भ में सरकारी बजट से इस काम के लिए अनुदान मिलेगा। यह आवंटन संविधान के मुताबिक होगा, सरकार की मर्जी से नहीं। न्यायपालिका का खर्च भी सरकारी बजट से आता है, उससे न्यायपालिका की आजादी प्रभावित नहीं होती है।

यह प्रस्ताव विचित्र नहीं लगना चाहिए। कई धार्मिक सम्प्रदायों और वामपंथी राजनैतिक दलों ने प्रतिबद्ध कार्यकर्ताओं का समूह बनाने की कोशिश की है। जहाँ भी इसका प्रयोग हुआ है, आंशिक सफलता मिली है। यह सिर्फ राजनैतिक दलों का काम नहीं है, समाज का भी काम है कि अच्छे राजनेताओं को पैदा करे। यह होने लगेगा तब उसकी एक परम्परा बन जाएगी, जो स्थायी होगी। नैतिक मूल्यों पर चलनेवाला राजनैतिक कार्यकर्ता अर्थाभाव में राजनीति से हट जाता है, या भ्रष्ट हो जाता है। उसके

संरक्षण के लिए एक सामाजिक कोष जरूरी है, प्रशिक्षण और निगरानी की एक पद्धति भी जरूरी है।

सरकारी बजट से राजनेताओं पर खर्च करना कोई नई बात नहीं है। सांसदों, विधायकों, मंत्रियों, स्वतंत्रता सेनानियों आदि के लिए कई तरह के भत्ते होते हैं। बड़े नेताओं की जीवनरक्षा के नाम पर केन्द्र सरकार प्रति माह 51 करोड़ रुपया खर्च कर रही है। जिन नेताओं की सुरक्षा के लिए यह खर्च हो रहा है उनमें से अधिकांश भ्रष्टाचार में लिप्त हैं। यह सब राजनैतिक खर्च है, और उसका एक बड़ा अंश अनावश्यक है। उसको घटाकर एक बेहतर ढंग से राजनैतिक खर्च का उपयोग किया जा सकता है। कई बार यह सुझाव आया है कि हरेक उम्मीदवार को चुनाव खर्च के पैसे सरकारी खजाने से मिलें। सिर्फ चुनाव के लिए क्यों ? समर्पित राजनैतिक कार्यकर्ताओं के लिए क्यों नहीं ?

हमारे प्रस्ताव से कोई विशिष्ट वर्ग पैदा नहीं होगा, कारण राजनीति पर इस समूह का एकाधिकार नहीं होगा। जो लोग धनसंचय कर सकते हैं, जो प्रशिक्षित नहीं हैं, वे भी राजनीति करेंगे और चुनाव लड़ेंगे क्योंकि चुनाव लड़ना एक मौलिक अधिकार है। राजनीति में एक समर्पित, धनहीन समूह को संरक्षण देना जरूरी है। उसके लिए एक सामाजिक या अर्धसरकारी व्यवस्था चाहिए। अन्यथा अपराधियों और पूँजीपतियों के दलालों का एकाधिकार राजनीति पर हो जाएगा। लोगों के सामने दोनों प्रकार के उम्मीदवार होंगे तो लोग अपना चुनाव कर लेंगे। गारंटी सिर्फ इस बात की है कि आदर्श और मूल्यनिर्धारित राजनीति की एक धारा हमेशा बनी रहेगी। समाज भी इस बात के प्रति सचेत रहेगा कि अच्छे राजनेताओं को बनाना उसका काम है।

चार

इस प्रस्ताव का कोई विकल्प नहीं है। चर्चा के द्वारा इसको ठोस और प्रभावी बनाया जा सकता है। इस प्रस्ताव के मुताबिक संविधान में तत्काल कोई परिवर्तन नहीं होनेवाला है। इसलिए इसकी शुरुआत गैरसरकारी स्तर पर ही हो सकती है। शुरू के कदम इस प्रकार होंगे : सामाजिक कार्यकर्ताओं और बुद्धिजीवियों का एक बड़ा समूह बने जिसका दृढ़ विश्वास है कि राष्ट्रहित में वर्तमान राजनीति का एक विकल्प चाहिए। प्रस्तावित समूह की दूसरी मान्यता यह होगी कि मौजूदा आर्थिक नीतियाँ गलत हैं, और उदारीकरण तथा ग्लोबीकरण की नीति को बदलकर भारत को आर्थिक पराधीनता से मुक्त करने के लिए एक नई राजनीति का अभ्युदय चाहिए।

अगर उपर्युक्त दो बातों का सामूहिक एलान करनेवाले दस हजार व्यक्ति हो जाएँगे तो अच्छी शुरुआत मानी जाएगी बशर्ते उनमें विभिन्न भाषाओं, जातियों और सम्प्रदायों के लोग हों, जाने-माने बुद्धिजीवी हों, जाने-माने सामाजिक कार्यकर्ता हों और घोषित उद्देश्यों के लिए सबकी आन्तरिकता हो।

उनका आह्वान होगा कि राजनैतिक कार्यकर्ताओं का एक नया समूह देश को

चाहिए। आह्वान यह नहीं होगा कि किसी एक संगठन में सारे लोग एकत्रित हो जाएँ। शुरू में अलग-अलग संगठन में रहकर भी लोग अपनी राजनैतिक घोषणा कर सकते हैं। कुछ बुनियादी लक्ष्यों के लिए प्रतिबद्धता और सहमति जरूरी है : लोकतंत्र, शान्तिमय परिवर्तन, सामाजिक न्याय, विकेन्द्रीकरण और आर्थिक गैर-बराबरी पर रोक।

उपर्युक्त सारी मान्यताओं पर सहमत होनेवाले दस हजार लोग अगर सामूहिक प्रयास करेंगे तो देश में गाँव, जिला, राज्य और राजधानी के स्तर पर शीघ्र ही, एक साल के अन्दर, एक लाख समर्थक हो जाएँगे उनके सहयोग से नए राजनैतिक कार्यकर्ताओं की आर्थिक मदद के लिए विभिन्न केन्द्रों पर कोष स्थापित किए जा सकेंगे। 'बेहतर राजनीति के लिए कोष निर्माण' एक राष्ट्रीय महत्त्व का काम होगा। इस कोष को समृद्ध करना प्रत्येक देशभक्त नागरिक का कर्तव्य होगा। जो लोग चुनाव नहीं लड़ेंगे, कोष निर्माण का काम उनको करना चाहिए।

शुरू के दस हजार लोगों को इस वैकल्पिक राजनैतिक प्रक्रिया का संस्थापक माना जाएगा। उनकी एक समिति होगी जो प्रारम्भिक दौर के लिए एक राजनैतिक घोषणापत्र तैयार करेगी। वह कार्यकर्ताओं के लिए एक आचरण संहिता भी बनाएगी।

देश की अन्य ज्वलन्त समस्याओं के बारे में सरकार की क्या नीति होनी चाहिए यह इस प्रस्ताव की परिधि में नहीं है। जनाधार का सवाल अवश्य इस प्रस्ताव के साथ जुड़ा हुआ है—नई राजनीति का जनाधार क्या होगा। किसी वर्ग, जाति या सम्प्रदाय को हम देश का शत्रु नहीं मानते हैं। हरेक देशभक्त व्यक्ति राष्ट्र के नवोत्थान के लिए सहयोगी हो सकता है। गरीबीरेखा से नीचेवालों को राजनैतिक कार्य के लिए संगठित करना असम्भव जैसा काम है। निम्न मध्यम वर्ग (जिसमें गाँव का साधारण किसान और शहर के मिस्त्री, मुंशी जैसे लोग होते हैं) न सिर्फ शिक्षित होता है, बल्कि भ्रष्टाचार और उदारीकरण दोनों के बारे में सचेत हो सकता है। निम्न मध्यम वर्ग के युवा समूह और महिलाएँ नई राजनीति के मुख्य विस्फोटक हो सकते हैं। उनके मन में इस व्यवस्था के विरुद्ध एक प्रतिशोध की भावना हो सकती है।

यह आलेख एक प्रस्ताव है आजादी के पचास साल के अवसर पर, अगले पचास साल के लिए।

(जुलाई-अगस्त, 1997)

मेरा चुनाव

किशन पटनायक ने 1989 में ओडिशा के सम्बलपुर निर्वाचन क्षेत्र से लोकसभा का चुनाव लड़ा और उसमें बुरी तरह पराजित हुए। 1962 में इसी निर्वाचन क्षेत्र से जीतकर 32 वर्ष की आयु में वे लोकसभा के सदस्य चुने गए थे। इस लेख में उन्होंने अपनी हार के कारणों पर प्रकाश डाला है और प्रकारान्तर से चुनाव में मतदाताओं का क्या रुख होता है, इसका भी संकेत दिया है। **—सम्पादक**

जब कुछ साथी हमारी ओर से परचे बाँट रहे थे, एक आदमी ने परचा देखकर उस पर थूका और कहा, 'यह तो कांग्रेस का दलाल है।' एक दूसरे स्थान पर किसी ने टोका, 'अच्छा जिसने कांग्रेस से सात लाख रुपए लिए हैं।' जनता दल की ओर से मेरे खिलाफ यह मुख्य प्रचार था कि किशन पटनायक कांग्रेस से पैसा लेकर जनता दल को हराने के लिए निर्दलीय उम्मीदवार के रूप में खड़ा हो गया है। हमने सोचा था कि यह प्रचार टिकेगा नहीं, विश्वसनीय नहीं होगा। लेकिन आश्चर्यजनक ढंग से यह प्रचार कारगर हुआ। ओडिशा में जनता दल की तीव्र लहर बन गई थी। कांग्रेस को हराने के लिए जनता दल ही लोगों को दिखाई दिया। किशन पटनायक को ज्यादा वोट मिलेगा तो कांग्रेस जीत जाएगी—यह एक आशंका बन गई। इस आशंका के चलते जनता दल के बहुत सारे लोगों ने, जिनके बारे में यह उम्मीद थी कि वे इस अफवाह को रोकेंगे, अफवाह को रोका नहीं। उसमें से कई लोगों ने इस तरह उसको बढ़ावा दिया—'क्या यह सच है ?' 'लोग तो कह रहे हैं।' इस प्रकार से यह प्रचार बढ़ता गया।

दिल्ली में 2 अक्टूबर, 1989 को अखिल भारतीय किसान समावेश हुआ था, उसमें सम्बलपुर जिले से डेढ़ हजार लोग गए थे। बोट क्लब के मैदान में उनको रात रहने नहीं दिया गया, तब वे अपने इलाके के कांग्रेसी लोकसभा सदस्य कृपा सिंधु भोई के बंगले में जाकर ठहरे। श्री भोई ने उन्हें अपने बंगले के अन्दर के खुले आँगन में रहने दिया। उनका स्वागत भी किया। यह समाचार हमारे इलाके के स्थानीय समाचारपत्र में छपा था। इसके साथ जोड़कर यह अफवाह बनाई गई कि ओडिशा राज्य कृषक (किसान) संगठन के नेता लोगों ने कृपा सिंधु भोई से साँठगाँठ कर ली है। जिन गाँवों को हम अपना पूरा समर्थक गाँव समझते थे, उनमें भी इस घटना को लेकर प्रश्न खड़े हो गए। दिल्ली में आश्रय के लिए अपने इलाके के संसद सदस्य की सहायता लेना एक

नागरिक का अधिकार है, अगर चुनाव न होता, जनता लहर न होती तो यह स्पष्टीकरण काम करता। नवम्बर 1989 के चुनाव में इसने बिलकुल काम नहीं किया।

दो

बिजेपुर एक प्रखंड मुख्यालय है। जहाँ का पूर्व जमींदार जनता दल का समर्थक है, और विधानसभा चुनाव में जनता दल के टिकट का प्रत्याशी है। उसके लोगों ने हमारी सभा को भंग कर दिया और हम लोगों पर धूल फेंकी। सभा भंग करनेवाले एक आदमी ने मुझे सम्बोधित करते हुए चिल्लाकर कहा, 'अरे किशन पटनायक तूने अगर जनता दल का टिकट लिया होता तो तुझे हमने सिंहासन पर बिठाया होता, अब देख, तेरी कैसी छीछालेदर हो रही है।' इस आदमी ने जो कहा वह एक केन्द्रीय तथ्य था, हालाँकि इस कथन का विरोधाभास स्पष्ट है। जनसाधारण का सामूहिक रुख इस प्रकार के विरोधाभास से भरा रहता है। हमलोग सपाट तर्क करते हैं और वस्तुस्थिति से हट जाते हैं।

जनता दल का टिकट लेने के बारे में संगठन के अन्दर भी दुविधा थी। लेकिन संगठन के बाहर जो हमारे सैकड़ों समर्थक हैं उनमें से किसी ने यह सलाह नहीं दी थी कि जनता दल का टिकट मत लो। सबकी इच्छा यह थी कि जनता दल किशन पटनायक को यह क्षेत्र छोड़ दे और सहयोग करे। अगर जनता दल नहीं छोड़ता है तो किशन पटनायक ही जनता दल का टिकट ले लें। जनता लहर के स्पष्ट रूप से दिखाई देने के पहले जनता दल के लोग भी यह मानते थे कि दल का उम्मीदवार हार जाएगा। सीधी लड़ाई में भी हार जाएगा। हम कहते थे कि ऐसी स्थिति में जनता दल अगर किशन पटनायक के खिलाफ उम्मीदवार देता है तो जनता दल दोषी है। उसको दंड मिलना चाहिए। लोगों का तर्क इससे बिलकुल अलग था। लोग चाहते थे कि अगर जनता दल टिकट दे रहा है, किशन पटनायक को टिकट ले लेना चाहिए। जनता दल किशन पटनायक को निर्दलीय उम्मीदवार के रूप में स्थान नहीं छोड़ना चाहता है—यह जनता दल का दोष नहीं है क्योंकि वह अपना टिकट देने के लिए तैयार है। किशन पटनायक ही दोषी है क्योंकि वह जनता दल का टिकट न लेने की जिद कर रहा है। इस कसूर को मतदाताओं ने माफ नहीं किया।

जनसाधारण के इस मानसिक रुख के बारे में हमने गम्भीरता से क्यों नहीं सोचा ? शायद हम इस बात से मोहित थे कि सब तरफ किशन पटनायक की योग्यता की चर्चा हो रही थी। जब से इलाके में चुनाव की चर्चा होने लगी तब से किशन पटनायक की योग्यता की तारीफ होती रही। लेकिन लोगों की सही इच्छा का पता लगाकर उसको सम्मान न देने के फलस्वरूप माहौल बिलकुल विपरीत हो गया। निन्दा और अफवाह से अपने को बचाने में हम आखिर तक असफल रहे। लोग जब किसी की निन्दा या प्रशंसा करते हैं तो हमेशा शर्त के साथ करते हैं। किसी ठोस बात के साथ जोड़कर करते

हैं यानी व्यावहारिक ढंग से निन्दा या प्रशंसा करते हैं। लोग सिर्फ यह चाहते थे कि सीधी लड़ाई का रास्ता जनता दल ने निकाला था। टिकट नहीं लेना, नीति या आदर्श की ऐसी बात करना जो लोगों की व्यावहारिक बुद्धि की समझ में न आए, उनकी इच्छा के प्रतिकूल था। अगर यह बात इतने साफ ढंग से समझ में आई होती तो या फिर हम खड़े न होते या जानबूझकर खड़े होते तो हम जनता की इच्छा के विरुद्ध खड़े हैं।

तीन

जनता दल के साथ समझौते के लिए दो साल पहले से एक सिलसिला चला था। 6 अक्टूबर, 1989 को ओडिशा जनता दल के एकछत्रवादी नेता बीजू पटनायक ने बातचीत के लिए मुझे बुलाया था। करीब एक घंटे की बातचीत में यह तय हुआ कि मैं निर्दलीय उम्मीदवार के रूप में चुनाव लड़ूँगा। जनता दल अपना उम्मीदवार नहीं देगा, सहयोग करेगा। इसके पाँच दिन बाद बीजू पटनायक इलाके के बरगढ़ में आए और उन्होंने जनता दल के स्थानीय नेताओं को इस बात की सूचना दी कि किशन पटनायक से समझौते की बातचीत हो गई है। इसके बाद से दो साल तक नामांकन पत्र दाखिल करने तक स्थानीय जनता दल में दो मत बने रहे। एक मत यह था कि किशन पटनायक के लिए यह चुनाव क्षेत्र छोड़ देना ही बढ़िया होगा। विधानसभा चुनाव में जनता दल के लोग ही मुख्यतः उम्मीदवार होंगे। उसमें किशन पटनायक और कृषक संगठन का सहयोग मिलेगा। जनता दल और कृषक संगठन की संयुक्त शक्ति से कांग्रेस को हराना सहज हो जाएगा। दूसरा मत यह था कि किशन पटनायक जनता दल के टिकट पर खड़े हों तो बहुत अच्छी बात होगी, लेकिन निर्दलीय उम्मीदवार के रूप में हम उनका समर्थन नहीं करेंगे, भले ही कांग्रेस जीत जाए। इसी दूसरे गुट की बात रह गई। इस गुट को कभी यकीन न था कि जनता दल का उम्मीदवार जीतेगा। कई बार मैंने जनता दल के कार्यकर्ताओं से कहा था, आप लोग आकर अगर मुझे कहेंगे कि सीधी लड़ाई में आप अपने उम्मीदवार भवानी शंकर होता को जिता देंगे तो मैं चुनाव से हट जाऊँगा। लेकिन ऐसा कहनेवाले लोग कभी नहीं आए। 3 नवम्बर के बाद ही इस प्रकार की छिटपुट बात शुरू हुई। 5 से 10 नवम्बर के बाद जनता लहर दिखाई पड़ने लगी।

चार

इस चुनाव में कुल मिलाकर करीब दो लाख रुपए खर्च हुए। वोट मिला 14 हजार से कुछ ज्यादा। यह एक विपर्यय है। हमारे जैसे समूह के लिए रुपए और वोट का अनुपात भी चिन्ताजनक है। एक सफाई यह दी जा सकती है कि हमारे समर्थकों में भी यह दुविधा आ गई कि ज्यादा जोर लगाएँगे तो कांग्रेस जीत जाएगी। लेकिन चुनाव जैसे युद्ध में संगठन के समर्थकों में अगर इस प्रकार की दुविधा पैदा हो जाती है और इस

दुविधा पर नियंत्रण नहीं रह पाता है तो वह संगठन की एक बुनियादी कमजोरी है। चुनाव के दौरान युवा वर्ग के नए लोग काफी संख्या में हमारी ओर आकर्षित हुए, लेकिन संगठन की उपरोक्त बुनियादी कमजोरी के चलते यह उपलब्धि भी स्थायी होगी या नहीं, सन्देहास्पद बात हो गई है। कार्यकर्ताओं में जो निराशा आई है वह हार के चलते नहीं बल्कि इस कारण कि हम अपने संगठन के प्रभाव को बचा नहीं सके। इस पृष्ठभूमि में समीक्षा करें तो यह निष्कर्ष भी निकल सकता है कि सीधी लड़ाई की सम्भावना खतम होने के बाद चुनाव से हट जाना चाहिए था।

पाँच

मेरी एक तीव्र इच्छा थी कि लोकसभा के माध्यम से देश की मौलिक समस्याओं के बारे में जनसाधारण और सचेत नागरिकों के मानस को आन्दोलित करने का मौका उठाना चाहिए। मौलिक समस्याओं के बारे में जनसाधारण और युवा वर्ग की चेतना लुप्त हो रही है। इसके उद्धार के लिए संसद में पहुँचने की जरूरत इतनी तीव्र हो गई थी कि परिस्थितियों को मैं नजरअन्दाज करता रहा। इतनी वैयक्तिकता मेरे विचारों और आचरण में आ गई थी।

(जनवरी, 1980)

खंड-2

देश, दल, सरकारें

❐ वायदे निभाओ

❐ 1977 : जे.पी. और राष्ट्रीय स्वयंसेवक संघ

❐ द्विपक्षीय ध्रुवीकरण के खतरे

❐ क्या भारतीय जनता पार्टी फासीवादी है

❐ भारतीय मानस और भाजपा

❐ समान नागरिक संहिता और सेकुलरवादी

❐ 2004 का जनादेश और आगे के संकेत

वायदे निभाओ

जनता पार्टी की सरकार बनने पर इन्दिरा गांधी और संजय गांधी की तानाशाही समाप्त हुई और लोकतंत्र की पुनः स्थापना हुई। जनता पार्टी की सरकार से बहुत उम्मीद न होने के बावजूद इतनी उम्मीद तो जरूर की जा रही थी कि इमरजेंसी के अनुभव के बाद वह देश को कम-से-कम लोकतंत्र की दिशा में आगे बढ़ाने की चेष्टा करेगी। किशन पटनायक के सम्पादन में सामयिक वार्ता को पटना से प्रकाशित करने का एक मकसद यह भी था कि जे.पी. के नैतिक दबाव से सरकार कुछ तो ऐसा करे जो देशवासियों का कष्ट दूर करने में सहायक हो। लेकिन सरकार बनने के बाद तुरन्त ही मोहभंग की स्थितियाँ पैदा होने लगीं। ऐसी स्थिति में वार्ता के पहले अंक के लिए किशन पटनायक ने जे.पी. का इंटरव्यू लिया और यह सम्पादकीय लिखा। जे.पी. का वह ऐतिहासिक इंटरव्यू भी इस लेख के साथ छापा जा रहा है।—**सम्पादक**

जयप्रकाश नारायण से हमारी बातचीत में जनता पार्टी और उसकी सरकारों को एक संकेत है। कुछ बातों पर जे.पी. बहुत जोर दे रहे हैं। अगर इन पर अमल नहीं होगा तो सब बेमतलब हो जाएगा। युगपरिवर्तन और तानाशाही के खात्मे का दावा खोखला हो जाएगा। हमने जानबूझकर 'संकेत' कहा है। जे.पी. ने जनता पार्टी को निर्देश नहीं दिया है। जनता पार्टी ने अपने को जे.पी. से अलग कर लिया है। यह जानकर बहुत लोगों को अचरज होगा कि जब से दिल्ली की सरकार बनी है तब से आज तक उसके लोगों ने जे.पी. से सलाह नहीं ली है कि सरकार को कैसे चलाना चाहिए और देश के नवनिर्माण के लिए क्या-क्या करना चाहिए। यह देश के आजाद होने के बाद कांग्रेस पार्टी के गांधीजी से किए गए सलूक जैसी ही विडम्बना है।

जे.पी. का संकेत है कि जनता पार्टी अपना वायदा पूरा करे। उसे चुनाव घोषणापत्र पर अमल करना होगा। अगर अमल नहीं होता है तो न 'युगपरिवर्तन' हुआ है और न 'तानाशाही' का खात्मा हुआ। जैसे किसी गर्भवती स्त्री के प्रसव के लिए कहें कि वह सन्तानवती हो गई। वह माँ बनी थी सन्तानवती नहीं हो सकी। तानाशाही खत्म हुई, लोकतंत्र आया नहीं है। अभी समय है। जनता पार्टी मरी नहीं है। बेहोश है। शायद चीजों को समझ नहीं पा रही है। अगर देश में तानाशाही आई तो उसका मतलब है कि समाज और प्रशासन सड़ गया। एक स्वस्थ समाज में स्वस्थ प्रशासन के अन्दर कैसे

कोई तानाशाही लाद सकता है। इसलिए यह समझना होगा कि अगर नई सरकार समाज और प्रशासन को बदलने के लिए दृढ़ संकल्प नहीं होती तो हम घूम-फिर कर फिर से तानाशाही के रास्ते पर पहुँच जाएँगे।

अभी समय है, हालाँकि चार महीने का समय नष्ट हो चुका है। केन्द्रीय सरकार को दो बार बजट पेश करने का मौका मिला। पहली बार लोगों ने आसानी से माफ कर दिया, कुछ ही दिन हुए थे, इतना जल्द नया बजट कैसे बन जाएगा, लेकिन जुलाई में लोकसभा ने दुबारा बजट पास किया। कांग्रेसी बजट से यह किसी प्रकार भिन्न नहीं था। जब शासक दल के किसी प्रवक्ता से पूछा जाता है कि इसकी विशेषता क्या है तो वह कहता है कि 'कोई नया कर नहीं लगाया है, कोई नई बुराई इसमें नहीं है।' सादगी को प्रशासन का मूलमंत्र बनाने का वायदा चुनाव घोषणापत्र में तो है। सरकार बनने के तुरन्त बाद भी सरकारी नेताओं ने इसको दुहराया 'हम बड़े मकानों में नहीं रहेंगे, हम सब लोग अपने परिवार की सम्पत्ति की घोषणा करेंगे।' लेकिन ऐसा कुछ भी नहीं किया है।

मीसा हटा नहीं है। समाचार का एकाधिकार टूटा नहीं है। अखबारों की चापलूसी बरकरार है। अफसरशाही सर्वोपरि है। हरिजन त्रस्त हैं। दाम का नंगा नाच है। पुलिस को इमरजेंसी में जो छूट मिली थी उसके स्वाद से अभी भी वह उन्मत्त है। धनीमानी, जमींदार, साहूकार और चोर-डाकू का कहना है 'जानते नहीं, अब जनता का राज है।'

क्या यह सही है कि देहातों में भूमिहीनों को जमीन के जो टुकड़े मिले थे, उन्हें भूमिपति हड़प रहे हैं ? क्या यह सही है कि सूदखोरी कानून से जिनको राहत मिली थी उनसे फिर सूद वसूला जा रहा है ? क्या यह सही है कि दुकानों में टँगी दाम-सूची को हटा दिया गया है ? तो क्या जनता पार्टी लोगों को यह कहने का मौका देगी कि यह सरकार कांग्रेस से भी ज्यादा प्रतिगामी है ?

तीस साल की घुटन, तीन साल का निरन्तर संघर्ष, उन्नीस महीनों की यातना और प्रतिरोध, जयप्रकाश नारायण का शरीर भंग, प्रभाकर शर्मा की आत्माहुति, स्नेहलता रेड्डी* और बहुतों की शहादत ! इन सबके उपरान्त चुनाव के नाम से तानाशाही के खिलाफ अवाम की बगावत क्या ये सब निरर्थक होंगे ?

निरर्थक न होने देने के लिए अभी भी समय है। इसी चार अगस्त को जे.पी. ने *वार्ता* से बातचीत में कहा कि राष्ट्रपति राष्ट्रपति भवन छोड़ दें। वह तो ब्रिटिश लाट साहबों का विलास भवन था। अब आठ अगस्त को समाचार आया है कि नीलम संजीव रेड्डी राष्ट्रपति भवन छोड़ना चाहते हैं। इससे लगता है कि मन अभी पूरा टूटा नहीं है। दबाव का असर कहीं-कहीं हो जाता है। हमें अफसोस है कि जनता पार्टी के कार्यकर्ता या तो मौन दर्शक हो गए हैं या चापलूसी और अन्धसमर्थन में मगन हैं। वे अगर

* प्रभाकर शर्मा एक गांधीवादी कार्यकर्ता थे, जिन्होंने इमरजेंसी के विरोध में आत्मदाह किया। स्नेहलता रेड्डी की इमरजेंसी के दौरान जेल में बीमार पड़ने के बाद मृत्यु हो गई।

सचेतक का काम करेंगे तो जनता पार्टी जरूर होश में आएगी। हिन्दुस्तान की अफसरशाही बड़ी संगठित है। बड़ी महीन, बड़ी चतुर है। उसके चंगुल में मंत्री और नेता फँसेंगे। जो अल्प शिक्षित हैं और अंगरेजीदां नहीं हैं वे हीनभावना के कारण फँसेंगे, जो सभ्य और शिक्षित हैं वे परिपाटी के मोह के कारण फँसेंगे। उनको इस चंगुल से मुक्त करने का काम जाग्रत जन संगठनों का है। नौ अगस्त को युवा जनता ने देशभर में क्रान्ति दिवस मनाया और जनता पार्टी को उसके वायदों की याद दिलाई—यह सही दिशा में कदम है। लेकिन कुल मिलाकर जनता पार्टी के संगठनों पर मुर्दनी छाई हुई है।

अगर नीलम संजीव रेड्डी सचमुच राष्ट्रपति भवन छोड़कर छोटे मकान में रहने लगेंगे तो प्रतीक के तौर पर जरूर एक बड़ा काम होगा। मन को उठाने के लिए प्रतीकों की जरूरत होती है, हालाँकि केवल प्रतीकों से काम नहीं चलता। राष्ट्रपति भवन छोड़ने से सादगी के आन्दोलन को बल मिलेगा। मंत्रियों के बंगलों पर, अफसरों के बड़े बंगलों पर जनता की तीक्ष्ण दृष्टि पड़ेगी। लेकिन केवल बंगलों से भी काम नहीं चलनेवाला है। सादगी आन्दोलन का मतलब होगा सार्वजनिक और निजी जीवन से सारे फिजूल और विलासितापूर्ण खर्च को हम समाप्त कर दें। इससे भ्रष्टाचार का स्रोत सूख जाएगा और दूसरी ओर पैसों की बहुत बड़ी बचत होगी जिससे गाँवों में पानी देना और बेकारों को काम देना आसान हो जाएगा।

हरिजनों की समस्याओं को लेकर जनता पार्टी पर आरोप है कि वह हरिजन विरोधी होती जा रही है। जनता पार्टी के नेता अपने बचाव में कह रहे हैं 'हम तो हरिजनों के प्रेमी हैं।' हो सकता है कि कुछ घटनाओं को लेकर विरोधी दल के लोग सरकार पर तोहमत लगा रहे हैं पर जनता पार्टी ऐसा तो नहीं कह सकती है कि हरिजनों पर अत्याचार की घटनाएँ समाप्त हो गई हैं। जनता पार्टी के नेताओं और उसके प्रवक्ताओं पर वह कौन-सी पाबन्दी है कि इन घटनाओं की तरफ उनकी नजर पहले नहीं जाती ? इन घटनाओं की बात वे खुद क्यों संसद और विधानसभाओं में नहीं उठाते ? क्या बेलछी जाकर जाँच करने के लिए हरिजनों की ओर से बयान देने के लिए जनता पार्टी में केवल रामधन ही हैं ?

हरिजन भूमिहीनों का सवाल अगले पाँच-दस साल का एक निर्णायक राजनैतिक सवाल होगा। अगर सरकार या किसी बड़े प्रभावशाली संगठन ने भूमि और जाति के सवाल को व्यापक दृष्टि के साथ हल करने का प्रयत्न नहीं किया तो हिंसा की घटनाएँ भी बढ़ेंगी। जो लोग हिंसा को संगठन का उपाय मानते हैं, उन्हें केवल एक नम्र सलाह है। जिस समाज में दक्षिण, वाम और भारतीयता के आधार पर संगठन करनेवाले हरिजनों को अछूता रखते हैं वहाँ अगर कुछ लोग उनके बीच जाकर हिंसा की शिक्षा देते हैं तो उनके विरुद्ध हमें कुछ भी कहना नहीं है। लेकिन अगर वे क्रान्तिकारी हैं तो उनको एक सलाह हम अवश्य देंगे। जाति-पाँतिवाले समाज में हिंसा को संगठित करने का अर्थ जाति-विशेष को संगठित करना हो जाता है। जब गैर-हिंसक संगठन में यह होता है तो हिंसक संगठन में यह अधिक होगा। बेलछी के बारे में तरह-तरह की

व्याख्याएँ हो रही हैं। कोई कहता है कि वह अपराधियों का संघर्ष है। निष्पक्ष दर्शकों को इसमें तीनों के तत्त्व मिलेंगे। बेलछी में हत्या की जो घटना हुई उसके पीछे सामाजिक नहीं अपराधी चरित्र है। लेकिन उसके मूल में जमीन का संघर्ष है। दोनों ओर से हिंसा का हिंसा द्वारा मुकाबला करने का कौशल बना तो हिंसा का संगठन जातीयता के आधार पर हुआ। केवल अपराध कहकर या केवल जाति की समस्या कहकर गाँव की जटिल समस्याओं को नजरअन्दाज किया जा रहा है।

हरिजन-मुसलमान का सवाल कांग्रेस पार्टी एक हद तक उठा सकती है, लेकिन इसके बल पर वह फिर से एक शक्तिशाली राष्ट्रीय दल के रूप में खड़ी हो जाएगी, यह सम्भव नहीं है। हरिजन-भूमिहीनों का सवाल संसद या विधानसभाओं में कांग्रेसियों का अस्त्र तो बन जाएगा, लेकिन कांग्रेस के नेताओं का जो सामाजिक-आर्थिक चरित्र है उसमें वे हरिजनों को अपने साथ मिलाकर नहीं चल सकते। दक्षिणपंथी कम्युनिस्ट पार्टी (भाकपा) की राजनैतिक स्थिति भी बेहतर नहीं है। उसके कार्यकर्ताओं का नैतिक बल टूट चुका है। कहीं-कहीं कांग्रेस से भी उसकी हालत बदतर हो गई है। इस स्थिति में इन्दिरा गांधी की वापसी का सवाल बिलकुल ही काल्पनिक लगता है। लेकिन अखबारों में उसका एक भूत तो हो गया है। इस भूत से जनता पार्टी और मार्क्सवादियों के अलावा दक्षिणपंथी कम्युनिस्ट भी सजग हो रहे हैं। कांग्रेस का एक बड़ा तबका भी इन्दिरा गांधी को चेतावनी दे रहा है कि पहले जैसी व्यक्तिपूजा अब नहीं चलेगी। फिर भी यह भूत क्यों खड़ा हो रहा है ? इस ठठरी के कई सहारे हैं। अखबार और अफसरशाही का गठन और चरित्र इन्दिरा गांधी की तानाशाही लाने में बहुत मददगार हुआ था। वह ज्यों का त्यों अभी है। इसमें से बहुत सारे मददगार व्यक्ति भी अपनी-अपनी जगहों पर मजबूती से बने हुए हैं। बहुत सारे अफसर निजी तौर पर इन्दिरा गिरोह के कारनामों में शामिल थे।

इसके विरुद्ध जो आयोग बैठे हैं और जो जाँच हो रही है उनमें ये बाधा डाल रहे हैं। कभी-कभी तो लगता है कि इन आयोगों से कुछ निकलेगा भी या नहीं। कुछ ज्यादतियों की जानकारी के लिए ये आयोग बैठे हैं तो यह पैसे की बरबादी है। ये ज्यादतियाँ हुई कैसे ? कौन उनके लिए मूलतः जिम्मेवार है ? इस सबको देश के सामने पापी और जनद्रोही के रूप में खड़ा करना था। इस लाइन पर काम नहीं हो रहा है। बिहार युवा जनता के 9 अगस्त के माँगपत्र में भी यह माँग है कि इन्दिरा गांधी और उसके सहयोगियों को केवल भ्रष्टाचार और अनियमितताओं को लेकर ही नहीं बल्कि जनतंत्र की हत्या और जनद्रोह के अपराध का भी अभियुक्त बनाया जाए।

(अगस्त, 1977)

जनता पार्टी, सरकार और जे.पी.

4 अगस्त को *वार्ता* सम्पादक किशन पटनायक ने लोकनायक जयप्रकाश नारायण से बातचीत की। ग्यारह बजे दिन का समय तय हुआ था पर एक जरमन टेलीविजन

कम्पनी ने जे.पी को घेर रखा था। बारह बजे उन्हें छुटकारा मिला तो बातचीत शुरू हुई। ग्यारह बजे से इन्तजार करते हुए यह ख्याल बार-बार आता था कि जे.पी. बहुत थक गए होंगे और बातचीत जमकर नहीं हो सकेगी। लेकिन यह ख्याल गलत साबित हुआ। सुबह से मुलाकातियों और जरमन टेलीविजन के 'घेराव' के बावजूद जे.पी. एकदम स्थिरचित्त थे और हर सवाल का उन्होंने बहुत ध्यान से जवाब दिया। *वार्ता* के पाठकों को यह जानकर बहुत खुशी होगी कि जे.पी. का स्वास्थ्य बहुत अच्छा है।

वार्ता : *अगर जनता पार्टी की सरकार अपने चुनाव घोषणापत्र पर अमल नहीं करती तो पार्टी की कमेटियों और कार्यकर्ताओं का कर्तव्य और दायित्व क्या होना चाहिए ?*

जे.पी. : पहला दायित्व तो रचनात्मक है कि कमेटियाँ और कार्यकर्ता सरकार की मदद करें। वे यह समझें कि सरकार की क्या दिक्कतें हैं और जहाँ तक वे इन्हें दूर कर सकते हैं, दूर करें। सरकार को कहें—आपने ये वायदे किए थे, घोषणापत्र में यह-यह लिखा था। आप कृपा कर इनके ऊपर काम करें, इन्हें कार्यान्वित करें। अगर आप वायदों को पूरा नहीं करते तो हम जनता के बीच जाने को मजबूर होंगे और उसे कहेंगे कि आपने सरकार में जाकर अपना कर्तव्य भुला दिया है और हमें फिर एक आन्दोलन आपके विरुद्ध करना पड़ेगा। कोशिश रचनात्मक सहयोग की होनी चाहिए लेकिन अगर सरकार घोषणापत्र के वायदे पूरा नहीं करती तो उसका विरोध करना ही होगा।

वार्ता : *क्या इसके लिए कुछ समय दिया जा सकता है ? सहयोग करेंगे लेकिन एक साल या किसी निश्चित समय तक।*

जे.पी. : एक साल काफी है।

वार्ता : *घोषणापत्र पर अमल हो, यह चाहनेवाले लोग जनता पार्टी में हैं, युवा जनता में हैं, सर्वोदय और संघर्ष वाहिनी में भी हैं। क्या इन सारे लोगों का कोई सम्मिलित कार्यक्रम हो सकता है ?*

जे.पी. : हो सकता है। पहले ऐसे सब लोगों को इकट्ठा होकर यह विचार करना चाहिए कि हो क्या रहा है, क्या होना चाहिए और हम लोग क्या करें। सब लोग इकट्ठा बैठें तो अच्छा हो।

वार्ता : *जनता पार्टी और युवा जनता में भी ऐसे काफी कार्यकर्ता हैं, जो सम्पूर्ण क्रान्ति में निष्ठा रखते हैं। क्या ऐसे कार्यकर्ताओं के लिए अलग से कोई आचरण-विधि होनी चाहिए, जैसे किसी पद पर न जाएँ, मंत्रिमंडल में न जाएँ।*

जे.पी. : सत्ता में जाना सम्पूर्ण क्रान्ति के आदेश के विरुद्ध नहीं है। इस प्रकार का मानस भी नहीं बनना चाहिए कि जो लोग सत्ता में गए, वे भ्रष्ट हो गए। सत्ता में जाने पर अपना जो विचार है, उद्देश्य है, आदर्श है, उसका ईमानदारी से पालन करने का प्रयत्न करना चाहिए। अगर इसमें विफल होते हैं तो स्वयं छोड़ देना चाहिए। लेकिन इस ढंग से छोड़ना चाहिए कि उससे कुछ लोक-शिक्षण हो, पार्टी के ऊपर उसका कुछ प्रभाव भी हो, दबाव भी पड़े और पार्टी को इसका भय हो।

वार्ता : *आपने पिछले दिनों बार-बार इस बात पर जोर दिया है कि कमेटियों,*

संगठनों आदि में कमजोर वर्गों का प्रतिनिधित्व होना चाहिए। लेकिन व्यवहार में हम देखते हैं कि यह हो नहीं पा रहा है। यहाँ तक कि लोक समितियों, संघर्ष वाहिनी की कमेटियों में भी यह नहीं हो पाता। ऐसी स्थिति में क्या यह उचित नहीं होगा कि कमजोर वर्गों के अलग से वर्ग-संगठन बनाए जाएँ ?

जे.पी. : पहले मुझे वर्ग-संगठन बनाने पर आपत्ति होती थी लेकिन आज इस पर आपत्ति नहीं है। वर्ग-संगठन बनाए जा सकते हैं। लेकिन जो कमेटियाँ हम बनाते हैं उनके लिए यह नियम बन जाना चाहिए कि जो वर्ग कमेटियों में आ नहीं सके हैं उनके लोग नामजद या को-आप्ट किए जाएँ—मुसलमान, आदिवासी, हरिजन, पिछड़ी जातियों के लोग लिए जाएँ। जब हम पिछड़ी जातियों के बारे में कहते हैं तो इस बात पर भी ध्यान देना होगा कि कुछ पिछड़ी जातियाँ अब नाम के लिए ही पिछड़ी हैं।

वार्ता : *जन समितियों के बारे में आपने पहले जो कहा था उससे यह धारणा बनती थी कि आप यह चाहते हैं कि समितियाँ नीचे के स्तर पर बनें। यह बात अच्छी लगती थी कि समितियों का नीचेवाला स्तर ही मुख्य और प्रभावशाली होगा। लेकिन अब राष्ट्रीय समिति और राज्य समितियाँ बन रही हैं। क्या इससे नीचे की कमेटियों का महत्त्व कम नहीं होगा और उनके अस्तित्व में बाधा नहीं आएगी ?*

जे.पी. : यह सोचने का विषय है। मेरा अपना दृष्टिकोण तो पहले जो था वही है—नीचे की समितियों को ही मजबूत करना चाहिए, ऊपर की समितियाँ न भी बनें तो कोई हर्ज नहीं। ऊपर की समितियाँ बनें तो उनका उद्देश्य तालमेल बिठाना हो। इस पर फिर भी विचार कर सकते हैं। अभी तो सब बनने की प्रक्रिया में है। मुख्य बात यह है कि नीचे की समितियों को मजबूत करना चाहिए। उनमें ऐसी शक्ति होनी चाहिए कि वे असर डाल सकें। उनका शिक्षण भी होना चाहिए।

वार्ता : *असल में शिक्षण का काम चलाना ही राष्ट्रीय समिति का काम होना चाहिए।*

जे.पी. : हाँ, शिक्षण का काम वही कर सकती है।

वार्ता : *बिहार आन्दोलन के दिनों में जनता सरकार बनाते थे। अब जो जन समितियाँ बननेवाली हैं, उनमें और आन्दोलन की कल्पनावाली जनता सरकारों में क्या फर्क या सामंजस्य आप देखते हैं ?*

जे.पी. : जनता सरकार ज्यादा आकर्षक शब्द है।

वार्ता : *इसमें आत्मनिर्भरतावाला पहलू ज्यादा था, जैसे अदालत का काम चलाना।*

जे.पी. : इन समितियों को मेरी दृष्टि में जनता सरकारों का भी काम करना चाहिए। जन समितियाँ समग्र क्रान्ति की हथियार हैं। उन्हें कई क्षेत्रों में काम करना चाहिए। इसके लिए वे उपसमितियाँ बना सकती हैं। जन समितियों को केवल राजनैतिक रूप ही प्रदान नहीं किया जाना चाहिए। चूँकि वे समग्र क्रान्ति की हथियार हैं, उन्हें शादी-ब्याह, श्राद्ध, जातिप्रथा की समस्याओं पर भी ध्यान देना होगा। हिन्दू समाज की बुराइयाँ अन्य धर्मों में भी घुस गई हैं। सांस्कृतिक क्रान्ति पर जोर देना होगा। समाज में परिवर्तन नहीं होगा तो राजनीति भी नहीं बदलेगी। भिन्न-भिन्न धर्मों के नाम पर

केवल हिन्दू समाज का ही प्रश्न नहीं है। समितियों को यह देखना होगा हिन्दू और मुसलमान, हिन्दू और ईसाई का आपस में विश्वास बढ़ता है; जो धार्मिक अल्पसंख्यक हैं, उनको किस प्रकार निर्भय बनाया जाए, उनके हितों को पुष्ट किया जाए, उनकी सेवा की जा सके। अभी शिकायत होती है कि मंत्रिमंडल में मुसलमान नहीं हैं, हरिजन नहीं हैं...

वार्ता : *अभी-अभी ख्याल आया कि आज तक कभी भी कोई आदिवासी केन्द्रीय मंत्रिमंडल का काबीना-स्तर का मंत्री नहीं बना।*

जे.पी. : यह बहुत बड़ी खाई रही। इसकी ओर ध्यान दिलाना चाहिए।

वार्ता : *हमारे समाज और प्रशासन में केन्द्रीकरण की प्रवृत्तियाँ बहुत मजबूत हैं, ऐसी स्थिति में अगर जनता पार्टी की सरकार आम लोगों की समस्याओं को हल करने में बिलकुल असमर्थ होती है तो क्या फिर से तानाशाही या इन्दिरा गांधी के सत्ता पर आने की सम्भावना बन सकती है ?*

जे.पी. : एक सम्भावना, वह जरूर है। दूसरी सम्भावना यह हो सकती है कि क्रान्तिकारी शक्तियाँ बढ़ें और क्रान्तियाँ हों, उसी से तानाशाही की प्रवृत्ति भी रुक सकती है। क्रान्तिकारी शक्तियों में अधिकांश तो युवा शक्ति हैं। मैं नहीं समझता कि इसमें मजदूर शक्ति बहुत काम करेगी, उसे मैं पेटी बुरजुआ वर्ग कहता हूँ।

वार्ता : *जैसे फैक्टरी के मजदूर।*

जे.पी. : लेकिन जो खेतिहर मजदूर हैं, उनमें क्रान्तिकारी शक्ति है। वे जाति के कारण, आर्थिक स्थिति के कारण इतने दबे हुए हैं कि उनको उठाना और संगठित करना ही बड़ा कठिन है। मैं पहले इसके खिलाफ था कि उनका अलग संगठन होना चाहिए, लेकिन अब मानता हूँ कि होना चाहिए। गाँव में वर्ग-संघर्ष होता हो तो हो, उसमें आपत्ति नहीं है। दूसरा रास्ता नहीं है। सर्वोदय का रास्ता थोड़ी दूर तक गया लेकिन उसके बाद आगे नहीं बढ़ सका, सफलता नहीं मिली।

वार्ता : *बिहार में भयंकर निरक्षरता है, केवल 19 फीसदी लोग साक्षर हैं। क्या आप चाहेंगे कि पूर्ण साक्षरता के अभियान को मौजूदा सरकार प्राथमिकता दे।*

जे.पी. : बालिग साक्षरता पर मैं ज्यादा जोर नहीं देता हूँ, लेकिन जो बच्चे पैदा हो रहे हैं उन सबकी शिक्षा की व्यवस्था होनी चाहिए। कोई ऐसा बच्चा न हो, जो अभाव के कारण पढ़ न सके, यह गारंटी होनी चाहिए। एक बुनियादी शिक्षा स्तर तक उसे पढ़ा देना चाहिए। उसके बाद वह चाहे तो पढ़े या न पढ़े।

वार्ता : *यह बुनियादी शिक्षा माध्यमिक स्तर तक होगी न ?*

जे.पी. : हाँ, लेकिन पाठ्यक्रम वगैरह को बहुत बदलना होगा। देहात के विद्यार्थियों को कृषि के बारे में ज्यादा जानकारी दी जाए और विद्यार्थी शहरी हो तो पाठ्यक्रम में शहरी बातें होनी चाहिए। सोच-विचार कर पाठ्यक्रम बनाना चाहिए। इस तरह बनाना चाहिए कि उससे परिवेश (इनवायरेनमेंट) का ज्ञान हो।

वार्ता : *इस सन्दर्भ में आपको गांधीजी और चीन की शिक्षा पद्धति की काफी बातें*

पसन्द हैं।

जे.पी. : हाँ।

वार्ता : *जनता पार्टी के नेताओं ने सरकार बनाते वक्त एलान किया था कि सादगी उनका मूलमंत्र होगा। क्या आपको लगता है कि सरकार उस दिशा में आगे बढ़ी है ?*

जे.पी. : मुझे पूरी जानकारी नहीं है कि उसने क्या किया।

वार्ता : *एक एलान यह भी किया गया था कि मंत्री और संसद सदस्य अपनी पारिवारिक सम्पत्ति की घोषणा करेंगे। संथानम कमेटी की भी यह सिफारिश थी। एलान पर अब तक अमल नहीं हुआ है।*

जे.पी. : उन्हें जरूर करना चाहिए।

वार्ता : *सम्पत्ति की घोषणा के लिए कानून बन जाना चाहिए या यह व्यक्तिगत इच्छा पर छोड़ दिया जाए ?*

जे.पी. : कानून बनना चाहिए। कानून बन जाएगा तो बाध्यता रहेगी।

वार्ता : *क्या कानून गजटी अफसर पर भी लागू होना चाहिए ?*

जे.पी. : हाँ, लागू होना चाहिए।

वार्ता : *हमने सोचा था कि नए राष्ट्रपति राष्ट्रपति भवन को छोड़ देंगे क्योंकि वह विलास और फिजूलखर्ची का प्रतीक है।*

जे.पी. : नहीं छोड़ा ?

वार्ता : *अभी तक नहीं छोड़ा, बग्घी छोड़ी है।*

जे.पी. : खबर थी कि राष्ट्रपति छोटे मकान में जानेवाले हैं ?

वार्ता : *यह बिहार के राज्यपाल के बारे में छपा था।*

जे.पी. : यह तो पुरानी बात है। राष्ट्रपति को तो उस जगह को छोड़ ही देना चाहिए, इसमें शक की कोई गुंजाइश नहीं। राष्ट्रपति भवन को म्युजियम बनाया जाए या जिस काम में आ सके उस काम में लाया जाए। राष्ट्रपति चाहें तो राष्ट्रपति भवन के किसी आउट हाऊस में (छोटे मकान या उपभवन) रहे या कहीं भी रहे। इतना बड़ा भवन या महल गरीब देश के राष्ट्रपति के लायक तो नहीं है।

वार्ता : *यह चर्चा आजकल आम है कि मंत्री लोग अफसरों के चंगुल में फँसते जा रहे हैं इसलिए वे परिवर्तन का काम नहीं कर पा रहे हैं। अफसरशाही की जकड़न को तोड़ने के लिए सरकार तथा युवा संगठन क्या कर सकते हैं ?*

जे.पी. : कुछ परिस्थिति ऐसी है कि यह अनिवार्य है। जब तक हमारे प्रतिनिधि लायक और मजबूत नहीं होते तब तक अफसरशाही के चंगुल से निकलना मुश्किल है। लेकिन अफसरशाही के ढाँचे में क्या परिवर्तन हो सकता है, यह सोचना चाहिए। मैंने बहुत पहले अफसरशाही की जकड़न को दूर करने और उसकी ताकत घटाने के लिए कुछ सुझाव दिए थे। जिला मजिस्ट्रेट...

वार्ता : *उसके पास तो असीमित अधिकार हैं।*

जे.पी. : हमने यह सुझाया था कि जिला मजिस्ट्रेट के जिम्मे शान्ति व व्यवस्था,

आम प्रशासन और राजस्व रहे। उसी के समकक्ष या उससे बड़े दरजेवाला व्यक्ति जिला विकास अफसर के पद पर नियुक्त किया जाए। इस तरह जिला मजिस्ट्रेट को विकास कार्यों की जिम्मेवारी से मुक्त कर दिया जाए। अभी जिले की विकास योजनाओं के मामले में निर्णय करने का अधिकार उसके पास है क्योंकि वह ही दस्तखत करता है। यह अधिकार उससे ले लिया जाए। हमारा मुख्य काम तो विकास है। शान्ति व व्यवस्था की स्थिति तो तभी बेहतर होगी जब लोगों का खाना-पीना बढ़ेगा। जिला विकास अफसर अपने महकमे में रहे और जिला मजिस्ट्रेट अपने महकमे में।

वार्ता : *क्या विकास का काम जिला परिषद या पंचायतों के जिम्मे नहीं किया जा सकता ?*

जे.पी. : किया जा सकता है लेकिन ये काम नहीं करतीं। मुश्किल तो यह है कि जो निर्वाचित संस्थाएँ होती हैं उनमें भी सत्ता निहित स्वार्थों के हाथों में चली जाती है। जब मैं अखिल भारतीय पंचायत परिषद का अध्यक्ष था तब हमलोगों ने इस बात की बहुत कोशिश की थी कि इनको आय का साधन भी दिया जाए। इनको काम देते हैं। थोड़े अधिकार भी देते हैं पर पैसा नहीं देते। पैसा न देने पर ये सरकार के आम प्रशासन पर निर्भर रहती हैं। यह नहीं होना चाहिए। अगर विकेन्द्रीकरण चाहते हैं तो पंचायतों को यह अधिकार देना होगा कि वे अपना राजस्व संग्रह कर सकें। इससे उनकी स्वतंत्रता बढ़ेगी। लेकिन मेरा ख्याल है कि किसी राज्य में ऐसा नहीं हुआ है। शायद महाराष्ट्र और गुजरात में थोड़ा कुछ हुआ है। वहाँ भी मेरा ख्याल है कि उन्होंने राजस्व का कुछ फीसदी तय कर दिया होगा–इतना ग्राम पंचायत को, इतना तालुका पंचायत को, इतना जिला परिषद को। मैं पुराने अध्ययन के मुताबिक कह रहा हूँ। होना तो यह चाहिए कि वे राजस्व खुद संग्रह कर सकें। अपना पैसा न होने पर वे भीख माँगती है और अपनी इच्छा से कोई निर्णय नहीं कर पातीं।

अ.भा. पंचायत परिषद ने एक और सुझाव दिया था कि स्थानीय निकायों (लोकल बॉडीज) के लिए एक स्वतंत्र आयोग होना चाहिए। अभी जैसे चुनाव आयोग है पार्लियामेंट के लिए, वैसे ही स्थानीय निकायों के लिए एक स्वतंत्र आयोग। दस-दस वर्ष तक ग्राम पंचायतों का चुनाव नहीं होता, जब चाहें तब उन्हें सुपरसीड कर दिया जाता है। चुनाव का मौका देना भी सरकार के हाथ में है। ऐसा नहीं होना चाहिए। इसके लिए हमने बहुत चेष्टा की लेकिन....

वार्ता : *इसके लिए तो संविधान में भी संशोधन करना पड़ेगा।*

जे.पी. : करना होगा। हमने सरकार को सब कुछ बताया था कि संविधान की फलाँ धारा में इसके लिए क्या परिवर्तन करना होगा, फलाँ धारा में क्या परिवर्तन। अ. भा. पंचायत परिषद के प्रकाशनों में ये सुझाव मिल जाएँगे।

वार्ता : *जब से केन्द्र में जनता पार्टी की सरकार बनी है, क्या उसके लोग आपसे पूछते रहते हैं कि क्या-क्या काम देश में करना चाहिए ?*

जे.पी. : जबसे दिल्ली में सरकार बनी है (तब से) आज तक क्या सरकार और

उसके किसी आदमी ने मुझसे सलाह ली है। न बिहार की सरकार ने ली है और न दिल्ली की सरकार ने।

वार्ता : *देश में यह भावना घर कर रही है कि गांधीजी की तरह सरकार आपकी अवहेलना कर रही है।*

जे.पी. : जो कहिए, हमसे उनका कोई सम्पर्क ही नहीं है, सलाह लेने की बात उठती नहीं है। दिल्ली में रहता तो शायद कुछ होता लेकिन बिहार सरकार भी कुछ खास सलाह लेती है, ऐसा नहीं है। सलाह देने का न कोई मेरा अधिकार है, न इसके बारे में मेरी कोई शिकायत है। ऐसे तो बीच-बीच में लोग मुझसे मिलते रहते हैं।

वार्ता : *इन दिनों हरिजन और आदिवासियों के मन में आशंका फैल रही है। वे अपने को अरक्षित महसूस करते हैं। आप उन्हें कुछ कहना चाहेंगे।*

जे.पी. : मैं उनको निर्भय होने को कहता हूँ। भय उनको निकालना चाहिए। अपने को संगठित करना चाहिए, बगैर संगठन के वे मुकाबला नहीं कर सकते मालिक लोगों या अफसर लोगों का। साथ-साथ मैं युवकों से कहता हूँ कि उनको इस तरफ ध्यान देना चाहिए। युवा लोगों की वे जितनी मदद कर सकते हैं उतनी करनी चाहिए। जो लोग असेम्बली वगैरह में गए हैं उन्हें इस बारे में वहाँ संगठित रूप से काम करना चाहिए, मंत्रियों पर दबाव डालना चाहिए और सुझाव देने चाहिए। यह एक चिन्तनीय विषय है। मैं हरिजनों के लिए जल्द ही एक बयान भी दूँगा।

वार्ता : *राजनैतिक बन्दियों की रिहाई की गति धीमी है और मीसा को खत्म करने की बात नहीं हो रही है।*

जे.पी. : मीसा को जारी रखना तो बहुत खतरनाक बात है। मीसा को तो हटा ही देना चाहिए। साधारण कानून के तहत व्यापारियों से निपटें।

वार्ता : *वार्ता जैसे प्रकाशन को आप कोई सलाह देंगे।*

जे.पी. : क्या सलाह दूँगा ? हमारी शुभकामनाएँ तो उसके साथ हैं।

(अगस्त, 1977)

1977 : जे.पी. और राष्ट्रीय स्वयंसेवक संघ

1977 में लिखी गई इस टिप्पणी की याद दिलाना प्रासंगिक होगा–इसलिए कि आपातकाल और जे.पी आन्दोलन से सम्बन्धित घटनाओं की कड़ी आज तक चली आ रही है। अगर आज कोई कहेगा कि समाजवादी पार्टी, भारतीय जनता पार्टी और जनता दल के दोनों धड़ें एक बड़ी पार्टी बनाकर उसमें विलीन हो जाएँ तो यह प्रस्ताव विश्वसनीय नहीं होगा। लेकिन 1977 में जनसंघ (इस वक्त की भाजपा), संगठन कांग्रेस और समाजवादी पार्टियों का विलयन होकर एक जनता पार्टी बन गई थी। परिस्थितियाँ इन सारे दलों के लिए प्रतिकूल थीं। फिर भी परिस्थितियों से अपने-आप यह प्रस्ताव पैदा नहीं हो सकता था। एक सक्षम नेतृत्व ने परिस्थितियों को एक दबाव के रूप में इस्तेमाल कर विभिन्न दलों को एक नई दिशा अपनाने के लिए बाध्य किया। इस दबाव के पीछे जयप्रकाश नारायण के दो लक्ष्य थे–एक तात्कालिक और एक दीर्घकालिक। आपातकाल और अत्याचारी कांग्रेसी हुकूमत को चुनाव में खतम करना तात्कालिक लक्ष्य था। यह एक विडम्बना है कि अधिकांश लोगों को सिर्फ यह तात्कालिक लक्ष्य ही दिखाई दिया। छोटे और बड़े राजनेता में फर्क यह होता है कि किसी संकट की स्थिति से बचने के लिए छोटा राजनेता जो करता है वह सिर्फ बचाव की एक रणनीति होता है। लेकिन दूरद्रष्टा नेता संकट से बचाव के लिए जो करता है उसकी रणनीति में सुदूर भविष्य के लक्ष्य का भी एक हिसाब-किताब रहता है। इन्दिरा गांधी की गैर- लोकतांत्रिक नीतियों के विरुद्ध उभरे जनआक्रोश को संगठित करने के लिए जे.पी. ने जनसंघ और उससे सम्बन्धित राष्ट्रीय स्वयंसेवक संघ का भी सहयोग लिया। इसके लिए उनकी आलोचना भी कसकर हुई थी। लेकिन जे.पी. की अपनी रणनीति थी। देश की राजनीति में सुधार लाना उनका घोषित लक्ष्य था। राष्ट्रीय स्वयंसेवक संघ और जनसंघ (भाजपा) के चरित्र में सुधार लाना भी उनका घोषित उद्देश्य था। राष्ट्रीय स्वयंसेवक संघ का द्वार गैर- हिन्दुओं के लिए खुलना चाहिए–यह बहस हिन्दुत्ववादियों में चलने लगी थी। जे.पी. ने इतना तो करके दिखाया कि एक अरसे के लिए देश की दलीय राजनीति से हिन्दू साम्प्रदायिकता की स्वतंत्र राजनैतिक शक्ति लुप्त हो गई थी।

जे.पी. का अगला कदम था राष्ट्रीय स्वयंसेवक संघ के सामाजिक चरित्र को संशोधित करना क्योंकि वे इतना तो जानते थे कि राष्ट्रीय स्वयंसेवक संघ को सुधारे बिना जनता पार्टी में जनसंघ (भाजपा) के विलयन को स्थायी नहीं माना जा सकता है। उन दिनों हम लोग जे.पी. की रणनीति का साथ दे रहे थे तो हमारी यह टिप्पणी उसी उद्देश्य से लिखी गई थी। लेकिन राजनैतिक दृष्टि से हमलोग हाशिए पर थे जैसे कि अभी भी हैं। जो ताकतवर थे वे चुनावी जीत के बाद जे.पी. को असुविधाजनक समझकर उनसे दूरी बनाने लगे। इसलिए जे.पी. की रणनीति की बारीकियाँ उन्हें समझ में नहीं आईं। या फिर दीर्घकालीन लक्ष्यों से उनकी राजनीति का सरोकार ही नहीं था। सबसे ज्यादा बुद्धिहीनता का काम

*समाजवादियों ने किया। इन लोगों ने एक तरफ तो कम्युनिस्टों से प्रभावित होकर जनसंघ विरोधी मुहिम शुरू कर दी और दूसरी तरफ मोरारजी-चरणसिंह द्वन्द्व को बढ़ाने की कांग्रेस की राजनीतिक चाल को आगे बढ़ाया। परिणाम यह हुआ कि जे.पी. की रणनीति पर अमल करनेवाला कोई समूह जनता पार्टी के अन्दर नहीं रहा। सही रणनीति यह होती कि (क) जनता पार्टी के सरकारी और दलीय नेता जे.पी. से अन्तरंग सम्पर्क रखते, (ख) शासन में कुछ उल्लेखनीय कार्यों के द्वारा सरकार के लिए लोकप्रियता अर्जित करते और (ग) देश की राजनीति के गैर-साम्प्रदायिककरण की बहस को रचनात्मक और बौद्धिक ढंग से चलाकर हिन्दुत्व की राजनीति का कायापलट करते। जे.पी. के नैतिक दबाव को प्रभावशाली बनाने के लिए राजनैतिक माहौल पैदा करना जनता पार्टी के नेतृत्व का दायित्व था—खासकर उनका जिनकी पृष्ठभूमि समाजवादी थी और जे.पी. के प्रति जिनका स्वाभाविक लगाव होना चाहिए था।—**किशन पटनायक***

(2002)

*(यह टिप्पणी किशन पटनायक से इस किताब के लिए लिखवाई गई थी : **सम्पादक**)*

राष्ट्रीय स्वयंसेवक संघ और विद्यार्थी परिषद को लेकर जनता पार्टी में एक विवाद खड़ा हुआ है। इस विवाद का एक अस्वस्थ पहलू भी है। कुछ घटकों को यह डर हो गया है कि जनसंघ अलग युवा और विद्यार्थी संगठन बनाकर जनता पार्टी पर हावी हो जाएगा। इस प्रकार का हौआ खड़ा कर जो विवाद उठ रहा है उसके पीछे कुछ हद तक ईर्ष्या और नपुंसकता है। हम अपने को इस विवाद से अलग रख रहे हैं।

हम विद्यार्थी परिषद तथा राष्ट्रीय स्वयंसेवक संघ के बारे में बृहत्तर राष्ट्रीय सवाल खड़ा करना चाहते हैं, जो लोकतंत्र तथा क्रान्ति के लिए प्रासंगिक और जरूरी है। जे.पी. ने *सामयिक वार्ता* द्वारा पूछे गए संघ सम्बन्धी प्रश्नों के जो लिखित जवाब भेजे हैं उनसे यह सवाल उजागर होता है (जे.पी. का प्रश्नोत्तर इस लेख के बाद छापा जा रहा है)। इस सवाल को स्पष्ट रूप से पेश करने के लिए हम इसे क्रमवार ढंग से लिख रहे हैं :

(1) राष्ट्रीय स्वयंसेवक संघ एक राष्ट्रीय संगठन है। इसके महासचिव माधव राव मुले के अनुसार यह किसी का (या किसी धर्म-विशेष का) स्वयंसेवक दस्ता नहीं है और न विशुद्ध रूप से एक सांस्कृतिक संगठन ही है। यह एक 'महान सामाजिक-सांस्कृतिक संगठन' है और इसका उद्देश्य है 'अस्पृश्यता, जातीयता, साम्प्रदायिकता, प्रान्तीयता और भाषा की संकीर्णता को मिटाना तथा राष्ट्रीय चरित्र का निर्माण करना।' मुले के इस कथन से यह स्पष्ट होता है कि सत्ता की राजनीति से राष्ट्रीय स्वयंसेवक संघ का भले ही प्रत्यक्ष सम्पर्क न हो, लेकिन वृहत्तर अर्थ में इसका उद्देश्य सामाजिक-राजनैतिक है। बिहार आन्दोलन, इमरजेंसी और मार्च के चुनाव में जिस बड़ी संख्या में राष्ट्रीय स्वयंसेवक संघ के कार्यकर्ता सक्रिय हुए थे उससे यह स्पष्ट है। यह कोई शर्म या इनकार करने की बात नहीं है, बल्कि सत्ता की लड़ाई में न रहकर राजनीति में वृहत्तर उद्देश्यों को अपनाना एक सराहनीय बात है।

(2) बिहार आन्दोलन तथा तानाशाही विरोधी आन्दोलन में शामिल होकर राष्ट्रीय स्वयंसेवक संघ और विद्यार्थी परिषद सामाजिक-सांस्कृतिक-राजनीतिक मुख्यधारा से जुड़ गए थे। ऐसा कहना संघ या परिषद की अवमानना नहीं है क्योंकि यह बात केवल संघ या परिषद के लिए नहीं, सारे संगठनों के लिए लागू होती है। समाजवादी लोग भी जड़ता और संकीर्णता के दौर से गुजर रहे थे—देश की मुख्य समस्याओं और चुनौतियों के सामने अप्रासंगिक बन रहे थे। अपने में सीमित होकर संघ और परिषद भी संकीर्ण और अप्रासंगिक थे। जे.पी. के नेतृत्व, बिहार आन्दोलन के नए क्षितिजों से यह संकीर्णता मिटने लगी थी और सारे देश में एक नया लोक-प्रवाह बनने लगा। संघ और परिषद के हजारों नौजवानों के मन पर सम्पूर्ण क्रान्ति का लक्ष्य अंकित हुआ और क्रान्ति के ऐसे पहलुओं पर सोच-विचार में ये लोग शरीक हुए, जो उनके लिए एक नया अनुभव था। इससे सोच और बहस की प्रक्रिया चली। जनता पार्टी के चुनाव घोषणापत्र में, 6 मार्च, 1975 के जन-पत्रक में और बहुत सारे दस्तावेजों में इसका परिणाम समाविष्ट है। यह गैर-कांग्रेसी धारा भारत की मुख्यधारा की द्योतक है। अगर 'आरगेनाइजर' बड़ी सुर्खियों में यह घोषित करता है कि विद्यार्थी परिषद का मूलमंत्र जे.पी. की सम्पूर्ण क्रान्ति है, अगर 'पाँचजन्य' इसलिए आतुर है कि जे.पी. किसी गुट-विशेष के नेता न रहकर सारे देश के नेता बने रहे, अगर राष्ट्रीय स्वयंसेवक संघ के संचालक अपने संघ में गैर-हिन्दुओं के प्रवेश के बारे में राजी होकर विचार करने लगे हैं तो फिर यह बात विवादास्पद नहीं रह जाती है कि संघ और परिषद देश की मुख्यधारा से प्रभावित होकर परिवर्तन की एक प्रक्रिया से गुजर रहे हैं।

(3) अभी जनता पार्टी के लोगों को, जे.पी. को और अन्य युवा संगठनों को यह लगता है कि विद्यार्थी परिषद और राष्ट्रीय स्वयंसेवक संघ को फिर से अपनी पुरानी संकीर्णता में ले जाने की कोशिश हो रही है तो संघ या परिषद के संचालकों को चिढ़ नहीं होनी चाहिए। यह आशंका अकृत्रिम और निष्कपट है। युवा जनता और छात्र-युवा संघर्ष वाहिनी के नौजवानों को यह चिन्ता है कि अगर संघ और परिषद अपने पुराने ढर्रे पर चलने लगेंगे तो फिर अलगाव और टकराव की स्थिति पैदा हो सकती है। बिहार आन्दोलन के दौरान आपसी लेन-देन-टकराव के जरिए ही युग की चुनौतियों का सामना करने के लिए जो सम्मिलित प्रयास हो रहा था, वह रुक गया है। यह आशंका इसलिए भी होती है कि दूसरे युवा संगठनों की दिशा और नीति प्रस्तुत करने में नौजवानों की ही भूमिका रहती है, लेकिन राष्ट्रीय स्वयंसेवक संघ जैसे संगठन की नीतियों के निर्धारण में नौजवानों की भूमिका नहीं रहती। जब हम यह लिख चुके थे तो विद्यार्थी परिषद के मुख्य संगठक हमसे बात करने आए। उनका एक आरोप हमें बहुत जँचा। विश्वविद्यालयों के छात्र संघों के हाल के चुनाव के सन्दर्भ में उन्होंने आक्षेप किया कि 'संघ' या 'परिषद' पर साम्प्रदायिकता का आरोप लगानेवाले संगठनों के लोग जब जातीयता का संगठन करने लगते हैं तो दोनों में कौन ज्यादा संकीर्णतावादी माना जाएगा ? यह सवाल बिलकुल वाजिब है और हम चाहेंगे कि इस प्रकार की

संकीर्णता को हटाने के लिए विद्यार्थी परिषद और अन्य छात्र संगठनों के बीच विचार और बहस हो।

4. अलगाव और संकीर्णता खत्म करने के कई उपाय हो सकते हैं। जनता पार्टी के कुछ लोग कहते हैं कि विद्यार्थी परिषद और राष्ट्रीय स्वयंसेवक संघ जैसे संगठनों का जनता पार्टी से सम्बन्धित संगठनों के साथ विलयन हो जाना चाहिए। इसके बारे में संघ या परिषद की एक आपत्ति हो सकती है। माधव राव मुले ने इस पर आपत्ति की है कि सब प्रकार के संगठनों को जनता पार्टी के अन्तर्गत कर देना स्वस्थ लोकतांत्रिक परम्परा के खिलाफ है। हम इस तर्क को ठीक मानते हैं। आज भी माँग करते हैं कि जनता पार्टी से सम्बन्धित जितने छात्र-युवा और मजदूर संगठन हैं, वे पार्टी के अनुगामी संगठन न बनें—समान लक्ष्य में सहयोगी, लेकिन स्वायत्त संगठन के रूप में उनका विकास हो। अगर विभिन्न युवा या मजदूर संगठनों को मिलना है तो स्वायत्तता की शर्त अधिक जरूरी हो जाती है। उस अनुपात में 'संघ' या 'परिषद' की भी विलयन पर आपत्ति घट जानी चाहिए।

विलयन का भी विकल्प है, जे.पी. के उत्तर में (जो इस लेख के साथ दिया जा रहा है) यह स्पष्ट है। अगर कुछ कारणों से अन्य युवा संगठनों के साथ विलयन सम्भव नहीं है तो समान लक्ष्य एवं कार्यक्रम का एक व्यापक आधार बनाने की कोशिश अविलम्ब होनी चाहिए। राष्ट्रीय स्वयंसेवक संघ जैसे संगठन को न सिर्फ गैर-हिन्दुओं के लिए अपना दरवाजा खोल देना चाहिए, बल्कि उसके उच्चतम ओहदों पर शूद्र, हरिजन, ईसाई और मुसलमान प्रतिनिधियों को जगह मिलनी चाहिए। यह वक्त और इस जमाने की मुख्यधारा का तकाजा है। हिन्दू-राष्ट्र निश्चय ही एक प्राचीन शब्द हो गया है। जनसंघ, विद्यार्थी परिषद या राष्ट्रीय स्वयंसेवक संघ के औसत कार्यकर्ता संगठन की अन्दरूनी बैठकों में किन शब्दावलियों का प्रयोग करते हैं, हम नहीं जानते, लेकिन उनके मुँह से सार्वजनिक स्थानों पर 'भारतीय राष्ट्र' ही निकलता है। हिन्दू-राष्ट्र की अवधारणा पुरानी, कृत्रिम, अप्रासंगिक हो गई है। इसलिए इसको लादने की कोशिश छोड़कर भारतीय राष्ट्र का लक्ष्य बनाकर भारतीयता को उदार दृष्टिकोण से परिभाषित करना होगा और उसके साथ-साथ भारत के इतिहास के बारे में संघ के किशोर स्वयंसेवकों को जो शिक्षण दिया जाता है, उसमें उदारता लानी होगी।

ये सारी बातें सार्वजनिक हैं, किसी संगठन का अन्दरूनी मामला नहीं है क्योंकि संघ एक सार्वजनिक संगठन है, राष्ट्र के लाखों नौजवान इसमें लिए जाते हैं और उनको एक प्रकार के शिक्षण से दीक्षित किया जाता है। उनको समाज और इतिहास के बारे में कैसी शिक्षा दी जाती है—यह एक सार्वजनिक चिन्ता का विषय है। हिन्दुस्तान जैसे मुल्क में फिरकापरस्ती और जातीयता बहुत आसानी से कामयाब हो जाती है। क्या यह उचित नहीं होगा कि सबकी सहमति से एक मान्यता यह बने कि कोई भी सार्वजनिक संगठन किसी एक जाति या धर्म में सीमाबद्ध न हो। हम उनमें से नहीं हैं जो प्रतिबन्ध की माँग करते हैं। इस समय कानून बनाना भी ठीक नहीं होगा, लेकिन बहस से एक

राष्ट्रीय सहमति का विकास हो सकता है कि हिन्दुतान का कोई भी संगठन एक जातिवाला, एक धर्मवाला न हो। आंशिक राष्ट्रीयता का लक्ष्य उसमें न हो।

संघ और परिषद को चलानेवाले लोग इस बहस को अपने अन्दर तथा सबके साथ चलाएँगे—इसी उम्मीद से जे.पी. के महत्त्वपूर्ण विचारों के साथ-साथ हमने उपर्युक्त मुद्दे प्रस्तुत किए हैं।

(सितम्बर, 1977)

जे.पी. के उत्तर

जनसंघ के जनता पार्टी में विलयन के बाद राष्ट्रीय स्वयंसेवक संघ और विद्यार्थी परिषद जैसे संगठनों की क्या भूमिका होगी ? यह सवाल जनता पार्टी के अन्दर उठ चुका था। अगर जनता पार्टी से सम्बन्धित युवा संगठनों में उनका विलय नहीं होता तो उनके विधान और उद्देश्यों में क्या परिवर्तन हों—इन सवालों के लिखित उत्तर जयप्रकाश नारायण ने 'सामयिक वार्ता' के लिए सितम्बर 1977 के पहले सप्ताह में दिए। यहाँ इस प्रश्नोत्तर को छापा जा रहा है।—**सम्पादक**

प्रश्न : *आपके आन्दोलन में अखिल भारतीय विद्यार्थी परिषद और भारतीय मजदूर संघ ने राष्ट्रीय स्वयंसेवक संघ और जनसंघ के साथ भाग लिया। जनता पार्टी में राष्ट्रीय स्वयंसेवक संघ का राजनीतिक अंग अर्थात् जनसंघ तो शामिल हो गया है। लेकिन वह खुद तथा अ. भा. विद्यार्थी परिषद और भारतीय मजदूर संघ अपनी अलग हैसियत बनाए हुए हैं। ये जनता पार्टी के युवा, छात्र और मजदूर आदि संगठनों में मिलने से इनकार कर रहे हैं। क्या आपको यह नहीं लगता है कि इससे पार्टी की एकता की भावना कमजोर होती है ? क्या आपके आन्दोलन में शामिल होनेवाले लोगों को, जिन्होंने इमरजेंसी के वक्त बहुत कष्ट सहे, एकता को सबसे ज्यादा महत्त्व नहीं देना चाहिए ?*

जे.पी. : इससे निश्चय ही (एकता) कमजोर होगी। मैं आशा करता हूँ कि राष्ट्रीय स्वयंसेवक संघ, विद्यार्थी परिषद और भारतीय मजदूर संघ जैसे संगठन, जनता पार्टी के जो विभिन्न संगठन बन रहे हैं, उनमें शामिल होंगे। अगर वे शामिल नहीं हुए तो आगे फूट और झगड़े की बहुत ज्यादा आशंका रहेगी।

प्रश्न : *क्या आप राष्ट्रीय स्वयंसेवक संघ को विशुद्ध रूप से एक सांस्कृतिक संगठन के रूप में देखते हैं ? यह सवाल हम इसलिए कर रहे हैं कि आपने उसके बारे में एक समय इससे भिन्न मत प्रकट किया था।*

जे.पी. : राष्ट्रीय स्वयंसेवक संघ को विशुद्ध रूप से एक सांस्कृतिक संगठन मानना मुश्किल है।

प्रश्न : *आपने बम्बई में 21-22 मार्च 1976 को एक अकेली संयुक्त पार्टी बनाने के उद्देश्य से संगठन कांग्रेस, जनसंघ, भारतीय लोक दल, सोशलिस्ट पार्टी के प्रतिनिधियों*

तथा कुछ व्यक्तियों की बैठक बुलाई थी। इस बैठक में आपने जनसंघ के प्रतिनिधि को काफी कड़ाई से पूछा था कि वे जेल में क्या अलग शाखाएँ चलाते हैं ? क्या आपकी अभी भी यही राय है ?

जे.पी : मेरी अभी भी यही राय है।

प्रश्न : *अगर ऐसा है तो क्या आप यह मानते हैं कि रा. स्व. संघ को अब एक अलग संगठन के रूप में बने रहना और शाखा लगाते रहना चाहिए ?*

जे.पी. : मुझे बदली हुई परिस्थिति में राष्ट्रीय स्वयंसेवक संघ के एक अलग संगठन रूप में बने रहने का औचित्य जान नहीं पड़ता।

प्रश्न : *'बिहारवासियों के नाम चिट्ठी' में आपने लिखा है "मैंने (जयप्रकाशजी ने) राष्ट्रीय स्वयंसेवक संघ को आन्दोलन की सर्वधर्म समभाववाली धारा में लाकर साम्प्रदायिकता से मुक्त करने की कोशिश की है।" आपने यह दावा भी किया है कि राष्ट्रीय स्वयंसेवक संघ के लोग कुछ हद तक बदले भी हैं। क्या आप यह मानते हैं कि राष्ट्रीय स्वयंसेवक संघ ने हिन्दू-राष्ट्र के विचार को त्याग दिया है ? आपकी और गांधीजी की भारतीय राष्ट्रीयता की अवधारणा राष्ट्रीय स्वयंसेवक संघ की हिन्दू-राष्ट्र की अवधारणा से बुनियादी रूप में भिन्न है। अगर यह बात ठीक है तो यह भिन्नता कैसी है ? अगर राष्ट्रीय स्वयंसेवक संघ और उनके अन्य संगठन हिन्दू-राष्ट्र के अपने विचार पर अटल रहते हैं तो क्या इससे भारतीय राष्ट्र और देश सामाजिक और आर्थिक चुनौतियों का मुकाबला करने के लिए एक हो पाएगा ?*

जे.पी. : राष्ट्रीय स्वयंसेवक संघ के नेताओं और कार्यकर्ताओं से अपने सम्पर्क के दौरान मुझे निश्चय ही उनके दृष्टिकोण में परिवर्तन नजर आया। उनमें अब अन्य समुदायों के प्रति शत्रुता की भावना नहीं है। लेकिन अपने मन में वे अभी भी हिन्दू-राष्ट्र की अवधारणा में विश्वास करते हैं। वे यह कल्पना करते हैं कि मुसलमान और ईसाई (जैसे अन्य समुदाय) तो पहले से ही संगठित हैं जबकि हिन्दू बिखरे हुए और असंगठित हैं और इसलिए वे हिन्दुओं को संगठित करना अपना मुख्य काम मानते हैं। रा. स्व. संघ के नेताओं के इस दृष्टिकोण में परिवर्तन होना ही चाहिए। मैं यही आशा करता हूँ कि वे हिन्दू-राष्ट्र के विचार को त्याग देंगे और उसकी जगह भारतीय राष्ट्र के विचार को अपनाएँगे। भारतीय राष्ट्र का विचार सर्वधर्म समभाववाली अवधारणा है और यह भारत में रहनेवाले सभी समुदायों को अंगीकार करता है। अगर राष्ट्रीय स्वयंसेवक संघ अपने को भंग नहीं करता और जनता पार्टी द्वारा गठित युवा या सांस्कृतिक संगठनों में शामिल नहीं होता तो उसे कम-से-कम सभी समुदायों के लोगों, मुसलमानों और ईसाइयों को अपने में शामिल करना चाहिए। उसे अपने संचालन और काम करने के तरीकों का लोकतंत्रीकरण करना चाहिए और सभी जातियों और समुदायों के लोगों, हरिजन, मुसलमान और ईसाई को अपने सर्वोच्च पदों पर नियुक्त करने की पूरी कोशिश करनी चाहिए।

(सामयिक वार्ता, 16 सितम्बर, 1977)

द्विपक्षीय ध्रुवीकरण के खतरे

नवम्बर 1998 में चार विधानसभाओं के चुनाव और उसके तत्काल बाद दिसम्बर में हुआ संसद का शीतकालीन अधिवेशन—इन दो घटनाओं से भारतीय राजनीति में एक चरित्रगत परिवर्तन का संकेत मिलता है। हिन्दू साम्प्रदायिकतावादियों के गढ़ समझे जानेवाले तीन राज्यों—दिल्ली, राजस्थान और मध्य प्रदेश—में भारतीय जनता पार्टी की भारी पराजय निश्चय ही एक गम्भीर नतीजा थी; लेकिन धर्मनिरपेक्षता/लोकतंत्र/ प्रगतिशीलता के ध्वजाधारियों ने इन नतीजों पर जो उत्फुल्ल भाव दिखाया वह उनकी मूर्खता थी। नतीजों की असल बात यह है कि भारत में चुनावों पर चोटी के शासक वर्ग का इतना अधिक नियंत्रण हो गया है कि सरकारें अब भाजपा की होंगी या कांग्रेस की। पश्चिम के 'सफल' लोकतंत्रों के ढाँचे पर भारतीय राजनीति में द्विपक्षीय ध्रुवीकरण होने का आसार इन चुनाव नतीजों से दिखता है।

अगर यह ढाँचा चलने लगा तो अगले चुनाव में कांग्रेस के नेतृत्ववाली सरकार केन्द्र में भी बनेगी; फिर वह हारेगी और भाजपा जैसी शक्तियों को पुनः सत्ता प्राप्त हो जाएगी। यानी इस तात्कालिक हार में भाजपा को एक स्थायी लाभ भी मिल रहा है।

जिसको हम पश्चिमी लोकतंत्र कहकर गरिमामंडित करते हैं उसका नियम यह है कि जैसे-जैसे किसी राष्ट्र के समाज में पूँजीवाद का वर्चस्व बढ़ता जाता है वैसे-वैसे राजनीतिक दलों की विविधता खत्म होती जाती है। केवल दो पक्ष रह जाते हैं जिनमें विकास और अन्तरराष्ट्रीय नीतियों के मौलिक सवालों पर कोई मतभेद नहीं रह जाता। सड़कों और संस्थाओं के नामकरण, यौन आचरण और मन्दिर-मस्जिद जैसे सवालों पर ही बहस की गुंजाइश रह जाती है। अमरीका और ब्रिटेन इसके श्रेष्ठ उदाहरण हैं। ध्यान देने की बात यह है कि यूरोप और अमरीका में द्विपक्षीय ध्रुवीकरण की राजनीति के बावजूद लोकतांत्रिक मूल्य बने रहते हैं (क्यों और किस हद तक बने रहते हैं इसकी परीक्षा हम इस वक्त नहीं कर रहे हैं)।

चिन्ता का विषय यह है कि भारत जैसे गरीब देशों में द्विपक्षीय ध्रुवीकरण लोकतंत्र के लिए कतई सहायक नहीं है। उदारीकरण और ग्लोबीकरण से समाज और संस्कृति पर पूँजीवादी शक्तियों का प्रभाव बहुत अधिक हो जाएगा। अधिकांश आबादी का आर्थिक हाल इतना बुरा हो जाएगा कि सांस्कृतिक मूल्य और मानव-अधिकारों के

सिद्धान्त बेमानी हो जाएँगे। संसदीय राजनीति पर पूर्ण नियंत्रण के बावजूद बिगड़ती स्थितियों और अपने दुष्कर्मों के कारण शासक वर्ग खुद को असुरक्षित महसूस करेगा, और विभिन्न घटनाओं को बहाना बनाकर भिन्न-भिन्न ढंग से लोकतांत्रिक संस्थाओं और मूल्यों को खंडित करता जाएगा। किसी एक घटना के आधार पर यह नहीं कहा जा सकेगा कि लोकतंत्र टूट गया, लेकिन एक अरसे के अन्दर लोकतंत्र का चरित्र और रूप बदल जाएगा। अगर फासीवाद शब्द का इस्तेमाल हम लोकतंत्र-विहीनता के लिए करते हैं तो यह कहना मुश्किल है कि भारत में फासीवाद क्या शक्ल लेकर आएगा; कौन राजनीतिक दल इसका नेतृत्व करेगा ? जो लोग सिर्फ भाजपा को भारत में फासीवाद का वाहक समझते हैं, वे आधुनिक दुनिया के राजनैतिक भूगोल के बारे में अनभिज्ञ हैं।

इस वक्त बहुराष्ट्रीय कम्पनियों की दलाली बहुत सारे विकासशील देशों में तानाशाही या अर्ध-तानाशाही व्यवस्था का कारण है। भारत में अगले दस-बीस सालों में लोकतांत्रिक मूल्यों के ह्रास और दमन का जो खतरा है वह इसी प्रकार का होगा। पिछले छह-सात सालों में हमने कभी भी भारतीय जनता पार्टी का मूल्यांकन एक उग्र राष्ट्रवादी संगठन के रूप में नहीं किया है। भारत के मौजूदा दौर में राष्ट्रवाद का स्वरूप आर्थिक राष्ट्रवाद ही हो सकता है। हमारी इस अवधारणा को लेकर रा. स्व. संघ में कुछ चर्चा भी हुई थी। लेकिन संघ आर्थिक राष्ट्रवाद को अपना नहीं सकता, क्योंकि संघ का कोई आर्थिक चिन्तन नहीं है। उसका राष्ट्र-चिन्तन भी दुर्बल और एकांगी है–ऐसा राष्ट्र-चिन्तन जो राष्ट्रवाद को पुष्ट नहीं कर पाता है। राष्ट्रवाद से पलायन संघ-भाजपा के साम्प्रदायिक रुख में अधिक कट्टरता ला रहा है। गुजरात में ईसाइयों पर हमला करके उन्होंने साम्प्रदायिकता का नया मोर्चा खोल दिया है। हिन्दुत्व जब उदात्त होता है तब राष्ट्रवादी होता है; जब कायर होता है तो कट्टर साम्प्रदायिक हो जाता है।

भारतीय जनता पार्टी की राजनीतिक ताकत को हमने हमेशा दो हिस्सों में बाँटा है। हिन्दू साम्प्रदायिकता यानी 'हिन्दुत्व' का अपना वोट है। 1993 में यह ताकत अपनी चरम सीमा तक पहुँच गई थी। उसके बाद इसे कोई खास बढ़ोतरी मिलनेवाली नहीं। भाजपा के वोट का बहुत बड़ा हिस्सा गैर-साम्प्रदायिक तत्त्वों का है। यह वोट भाजपा का अपना नहीं है, लेकिन परिस्थितियों और प्रतिक्रियाओं के कारण उसे मिल जाता है। यह वोट उन जन-समूहों का है जिन्हें चाहिए प्रशासनिक न्याय, आर्थिक न्याय और सामाजिक न्याय। यह वोट पहले कांग्रेस को, या फिर गैर-कांग्रेसी दलों को मिल जाता था। यह वोट जब भाजपा के हिन्दुत्व-वोट के साथ जुड़ जाता है तब वह केन्द्र में भी सरकार बनाने की स्थिति में आ जाती है।

भाजपा को बढ़ने न देने का सीधा उपाय यही है कि गैर-भाजपाई सरकारें और राजनैतिक दल भारत के साधारण जन को प्रशासनिक न्याय, आर्थिक न्याय और सामाजिक न्याय दिलाने की एक राष्ट्रीय व्यवस्था के लिए काम करें। सिर्फ भाजपा के प्रति नफरत फैलाने की राजनीति करके भाजपा को कभी-कभी सत्ता से तो अलग किया

जा सकता है, लेकिन उसके राजनैतिक आधार को समाप्त नहीं किया जा सकता। इस बात को न समझकर हरकिशन सिंह सुरजीत और मुलायम सिंह जैसे संकीर्ण सेकुलरवादियों ने मार्च 1998 के संसदीय चुनावों के बीच में ही देश पर कांग्रेसी शासन लादने की कोशिश शुरू कर दी थी। उससे कांग्रेस और सोनिया गांधी की हैसियत बहुत बढ़ गई। आज भी मार्क्सवादी उसी लाइन को अपनाए हुए हैं।

गनीमत है कि राष्ट्रपति ने पिछले संसदीय चुनावों के नतीजों को देखकर सबसे बड़े दल के रूप में भाजपा को सरकार बनाने की अनुमति दी। अपने सरकारी कर्मों के द्वारा भाजपा ने यह साबित कर दिया है कि जनसाधारण को प्रशासनिक या आर्थिक न्याय देना उसके वश की बात नहीं है; वह एक साम्प्रदायिकतावादी दल के अलावा और कुछ भी नहीं है। यह भारत के व्यापारिक वर्ग के उन तत्त्वों को पुष्ट करनेवाला दल शुरू से रहा है जो आम लोगों के लिए आवश्यक उपभोक्ता वस्तुओं की गुणवत्ता और दाम के साथ खिलवाड़ करते रहे हैं। कोई आश्चर्य नहीं कि ऐसे तत्त्वों पर आश्रित संघ-भाजपा के नेतृत्व ने घुटने टेककर भारत की आर्थिक प्रभुसत्ता को विदेशियों के हाथों समर्पित कर दिया है। भाजपा में नेतृत्व के महत्त्वपूर्ण स्थानों पर रा. स्व. संघ के सर्वमान्य लोग आसीन हैं। रा. स्व. संघ ने उनको भाजपा के नीति निर्धारक या सरकारी पदों से हटने के लिए नहीं कहा है। इसलिए राष्ट्र को विदेशियों के हाथों बेचने का अभियोग सीधे संघ पर बनता है। संघ इसका उत्तर दे।

बीमा और पेटेंट से सम्बन्धित विधेयकों को जल्दबाजी में पारित करा देने का प्रयास और पारित न हो सकने पर अध्यादेश द्वारा कानून बना देने का निर्णय एक ऐसा राष्ट्र-विरोधी कार्य है जिसकी निन्दा के लिए कोई भी शब्द पर्याप्त नहीं है। 'धर्म परिवर्तन' पर राष्ट्रीय बहस चाहनेवाले नेतागण आर्थिक प्रभुसत्ता का समर्पण करानेवाले विधेयकों को संसदीय बहस में भी नहीं रखना चाहते। अगर उनकी अपनी शब्दावली हम इस्तेमाल करें तो कहना होगा कि कुशाभाऊ ठाकरे, लालकृष्ण आडवाणी, रज्जू भैया और अटल बिहारी वाजपेयी जैसे लोग जयचन्द-मीरजाफर की परम्परा के उत्तराधिकारी बन गए हैं। जिन पढ़े-लिखे लोगों को लगता है कि बीमा और पेटेंट अधिकार हमारी आर्थिक प्रभुसत्ता का एक छोटा हिस्सा है, उन्हें चाहिए कि 1757 के बाद के इतिहास को जरा पढ़ लें कि किन सन्धियों के द्वारा गुलामी लाई जाती रही। इतिहास के इस अध्याय के बारे में रा. स्व. संघ को क्या कहना है ? भाजपा के लिए पढ़ने-सोचने का काम रा. स्व. संघ ही करता है।

देश की आर्थिक प्रभुसत्ता को विदेशियों को समर्पित करने की जो प्रक्रिया तय की गई है वह दुधारी है—एक धार से राष्ट्रीय प्रभुसत्ता का हनन होता है, दूसरी धार संसद को काटती है। केवल रा. स्व. संघ और भाजपा इतनी बड़ी हिमाकत नहीं कर सकते थे—विपक्ष का सबसे बड़ा दल कांग्रेस और उसकी नेता सोनिया गांधी के सम्पूर्ण समर्थन के बगैर यह नहीं हो सकता था।

यह एक रिवाज जैसा है कि जब कोई शासक दल किसी विवादास्पद विधेयक को

पारित कराने की कोशिश करता है, तब मुख्य विरोधी दल उसके विवादास्पद चरित्र का फायदा उठाकर विधेयक को रोकने की कोशिश करता है। विधेयक के मूल उद्देश्य से सहमत होते हुए भी कुछ छोटी-मोटी त्रुटियों को बढ़ा-चढ़ाकर उस पर आलोचनात्मक टीका-टिप्पणी करता है। कांग्रेस ने यह भी नहीं किया। सोनिया गांधी का विदेशियों से सम्बन्ध ऐसा है कि बीमा व पेटेंट कानूनों में परिवर्तन के लिए कांग्रेस उतनी ही तत्पर थी जितनी भाजपा। सोनिया गांधी विदेशी नहीं हैं, लेकिन विदेशियों का जितना प्रवेश सोनिया के महल में है उतना और किसी के यहाँ नहीं है। संसद ऐसे में भाजपा और कांग्रेस दोनों के लिए बाधा प्रतीत होती है। और इस पिद्दी वित्तमंत्री को सुनिए, कहते हैं कि विदेशियों की नजर में 'यह हमारी परीक्षा है' (टेस्ट केस)। हम इन विधेयकों को पारित करा सकेंगे तो वे हमें विश्वस्त मानने लगेंगे।

क्या इसके बाद भी रा. स्व. संघ और जार्ज फर्नांडीज को लोग स्वदेशी का प्रवक्ता मानेंगे ? पतनशील युगों में ऐसे लोगों की संख्या काफी होती है जो जल्दी विश्वास कर लेते हैं, हालाँकि आधे मन से। इसलिए इन पापियों का रुतबा राजनीति में बना रहेगा। उनके दोस्तों की दलील होगी कि हर बात पर इस्तीफा देना या संग छोड़ना गलत है। यह सही भी है कि व्यावहारिक जीवन में कई बार बरदाश्त करना पड़ता है और मौन रहना पड़ता है। लेकिन चुप रहने की भी सीमा होती है। अगर सीमा पार हो जाने पर भी ये लोग विरोध नहीं करते तो कब करेंगे ?

अगर किसी समूह की राजनैतिक ताकत ऐसी है कि जोर लगाने पर एक बड़े कुकर्म को रोका या टाला जा सकता है तो उस वक्त मामूली, औपचारिक या प्रतीकात्मक विरोध करना पाखंड है। ऐसे विरोध को छद्म या ढोंगी विरोध कहा जाता है जो संसदीय राजनीति में बहुत चलता है। संघ-भाजपा के लिए स्वदेशी जागरण मंच जो है, कम्युनिस्टों के लिए मजदूर संगठन वही है। ज्योति बसु पर्यटन और मनोरंजन व्यवसाय को अपने राज्य में बढ़ावा देने के लिए बहुराष्ट्रीय कम्पनियों को बुलाते हैं और उनका मजदूर संगठन केन्द्र की उदारीकरण नीति के विरुद्ध 'भारत बन्द' का आह्वान करता है। लालकृष्ण आडवाणी ने धर्मसंकट से बचने का एक सुझाव दिया है कि आर्थिक नीतियों को राजनीति के बाहर रखा जाए। कामरेड हरकिशन सिंह सुरजीत और ज्योति बसु वही कर रहे हैं जब वे कहते हैं कि भाजपा-विरोध या सेकुलरवाद इस वक्त राजनीति का सबसे महत्त्वपूर्ण मुद्दा है। आर्थिक नीतियों का गैर-राजनीतिकरण (डिपालिटिसाइजेशन) पहली बार हो रहा है—वामपंथी और दक्षिणपंथी एक साथ इसे कर रहे हैं।

ऐसे समय में जो लोग तीसरे मोर्चे की बात कर रहे हैं उन्हें समझना होगा कि देश का जो तबका उदारीकरण की नीतियों का समर्थक है उसे किसी तीसरी शक्ति या तीसरे मोर्चे की जरूरत नहीं है। उसके लिए बारी-बारी से कांग्रेस और भाजपा पर्याप्त हैं। आपको राजनीति करनी है तो किसी एक के साथ बँध जाइए। जिस विशाल जनसंख्या को उदारीकरण, ग्लोबीकरण, विदेशी पूँजी और निजीकरण से कोई प्रत्यक्ष लाभ नहीं मिल रहा है उसे जरूर अलग से एक राजनैतिक खेमे की आवश्यकता है।

चोटी का मार्क्सवादी नेतृत्व मानता है कि आर्थिक मुद्दा राजनीति का मुख्य मुद्दा नहीं रह गया है। तब एक स्वतंत्र तीसरा मोर्चा बनेगा कैसे ? अक्तूबर की कलकत्ता कांग्रेस में मार्क्सवादियों के एक तबके ने इस सवाल को अपने ढंग से उठाया था। लेकिन क्या उनका असन्तोष गहरा और स्पष्ट है ? कम्युनिस्टों में जो असन्तुष्ट हैं, वे अगर आर्थिक नीतियों के बारे में अपनी राय स्पष्ट और तीखे ढंग से रखने का साहस करेंगे तभी तीसरे मोर्चे के लिए वातावरण बन पाएगा (आज अगर लेनिन होते तो ज्योति बसु की आर्थिक नीतियों के बारे में क्या कहते ?)।

सत्तासीन रहने के दरमियान केरल और बंगाल के कम्युनिस्टों ने अपने चारों ओर निहित स्वार्थों का एक घेरा बना लिया है। उदारीकरण का उग्र विरोध, विश्व व्यापार संगठन से भारत को अलग करने की माँग—यह सब उन्हें बरदाश्त नहीं होगा। उदारीकरण का तीव्र विरोध करनेवाले दल को राज्य की गद्दी से भी हटाने का षड्यन्त्र जरूर होगा। गद्दी से अलग होने का जोखिम कम्युनिस्ट नहीं लेना चाहते। यह है उनकी असल मजबूरी। कांग्रेस का साथ देकर ज्योति बसु विदेशी ताकतों को सन्देश दे रहे हैं कि वे 'आर्थिक सुधार' के खेमे में हैं। अमर्त्य सेन का पश्चिम बंगाल में जो भव्य सरकारी स्वागत हुआ उसका भी यही सन्देश था : हम उदारीकरणवादी हैं, अलबत्ता मानवीय चेहरे के साथ। क्या सुरजीत-ज्योति बसु की नीतियों की आलोचना करनेवाले कम्युनिस्ट विदेशी ताकतों को भिन्न सन्देश देना चाहते हैं ? अगर हाँ, तो तीसरे मोर्चे की बात करें।

राजनीति के अन्दर या बाहर के जो लोग मौजूदा हालात को समझते व तीसरी शक्ति का अभाव महसूस करते हैं, उन सबको एक शृंखला में आना होगा।

(जनवरी, 1999)

क्या भारतीय जनता पार्टी फासीवादी है

पाठक : *कांग्रेस और उसके सहयोगी दलों ने भारतीय जनता पार्टी को 'एक नम्बर शत्रु' घोषित किया है। क्या भाजपा के बारे में ऐसा कहना उचित है ?*

सम्पादक : आज की परिस्थिति में भाजपा को देश का 'एक नम्बर शत्रु' कहना उचित है।

पाठक : तो क्या आनेवाले चुनाव में कांग्रेस और उसके सहयोगी दलों को हम अपना समर्थन दें ?

सम्पादक : *हरगिज नहीं। ऐसा करना उचित नहीं होगा।*

पाठक : तो फिर यह एक पहेली बन जाती है। इसका खुलासा चाहिए।

सम्पादक : *कुछ प्रश्नों के माध्यम से इसका खुलासा हो सकता है।*

प्रश्न : *क्या भारतीय जनता पार्टी फासीवादी है ? कैसे ?*

उत्तर : भाजपा एक फासीवादी राजनैतिक ताकत है। असल में राष्ट्रीय स्वयंसेवक संघ एक फासीवादी संगठन है, और भाजपा उसके द्वारा संचालित राजनैतिक दल है।

प्रश्न : *फासीवाद क्या है ? स्पष्ट कीजिए।*

उत्तर : दूसरे जनसमूहों के प्रति घृणा और हिंसा उत्पन्न करनेवाली धार्मिक या राष्ट्रवादी भावना को उभारकर उसके बल पर राजनैतिक सत्ता हथियाने की कोशिश फासीवाद की मूल प्रवृत्ति है। फासीवाद सामाजिक समानता और लोकतंत्र का घोर विरोधी होता है। वह सत्ता प्राप्ति के लिए लोकतांत्रिक संस्थाओं का इस्तेमाल करता है, लेकिन पूर्ण सत्ता पाने के बाद लोकतंत्र को खतम करके तानाशाही की स्थापना करता है।

प्रश्न : *क्या औरंगजेब फासीवादी था ?*

उत्तर : औरंगजेब एक अत्याचारी शासक था; लेकिन उसको 'फासीवादी' नहीं कहा जा सकता। कारण : फासीवाद आधुनिक युग की घटना है। तानाशाही अनेक प्रकार की होती है। पूँजीवाद के संकट के दिनों में पूँजीवादी व्यवस्था को अधिक सुदृढ़ बनाने के लिए और सामाजिक विषमताओं को तीव्रतर करने के लिए फासीवाद का उत्थान होता है। पूँजीवादी आर्थिक व्यवस्था में जब गरीबी और विषमताएँ बढ़ती हैं तथा जनसाधारण में असन्तोष व्यापक होने लगता है, तब इस असन्तोष को धार्मिक,

नस्लवादी या उग्र राष्ट्रवादी रूप देकर पूँजीवाद अपने को बचा लेता है, और अन्ततोगत्वा जनसाधारण के अधिकारों को कुचल देता है। 1930 के दशक में जर्मनी में हिटलर और इटली में मुसोलिनी ने जिस राजनैतिक तंत्र को विकसित किया था वह फासीवाद का शुद्ध उदाहरण है।

प्रश्न : *क्या आप धार्मिक तथा राष्ट्रवादी भावनाओं को गलत मानते हैं ?*

उत्तर : नहीं। धर्म की भावना उदात्त होती है; राष्ट्र की भावना भी उदात्त होती है। किसी भी समूह की भावनाएँ दो प्रकार की होती हैं। समूह के कल्याण के लिए जो भावना होती है वह अच्छी भावना है। लेकिन अपने समूह को अधिक शक्तिशाली बनाने के लिए दूसरे समूहों के प्रति घृणा और द्वेष की भावनाओं को जब उभारा जाता है तो यह एक ध्वंसकारी और मनुष्य विरोधी भावना होती है। जब हिन्दुत्व की भावना उदात्त होगी तब एक निष्ठावान हिन्दू, हिन्दू समाज की विषमताओं और अन्धविश्वासों का निराकरण चाहेगा; तब वह अन्य धर्मों का भी आदर करेगा और देश की विभिन्न संस्कृतियों के मेल से एक भारतीय पहचान का विकास चाहेगा। सही राष्ट्रवाद का विकास भी इसी तरह होगा। साम्राज्यवाद से लड़नेवाला राष्ट्रवाद प्रगतिशील होता है। लेकिन अपने जैसे गरीब पड़ोसी मुल्कों के प्रति बैर और द्वेष फैलाना संकीर्ण राष्ट्रवाद है। संकीर्ण राष्ट्रवाद साम्राज्यवाद से नहीं लड़ता है। इस वक्त भारत और पाकिस्तान का राष्ट्रवाद एक-दूसरे से लड़ने का संकीर्ण राष्ट्रवाद है। वे साम्राज्यवाद के विरुद्ध लड़ नहीं पाते हैं। पाकिस्तान और भारत की सरकार अमरीका और यूरोप के आर्थिक साम्राज्यवाद के सामने घुटने टेकती हैं। संघ परिवार संकीर्ण राष्ट्रवाद यानी साम्प्रदायिकतावादी राष्ट्रवाद को अपनाकर भारत की सामाजिक और सांस्कृतिक एकता को नष्ट कर रहा है। इसके चलते साम्राज्यवाद के विरुद्ध हमारी लड़ाई कमजोर होती है।

प्रश्न : *क्या उदात्त धार्मिक भावना और स्वस्थ राष्ट्रवाद की भी राजनीति होती है ? क्या राजनीति में भावनाओं का स्थान होता है ?*

उत्तर : होता है। तर्क से विचार स्पष्ट होते हैं; लेकिन भावनाओं से, जन-भावनाओं से, विचारों को, उद्देश्यों को गति मिलती है। भावना शक्ति का स्रोत है। जनसाधारण में राष्ट्रवाद की भावना जगाकर गांधीजी ने, सुभाष बोस ने साम्राज्यवाद के विरुद्ध संघर्ष किया था। सुभाष बोस के राष्ट्रवाद और संघ परिवार के राष्ट्रवाद में आकाश-पाताल का फर्क है। बाद के दिनों में राममनोहर लोहिया और जयप्रकाश नारायण ने राजनीति में धार्मिक भावनाओं का प्रत्याख्यान नहीं किया। वे दोनों प्रखर राष्ट्रवादी भी थे। उनका राष्ट्रवाद साम्राज्यवाद के खिलाफ था; उनकी धार्मिक भावना नैतिक तथा आध्यात्मिक मूल्यों पर आधारित थी। इनकी विरासत आज की राजनैतिक मुख्यधारा में विलुप्त हो गई है। भाजपा विरोधियों का राष्ट्रवाद उतना ही संकीर्ण है जितना संघ परिवार का। उनका राष्ट्रवाद पाकिस्तान द्वेष में झलकता है, लेकिन साम्राज्यवादी शोषण के विरुद्ध जनता में राष्ट्रीय भावना को जागरित करना वे नहीं चाहते। उनकी धार्मिक भावना हिन्दू

साम्प्रदायिकता के विरोध तक सीमित है। वे अल्पसंख्यकों के धार्मिक रूढ़िवाद की आलोचना तक नहीं करते हैं। वे हिन्दू धर्म की सामाजिक व्यवस्था में परिवर्तन भी नहीं चाहते हैं। सबसे बुरी हालत कम्युनिस्टों और प्रगतिशीलों की है, जो राष्ट्रवाद को नकारते हैं और साम्राज्यवाद के विरुद्ध किसी भी प्रकार की लड़ाई करने से कतरा रहे हैं। वे धर्म को नकारते हैं, लेकिन जनमानस की धार्मिक भावना के विरुद्ध कुछ कहने की हिम्मत नहीं करते। धर्म और राष्ट्र के प्रति नकारात्मक रुख के कारण उनका जनाधार दिनोंदिन संकुचित होता जा रहा है। समानता की भावना को जगाकर वे पूँजीवाद और साम्राज्यवाद के विरुद्ध जनसाधारण को संगठित करते थे। आर्थिक शोषण के विरुद्ध वह लड़ाई अब ठप्प हो गई है। आर्थिक समानता की लड़ाई करनेवालों को जनसाधारण के साथ मिलकर शोषण और भ्रष्टाचार के खिलाफ निरन्तर संघर्ष करना पड़ता है। इसलिए उनका सार्वजनिक चरित्र दूसरों से बेहतर होता है। समाजवादी और कम्युनिस्ट भ्रष्टाचार में लिप्त नहीं पाए जाते थे। जब से आर्थिक विषमता के विरुद्ध उनकी लड़ाई समाप्त हो गई, उनका चरित्र बदल गया है। कम्युनिस्टों के चरित्र का तेजी से पतन हो रहा है। जनता पार्टी में शरीक होने के बाद समाजवादियों का अलग चरित्र नहीं रह गया है। यानी राजनीति की मुख्यधारा के सारे दल चरित्रविहीन हो गए हैं। भारत का औसत नागरिक इस बात को समझ रहा है।

प्रश्न : *धर्म की भांवना और राष्ट्र की भावना की बात हो रही थी। आर्थिक विषमता और समता से उसका क्या सम्बन्ध है ?*

उत्तर : जब धर्म की उदात्त भावना पैदा होती है और राष्ट्रवाद साम्राज्यवाद के विरुद्ध संघर्ष करता है तब एक धर्म के अन्दर और एक राष्ट्र के अन्दर मनुष्य और मनुष्य के बीच समानता का एक बोध पैदा होता है। धर्म सबको ईश्वर की सन्तान मानता है, अद्वैतवाद हर चीज में परमात्मा का दर्शन करता है; इसी तरह भारत में रहनेवाले सब लोग भारतमाता की सन्तान माने जाते हैं। इस स्तर पर धर्म और राष्ट्र, समानता का बोध पैदा करते हैं। लेकिन जातिप्रथा और पूँजीवाद जैसी सामाजिक-आर्थिक व्यवस्था में विषमता और शोषण को इतनी छूट दी हुई है कि समानता का बोध नष्ट हो जाता है। शोषित और दरिद्र जनसाधारण हमेशा समानता और सामाजिक सम्मान का भूखा रहता है। इसलिए उदात्त धार्मिक भावनाओं से और स्वस्थ राष्ट्रीय भावना से आर्थिक-सामाजिक समानता की भावना भी जागरित होती है।

प्रश्न : *निष्कर्ष यह है कि मौजूदा राजनीति की मुख्यधारा का कोई भी दल जनसाधारण का हित करनेवाला नहीं है। लेकिन यह कहा जा सकता है कि कांग्रेस, कम्युनिस्ट या राष्ट्रवादी कांग्रेस पार्टी जैसे दल मोटे तौर पर धर्मनिरपेक्षतावादी हैं और लोकतंत्र को फासीवाद के हमले से बचाना चाहते हैं। तो छोटी बुराई के तौर पर उनका समर्थन करना क्या हमारा फर्ज नहीं होता है ?*

उत्तर : इसका उत्तर भी 'नहीं' है। क्योंकि भाजपा विरोधी राजनैतिक दलों के द्वारा न लोकतंत्र का बचाव हो पाएगा, और न भाजपा का विरोध हो पाएगा। उनका यह

कहना सही है कि भाजपा की सरकारें बनती जाएँगी तो फासीवाद का खतरा भी बढ़ता जाएगा। लेकिन उनका यह दावा सही नहीं है कि वे फासीवाद का प्रतिकार कर रहे हैं। उनकी राजनीति में यह माद्दा नहीं है कि वे फासीवाद के खतरे से देश को बचा लेंगे। इस बात का खुलासा करने के लिए कुछ जटिल बातों को समझना होगा।

पहली बात यह है कि छोटी बुराई को स्वीकार करने की रणनीति एक अत्यन्त अल्पकालीन रणनीति होती है। एक या दो बार चुनाव में हम इसका प्रयोग कर सकते हैं। बार-बार प्रयोग करने से इसकी विश्वसनीयता समाप्त हो जाती है। क्योंकि जो अपने को अच्छाई की शक्ति मानते हैं, वे छोटी बुराई का सहयोग लेते हैं इस उम्मीद से कि कुछ समय के बाद उनकी अपनी शक्ति बढ़ जाएगी। लेकिन जब अच्छाईवाले अच्छाई की शक्ति को बढ़ाने के लिए खुद कोई साधना नहीं कर रहे हैं और अच्छाई की शक्ति को बढ़ाने के बजाय अपनी शक्ति को खोते जाते हैं तो परिणाम यह होता है कि बड़ी बुराई को अपनी शक्ति बढ़ाने का मौका मिल जाता है। 1967 और 1977 में छोटी बुराई के सहयोग से अच्छाई की शक्ति में वृद्धि हुई थी। लेकिन उसके बाद लोहिया और जयप्रकाश की जैसी निष्ठा और विलक्षणता नहीं रह गई। उन दिनों छोटी बुराई भारतीय जनता पार्टी (उर्फ जनसंघ) थी। 1980 के दशक में हिन्दुत्ववादी राजनैतिक धारा प्रगतिशील शक्तियों की तुलना में (समाजवादी और साम्यवादियों की तुलना में) अधिक शक्तिशाली होने लगी। 1992 के बाद यह बड़ी बुराई के रूप में चिन्हित हो गई। तब तक एक ऐसी शक्ति खड़ी हो जानी चाहिए थी जो कांग्रेस और भाजपा के मुकाबले अधिक विश्वसनीय और शक्तिशाली हो। लेकिन छोटी बुराई की रणनीति को लम्बे समय तक चलाने के फलस्वरूप वह खुद कमजोर होने लगी। कांग्रेस पुरानी बड़ी बुराई है और भाजपा नई है। प्रगतिशील अपनी ताकत को खोते-खोते इतना निर्भरशील हो गए हैं कि उनका एक हिस्सा अभी कांग्रेस का समर्थक, दूसरा हिस्सा भाजपा समर्थक हो गया है। अच्छाई की शक्ति का ह्रास जारी है क्योंकि जनसाधारण की भलाई की मौलिक नीतियों को वे छोड़ते जा रहे हैं। एक अलग शक्ति के रूप में उनका कोई अस्तित्व राष्ट्रीय राजनीति में नहीं रह गया है।

सेकुलरवाद की राजनीति का मतलब हो गया है भाजपा विरोध। भाजपा विरोध अपने में कोई विचार या आदर्श नहीं है। यह सिर्फ चुनाव जीतने या सरकार बनाने का कौशल है। इसलिए भाजपा विरोधियों को भाजपा समर्थक बनने में कोई दिक्कत नहीं होती है। 1996 के चुनाव में जो नेता भाजपा विरोधी थे, वे 1998 के चुनाव में भाजपा समर्थक हो गए। 1998 में जो भाजपा विरोधी थे वे अब भाजपा समर्थक हो रहे हैं। यानी भाजपा विरोधियों के लिए भाजपा समर्थक होने में कोई वैचारिक रुकावट नहीं है, यही कारण है कि साम्प्रदायिक राजनीति के विरुद्ध जो संस्कार स्वाधीनता आन्दोलन में बना था वह कम होते-होते अब शून्य हो गया है। भाजपा को समर्थन देते समय कुछ प्रकार के लोगों को शर्म लगती थी, अब ऐसा नहीं लगता है। समाजवादी पृष्ठभूमि का कोई भी व्यक्ति अब भाजपा समर्थक हो सकता है। ऐसा नहीं कि कम्युनिस्ट मूल के

लोग भाजपा समर्थक नहीं बन रहे हैं। सैकड़ों कामरेड जो अपने कारणों से कांग्रेस में या जनता पार्टी में शामिल हो गए थे, आज इनके टुकड़ों के जरिए भाजपा गठबन्धन में शरीक हो रहे हैं। यानी छोटी बुराई की रणनीति से विपरीत परिणाम निकल रहा है। अभी एकमात्र रास्ता है दोनों बुराइयों से स्वतंत्र होकर अच्छाई की शक्तियों का निर्माण करना। इसकी कल्पना को 'तीसरी शक्ति' नाम दिया जाता था, शरद पवार अपने को तीसरी शक्ति के रूप में परिचित कराना चाहते हैं। लेकिन यह अविश्वसनीय है क्योंकि कांग्रेस से उनकी न वैचारिक भिन्नता है, न चारित्रिक भिन्नता है। यह भी निश्चित नहीं है कि वे कितने दिनों तक कांग्रेस और भाजपा से अलग रह सकेंगे।

प्रश्न : *तब तो यह बात निकलती है कि नए सिरे से कुछ हो। एक नई राजनीतिक शक्ति का उदय हो। कुछ लोग वैकल्पिक राजनीतिक शक्ति की चर्चा चला रहे हैं। लेकिन क्या यह सम्भव है ? इसके निर्माण के लिए कितना समय लगेगा, क्या वह समय भी हमारे पास है ?*

उत्तर : एक वैकल्पिक राजनीति का निर्माण सम्भव है, और इसके लिए समय भी है। छोटे दायरे में इसकी चर्चा बहुत दिनों से है। 1995 में कई निर्दलीय कार्यकर्ता समूहों ने समाजवादी जन परिषद नाम से राजनैतिक संगठन बनाया है। इसका प्रसार ज्यादा नहीं हो पा रहा है। साधन की दरिद्रता के कारण चुनाव-राजनीति में उसकी विश्वसनीयता नहीं बन पा रही है। लेकिन वैकल्पिक राजनीति के विचार और कार्यप्रणाली का स्पष्ट ढाँचा जन परिषद ने प्रस्तुत किया है। देश की मुख्य राजनैतिक धारा के बाहर रहकर जो बड़े-बड़े आन्दोलन चल रहे हैं उनका रुझान भी राजनैतिक विकल्प खड़ा करने की दिशा में हो रहा है। बीच-बीच में इसके कुछ प्रयास होते हैं।

यह जरूरी नहीं कि प्रयास सफल हों। धारा चलने लगी है। इसलिए और कई प्रयास भी होंगे। ग्लोबीकरण और विश्वव्यापी उदारीकरण ने जो स्थिति पैदा कर दी है उसकी प्रतिक्रिया में विभिन्न देशों में ऐसे प्रयास हो रहे हैं। किसी भी देश की राजनैतिक मुख्यधारा ग्लोबीकरण-उदारीकरण का विरोध नहीं कर रही है। इसलिए नई राजनीति का उदय अवश्य होगा। देश में, समाज में ग्लोबीकरण के चलते जितने सारे परिवर्तन शुरू हो गए हैं—व्यापार, उद्योग, कृषि, शिक्षा और संस्कृति में—उनका परिणाम होगा कि एक छोटे धनी और मध्यम धनी वर्ग को छोड़कर बाकी सारे लोग हाशिए पर चले जाएँगे। विस्थापन, बेरोजगारी और छँटनी से करोड़ों लोग प्रभावित होने जा रहे हैं। निम्न मध्यम वर्ग का बहुत बड़ा हिस्सा इसके चपेट में आएगा। उनके असन्तोष और छटपटाहट का कोई राजनैतिक रूप नहीं दिखाई देगा, यह असम्भव है। ग्लोबीकरण, उदारीकरण के शिकार करोड़ों लोगों में किसान हैं, कारीगर हैं, मजदूर हैं, विद्यार्थी-नौजवान हैं, छोटे व्यापारी और कर्मचारी हैं। इनका एक अंश अभी भी स्थानीय तौर पर छुटपुट रूप में संगठित है। जब एक सही राजनीतिक दिशा मिल जाएगी, वैकल्पिक राजनीति की रूपरेखा दिखाई पड़ेगी, और सैकड़ों कार्यकर्ता तथा बुद्धिजीवी समर्थक मैदान पर दिखाई देंगे। ये सारे अवहेलित-बहिष्कृत लोग उस राजनीति को ताकत देंगे।

भविष्य की राजनीति उनकी होगी। इन सैकड़ों कार्यकर्ता तथा बौद्धिक समर्थकों का तैयार होना निर्णायक है। उनको कूदना पड़ेगा। इस प्रक्रिया को सुगम करना इस वक्त का काम है। जगह-जगह वैकल्पिक यानी नई राजनीति का मंच गठित करना है। उसके लिए किसी के आवाहन की प्रतीक्षा करना नहीं है। लोग अपने-अपने स्थानों पर लोक मंच बनाकर अपना उम्मीदवार खड़ा करने की कोशिश करें। उम्मीदवार नहीं हो तो मौजूदा राजनीतिक दलों को जन-विरोधी घोषित करने का अभियान चलाएँ। अगले चुनाव के लिए उम्मीदवार ढूँढ़ने का काम अभी से शुरू करें।

(अगस्त, 1999)

भारतीय मानस और भाजपा

फरवरी महीने में जिन दिनों उत्तर प्रदेश, पंजाब, उत्तरांचल और मणिपुर में विधानसभा चुनाव हो रहे थे, उन्हीं दिनों ओडिशा में ग्राम पंचायतों, प्रखंड समितियों तथा जिला परिषदों का चुनाव हो रहा था। भारतीय जनता पार्टी और उसके सहयोगी दलों को विधानसभा चुनावों में जिस तरह प्रतिकूल मत मिला, ओडिशा के पंचायत चुनाव में भी उसी तरह मिला। इससे जनसाधारण के राष्ट्रीय राजनीतिक मानस का कुछ पता चलता है। केवल यह समझना कि आम मतदाता सामान्यतः सत्तासीन दलों के प्रति नकारात्मक रुख अपनाता है, सारे तथ्यों को समेट नहीं पाता है। आजादी के बाद शुरू के दशकों में केन्द्र में तथा अधिकांश राज्यों में जब कांग्रेस विजयी होती थी तब यह कहा जाता था कि सत्तासीन दल अपने विशेषाधिकारों का नाजायज फायदा उठाता है। यही बात अभी भी ममता बनर्जी बंगाल के मार्क्सवादी दल के बारे में कहती हैं। सत्तासीन दलों के प्रति आम नागरिक आलोचक रवैया तो अपनाता ही है, लेकिन जब सत्तासीन दल लोगों के मन पर गहरा प्रभाव डाल चुका होता है तब मतदाता उसकी आलोचना करते हुए भी उसको पुनः गद्दी पर बैठाता है। चुनाव में होनेवाले सारे भ्रष्टाचारों और तिकड़मों के बावजूद तुलनात्मक राय तो मालूम हो ही जाती है। यह कहा जा सकता है कि तीन दशकों तक कांग्रेस ने लोगों के मन में जड़ जमा ली थी। उसी तरह एक लम्बे समय तक कम्युनिस्ट पार्टी ने पश्चिम बंगाल में और द्रविड़ आन्दोलन ने तमिलनाडु के समाज और जन-मानस में जड़ जमा ली थी। कांग्रेस के लिए सारे भारत में, कम्युनिस्टों के लिए बंगाल और द्रविड़ आन्दोलन के लिए तमिलनाडु में जिस तरह का जन-मानस बन गया था, भारत में या उत्तर प्रदेश में या उत्तरांचल में भारतीय जनता पार्टी यानी हिन्दू साम्प्रदायिक राजनीतिक दलों के पक्ष में कभी जनसाधारण का राजनैतिक मानस नहीं बन पाया। भारतीय जनता पार्टी के किसी भी मुख्यमंत्री को पाँच साल टिक पाना मुश्किल हो रहा है। भारतीय जनता पार्टी की सरकारों को इतनी जल्दी-जल्दी गद्दी से हटना पड़ रहा है; और जो स्थिति इस वक्त है, अगर कांग्रेस के नेतृत्व में संयुक्त मोर्चा बनाने की बुद्धि और कौशल होगा तो वाजपेयी सरकार आगे के दिनों में धराशायी हो जाएगी।

पिछले दशक में भारतीय जनता पार्टी को अपने सांगठनिक विस्तार के लिए कई

राज्यों में अपूर्व सुयोग मिला—विशेषकर कर्नाटक और ओडिशा में, जहाँ कांग्रेस का नेतृत्व बदनाम होने के साथ-साथ अकर्मण्य भी हो गया है। लेकिन इन राज्यों में भी भारतीय जनता पार्टी के सांगठनिक विस्तार या कार्यकर्ताओं—प्रशिक्षित कार्यकर्ताओं—की संख्या में बढ़ोतरी नहीं हो रही है। दक्षिण में एक राजनीतिक दल के रूप में कहीं भी भाजपा पैर नहीं जमा पा रही है। बंगाल में जो भी शून्य स्थान पैदा हुआ उसकी पूर्ति ममता बनर्जी (एक व्यक्ति-विशेष) कर रही हैं, भाजपा नहीं कर पा रही है। ओडिशा में बीजू पटनायक की मृत्यु से जो शून्य पैदा हुआ उसकी पूर्ति ओड़िया भाषा में एक भी पूरा वाक्य नहीं बोल पानेवाला उनका पुत्र कर रहा है, लेकिन भाजपा नहीं कर पा रही है। इन सारी बातों का एक महत्त्वपूर्ण कारण है, जिस पर साम्प्रदायिकता की राजनीति करनेवाले ध्यान दें या न दें, उसके विरोध की राजनीति करनेवालों को अवश्य ध्यान देना चाहिए। राष्ट्र के स्तर पर भारतीय जनता पार्टी को शासक दल के रूप में भारत का जनसाधारण ग्रहण नहीं कर रहा है। उत्तर प्रदेश के जनसाधारण ने उसे बाबरी मस्जिद तोड़ने के चार महीनों के अन्दर नकार दिया था। विगत फरवरी में हुए चार राज्यों के विधानसभा चुनावों के ठीक पहले केन्द्र की सरकार ने पाकिस्तान से युद्ध का माहौल बना दिया और अमरीका ने भी पाकिस्तान को कुछ नीचा दिखाया। विपक्षी दल भी इन कार्रवाइयों का विरोध नहीं कर सके। लेकिन इसका भी असर चुनाव में भाजपा को बहुमत नहीं दिला पाया। कुछ तो खूबी है भारतीय जनसाधारण के राजनीतिक मानस में। क्या इस मानस को भारतीय राजनीति में कोई सम्मान मिल सकता है ?

आखिर भारतीय जनसाधारण के राजनीतिक मानस की पहचान क्या है ? यह कि साम्प्रदायिकता से शक्ति प्राप्त करनेवाले राजनीतिक दलों को अपने शासक के रूप में वह ग्रहण नहीं कर पा रहा है, जैसे कि अंगरेजों की पराधीनता के विरुद्ध लड़ने का नेतृत्व भी उसने इन शक्तियों को नहीं दिया। कभी भी भारतीय जनता ने साम्प्रदायिकतावादी नेतृत्व के तहत अंगरेजों के विरुद्ध संघर्ष नहीं किया। अंगरेजों के साम्राज्यवाद में भारतीय धर्म पर भी हमला था, ईसाई धर्म को इसके लिए संगठित किया गया था, लेकिन भारत के लोगों ने ईसाई धर्म को आजादी के आन्दोलन का मुद्दा कभी नहीं बनाया। उसका जो भी मुकाबला हुआ, समाज में हुआ, राजनीति में नहीं।

जब तक यह मानस बचा हुआ है तब तक भारत देश की अखंडता की मजबूत सम्भावना है और धर्मनिरपेक्षता की राजनीति का भविष्य भी बचा हुआ है। लेकिन चिन्ता का विषय यह है कि धर्मनिरपेक्षता की राजनीति करनेवाले ही इस भारतीय मानस की इज्जत नहीं कर रहे हैं। धर्म और जाति को छोड़कर उनको कोई मुद्दा सूझता नहीं है। अगर राष्ट्रीय स्वयंसेवक संघ मन्दिर को पहला मुद्दा बनाना चाहता है तो कांग्रेस और कम्युनिस्ट भी मन्दिर को अपना सर्वप्रथम मुद्दा बनाना चाहते हैं। राजनीति से रोटी गायब हो गई है। कम्युनिस्टों की राष्ट्रीय राजनीति से रोटी पूरी तरह से गायब हो गई है। इसलिए बजट की चर्चा नगण्य हो गई और अयोध्या ने आर्थिक प्रश्नों को ढँक दिया; जबकि संसद में अयोध्या और बजट दोनों की आलोचना समान तीव्रता से हो

सकती थी। साधारण नागरिक को सुरक्षा और रोटी से वंचित करनेवाले इस भाजपाई बजट को विश्व हिन्दू परिषद ने छुपा दिया और बचा लिया; उसकी चाल यहाँ तक जरूर सफल हुई कि धर्मनिरपेक्षतावालों ने भी रोटी के सवाल को भुला दिया और मन्दिर को पकड़ा।

इसका परिणाम होगा कि जिस राष्ट्रीय जनमानस पर हम गर्व कर रहे हैं उसमें छेद होने लगेगा। नई आर्थिक नीति से जो नया सांस्कृतिक माहौल बना है उससे भी यह प्रभावित है और शिक्षित समूहों की धर्मनिरपेक्ष संवेदनशीलता भी घट गई है। यह तेजी से घट सकती है और कुछ समय बाद जन-मानस का चरित्र भी बदल सकता है। कुछ करने का समय तभी तक है।

मन्दिर का सवाल अभी कुछ समय के लिए टला है, पर यह समाप्त नहीं होनेवाला है। यह तब तक समाप्त नहीं होगा जब तक रोटी का सवाल, सामान्य नागरिक की सुरक्षा का सवाल राजनीति के केन्द्र में नहीं आ जाता है, और बजट बनाने तथा उसे बनानेवालों के विरुद्ध गुस्सा पैदा करने की राजनीति प्रबल नहीं हो जाती है। निष्कर्ष यह है कि भारतीय जनसाधारण का राजनैतिक मानस भारतीय जनता पार्टी को स्वीकृति नहीं दे रहा है, लेकिन भाजपा विरोध की राजनीति ऐसी है कि भाजपा बनी रहती है और उसकी शह पाकर विहिप बनी रहती है।

इसलिए 'राष्ट्रीय' समाचार पत्रों में अयोध्या के प्रश्न पर प्रगतिशील लोगों की राजनैतिक टिप्पणियाँ पढ़कर मन में हँसी और निराशा आती है कि वे बस भारतीय जनता पार्टी को ही कोसते जा रहे हैं, कोसते जा रहे हैं। उनके लेखों का कोई प्रभाव तो भाजपा पर पड़नेवाला नहीं है। ऐसे लेखों का प्रभाव होगा तो भाजपा विरोधियों पर ही होगा। भाजपा विरोध की राजनीति में सुधार और परिवर्तन की गम्भीर जरूरत कैसे उनको दिखाई नहीं पड़ती है ? कांचा इलाया से लेकर कुलदीप नैयर और अशोक मित्र तक को यह क्यों नहीं दिखाई देता है कि जनसाधारण के मन को लेकर ही भाजपा से लड़ा जा सकता है और जनसाधारण के जीवन का सबसे बड़ा प्रश्न इस वक्त आर्थिक सुरक्षा का है ? क्या वे आर्थिक समस्याओं को लाइलाज समझ चुके हैं और विश्व-अर्थव्यवस्था को दिमागी तौर पर अपना चुके हैं ? अगर प्रचलित अर्थव्यवस्था को जारी रखने का मानस हमारे धर्मनिरपेक्षतावादी दलों और राजनैतिक समूहों का बन चुका है तो कुछ ही सालों में वे सारी आर्थिक परिस्थितियाँ बनने लगेंगी जिनमें फासीवादी शक्तियाँ पुष्ट होती हैं। इन दिनों फासीवादी शक्तियाँ दो तरह से विकसित हो रही हैं—विचारधारा के आधार पर साम्प्रदायिकता का फासीवाद विकसित हो रहा है और चुनाव में अपराधी तत्त्वों को तरजीह देकर साम्प्रदायिकता विरोधी राजनैतिक दल भी ऐसे संगठित अपराधी समूहों को राजनीति में प्रवेश करा रहे हैं जिनका योगदान अन्ततोगत्वा फासीवाद की मदद में होगा। केवल साम्प्रदायिकतावादी होकर भारतीय जनता पार्टी भारत की राजनीति में जम नहीं पाएगी, लेकिन एक फासीवादी ताकत के रूप में वह सत्ता हासिल कर सकती है। उसके फासीवादी कार्यकर्ता दंगों के माहौल में,

दंगों के दौर में संगठित होकर उभरते हैं।

क्या दंगों की तीव्र भर्त्सना करना पर्याप्त है ? दंगों को निषिद्ध करने के लिए और दंगाइयों को दंडित करने के लिए किसी प्रभावी समूह ने कभी गम्भीरता से विचार नहीं किया है। कानून के विशेषज्ञ राजीव धवन ने 'पोटा' (आतंकवाद निरोधक कानून) विधेयक की चर्चा करते हुए कहा था कि 'पोटा' जैसा प्रशासन को विशेष अधिकार देनेवाला कानून न बनाकर एक नया कानून भी आतंकवाद को रोकने के लिए बनाया जा सकता है। दंगों के सन्दर्भ में भी यह कहा जा सकता है कि अगर प्रचलित कानूनों के द्वारा दंगा करनेवालों का तत्काल दमन नहीं हो सकता है, उनको दंडित नहीं किया जा सकता है तो नया कानून बनाया जा सकता है, जिसकी कार्रवाई में सामान्य कानून जैसी पारदर्शिता हो। उसमें यह भी देखना होगा कि सरकार, प्रशासन और न्यायालय ये तीनों रक्षक अगर चुस्त रहेंगे तो क्या दंगा 10 या 12 घंटों से अधिक चल सकता है, एक मुहल्ले से दूसरे मुहल्ले तक जा सकता है ? लालू प्रसाद के इस लहजे में काफी दम था कि बिहार में कहीं भी साम्प्रदायिक दंगा होगा तो सम्बन्धित जिले के जिलाधीश और पुलिस अधीक्षक जिम्मेदार होंगे। सम्भवतः इसी कदम के चलते बिहार, जो 1990 तक दंगों के लिए बदनाम था, दंगा-मुक्त प्रतीत हो रहा है। इसको मद्देनजर रखते हुए दंगा सम्बन्धी नियमों की एक दंगा-निरोधक संहिता बनाई जा सकती है, जिसका कानूनी दरजा होगा; और कोई भी नागरिक अदालत से यह दरखास्त कर सकता है कि दंगा निरोधक संहिता का पालन नहीं हो रहा है। तब न्यायालय अधिकारियों और मंत्रियों को भी कोर्ट में बुला सकता है।

दंगा सिर्फ साम्प्रदायिकता की घटना नहीं है। दंगा राज्य-व्यवस्था को चुनौती है। कोई भी अहिंसक, शान्तिपूर्ण कार्रवाई राज्य-व्यवस्था को चुनौती नहीं होती है। लेकिन हिंसक समूहों की कुछ प्रकार की गतिविधि राज्य-व्यवस्था को चुनौती है। उनको चिन्हित करके तत्काल दंड का प्रावधान होना चाहिए। क्योंकि दंगों में सक्रिय हिंसक गिरोहों और चुनाव में सक्रिय हिंसक गिरोहों में काफी सामंजस्य होता है, कभी-कभी एक ही गिरोह दोनों काम करता है, अतः उनके प्रति कठोर कार्रवाई करने में राजनैतिक दल हिचकते हैं। कांग्रेस या मुलायम सिंह गुजरात के दंगों की तो निन्दा करते हैं लेकिन दंगा-निरोध की कोई स्थायी व्यवस्था सुझाने से कतराते हैं। 'पोटा' से न आतंकवाद में कमी आएगी, न दंगों में। इस पर जितना कोलाहल हो रहा है उतना कोलाहल एक दंगा-निरोध संहिता कायम करने के लिए होना चाहिए, जिसमें मुख्य जवाबदेही प्रशासन की रहे। यह जरूरी नहीं है कि प्रशासक हमेशा मंत्रियों की गुलामी करे। ऐसा कोई कानून नहीं है। दंगा, आतंकवाद आदि ऐसे विषय हैं जिनमें प्रशासकों को यह साबित करना पड़ेगा कि वे विवेकशील नागरिक हैं। गुजरात जैसी घटना में यह माना जाना चाहिए कि प्रशासन दंगे के लिए पूरी तरह से जिम्मेदार है।

(अप्रैल, 2002)

समान नागरिक संहिता और सेकुलरवादी

समान नागरिक संहिता की बात इस बार संघ परिवार के किसी सदस्य ने नहीं, बल्कि उच्चतम न्यायालय ने की। न्यायालय ने इस पर असन्तोष व्यक्त किया कि ऐसा कानून बनाने में सरकार विलम्ब कर रही है। संविधान का यह निर्देशक सिद्धान्त है (धारा 44) कि समूचे देश के लिए एक जैसा नागरिक कानून होना चाहिए। भारत की सभी सरकारें संविधान के कई महत्त्वपूर्ण निर्देशों की अवहेलना करती आई हैं, लेकिन इस विषय पर बात कुछ दूसरे ढंग की है।

प्रचार के स्तर पर भारतीय जनता पार्टी और संघ परिवार के लोग इसके पक्ष में हैं। उनको मजा आता है कि इस पर सेकुलर तबकों की ओर से विरोध होता है। सेकुलर खेमे को लगता है कि इस मुद्दे पर बात होगी तो फायदा हिन्दू साम्प्रदायिकतावादियों को मिलेगा। अल्पसंख्यकों के रूढ़िवादी समूहों की नाराजगी से तथाकथित 'सेकुलर' वोट बैंक बिगड़ जाएगा। विडम्बना यह है कि धर्मनिरपेक्षता का जो कार्यक्रम है वही सेकुलर वोट बैंक को बिगाड़ता है। प्रचलित राजनैतिक (चुनाव) व्यवस्था ऐसी है कि वह अक्सर बुनियादी परिवर्तन के रास्ते में रोड़ा अटकाती है। परिवर्तनवादी नेतृत्व अक्सर उन प्रश्नों पर समझौता कर लेता है जो तात्कालिक चुनावी सफलता के प्रतिकूल हैं। मौजूदा भारत में यह प्रवृत्ति हद तक पहुँच चुकी है, आगामी चुनावी नतीजों की वेदी पर सारे परिवर्तनवादी मूल्यों की तिलांजलि देने के लिए सभी संगठित बौद्धिक और राजनैतिक प्रगतिशील समूह तैयार हैं। अल्पकालिक पराजय का जोखिम उठाकर दीर्घकालिक जनाधार और मूल्यों की प्रतिष्ठा हासिल करना कभी क्रान्तिकारियों की रणनीति हुआ करती थी। आज की रणनीति भय से प्रेरित है। गद्दी खोने का भय हमारी प्रगतिशीलता को परिभाषित करता है। हम प्रगतिशील मूल्यों को प्रचारित नहीं करेंगे, क्योंकि उससे हमारे प्रगतिशील लोगों को गद्दी मिलने की सम्भावना कम हो जाएगी।

आखिरकार संविधान में किसके आग्रह से यह दर्ज हुआ था कि समान नागरिक कानून बनेगा ? परम्परावादी साम्प्रदायिक तत्त्वों के आग्रह से या आधुनिकतावादी समूहों के आग्रह से ? निश्चय ही संविधान सभा में उनका पलड़ा भारी था जो आधुनिकतावादी थे, सामाजिक मामलों में प्रगतिशील थे और राष्ट्रीय एकता के लिए व्यग्र थे। जिनके निर्णायक प्रभाव के चलते अस्पृश्यता निवारण तथा पिछड़ों-दलितों को आरक्षण आदि

का प्रावधान संविधान में दर्ज हुआ, और पहली लोकसभा में ही हिन्दू कोड बिल जैसा विधेयक पेश हुआ, उन्हीं के प्रभाव से धारा 44 भी दर्ज हुई थी। डॉ. भीमराव अम्बेडकर ने इस पर सबसे अधिक जोर दिया था और सारे संशोधनों को निरस्त किया था।

आप अगर आधुनिकतावादी हैं, सेकुलर हैं, प्रगतिशील हैं, तो आप कैसे इसका विरोध कर सकते हैं कि पारिवारिक सम्पत्ति के उत्तराधिकार के बारे में तथा परिवार में और बच्चों की सुरक्षा के बारे में समूचे राष्ट्र में एक जैसा कानून बने ? क्या आप चाहेंगे कि सदियों पुरानी प्रथाओं को आज भी मान्यता दी जाए जिनका प्रभाव तब खास प्रकार की सामन्ती अर्थव्यवस्था और सामाजिक संस्कृति के लिए उपयोगी या आदर्श भी रहा होगा, लेकिन जो आज सिर्फ धार्मिक भावनाओं के साथ जोड़कर ही चलाई जा सकती हैं। क्या आप नहीं चाहेंगे कि परिवार में व्यक्ति की सुरक्षा और सम्पत्ति के बँटवारे से सम्बन्धित कानूनों को धार्मिक रूढ़िवाद के बन्धन से मुक्त किया जाए ? यह सवाल हम संघ परिवार के सदस्यों से नहीं पूछ रहे हैं, सेकुलरवादियों से पूछ रहे हैं।

यह भी जरूरी नहीं कि कानून को धर्म से बिलकुल अलग कर दिया जाए। कानून का नैतिक आधार तो वे शाश्वत मानवीय मूल्य हैं जिनका व्यापक प्रचार धर्मों ने किया था। जो भी नागरिक कानून समूचे राष्ट्र के लिए बनेगा, राष्ट्र में विभिन्न धर्मों के द्वारा प्रचलित मानवीय मूल्यों के अनुरूप होगा। डॉ. अम्बेडकर ने यह भी कहा था कि ऐसा कानून सब पर लाद नहीं दिया जाएगा। यह उन्हीं पर लागू होगा जो इसके लिए स्वीकृति देंगे। सम्भवतः अम्बेडकर संक्रमणकाल की रणनीति बना रहे थे। उनका इरादा था कि सबसे पहले प्रयोग हिन्दुओं पर किया जाए। इस मायने में वे हिन्दू थे। आजाद भारत में समाज सुधार के लिए संसद के प्रयोग की आखिरी घटना हिन्दू कोड बिल पर अधूरी चर्चा हुई। उसके बाद राजीव गांधी ने शाहबानो प्रकरण के सन्दर्भ में उलटी धारा शुरू कर दी। संसद ने धार्मिक रूढ़िवाद के आगे आत्मसमर्पण का कानून बना दिया। आज का सेकुलर खेमा उसी धारा में टिका हुआ है।

आश्चर्य की बात है कि किसी संगठित समूह के पास यह सोच नहीं है कि समान नागरिक कानून का एक प्रारूप (मसविदा) होना चाहिए। सम्भवतः संघ परिवार के पास भी नहीं है। लेकिन होना तो चाहिए धर्मनिरपेक्षता के खेमे में, उसके बौद्धिक, राजनीतिक कार्यकलाप में और दस्तावेजों में। किसी संगठन ने इस पर एक अध्ययन दल तक भी नियुक्त नहीं किया है। सारी बातचीत सतही स्तर पर छिटपुट ढंग से होती है। अभी तक कोई विधेयक तैयार नहीं है, न कोई प्रारूप चर्चा के लिए है। एक प्रारूप अवश्य होना चाहिए। उसमें कुछ बातें होंगी जो बिलकुल विवादित नहीं होंगी। बंगलूर के हमारे वकील मित्र रवि वर्मा कुमार ने सुझाया था कि पहला सूत्र यह होगा कि हरेक शादी का पंजीकरण होगा। शादी, तलाक, जन्म, मृत्यु इन सबका किसी सार्वजनिक केन्द्र में पंजीकरण हो, इस पर शायद कोई विवाद नहीं होगा। दूसरे कदम पर वैसे सूत्र होंगे जिनका कोई मौलिक विरोध किसी भी धार्मिक कानून से नहीं होगा। अन्त में कुछ सूत्र होंगे जिनको लेकर काफी विरोध होगा। विवादित हिस्सों के बारे में प्रावधान रहेगा कि

असहमत समूह पर ये नियम तब तक लागू नहीं होंगे जब तक उनका मत परिवर्तन नहीं होता है। उपरोक्त प्रक्रिया के माध्यम से समाज और संसद के बीच जो बहस होगी वह सबके लिए उपयोगी होगी।

यह लिखने के साथ हम अपने कानून के जानकार प्रगतिशील मित्रों से अनुरोध करते हैं कि वे समान नागरिक कानून के लिए विधेयक तैयार करने की दिशा में एक प्रारूप बनाने का दायित्व स्वीकार करें ताकि ठोस सुझावों पर बहस हो।

(अगस्त, 2003)

2004 का जनादेश और आगे के संकेत

भारत के स्कूलों, कॉलेजों और विश्वविद्यालयों में राष्ट्र-राज्य की परिभाषा में यह जरूर बताया जाता है कि सम्प्रभुता के बिना किसी देश को राष्ट्र-राज्य नहीं माना जा सकता। विद्यार्थियों को सम्प्रभुता का अर्थ समझाने के लिए अध्यापक यह भी बताते होंगे कि 15 अगस्त, 1947 के पहले भारत एक देश तो था, किन्तु राष्ट्र-राज्य नहीं क्योंकि उसे सम्प्रभुता प्राप्त नहीं थी। सम्प्रभुता का यह पाठ इतना निर्गुण होता है कि भारत का शिक्षित समाज युद्ध का सन्दर्भ छोड़कर अन्य किसी स्थिति में सम्प्रभुता के बारे में संवेदनशील नहीं हो सकता है। ग्लोबीकरण के युग में यह जरूरी है कि विकासशील देशों के सचेत नागरिक आर्थिक और कूटनीतिक सम्प्रभुता के बारे में चौकन्ना रहें।

अमरीकी साम्राज्य में सम्प्रभुता लोकतांत्रिक व्यवस्था का अनिवार्य अंग नहीं है, विशेषकर आर्थिक सम्प्रभुता। अगर अमरीकी सेना इराक में एक लोकतांत्रिक व्यवस्था बनाकर चला पाती है तो भी इराक की तेल सम्पदा पर वहाँ के लोकतंत्र की सम्प्रभुता नहीं रहेगी। फिर भी हमारे विश्वविद्यालयों के लोग इराक को लोकतंत्र मानेंगे, जहाँ न लोक का और ना ही उसके प्रतिनिधियों का हक अपने देश की सम्पदा पर होगा। विश्वविद्यालयों का उल्लेख हम इसलिए बार-बार कर रहे हैं क्योंकि शिक्षित समाज का बुनियादी ज्ञान वहीं से आता है और उसी के सहारे सचेत लोग देश-दुनिया की घटनाओं को समझने की कोशिश करते हैं।

जो लोग अन्तरराष्ट्रीय राजनीति पर नजर रखते हैं, उनको मालूम है कि आर्थिक सम्प्रभुताविहीन मुल्कों में सत्ता के सर्वोच्च पद पर किस प्रकार के लोगों को बैठाया जाता है। लोकतंत्र में चुनाव सम्पन्न होने के बाद भी चुनाव के जनादेश को कैसे बदल दिया जाता है। भारत को उपरोक्त श्रेणी में मानना समय से पूर्व हो जाएगा। लेकिन विद्वानों की चौपाल से यह पूछना प्रासंगिक है कि क्या 2004 के भारतीय आम चुनाव के जनादेश को प्रधानमंत्री की नियुक्ति के मामले में बदला गया या नहीं। मई 13 की तारीख की मध्य रात्रि तक भारत के सारे प्रवक्ता और पत्रकार एक राय के थे कि जनादेश सोनिया गांधी को प्रधानमंत्री बनाने के लिए था। किसी ने खुलेआम दावा नहीं किया कि मनमोहन सिंह को प्रधानमंत्री होना चाहिए। एक विदेशी टी.वी. चैनल बी.बी.सी ने शाम को चुनाव के परिणामों पर चर्चा चलाई थी। चर्चा का संचालन करनेवाली महिला ने

सामने बैठे *फाइनेंशियल एक्सप्रेस* के पत्रकार से एक सवाल पूछा। यह सवाल हमें अटपटा लगा। उसने पूछा कि लोग इटली में जनमी एक महिला को क्यों प्रधानमंत्री बनाना चाहते हैं ? क्यों नहीं डॉ. मनमोहन सिंह का नाम आता है, जो आर्थिक सुधारों में सिद्धहस्त हैं। *फाइनेंशियल एक्सप्रेस* के पत्रकार ने धीमे स्वर से अपनी सहमति जताई। उधर संघ परिवार का सोनिया विरोधी आन्दोलन, इधर बी.बी.सी. की चर्चा, साथ-साथ शेयर बाजार में हंगामा। एक रिपोर्ट के अनुसार शेयर बाजार के सामने सोनिया गांधी विरोधी नारे लगाए जा रहे थे। तीनों के बीच कोई तालमेल था तो वह रहस्य ही रह जाएगा।

लोकतंत्र की यह अच्छी परम्परा है कि सबसे बड़े पद पर कोई जननेता होना चाहिए। मनमोहन सिंह जननेता नहीं है, नौकरशाह हैं। नौकरशाह अभी तक भारत में राज्यपाल रह चुके हैं, मंत्रिपरिषद के सदस्य रह चुके हैं, प्रधानमंत्री नहीं। मनमोहन सिंह एक अफसर थे, अर्थनीति के विशेषज्ञ और सलाहकार थे। जिन दिनों वे दक्षिण आयोग (साउथ कमीशन) के महासचिव थे, उन्होंने आयोग की ओर से एक प्रतिवेदन लिखा था जिस पर उनके हस्ताक्षर थे। प्रतिवेदन में कई समाजवादी विचार थे और विश्व बैंक व अन्तरराष्ट्रीय मुद्रा कोष की कड़ी आलोचना थी। कुछ ही समय बाद वे नरसिंह राव के वित्तमंत्री बनकर उदारीकरण की नीतियों के अर्थशास्त्री बन गए। इस विचार-परिवर्तन के बारे में किसी पत्रकार ने पूछा तो मनमोहन सिंह का स्पष्टीकरण था, "मैं तो उदारीकरण का पक्षधर रहा हूँ। लेकिन मैं एक वफादार नौकरशाह भी हूँ। अपने राजनीतिक मालिकों की इच्छा के अनुरूप मैंने काम किया है।" हाल में अंगरेजी साप्ताहिक *आउटलुक* ने उदाहरण के साथ इस बात की याद दिलाई है। डॉ. मनमोहन सिंह अर्थनीति के विचारक नहीं हैं, जिस तरह डॉ. अमर्त्य सेन हैं।

2004 का जनादेश सिर्फ एक प्रधानमंत्री से सम्बन्धित नहीं था। जनादेश का परोक्ष सम्बन्ध आर्थिक नीतियों से था, जिनकी उपलब्धियों को गौरवान्वित करना सरकारी दल भाजपा का मुख्य चुनाव प्रचार था। भाजपा और राजग की भारी पराजय निश्चित रूप से आर्थिक नीतियों पर नकारात्मक टिप्पणी है। विश्व बैंक समर्थित अत्याधुनिक विकास के नायक चन्द्रबाबू नायडू का चुनाव में क्या हश्र हुआ, यह हम जानते हैं। इसलिए यह कहा जा सकता है कि मनमोहन सिंह जनादेश की अनुकूल दिशा में खड़े नहीं हैं। इस मामले में सोनिया गांधी का मनमोहन सिंह से एक फर्क है। जनादेश के दबाव में आकर सोनिया गांधी दुविधाग्रस्त हो सकती हैं क्योंकि वे एक जननेता हो चुकी हैं। मनमोहन सिंह स्वर्गदूत हो सकते हैं, जननेता नहीं। वे विदेशियों के चहेते ज्यादा हैं। अन्तरराष्ट्रीय शक्तियाँ और शेयर बाजार उनकी नियुक्ति से आश्वस्त हैं। भारत के मौजूदा संकट के लिए सोनिया गांधी योग्य प्रधानमंत्री नहीं हैं। प्रधानमंत्री सोनिया गांधी पर पाँच साल आरोप लग सकता था कि उन्होंने विश्वासघात किया। मनमोहन सिंह इससे परे हैं। क्या यह अच्छी बात है कि एक प्रधानमंत्री के कार्यकाल के अन्त में देश की बरबादी के लिए हम कह नहीं सकेंगे कि उसने धोखा दिया।

दो

जीत में एक तरह की त्रासदी होती है, या सिर्फ खोखलापन। उछल-उछलकर खुशियाँ मनाना हमेशा बेहूदगी होती है। भारतीय जनता पार्टी और राजग की भारी पराजय से सेकुलर-प्रगतिशील समूहों का खुश होना स्वाभाविक और जायज था। देश को यह सोचकर खुश होना चाहिए कि भाजपा अगर पुनः सत्ता पर काबिज हो जाती तो कितनी बड़ी विपत्ति होती। विपत्ति इस प्रकार होती–(1) आर्थिक उदारीकरण की नीतियों की सफलता सम्बन्धी अटल-आडवाणी-मीडिया के दावे और झूठे आँकड़े सही मान लिए जाते। (2) राजग के अन्दर गुजरात के नरसंहार के बारे में पूरी चुप्पी रह जाती और भाजपा के सबसे बड़े नेता अटल बिहारी वाजपेयी के मुँह पर भी ताला पड़ जाता, वे नरेन्द्र मोदी को हटाने की माँग करने की हिम्मत न करते। (3) भारतीय जनता पार्टी, विश्व हिन्दू परिषद और राष्ट्रीय स्वयंसेवक संघ के कार्यकर्ताओं का औद्धत्य इतना बढ़ जाता कि साम्प्रदायिकता की आलोचना करनेवालों के लिए आतंक का माहौल पैदा हो जाता।

साम्प्रदायिकता का नंगा नाच जनभावना विरोधी है और उदारीकरण की नीतियाँ अर्थव्यवस्था की बर्बादी हैं–ये दो सीख चुनाव नतीजों से उभरकर आई हैं और आगे के लिए चेतावनी का काम करेंगी। सचेत नागरिकों को देखना होगा कि राजग के काल में प्रचलित सामाजिक-आर्थिक नीतियों के स्थान पर नई नीतियाँ आ रही हैं या नहीं। आर्थिक नीति सम्बन्धी सीख को मिटा देने का प्रयास मीडिया कर रहा है। चुनाव से उभरे जनमत को सबसे बड़ा आघात डॉ. मनमोहन सिंह की प्रधानमंत्री पद पर नियुक्ति से और डॉ. मनमोहन सिंह द्वारा चिदम्बरम को वित्तमंत्री पद पर नियुक्त करने से लगता है। विश्व बैंक तथा अन्तरराष्ट्रीय मुद्रा कोष के निर्देशों का अक्षरशः पालन करनेवाले नौकरशाह अर्थशास्त्री मोंटेक सिंह अहलूवालिया को योजना आयोग के उपाध्यक्ष पद पर स्थापित-सम्मानित करना भी एक अशुभ संकेत है। लम्बे समय तक भारत के योजना आयोग का उपाध्यक्ष एक वरिष्ठ राजनेता होता था। राजग ने भी कृष्णचन्द्र पंत को उपाध्यक्ष बनाया था।

कांग्रेस के लिए यह गनीमत है कि संगठन की नेता अभी भी सोनिया गांधी है। व्यक्तित्व के स्तर पर सोनिया का कद काफी ऊँचा हो गया है। प्रधानमंत्री पद का परित्याग करना प्रचलित राजनैतिक परिदृश्य में एक बड़ी नैतिक घटना थी। सिर्फ परिवार के दबाव से यह हुआ या मनमोहन सिंह को प्रधानमंत्री बनाने का विदेशी आग्रह इसके मूल में था, इसका रहस्य खुल भी जाएगा तो कोई फर्क नहीं पड़ता है। सोनिया का आचरण नैतिक था ही। उन्होंने एक बार जो सार्वजनिक रूप से कह दिया, उससे ढुलमुल होने का कोई आभास नहीं दिया; भविष्य में प्रधानमंत्री बनने की इच्छा का भी कोई आभास नहीं दिया। यह एक सुन्दर आचरण था। इसका फायदा कांग्रेस को मिलेगा। कांग्रेस को एक नेता मिल गया है। मनमोहन सिंह-चिदम्बरम-मोंटेक सिंह की

तिकड़ी द्वारा चलाई गई नीतियों के परिणामों से जो जनाक्रोश उभर सकता है, सोनिया गांधी एक बार कांग्रेस को उससे उबार सकती हैं। अपने को या अपनी सन्तान को भावी प्रधानमंत्री के रूप में दिखाकर वह ऐसा कर सकती हैं—बशर्ते कि वह सरकार से कुछ दूरी बनाकर रहती हैं।

कांग्रेस को टिकाए रखने का दूसरा तत्त्व है—ऐतिहासिक स्मृति। यह लुप्त हो रही है। इस स्मृति के बल पर कांग्रेस अभी तक देश की एकमात्र अखिल भारतीय पार्टी है। इसके कार्यकर्ताओं और नेतृत्व का कोई सार्वजनिक चरित्र नहीं है। परिधान या विचार सम्बन्धी कोई अपेक्षा एक कांग्रेसी विधायक या सांसद से नहीं रहती है। अतः इसकी आशा नहीं करनी चाहिए कि चुनाव सफलता से प्रेरित होकर इसका नेतृत्व संगठन को मजबूत और गतिशील करने में लग जाए या एक बेहतर शासन देकर जनता का मन जीत ले, और कांग्रेस के प्रति विश्वास का पुनरुत्थान हो जाए।

1977 और 1989 में जिस प्रकार का सत्तापरिवर्तन हुआ था, उससे जनहित की उम्मीदें बनी थी। उत्साह का वातावरण तो था ही, उन चुनावों में चुने गए नेता और मंत्री अधिक विश्वसनीय थे; जिनका चेहरा देखकर जनता के मन में आशा का संचार होता था। लेकिन इस समय जितने प्रमुख मंत्री हैं, किसी एक को भी देखकर जनता के मन में आशा का संचार नहीं होता है।

स्पष्ट उद्देश्य और कठोर इच्छाशक्ति के लोग ही सत्ता में आने पर जनहित का उल्लेखनीय कार्य कर पाते हैं। राजनीति और अर्थनीति में बुनियादी किस्म के परिवर्तन के लिए सिर्फ एक या दो व्यक्ति नहीं, ऐसे लोगों की एक टोली चाहिए जिसका उद्देश्य, संकल्प और चरित्र सबको दिखाई दे। संयुक्त प्रगतिशील गठबन्धन की सरकार में ऐसा तत्त्व नहीं है, इसकी विफलता पूर्व निश्चित है। शासक की विफलता हर बार चुनाव में दिखाई नहीं पड़ती। इस बार भी अखबार पढ़नेवालों के मन में यह उम्मीद नहीं हो रही थी कि राजग सरकार अपनी गलत नीतियों और विफलताओं के कारण हार जाएगी। विफलताओं को छुपाने और झूठ को प्रचारित करने का कौशल अक्सर कामयाब हो जाता है। हालाँकि सरकार तथा दल की विश्वसनीयता जरूर घटती है। जीत के बावजूद कांग्रेस की विश्वसनीयता वापस नहीं आई है।

भारतीय जनता पार्टी तथा राजग का पुनरुत्थान हो सकता है (इस अर्थ में कि कुछ सालों बाद राजग पुनः सत्ता पर काबिज हो)। भाजपा की तुलना में कांग्रेस को बहुत अधिक मत नहीं मिले हैं। कांग्रेस के सहयोगी दलों से मजबूत रिश्ते नहीं बन पाए हैं। सरकार की हर विफलता से राजग फायदा उठाएगा। कांग्रेस की तुलना में भाजपा का नेतृत्व संगठन बनाने में ज्यादा सक्षम है। संगठन विस्तार के मार्ग में भाजपा की विचारधारा बाधक है। अल्पसंख्यक, आदिवासी, पिछड़ी और दलित जातियाँ कभी-कभी भाजपा की राजनीति का समर्थन कर सकती हैं, लेकिन उसकी विचारधारा को अपना नहीं सकतीं। कुछ भौगोलिक भूखंडों में, दक्षिण और पूर्वी भारत में तथा अन्य इलाकों में उच्च और मध्य जातियाँ भी धर्म के राजनीतिकरण को भावनात्मक सहारा नहीं देती

हैं। (कर्नाटक में अनुकूलता आ गई है।)

राष्ट्रवादी भावनाओं के उद्‌गारों का एक आकर्षण होता है। परिवर्तन विरोधी विचारों का भी एक स्थान हरेक समाज में होता है। आर्थिक और सामाजिक जड़ता के दिनों में संकीर्ण भावनाओं पर आधारित प्रतिक्रियावादी समूहों को जमीन मिल पाती है। राष्ट्रीय स्वयंसेवक संघ के अस्तित्व को कोई नहीं नकार सकता है। साम्प्रदायिक फासीवाद के दर्शन को कार्यक्रम और संगठन के स्तर पर गतिशील बनाए रखने में संघ समर्थ साबित हुआ। छोटे-बड़े दंगे एक निर्दिष्ट अवधि में हो ही जाते हैं। अल्पसंख्यकों के प्रति द्वेष पैदा करनेवाला कोई न कोई मुद्दा राष्ट्रीय राजनीति को विचलित करता है। कभी कश्मीर, कभी मन्दिर, कभी गोहत्या, कभी धर्मान्तरण, कभी विदेशी मूल इत्यादि। ये मुद्दे जब उठ जाते हैं, एक औसत हिन्दू को उस पर सोचना पड़ता है। सवाल सबके समक्ष में आ जाता है, इसलिए किसी से भी चर्चा की जा सकती है। विश्व हिन्दू परिषद की भी निरन्तर सक्रियता इन विषयों पर बनी रहती है। अन्य किन्हीं राजनीतिक समूहों के पास ऐसे मुद्दे या कार्यक्रम नहीं हैं जिनको लेकर आप किसी से भी चर्चा कर सकते हैं।

भाजपा का सदस्य या विधायक होने के नाते किसी का सार्वजनिक चरित्र बेहतर नहीं हो जाता है। लेकिन प्रमुख व्यक्तियों पर संघ की निगरानी रहती है। व्यक्तिवाद पर अंकुश रहता है। मुख्यधारा की राजनीति में सबसे अधिक व्यक्तिवाद पूर्व समाजवादियों में दिखाई देता है। सबसे कम कम्युनिस्टों में। कांग्रेस की तुलना में भाजपा में कम है।

भारतीय जनता पार्टी की निर्णायक कमजोरी उसकी विरोधाभासपूर्ण विचारधारा है। हिन्दू राष्ट्रवाद तब तक एक राष्ट्रवाद है जब तक गैर-हिन्दू समूहों को समाज-संस्कृति-राजनीति में गौण महत्त्व का माना जाता है। अमरीकी राष्ट्रवाद में गैर-ईसाइयों को तथा अश्वेत समूहों का सामाजिक-राजनैतिक महत्त्व कम होता है। लेकिन उनको अराष्ट्रीय, गैर-राष्ट्रीय या अवांछनीय नहीं माना जाता। ऐसा मानने से राष्ट्रवाद खंडित होता है। हिन्दू जनमानस इतना विकृत नहीं हुआ है कि अपनी प्रजा में से किसी निर्दिष्ट समूह की हत्या करानेवाले को आदर्श हिन्दू राजा माने। गोहत्या पर प्रतिबन्ध और धर्मान्तरण निषेध को राष्ट्रवाद में जगह मिल सकती है। शिवाजी, राणा प्रताप से लेकर सरदार पटेल तक की धारा को राष्ट्रीय गौरव मानना राष्ट्रवादी भावना के अनुकूल हो सकता है लेकिन महात्मा गांधी के हत्यारे की प्रशंसा करना 'हिन्दू' और 'राष्ट्र' दोनों को उखाड़ देता है। सम्भवतः हिन्दू राष्ट्रवाद का सही प्रतिनिधित्व अटल बिहारी वाजपेयी करते हैं। नरेन्द्र मोदी दूसरे छोर पर खड़े हैं।

कम से कम आनेवाली दो पीढ़ियों तक गांधी को 'राष्ट्र', 'स्वदेशी' और 'हिन्दू' से अलग नहीं किया जा सकता है। स्वदेशी जागरण मंच के लिए यह मुश्किल काम होगा कि कैसे 'स्वदेशी' और 'नरेन्द्र मोदी' का समन्वय करें।

उपरोक्त अन्तर्विरोध भाजपा को एक सीमा से आगे बढ़ने नहीं देगा। 2004 का

चुनाव ऐसा मौका था कि पुनः केन्द्र की सत्ता में आकर भाजपा अपने शासन की दस वर्ष की अवधि पूरा करने की स्थिति में होती और पूरे आत्मविश्वास के साथ सारे हथकंडे अपनाकर देश के हर कोने में संगठन बनाने का प्रयास करती–एक राष्ट्रव्यापी दल बनने का सपना पूरा होता। अगले चुनाव में भाजपा के नेतृत्ववाली सरकार बन भी जाएगी, तो यह काम पूरा नहीं होनेवाला है।

तीन

2004 के लोकसभा चुनाव में वामदलों को अभी तक की सबसे बड़ी कामयाबी हासिल हुई। अखबारों और टी. वी. ने इसका उल्लेख एक तथ्य और एक आँकड़े के तौर पर किया, कुछ टिप्पणीकारों ने यह भी कहा कि इस कामयाबी के बाद केरल और पश्चिम बंगाल के बाहर भी कम्युनिस्ट पार्टियों का संगठन फैलाने का उत्साह बनेगा। लेकिन ऐसी धारणा नहीं पैदा हुई कि वामदलों की इस अभूतपूर्व कामयाबी से देश की राजनीति में एक नया मोड़ आ सकता है।

जब सारी राजनीति और अर्थनीति का रुझान दक्षिणमुखी है, वाम की यह जीत पूरी व्यवस्था को और उसके संचालन करनेवालों को विचलित कर सकती थी। गरीब वर्ग में एक उम्मीद पैदा हो जाती, ऐसा नहीं हुआ। मानो वाम की बढ़त सरकार बनाने के लिए कांग्रेस के दावे को मजबूत करनेवाली ही थी। कांग्रेस के सहयोगी के रूप में मुलायम सिंह से अधिक विश्वसनीय वामदल समझे गए। राष्ट्रीय राजनीति में वामदलों की भूमिका इससे अधिक कुछ हो सकती है क्या ?

बीसवीं सदी का राजनैतिक इतिहास धीरे-धीरे विस्मृत हो रहा है। पढ़े-लिखे नौजवान दक्षिण-वाम शब्दावली के विशेष अर्थ से परिचित नहीं हैं। पुराने अर्थ को लेकर देखें तो भारतीय जनता पार्टी 'साम्प्रदायिकतावादी दक्षिण पंथ' का दल है और कांग्रेस 'सेकुलर दक्षिण पंथ' का दल है, जैसी कभी स्वतंत्र पार्टी थी। पूँजीवाद को ढहाकर एक समतामूलक व्यवस्था को स्थापित करना वामदलों का लक्ष्य होता था। ऐसे विचार रखनेवाले संगठन अब राजनीति के हाशिए को लाँघ नहीं पाते हैं। लेकिन एक समय था जब ऐसे विचारवाले समूह 'सोशलिस्ट' या 'कम्युनिस्ट' बिल्ला लगाकर विभिन्न देशों में सत्तारूढ़ थे, या सत्ता प्राप्त करने की होड़ में थे। उन दलों का अवशेष आज भी है, और वे 'समाजवादी', 'साम्यवादी' नामों को पूर्ववत अपनाए हुए हैं। लेकिन वे पूँजीवाद का विरोध नहीं करते हैं। उदारीकरण-निजीकरण-ग्लोबीकरण पूँजीवाद की घोर साम्राज्यवादी अवस्था है। समाजवादी-साम्यवादी कहलानेवाले दल इसका भी समर्थन करते हैं। भारत के वामदल इस कोटि में आ गए हैं या नहीं, इसका अन्तिम फैसला संयुक्त प्रगतिशील गठबन्धन सरकार के आगामी दो-तीन सालों में हो जाएगा जब संप्रग सरकार कदम-दर-कदम आर्थिक सुधार के नए-नए पन्ने खोलते जाएगी।

राजग सरकार ने साम्राज्यवादी पूँजी के लिए मार्ग प्रशस्त कर दिया था।

मनमोहन-चिदम्बरम-मोंटेक सिंह की कोशिश होगी कि भारत पर उसका पूरा कब्जा हो जाए। सत्ता में सहयोगी भूमिका में रहकर वामदल इसको कितना रोक पाते हैं या झुक जाते हैं, यह सरकार जीवित रही तो अगले दो सालों में स्पष्ट हो जाएगा। प्रथम बजट में ही, जब चुनाव नतीजों से बने आशावाद का माहौल खत्म नहीं हुआ है, वित्तमंत्री पी. चिदम्बरम ने ग्लोबीकरण के आलोचकों को धमाकेदार चुनौती दे दी है। विदेशी नियंत्रण भारतीय अर्थव्यवस्था पर तेजी से बढ़ेगा। इसके बिना चिदम्बरम-मोंटेक सिंह-मनमोहन सिंह का मतलब ही क्या है ? एक-दो बार रस्साकशी के बाद वामदलों को यह कहना पड़ेगा कि भाजपा को सत्ता में आने से रोकना सर्वोपरि है। इसके लिए जरूरी है कि आर्थिक सुधार के विवादवाले प्रस्तावों के प्रति तटस्थता का कौशल अपनाया जाए। कम्युनिस्ट शासित राज्यों के अनुभव से, जहाँ कम्युनिस्ट शासन ने आर्थिक सुधार को बढ़ावा दिया है, कांग्रेस और पूँजीपति वर्ग आश्वस्त हैं कि कुल मिलाकर 'आर्थिक सुधार' के लिए वामदल बाधक नहीं होंगे।

मार्क्सवादी-लेनिनवादी (लिबरेशन) पार्टी ने अपनी पत्रिका में उद्धरण के साथ आरोप लगाया है कि अमरीका का बुश प्रशासन भी इन कम्युनिस्टों के बारे में आश्वस्त है कि ये आर्थिक सुधार में बाधक नहीं होंगे (मासिक पत्रिका *लिबरेशन,* जुलाई 2004, पृ. 18)। हम खुद इस टिप्पणी से सहमत नहीं हैं। भारतीय कम्युनिस्टों का यह जीवन-मरण का प्रश्न है। एक क्रान्तिकारी दल को खड़ा करने के लिए कितनी तकलीफों से गुजरना पड़ता है, कितना बलिदान करना पड़ता है, हृदय और मस्तिष्क के स्तर पर कितनी ऊँचाइयों को स्पर्श करना होता है। उसके साथ खिलवाड़ करना दुविधाओं का एक बहुत लम्बा सिलसिला होता है, आदर्शों को छोड़ते समय अपने को भी आश्वस्त करना पड़ता है कि एक प्रतिकूल समय में हम यथासम्भव उनको (आदर्शों को) बचा रहे हैं। अगर बीमा, उड्डयन और टेलिकॉम के क्षेत्र में विदेशी निवेश की वृद्धि रुक जाती है तो अपने को आश्वस्त करने की यह बड़ी घटना होगी। वामदलों की प्रतिष्ठा बढ़ेगी नहीं, लेकिन बच जाएगी।

ऐसी स्थितियाँ कई बार पैदा होंगी। कभी सरकार आपत्तियों को मान लेगी; ज्यादातर नहीं मानेगी। भारत पर अन्तरराष्ट्रीय पूँजी का आधिपत्य बढ़ता जाएगा। कोई गुणात्मक परिवर्तन करने में वामदल समर्थ नहीं होंगे।

अतः वामदलों को आत्म-निरीक्षण करना होगा कि 1991 के युग-परिवर्तन के बाद भी साम्राज्यवाद-पूँजीवाद का विरोध करना अपना धर्म मानते हैं या नहीं ? अगर मानते हैं तो उन्हें अपनी रणनीति बदलनी होगी।

साम्राज्यवाद का सम्पूर्ण विरोध करनेवाले समूहों का राजनीतिक प्रभाव इस वक्त बहुत सीमित है। विरोध करनेवाले समूह हैं मार्क्सवादी-लेनिनवादी धारा के कई सारे दल और जे.पी. आन्दोलन की कड़ी में चलनेवाले राजनैतिक तथा जन आन्दोलनकारी समूह। राजनैतिक मुख्यधारा के हाशिए पर ये सब हैं। साम्राज्यवाद विरोध के मुद्दों पर अगर उनका राष्ट्रव्यापी समन्वय होगा तो उनका राष्ट्रीय महत्त्व भी बन सकता है। अगर

वाममोर्चा अपनी पहल से एक साम्राज्यवाद विरोधी मुहिम चलाना चाहेगा, तो उपरोक्त समूहों से भी संवाद चलाकर एक प्रभावी राजनीतिक आन्दोलन खड़ा कर सकता है– जैसा कि कुछ लैटिन अमरीकी देशों में होते रहता है या जैसा कि जयप्रकाश नारायण के नेतृत्व में हुआ था। वामदलों के पास साधन हैं। समाज के विभिन्न क्षेत्रों के लोग उनसे जुड़े हुए हैं। उनका नेतृत्व मिलेगा तो साम्राज्यवाद विरोधी विचारों की राजनैतिक विश्वसनीयता बढ़ जाएगी। 2004 के जनादेश को देखकर उम्मीद होती है कि एक जन-विद्रोह तेजी से उभर आएगा। यह चेष्टा नहीं होनी चाहिए कि सारे समूहों का एक संगठन बने। यह सम्भव नहीं है। सिर्फ कुछ मुद्दों पर समन्वय होना एक बड़ी शुरुआत के लिए यथेष्ट है।

अतः वामदल अपनी दुविधा को परिभाषित करें : देश में आर्थिक सुधारों के विरुद्ध समान उद्देश्यवाले सारे समूहों-व्यक्तियों को गोलबन्द करने की रणनीति चलाएँ, या आर्थिक सुधारों के लिए दृढ़–प्रतिबद्ध कांग्रेस का साथ दें ?

वामदलों की लम्बी अवधि से केन्द्र की सरकारों से सहयोग करने की आदत हो गई है। इस आदत के कारण वामदलों के अन्दर एक निहित स्वार्थ भी जड़ जमा चुका है। जिसकी सुरक्षा सरकार से सहयोग की नीति में दिखाई देती है। उसके प्रभाव से वामपंथी विचारों को मुक्त करना होगा।

एक दोहरी रणनीति भी व्यवहार में लाई जा सकती है। पाँच साल तक कांग्रेस सरकार को न गिराने के कौशल के साथ-साथ साम्राज्यवाद के विरुद्ध जन-विद्रोह खड़ा करने का कार्यक्रम चलाना। इसमें विरोधाभास है। लेकिन कम्युनिस्ट होकर मनमोहन सिंह सरकार के साथ चलना भी विरोधाभासपूर्ण है। कांग्रेस की स्थिति ऐसी नहीं है कि जन विद्रोह का आह्वान करनेवाले दलों के संसदीय समर्थन को अस्वीकार कर दे।

इतिहास की गति विरोधाभासपूर्ण होती है। कम्युनिस्टों की भाषा में द्वन्द्वात्मक। विरोधाभासों के अन्दर ही जनता की लड़ाई को तीव्रतर करना कम्युनिस्टों का कर्तव्य माना गया है। भारत में साम्राज्यवादी वर्चस्व बढ़ने के विरुद्ध दोनों कम्युनिस्ट पार्टियों द्वारा कोई जन-संघर्ष 1991 से नहीं हुआ है। संसद के अन्दर तालमेल, लेन-देन, रस्साकशी को जनता की लड़ाई नहीं माना जा सकता है। छोटे समूहों की ओर से कई जन आन्दोलन और जन लड़ाइयाँ देश के विभिन्न स्थानों पर चल रही है। इन लड़ाइयों के प्रति कम्युनिस्ट पार्टियों का रुख अस्पष्ट रहता है। किसी गरीब देश की कम्युनिस्ट पार्टियों को जनता समर्थन देकर शक्तिशाली बनाती है और ये पार्टियाँ अपनी बढ़ती हुई शक्ति को जन विद्रोह तेज करने में नहीं लगाती हैं तो मार्क्सीय द्वन्द्वात्मकता की विडम्बना होगी।

(अगस्त, 2004)

खंड-3

भारतीय राज्य की असफलता

- भारतीय राज्य की दुर्गति
- सतही राष्ट्रीयता की राजनीति
- अलगाववाद : एक प्रतिपादन
- युद्ध के बारे में प्रधानमंत्री को पत्र
- कारगिल के सबक
- प्रधानमंत्री सचिवालय का देशद्रोह
- महाशक्ति बनने का ख्वाब
- किसका दोस्त है अमरीका
- राष्ट्र-राज्य, युद्ध और सम्प्रभुता
- गोलीकांड रुकें, तो कैसे

भारतीय राज्य की दुर्गति

जो लोग संघ परिवार के विरोधी हैं उनको देश के लिए सबसे बड़ा खतरा यह दिखाई देता है कि समूचे देश पर हिन्दुत्ववादी राजनीतिक दलों का एकाधिपत्य स्थापित हो जाएगा। हम सौ बार दोहराना चाहते हैं कि यह सम्भव नहीं है। जो होने जा रहा है वह इससे भी भयंकर है और उसके लिए सिर्फ भाजपा या संघ परिवार जिम्मेदार नहीं होगा। कभी-कभी क्षण भर के लिए इस खतरे का एहसास होता है, लेकिन उस पर विधिवत चर्चा नहीं होती है क्योंकि प्रचलित विचारधाराओं के ढाँचे में इसको समझने या इसका समाधान करने का सूत्र मिलता नहीं है।

अफ्रीका के कुछ देशों के बारे में हमारे मन में जो तस्वीर बनती है उसी से मिलता-जुलता एक नक्शा भारत का भविष्य हो सकता है। बहुकोणीय गृहयुद्ध, अनेक क्षेत्रों में राज्य का नियंत्रण नहीं रह जाना, अकाल, महामारी, दंगा आदि से होनेवाली व्यापक जनहानि या लोगों की पशुतुल्य हालत के प्रति प्रशासन का सम्पूर्ण उदासीन हो जाना। ऐसी स्थितियाँ अभी भी जानकारी में आती हैं। लेकिन जब उनका अनुपात बढ़ने लगेगा और ऐसी सारी स्थितियों को हम मिलाकर देखेंगे तो इस कुल स्थिति को हम 'पिछड़ा क्षेत्र', 'उपेक्षित इलाका', 'कानून व्यवस्था की समस्या' आदि शब्दों से परिभाषित नहीं कर पाएँगे। स्थानीय समस्या कहने से यह आशा रहती है कि स्थानीय प्रशसान अगर दृढ़ हो जाएगा तो समस्या दूर हो जाएगी; या इससे यह बोध होता है कि एक छोटा-सा क्षेत्र 'समस्या क्षेत्र' या स्थायी सरदर्द होकर रहेगा। लेकिन ऐसी बात नहीं है। कुछ ऐसी समस्याएँ हैं जिनका समाधान राज्यस्तरीय या राष्ट्रीय तैयारी के द्वारा ही हो पाएगा और समय रहते यह काम नहीं हुआ तो दस साल या बीस साल बाद यह कहना पड़ेगा कि अब तो लोकतांत्रिक तरीके से स्थिति को सुधारा नहीं जा सकता है।

क्या पुरुलिया कांड या कंधार में जो हुआ वह स्थानीय समस्या है ? क्या वीरप्पन प्रकरण तथा बाल ठाकरे की गिरफ्तारी नहीं हो पाना कानून-व्यवस्था का प्रश्न है ? मुफ्ती मोहम्मद सईद की बेटी का अपहरण, कंधार में भारतीय हवाई जहाज को अपहरण कर ले जाना, बाल ठाकरे प्रकरण, वीरप्पन की घटना, कश्मीर और उत्तर-पूर्व का आतंकवाद, बिहार के कई जिलों में बढ़ रहे आतंकवाद, इन सबको एक साथ मिलाने

पर जो स्थिति बनती है वह राज्य के कमजोर होने की स्थिति है। शासक वर्ग की दिशाहीनता, शासकों और प्रशासकों के चरित्र और उनकी अयोग्यता के कारण पूरे राष्ट्र में राज्यहीनता की स्थिति पनप रही है। विकास हो रहा है या नहीं यह सवाल धीरे-धीरे बेमानी होता जा रहा है क्योंकि देश रहेगा या नहीं यह सवाल केन्द्र में आनेवाला है।

कंधार और वीरप्पन जैसी घटनाओं की याद दिलाकर किसी से यह प्रश्न पूछा जाए कि क्या यह राज्य कभी चीन के हमले का मुकाबला कर पाएगा ? जो उत्तर मिलेगा उससे राज्य के कमजोर होने की बात समझ में आ सकती है। 1962 का भारत आज की तुलना में इस अर्थ में दृढ़ था कि वीरप्पन, कंधार या बाल ठाकरे जैसी घटना नहीं हो सकती थी। तो क्या यह स्थिति बदतर होकर वहाँ तक जा सकती है जहाँ हमारा राष्ट्र बिलकुल लुंजपुंज हो जाएगा, उसके टुकड़े भी हो जाएँगे ? कुछ अतिरिक्त प्रश्न भी पूछे जा सकते हैं। क्या कंधार दूसरी बार नहीं होगा ? राजकुमार की रिहाई के बाद शीघ्र वीरप्पन को पकड़ लिया जाएगा ? क्या चीन के साथ हमारी एक स्पष्ट अन्तरराष्ट्रीय सीमा तय हो जाएगी ?

भारतीय राज्य के कमजोर हो जाने का एक आभास उपर्युक्त घटनाओं से मिलता है; दूसरा आभास हमारी सरकारों के खजानों की हालत से लगता है। किसी भी राज्य सरकार का अपना राजस्व इतना नहीं है कि कर्मचारियों के वेतन आदि देने की मासिक औपचारिकता भी पूरी की जा सके। या तो वेतन-भत्ता और फिजूल खर्च ज्यादा है या राजस्व बहुत कम है। दोनों दिवालियापन की स्थिति है। केन्द्र सरकार का जितना राजस्व है, कर्ज सेवा (ब्याज और मूलधन की आंशिक अदायगी) उससे अधिक है। इसका मतलब है कि हम कर्ज अदाएगी के लिए भी कर्ज ले रहे हैं। प्रशासन चलाने के लिए भी कर्ज पर आश्रित हैं। यह नहीं कि ऐसी स्थिति दो-चार साल के बाद समाप्त हो जाएगी; स्थिति बदतर होनेवाली है। अठारहवीं सदी के भारत का इतिहास पढ़ने पर मिलती-जुलती तसवीरें मिलेंगी। कैसे राजाओं और नवाबों पर ईस्ट इंडिया कम्पनी का कर्जभार बढ़ जाता था और जब कोई राजा या नवाब कम्पनी को अपनी माँग के अनुसार पैसा नहीं दे पाता था तो वह अपना राज्य समर्पित कर देता था।

अब यह बात सामने आ चुकी है कि आन्ध्र प्रदेश की सरकार ने बिजली की जो दर बढ़ाई है, राज्यव्यापी आन्दोलन के बावजूद उसको कम नहीं कर रही है, क्योंकि विश्व बैंक के निर्देश के अनुसार यह किया गया है। मुख्यमंत्री नायडू विधानसभा में कहते हैं, "कम ब्याज पर इतना पैसा और कहाँ से मिलेगा जो विश्व बैंक से हमें मिल रहा है।" ब्रिटेन की सरकार का एक विभाग है डी. एफ. आई. डी. (अन्तरराष्ट्रीय विकास विभाग)। ओडिशा की सरकार के साथ इसका एक समझौता हुआ है कि ओडिशा सरकार अगले कुछ सालों में क्या-क्या वित्तीय नीति अपनाएगी। जो निर्णय जन-प्रतिनिधियों के द्वारा विधानसभा या संसद में लिए जाने चाहिए वे विदेशी कम्पनियों

या विदेशी सरकारों के साथ समझौतों के तहत लिए जा रहे हैं और विधानसभा तथा संसद को उनका पता भी नहीं रहता है। इन समझौतों के बारे में विधानसभा में बताया भी नहीं जाता है। जो निर्णय कर्नाटक और तमिलनाडु की विधानसभाओं में होने चाहिए, अब वीरप्पन और आर.आर. गोपाल के बीच बातचीत के द्वारा होने जा रहे हैं। मंत्रिमंडल, विधायक, विपक्ष सब अपने-अपने संवैधानिक अधिकार त्यागने के लिए तैयार हो रहे हैं। उपर्युक्त घटनाओं से हम अन्दाजा लगा सकते हैं कि कैसे अफ्रीका और लातिन अमरीका के कुछ क्षेत्रों में चुनाव, संसद और राजनैतिक दलों के होते हुए माफिया गिरोहों का या विदेशी कम्पनियों का राज चलता है। न सिर्फ राष्ट्र अपनी प्रभुसत्ता को त्याग देता है, बल्कि विधायक, विपक्ष, अखबार सब अपना-अपना अधिकार त्यागने के लिए तैयार रहते हैं। एक विचारशून्य, चरित्रविहीन शासक वर्ग के चलते यह स्थिति पैदा होती है। इस स्थिति से मुकाबले का विचार तथा कार्यक्रम किसी भी प्रचलित विचारधारा में नहीं है।

हमारे समय की प्रगतिशील विचारधाराओं की सोच और कार्य सामाजिक-आर्थिक न्याय दिलाने या माँगने तक सीमित हो गए हैं। राज्य को दृढ़ और विश्वसनीय बनाने या शासकों को योग्य और चरित्रवान बनाने की आवश्यकता उनमें नहीं दिखाई देती है। ये बातें भी विचारधारा में होनी चाहिए। राजा का पुत्र या मजदूर का नेता होना अपने आप अच्छे शासक की योग्यता नहीं है। कौटिल्य, कनफ्यूसियस और मैकियावेली अपने-अपने समय के दार्शनिक थे। समाज को व्यवस्थित करना, राज्य और शासक को विश्वसनीय बनाना उनका वैचारिक लक्ष्य था। राजनीतिक विचार का यह एक आवश्यक अंग है।

सारे विकासशील देश एक राजनीतिक संकट से गुजर रहे हैं। सारे विकासशील देशों में राज्य कमजोर और जालिम हो रहा है; प्रशासन उदासीन और दिवालिया है; शासकों का गिरोह अयोग्य, धनलोभी, फिजूलखर्च और गुलाम स्वभाव का है। राज्य और राजनीति के ऐसे सिद्धान्त बनें जिनको समझकर आम नागरिकों की अपेक्षाएँ अपने शासकों के बारे में बदलें।

हम कुछ बुनियादी बातों को फिर से उजागर करें। शासक की विचारधारा कुछ भी हो सम्पूर्ण राज्य का हित उसके लिए सर्वोपरि हो। राज्य का बाहुबल और धनबल उसके अन्दर के किसी भी व्यक्ति या संगठन की तुलना में अधिक हो। यानी राज्य का कोई भी व्यक्ति या संगठन हिंसा-शक्ति में या धनबल में राज्य के बराबर न हो। हिंसा और धन हमेशा नियंत्रण में रहें। धन की एक कसौटी यह होगी कि राज्य की प्रतिव्यक्ति आय के दस गुने से अधिक आय किसी की न हो। राज्य के कर्मचारियों का कुल वेतन-भत्ता राजस्व के आधे से अधिक न हो।

जब किसी भी विकासशील देश में बहुराष्ट्रीय कम्पनियाँ प्रवेश करती हैं राज्य और समाज का उपर्युक्त सन्तुलन बिगड़ता है। कम्पनी की धनशक्ति राज्य की धनशक्ति से अधिक हो जाती है। यह उसी तरह की घटना है जैसे किसी सीमावर्ती इलाके में

आतंकवादियों की हिंसाशक्ति प्रशासन की हिंसाशक्ति से अधिक होती है। सबसे बुरी हालत तब होती है जब अपराधियों की हिंसाशक्ति के सामने राज्य झुकता है। राज्य की कमजोरी का यह चरम बिन्दु है।

(सितम्बर, 2000)

सतही राष्ट्रीयता की राजनीति

देश के अखबारों में जिन खबरों को पिछले दिनों सबसे प्रमुख स्थान मिला है, वे हैं पंजाब की घटनाएँ* और एक भारतीय, राकेश शर्मा, द्वारा रूस का मेहमान बन अन्तरिक्ष की यात्रा करना। ये दोनों घटनाएँ देश की व्यवस्था के खोखलेपन से जुड़ी हुई हैं। लेकिन देश की सरकार, पूँजीपति और उनके अखबार, रेडियो, टेलीविजन इनका इस्तेमाल कुछ परस्पर विरोधी उद्देश्यों के लिए कर रहे हैं। पंजाब की घटनाओं का प्रचार देश में विशेषकर पंजाब के सीमावर्ती प्रान्तों में साम्प्रदायिक भावना, हिन्दू-सिख अलगाव बढ़ाने के लिए किया जा रहा है तो वहीं राकेश शर्मा की अन्तरिक्ष यात्रा को राष्ट्रीय गौरव की बात बनाकर एक सतही राष्ट्रीय भावना जगाने का प्रयास हो रहा है। पहला प्रयास तो स्पष्ट ही देश के लिए घातक है और दूसरा प्रयास हास्यास्पद और अन्ततः देश की शक्ति को क्षीण करनेवाला।

देश की राजनीतिक स्थिति पर पंजाब की घटना हावी है। पंजाब की घटनाएँ देश की सारी राजनीति को—राजनीतिक दलों, अखबारों और प्रशासन को—चुनौती दे रही हैं और उनकी कमजोरियों को सामने लाती हैं। देश का साधारण पढ़ा-लिखा आदमी पंजाब के बारे में चिन्ता व्यक्त करता है और पूछता है 'क्या होगा ?' सरकार, राजनैतिक दल और अखबार जो भी कर रहे हैं, उससे इस प्रश्न की असहायता खत्म नहीं होती है।

शासक दल का रुख सबसे ज्यादा रहस्यपूर्ण है। उसके आचरण और नीति से एक बुनियादी सन्देह पैदा होता है; क्या राष्ट्र के प्रति राजनेताओं और राजनैतिक दलों में कोई वफादारी रह गई है ? सत्ता प्राप्त करने और गद्दी पर बैठे रहने के लिए साम्प्रदायिक अलगाव और संघर्ष को प्रोत्साहित करना राजनेताओं के लिए एक मामूली बात हो गई है। इस तरह का आचरण सिर्फ शासक दल कांग्रेस तक सीमित नहीं है। असम और कश्मीर की घटनाओं के बाद पंजाब की घटनाएँ इस गम्भीर आरोप को साबित करती हैं। असम में आन्दोलनकारियों में दरार पैदा करने के लिए हिन्दू-मुसलमान साम्प्रदायिक अलगाव को जान-बूझकर बढ़ाने की राजनीति में शासक दल कांग्रेस को आंशिक सफलता मिली है। राष्ट्रीय स्वयंसेवक संघ भी इस रणनीति का फायदा उठा रहा है। आजादी के 34 साल बाद कश्मीर में फारूक अब्दुल्ला ने जब देश की राजनैतिक

* यह लेख स्वर्ण मन्दिर पर ऑपरेशन ब्लू स्टारवाली सैनिक कार्रवाई के पहले लिखा गया था।

मुख्यधारा के साथ जुड़ने की इच्छा जताई तो उनको उखाड़ने के लिए शासक दल को राष्ट्रीय स्वयंसेवक संघ का सहयोग मिला। अब पंजाब में भी हिन्दू साम्प्रदायिक तत्त्वों से मिलकर शासक दल हिन्दू-सिख अलगाव को बढ़ने देना चाहता है, ताकि हरियाणा, उत्तर प्रदेश, राजस्थान, दिल्ली आदि प्रदेशों में हिन्दुओं का समर्थन प्राप्त कर सके, पंजाब में गड़बड़ी जारी रहने पर चुनाव के पहले पाकिस्तान के साथ तनाव बढ़ाने की कूटनीति चलाना भी आसान होगा।

प्रारम्भिक दिनों में भिंडरावाले गिरोह को प्रोत्साहित करना और अकाली दल के प्रति सारे देश में दुर्भावना पैदा करना इस चाल का एक अंश है। अकाली दल के अन्दर भिंडरावाले के कुछ समर्थक हैं। लेकिन भिंडरावाले की और अकाली दल की एक जैसी छवि पेश करने की एक रणनीति चल रही है, जिसके फलस्वरूप अखबार पढ़नेवालों के दिमाग में यह तसवीर बनने लगी है कि सिख, अकाली और भिंडरावाले में ज्यादा अन्तर नहीं है। अधिकांश अखबार इसी शैली में घटनाओं को पेश कर रहे हैं। जब भी अकाली दल की ओर से भिंडरावाले के समर्थकों की कड़ी आलोचना होती है तब अखबारवाले लिखते हैं कि अकाली दल के दो गुटों के बीच झगड़ा चल रहा है, मानो दोनों दुष्ट हैं। यह तथाकथित आपसी लड़ाई हकीकत में नीतियों की लड़ाई है। इस तथ्य को नजरअन्दाज किया जाता है कि अकाली दल ने अभी तक हिंसा को अपना अस्त्र नहीं बनाया है और न कभी हिंसात्मक कार्यक्रम का आह्वान किया है। अभी तक के उसके कार्यक्रमों में उग्रतम कार्यक्रम संविधान की प्रतियाँ जलाना रहा, जो एक प्रकार का सत्याग्रह है। लेकिन इस कार्यक्रम की सत्ताधारी तथा विपक्षी दल के नेताओं द्वारा इस प्रकार निन्दा की गई मानो वह राष्ट्रद्रोह है और भिंडरावाले के कार्यक्रम से भी ज्यादा निन्दनीय है। इस प्रकार की मूर्खतापूर्ण और दुष्टतापूर्ण प्रतिक्रियाओं के द्वारा राजनीति और अखबार देश की जनता को पंजाब के बारे में गुमराह कर रहे हैं तथा अकाली आन्दोलन की स्वस्थ धारा को कमजोर बना रहे हैं।

इस सन्दर्भ में एक अजीब और उल्लेखनीय बात यह है कि पंजाब का सारा आन्दोलन आनन्दपुर साहब प्रस्ताव की माँगों से पैदा हुआ है; लेकिन देश के एक भी बड़े अखबार ने अभी तक इस प्रस्ताव को न छापा है, न इसकी विवादास्पद माँगों पर कोई बहस चलाई है। देश के पढ़े-लिखे लोग और राजनैतिक कार्यकर्ता बिलकुल नहीं जानते हैं कि आनन्दपुर प्रस्ताव में कितनी माँगें हैं और वे क्या हैं। राजनीति और अखबारों ने यह अजीब मूर्खतापूर्ण स्थिति बना रखी है कि लोग पंजाब के बारे में चिन्तित हैं, लेकिन उनको आन्दोलन की माँगों के बारे में जानकारी नहीं दी जाती है, उनके सामने पक्ष-विपक्ष की राय प्रस्तुत नहीं की जाती।

स्वर्ण मन्दिर के बारे में भी एक अजीब तिलस्म का माहौल बनाया गया है। यह धारणा पैदा हो गई कि स्वर्ण मन्दिर में आतंकवादियों और हत्यारों का एक अड्डा है जहाँ से सारी उग्रवादी गतिविधियाँ संचालित की जा रही हैं। सरकारी सूत्र जिस व्यापक स्तर पर हत्याओं आदि की सूचना देते हैं, उससे स्पष्ट है कि सभी आतंकवादी स्वर्ण मन्दिर

में रहकर यह काम नहीं कर सकते, उनके अड्डे बाहर भी हैं। फिर स्वर्ण मन्दिर के पास सशस्त्र पहरा है, आने-जानेवालों पर कड़ी निगरानी रखी जाती है। वस्तुतः स्वर्ण मन्दिर में हत्यारों को पनाह देने की बात भी सिख विरोधी भावना बढ़ाने की रणनीति का ही एक हिस्सा है। स्वर्ण मन्दिर की सीढ़ियों पर श्री अटवाल की हत्या होने के बाद सबसे पहले सरकार ने ही यह बात उठाई थी कि पुलिस स्वर्ण मन्दिर में हत्यारों को पकड़ने के लिए नहीं घुसेगी। उसके बाद समय-समय पर सरकार ने ही पुलिस प्रवेश के सवाल को बहस में लाने की कोशिश की है ताकि यह सिखों के दिल में धार्मिक प्रतिष्ठा का सवाल बन जाए। अगर सरकार ने ऐसी कपटपूर्ण नीति न अपनाई होती तो शायद अनेक सिख संगठन एवं प्रतिनिधि भी यह वक्तव्य देते कि हत्यारों को पकड़ने के लिए पुलिस का धर्मस्थल में प्रवेश कोई धर्मविरोधी काम नहीं है।

सिख विरोधी भावना को भड़काने के लिए एक ओर उग्रवादियों की बहुसंख्यक सिखों के साथ पहचान बनाने की कोशिश की जा रही है तो दूसरी ओर उन्हें पाकिस्तान के साथ जोड़ा जा रहा है। यह बात हास्यास्पद है कि आतंकवादियों को अस्त्र की आपूर्ति पाकिस्तान से ही हो सकती है। देश के हर हिस्से में, राजधानी में भी, पैसा दे सकने में समर्थ डाकू, तस्कर और अन्य अपराधी किस्म के लोगों को विदेशी हथियार मिल जाते हैं। सरकार सिख आन्दोलन के पाकिस्तान से प्रोत्साहित होने की बात कर रही है तो साथ ही निकट भविष्य में पाकिस्तानी हमले की सम्भावना की भी घोषणा कर रही है। यह इस सन्देह को पुष्ट करता है कि पंजाब में गड़बड़ी बनाए रखकर सरकार चुनाव के लिए इसका फायदा उठाना चाहती है। इससे पाकितान के साथ तनाव का माहौल आसानी से बन सकेगा। जब तक भारत-पाकिस्तान के आपसी सम्बन्ध दुश्मनी के हैं, पाकिस्तान पंजाब की गड़बड़ी बढ़ाने में मदद करेगा ही, लेकिन पंजाब की घटनाओं से पाकिस्तान को जोड़ना उसी तरह की बात है जैसा पाकिस्तान सरकार द्वारा सिंध की घटनाओं के पीछे भारतीय हाथ की बात करना।

पाकिस्तान द्वारा युद्ध के इरादे का आरोप भी खोखला है। यह सही है कि जनरल जिया द्वारा बीजू पटनायक और जार्ज फर्नांडीज को दिए गए आश्वासनों के आधार पर हम पाकिस्तान के कूटनीतिक इरादों को नहीं समझ सकते। लेकिन एक बात साफ हो चुकी है कि इतिहास, भूगोल और अर्थव्यवस्था ने पाकिस्तान को भारत से इतना कमजोर बनाया है कि जब कभी भारत और पाकिस्तान के बीच युद्ध होगा, उसमें जीत भारत की ही होगी। कमजोर पाकिस्तान के खिलाफ जो सतही राष्ट्रीयता की भावना जगाई जाती है वह देश के आत्मविश्वास नहीं बल्कि कमजोरी की परिचायक है। यह भावना किसी शक्तिशाली बाह्य आक्रमण के सामने ठहर नहीं सकती। उदाहरण के लिए चीन भारत के अरुणाचल प्रदेश पर खुला दावा करता है और पूर्वांचल में विद्रोहियों को प्रशिक्षण और हथियार निरन्तर देता रहता है। लेकिन इस बात को सरकार दबाती रहती है। कभी यह नहीं कहा जाता कि अगर चीन का हमला होगा तो हम उसे हरा देंगे या बोमडीला के पतन की बात सुनकर तेजपुर खाली कराने की स्थिति नहीं आएगी।

पढ़े-लिखे भारतीयों की राष्ट्रीय भावना में अपने से ताकतवर विपक्षी से मुकाबला करने का आत्मविश्वास नहीं है। कमजोर के मुकाबले अपना पराक्रम प्रदर्शित करते रहने की प्रवृत्ति जब तक बनी रहेगी, यह स्थिति भी बनी रहेगी। ऐसी सतही राष्ट्रीयता में देश के अन्दरूनी या बाह्य संकट का सामना और समाधान करने की शक्ति समाप्त हो जाती है।

अकाली नेताओं द्वारा संविधान के एक अनुच्छेद को जलाने को राष्ट्रद्रोह के रूप में प्रस्तुत करना ऐसी ही सतही राष्ट्रीयता जगाता है। इसी तरह राकेश शर्मा द्वारा रूसी यान में अन्तरिक्ष यात्रा की बात को राष्ट्रीय गौरव के रूप में पेश करना भी सतही राष्ट्रीयता का ही परिचायक है। राकेश शर्मा तो रूसी तकनीकी नुमाइश में एक मेहमान भर था, न वह यान बनानेवाला था, न चलानेवाला और न मरम्मत करनेवाला। हवाई जहाज में बैठनेवाला प्रथम भारतीय, देश के लिए जितने गौरव का व्यक्ति था, उससे ज्यादा गौरव का व्यक्ति अन्तरिक्ष यान में बैठनेवाला व्यक्ति क्यों माना जाएगा ? टेलीविजन पर प्रथम भारतीय की अन्तरिक्ष यात्रा देखनेवाले पढ़े-लिखे भारतीय जैसी राष्ट्रीय भावना का अनुभव करते हैं, उसमें वे यह भूल जाते हैं कि भारतीय वैज्ञानिकों और इंजीनियरों ने आज तक एक भी लड़ाकू विमान, यहाँ तक कि एक आधुनिक गैर-सैनिक हवाई जहाज भी नहीं बनाया है। इस सत्य की चोट अगर राष्ट्रीय चेतना में कहीं लगती तो शायद एक चुनौती बनती। लेकिन ऐसी चुनौती से बचने, उसे दबाने के लिए ही राकेश शर्मा जैसी घटना से राष्ट्रीय भावना को जगाया जाता है। इस प्रकार की हल्की और सतही राष्ट्रीय भावना को सुलगाने में राष्ट्र की आन्तरिक ऊर्जा चुक जाती है।

देश के अन्दरूनी विद्रोहों के समाधान के लिए जिस तरह की राष्ट्रीय भावना चाहिए, उसका अभाव राजनीतिक दलों में है। जो लोग पंजाब का बदला हरियाणा या राजस्थान में लेना चाहते हैं, उनकी राष्ट्रीय भावना पर शक होना चाहिए। बहुत सारे लोगों की यह माँग हो रही है कि पंजाब में सख्ती बरती जानी चाहिए। विरोधी पक्ष के लोग भी कह देते हैं कि सख्ती के लिए जरूरी हो तो कुछ समय के लिए नागरिक अधिकारों पर प्रतिबन्ध लगाया जाए। सख्ती की नीति का मतलब यह होता है कि पुलिस और पलटन के हाथों में पंजाब को सौंप दिया जाए। ये लोग इतिहास से कुछ सीखते नहीं है। नागालैंड और मिजोरम में इस तरह की नीति अपनाकर क्या नतीजा हुआ है, उसका सही मूल्यांकन अभी तक लोगों के सामने नहीं रखा गया है। 'सख्ती की नीति' और 'दृढ़नीति' में फर्क यह है कि दृढ़नीति में नीति मुख्य होती है। पंजाब के आन्दोलन के सन्दर्भ में हमारी या सरकार की नीति क्या है ? एक बार नीति तय हो जाने के बाद उस पर दृढ़ता से अमल करना ही दृढ़नीति है। जहाँ कोई राष्ट्रीय नीति या राजनैतिक दृष्टिकोण न हो, वहाँ सख्ती का मतलब सिर्फ पुलिस और पलटन की ताकत बढ़ा देना है। अगर पुलिस-पलटन का अमर्यादित इस्तेमाल होगा तो आतंकवादियों को सामाजिक समर्थन और अधिक मिलेगा। इसलिए लोकतांत्रिक

समाधान का ही रास्ता निकालना होगा।

पंजाब जैसी स्थिति में सबसे अधिक जरूरत राष्ट्रीय बहस की है। पंजाब के आन्दोलनकारियों की माँगें क्या हैं, उसकी चर्चा के साथ-साथ माँगों के पक्ष और विपक्ष में राष्ट्रीय बहस हो ताकि सिख समुदाय के अन्दर भी अलग-अलग राय, माँगों की अलग-अलग व्याख्या सामने आए। राजनैतिक दल और अखबार, धार्मिक संगठन और बौद्धिक मंच—सबकी सक्रिय भूमिका इसमें होनी चाहिए। यह कोई लम्बी प्रक्रिया नहीं, दो-तीन महीने की प्रक्रिया हो सकती है। सिखों के बहुमत और राष्ट्रीय सर्वानुमति के आधार पर सरकार एक दृढ़नीति अपना सकती है। इसके लिए सिख और अकाली दल के प्रति द्वेष फैलाने की नीति छोड़नी होगी, राजनैतिक दलों को गतिशील होना पड़ेगा।

राजनीति के मुद्दे संकीर्ण और छोटे हो गए हैं। महान उद्देश्यों और व्यापक समस्याओं से प्रेरित होकर राजनीति सक्रिय नहीं हो रही है। इसलिए कांग्रेस से लेकर अकाली दल तक सारे नेता संकीर्ण भावनाओं को जगाकर ही जन समर्थन प्राप्त करने की रणनीति अपना रहे हैं। जिन दिनों पंजाब में हत्या की घटनाएँ चल रही थीं और अखबारवाले हिन्दू-सिख अलगाव का प्रचार कर रहे थे, उन दिनों 12 मार्च से 16 मार्च तक चंडीगढ़ के राजभवन का घेराव 50 हजार किसान कर रहे थे। उसमें हिन्दू भागीदारी बहुत प्रभावशाली ढंग से थी। साम्प्रदायिक एकता की इस घटना को किसी राजनेता ने महत्त्व नहीं दिया, उसका उपयोग राष्ट्रीय एकता के लिए करना नहीं चाहा। ग्रामीण जनता के शोषण के खिलाफ इस आन्दोलन को किसी राजनैतिक दल ने समर्थन नहीं दिया। यानी जिस प्रकार के आन्दोलन से साम्प्रदायिक एकता बढ़ती है, जो देश की विशाल जनता का सवाल है, वहाँ राजनैतिक दल अपनी भूमिका समझ नहीं पाते हैं। पूँजीवादी अखबारों को ऐसे आन्दोलनों में कोई दिलचस्पी नहीं है। वामपंथी राजनीति का हाल यहाँ तक पहुँच गया है कि पश्चिम बंगाल के 'वाममोर्चे' की राजनीति की दिलचस्पी इसमें नहीं रह गई है कि देश में गरीबों का संघर्ष कैसे हो, उसकी दिलचस्पी इसी में है कि पश्चिम बंगाल की सरकार को कैसे अधिक वित्तीय सहायता केन्द्र से मिले। देश की विशाल जनता को बुनियादी सवालों पर आन्दोलित न करने का ही परिणाम है कि संकीर्ण मुद्दों और माँगों के चारों ओर राजनीति सिमट रही है। पंजाब जैसे राष्ट्रीय संकट राजनैतिक दलों की अक्षमता और निष्क्रियता का परिणाम हैं।

अतः एक नई सशक्त राजनीति का निर्माण सबसे जरूरी काम है। राजनीति को जनता के व्यापक सवालों से जोड़ना, महाशक्तियों के साम्राज्यवाद तथा आन्तरिक उपनिवेशवाद के खिलाफ एक नई प्रतिबद्धता पैदा करना इस प्रक्रिया के मुख्य कदम होंगे।

(मई, 1984)

अलगाववाद : एक प्रतिपादन

1. भारतीय राष्ट्र का विघटन हो रहा है। टूट का अन्तिम दौर आ जाने पर जिनको टूट दिखाई देगी, उनके लिए तो टूट पर सिर्फ टिप्पणी करने का काम रह जाएगा। अगर अभी से टूट को देख सकनेवाला कोई राजनैतिक या बौद्धिक समूह होता तो टूट से बचने के लिए उपाय करता। अफसोस इस बात का है कि ऐसा कोई प्रभावी समूह न राजनीति में है और न बौद्धिक क्षेत्र में है, जो उन सारे तत्त्वों और प्रक्रियाओं को समझ रहा है, जिनका एकत्रित परिणाम राष्ट्र का विघटन होगा।

2. वर्ग-स्वार्थ तथा व्यक्ति-स्वार्थ के वशीभूत होकर भारत के बुद्धिजीवी समूह अपने राष्ट्र के विघटन की प्रक्रियाओं को तेज कर रहे हैं। यह शायद उनकी नियति है। उनकी नियति यह है कि आधुनिक सभ्यता के मोह में जिस प्रकार की संस्कृति और उत्पादन पद्धति को वे अपना रहे हैं, उससे उनका राष्ट्र विघटित हो रहा है। अगर वे अपनी नियति के बारे में सचेत होकर इसके खिलाफ विद्रोह नहीं करेंगे तो इक्कीसवीं सदी भारतीय राष्ट्र के लिए एक विघटनकारी शताब्दी साबित हो सकती है।

3. एक तरफ यूरोपीय राष्ट्रों को एकत्रित करने का ढाँचा बनता जा रहा है, दूसरी तरफ अरब, अफ्रीका, चीन तथा भारतीय उपमहाद्वीप खंडित हो गए हैं या वर्तमान से भी अधिक खंडों में विभक्त हो सकते हैं—ये दोनों धाराएँ अगर परिपक्व हो जाएँगी तो हमारा यह प्रतिपादन स्पष्ट हो जाएगा कि यूरोप-अमरीका ने जिस प्रकार की संस्कृति और उत्पादन पद्धति को सारे विश्व में प्रचलित कर दिया है उसके तार्किक परिणामस्वरूप एशिया-अफ्रीका के भूखंडों में क्षेत्रीय विषमता तीव्र हो जाएगी। असन्तुष्ट क्षेत्रों के जनमानस के कवच के रूप में क्षेत्रीय अस्मिता को चेतना का उदय तेजी से होता जाएगा।

4. एक व्यापक शब्द के अभाव में हम जिसको क्षेत्रीय विषमता कह रहे हैं वह सिर्फ क्षेत्रीय विषमता नहीं है। वह समुदायों के बीच की विषमता भी है जहाँ समुदाय तथा क्षेत्र, दोनों की परिधियों का मेल होता है वहाँ अलगाववाद की चेतना अधिक तीव्र होती है। कुछ परिस्थितियों में यह चेतना एक अलग जिले की माँग कर सकती है, कुछ परिस्थितियों में अलग राज्य की, अन्य कुछ परिस्थितियों में एक अलग राष्ट्र की भी माँग कर सकती है। जब गोरखालैंड का हिंसक विद्रोह शुरू हुआ तब ज्योति बसु ने उसका

अर्थ लगाया कि यह एक अलग राष्ट्र की माँग है। सुभाष घिसिंग ने स्पष्ट किया कि उनकी माँग एक अलग राष्ट्र की नहीं, एक अलग राज्य की माँग है। अन्त में एक अलग लेकिन अधिक सत्तायुक्त जिला (आंचलिक परिषद) में यह आन्दोलन रुक गया है पर कौन जानता है कि एक अरसे के बाद यह फिर एक राज्य या राष्ट्र की माँग नहीं कर बैठेगा ? अलग झारखंड की माँग भी काफी समय से चल रही है तथा उसके लिए आन्दोलन भी चलता रहा है। अगर यह आन्दोलन एक अलग राष्ट्र की माँग नहीं करता है, तो एक बड़ा कारण शायद यह है कि यह इलाका तटवर्ती या सीमावर्ती नहीं है। मुख्य बात अलगाव की है, अलगाव का रूप परिस्थितियों द्वारा निर्धारित होता है। आजादी भी एक किस्म का अलगाव ही है।

5. अंगरेजी में सोचने और लिखनेवाले कुछ समाजशास्त्री क्षेत्रीयता की चेतना को गौरवान्वित करते हैं मानो इस प्रकार की क्षेत्रीय अस्मिता और क्षेत्रीय विद्रोह का उदय न होता तो एक गलत बात होती। वे शायद क्षेत्रीय शोषण और विषमता की व्यवस्था के प्रति कृतज्ञ हैं कि इससे क्षेत्रीय चेतना पैदा हो जाती है। इस तरह के बुद्धिजीवी दरअसल यूरोप-अमरीका के आर्थिक और सांस्कृतिक साम्राज्यवाद के प्रचारक हैं। वे समझ नहीं पाते हैं कि अगर भारतीय स्वाधीनता के बाद कोई ऐसी विकास पद्धति अपनाई गई होती जिससे क्षेत्रीय गैर-बराबरी बढ़ने के बजाय मिट जाती और हरेक क्षेत्र की स्वायत्तता होती तब भी क्षेत्रीय चेतना होती। लेकिन उसका वर्तमान रूप नहीं होता जो एक नकारात्मक और 'संकीर्णतावादी' रूप है। इसके विपरीत एक आत्मनिर्णयकारी सृजनशील रूप होता जिससे भारत में एक बहुभाषी, बहुकेन्द्रीय विकास पद्धति दिखाई देती। क्षेत्रीय चेतना एक स्वाभाविक बात है। अत्यधिक केन्द्रीकरण द्वारा जब इसको कुचल दिया जाता है तो इसके नकारात्मक गुण उत्पन्न होते हैं। नकारात्मक इसलिए कि उसमें लोकतांत्रिक और समतावादी तत्त्व क्षीण हो जाते हैं और संकीर्णतावादी तत्त्व बढ़ने लगते हैं। क्षेत्रीय चेतना नकारात्मक तब होती है जब यह राष्ट्रीय चेतना को नकारने लगती है। जो लोग इसको राष्ट्रद्रोह के रूप में घोषित करना चाहते हैं वे उसी दमन को, क्षेत्रीय शोषण को तेज करना चाहते हैं जिसके परिणामस्वरूप विद्रोह होता है।

6. अगर पूरे देश का सर्वेक्षण किया जाए तो सैकड़ों इलाकों में अलगाव की भावनाएँ पनप रही हैं—कहीं एक अलग जिले के लिए, कहीं अलग राज्य के लिए, कहीं अलग एक राष्ट्र के अस्तित्व के लिए, कहीं-कहीं संविधान की धारा 370 के तहत विशेष व्यवस्था के लिए। क्षेत्रीय अलगाव की यह चेतना प्रचलित विकास पद्धति का एक अनिवार्य परिणाम है क्योंकि इस विकास पद्धति में कुछ समुदायों और क्षेत्रों का, बल्कि अधिकांश समुदायों और क्षेत्रों का शोषण 'विकास के लिए' जरूरी हो जाता है। 'विकास' के लिए आवश्यक यह गैर-बराबरी हमेशा बढ़ती ही जाती है। क्षेत्रीय चेतना को तेज किए बिना इसको रोकने का क्या उपाय हो सकता है ? साम्राज्यवादी मुल्क और उपनिवेश के बीच जो सारे आर्थिक-सांस्कृतिक सम्बन्ध होते हैं, तीसरी दुनिया के

शासक वर्ग और पिछड़े क्षेत्रों और समुदायों के बीच हूबहू वही सम्बन्ध बने हुए हैं। इसलिए इसको हमलोग 'आन्तरिक उपनिवेशवाद' कहते हैं। साम्राज्यवाद से मुक्ति का आन्दोलन जिस तरह एक स्वाभाविक बात है, आन्तरिक उपनिवेशवाद से मुक्ति की चाह भी उतनी ही स्वाभाविक है। साम्राज्यवाद से मुक्ति 'आजादी' कहलाती है। आन्तरिक शोषण से मुक्ति 'अलगाववाद' है क्योंकि इसमें राष्ट्रीय चेतना अधूरी रहती है या बन नहीं पाती है; अलगाव पर ही अधिक जोर रहता है। कश्मीर के अलगाववादियों में राष्ट्रीय चेतना नहीं बन पाई है तब ही एक अच्छी संख्या में लोग पाकिस्तान में शामिल होना चाहते हैं।

7. उपरोक्त प्रतिपादन पूरे देश के अलगाववादी आन्दोलनों के सन्दर्भ में है। कश्मीर की विशेषता यह है कि वहाँ का अलगाववादी आन्दोलन देश की आजादी के समय से है। कश्मीरवासियों को आत्मनिर्णय का वचन दिया गया था। बाद में भारत के शासकवर्ग ने इस एकतरफा वचन को वापस ले लिया। शेष भारत की जनता कश्मीर को अपना 'अविभाज्य' अंग मानती है। इसमें जनसाधारण की गलती नहीं है क्योंकि वह इस तथ्य से परिचित नहीं है कि भारत के शासकों ने कश्मीर के साथ बेईमानी की है, विश्वासघात किया है। उस विश्वासघात के कारण कश्मीर के लोग आज आजादी चाहते हैं। हम आजादी नहीं दे सकते हैं क्योंकि यह भारत की जनभावना पर आघात होगा। लेकिन आत्मनिर्णय का अधिकार कश्मीर के लोगों को अवश्य मिलना चाहिए क्योंकि भारत के प्रथम प्रधानमंत्री ने देश की जनता की ओर से इसका वचन दिया था। उस वक्त जवाहरलाल नेहरू के पीछे उतना भारी जनसमर्थन था जितना किसी मुल्क के प्रधानमंत्री के पीछे हो सकता है। अगर उसी आत्मनिर्णय की माँग कश्मीरवासियों की ओर से होती है जिसका वायदा भारत के शासकों ने किया था, तब कश्मीरवासियों के प्रति शेष भारत की जनता की सहानुभूति होनी चाहिए। अगर यह सहानुभूति आज होती तो कश्मीर का अलगाववाद भी मर्यादित हो जाता। लेकिन प्रचलित राजनीति और पत्रकारिता इतनी लचर है कि इस सहानुभूति को बनने नहीं देती है।

8. आत्मनिर्णय का वायदा निभाने से हम इसलिए कतराते हैं कि कश्मीर के साथ हमारा बर्ताव अच्छा नहीं रहा है और हमें शंका होती है कि आत्मनिर्णय करने का अवसर दिए जाने पर कश्मीर हमसे अलग होने के पक्ष में जा सकता है। शेष भारत के नागरिकों को यह सवाल क्यों नहीं परेशान करता है कि कश्मीरवासियों को हमसे क्या शिकायत है ? मौजूदा राजनीति और पत्रकारिता इस सवाल को प्रोत्साहित नहीं करते हैं। तथ्य जानने के लिए तरह-तरह के आयोग बनते हैं। एक आयोग यह जानने के लिए क्यों नहीं बने कि कश्मीरवासियों की भावनाएँ क्या हैं और अलगाववादी माँगों का आधार क्या है ? आत्मनिर्णय को कबूल करने के पहले यह एक जरूरी कदम हो सकता है।

9. समाजवादी विचारक सच्चिदानन्द सिन्हा ने राष्ट्रीय एकता और कश्मीर की आजादी दोनों को समाविष्ट करनेवाले एक ढाँचे के निर्माण का सुझाव दिया है। यह सुझाव समस्या के समाधान में सहायक हो सकता है। आन्तरिक उपनिवेशवाद पर

आधारित वर्तमान भारतीय राज्य व्यवस्था को बदलना जरूरी हो गया है, क्योंकि इससे अलगाववाद पनप रहा है। क्षेत्रीय चेतना को सृजनात्मक और सकारात्मक बनाने के लिए संविधान बदलना होगा, मान्यताएँ बदलनी होंगी अन्यथा राष्ट्रीय एकता खतरे में पड़ती जाएगी। बदलने की प्रक्रिया तब शुरू होगी जब अलगाववाद के प्रति गुस्सा होगा, लेकिन साथ-साथ केन्द्रीकरण के प्रति, आन्तरिक उपनिवेशवाद के प्रति अधिक गुस्सा होगा। तब कश्मीरवासियों के प्रति सहानुभूति भी होगी, जिसके बिना कश्मीर की समस्या का समाधान असम्भव है।

(मार्च, 1991)

युद्ध के बारे में प्रधानमंत्री* को पत्र

प्रधानमंत्री जी,

आपने कई बार राष्ट्र का युद्ध के लिए आह्वान किया है। आप चाहते हैं कि युद्ध की उत्तेजना पैदा हो। युद्ध का उन्माद पैदा करने के लिए आपने यह भी कह दिया कि आप राष्ट्र के लिए अपना खून बहाना चाहते हैं।

आपकी यह बात उन कवियों की जैसी है (आप भी तो एक कवि हैं) जिनकी समझ में युद्ध और प्रेम महज भावुकता का प्रदर्शन है और जिनकी कविताएँ सुनकर कभी-कभी दिल पिघल जाता है। लेकिन एक पिघलता दिल युद्ध का अच्छा हथियार नहीं हुआ करता।

आपने अपना राजकर्म एक पिघलते दिल से शुरू किया। रुबिया के अपहरण की याद आप करें—कितने पिघल गए थे। चूँकि एक कैबिनेट मंत्री की बेटी अपहरण का शिकार हो गई थी। आप इतना पिघल गए थे कि राष्ट्र की प्रतिष्ठा की कीमत अदा करके आपने पुत्री को वापस पाया। रुबिया की वापसी का आपने राष्ट्रीय उत्सव मनाया।

मुफ्ती मोहम्मद सईद के गले लगकर आपने अपनी पीठ की फोटो खिंचवाई। हमारे जैसे समूहों एवं व्यक्तियों के लिए वह एक शर्मनाक छवि थी। खून देने का एक मौका आपके सामने आया था और आप चूक गए। केवल फाँसी पर चढ़ना या आततायी की गोली से धराशायी होना ही खून देना नहीं होता है। फाँसी, गोली का मौका तो कम लोगों को ही मिलता है। लेकिन एक उत्पीड़ित राष्ट्र अपने भक्तों के खून की माँग कई तरह से, कई सूक्ष्म स्तर पर करता है। राष्ट्र के हित एवं सम्मान के लिए अपने प्रियतम व्यक्ति को जोखिम में डालना भी खून देना जैसा ही है। यह सिर्फ राष्ट्रभक्ति ही नहीं होगी। बल्कि गांधीजी की कसौटी पर देखें तो सन्तान प्रेम की भी वह पराकाष्ठा होगी, जब आप अपनी किसी सन्तान को एक महान मूल्य के आमने-सामने खड़ा करने का निर्णय कर लेते हैं।

प्रधानमंत्री जी, रुबिया अपहरण के प्रसंग पर हमने अभी तक टिप्पणी नहीं की थी। यह सोचकर कि आप बहुत महान होने का दावा नहीं करते हैं। लेकिन आपने जब राष्ट्र के लिए अपना खून बहा देनेवाली बात की घोषणा की है तो यह बताना पड़ रहा

* प्रधानमंत्री विश्वनाथ प्रसाद सिंह

है कि एक मंत्री की लाड़ली बेटी की सुरक्षा के लिए आपके मंत्रिमंडल ने राष्ट्र की सुरक्षा की कीमत चुकाने का फैसला किया था। अगर आप रुबिया को जोखिम में छोड़ देते तो एक महान प्रक्रिया शुरू हो गई होती। राष्ट्र की नैतिक शक्ति इतनी बढ़ गई होती कि उग्रवादियों की हिम्मत कत्ल करने की नहीं होती। अगर क्षत-विक्षत या बलात्कार का शिकार होकर रुबिया वापस आती तो राष्ट्र की सबसे अधिक लाड़ली पुत्री बन गई होती। आज हम उसका मुँह देखना नहीं चाहेंगे, जिसको बचाने के लिए राष्ट्र को कमजोर करना पड़ा।

उस वक्त आप जो खून देने से कतराए उसका प्रायश्चित किए बगैर यदि अब आप खून देने की बात कह रहे हैं तो आप अपना नहीं, दूसरों को खून गिराने का एक परोक्ष इशारा कर रहे हैं।

आप ऐसा मत सोचें कि हम आपको शान्ति का पाठ पढ़ाने चले हैं। हम तो आपको युद्ध का पाठ पढ़ाना चाहते हैं। हम युद्धखोर नहीं हैं और ना ही हम इस वक्त दुनिया से युद्ध को निष्कासित कर देनेवाले कागजी पैगम्बर हैं। लेकिन इतिहास में और आधुनिक समय में जितने युद्ध हो गए हैं, उनसे कुछ निष्कर्ष निकलता है। साम्राज्य बढ़ाने के लिए कमजोर देशों पर कब्जा करने के लिए जो युद्ध हुए हैं, उनका परिणाम इतिहास में स्पष्ट है। समकक्ष देशों के बीच जो युद्ध होता है खासकर दो कमजोर मुल्कों के बीच जो युद्ध होता है, उसमें बरबादी के अलावा और कोई परिणाम निकलता ही नहीं है। इसके उदाहरण समकालीन इतिहास में भरे पड़े हैं। भारत के पिछले चालीस साल के युद्धों को देखें। विभाजन काल के संघर्षों के बाद भारत की सरकार ने पाकिस्तान से दो बार युद्ध किया है। चीन से एक बार युद्ध हुआ और श्रीलंका के विद्रोहियों के खिलाफ एक अघोषित युद्ध हुआ। चीन के युद्ध से भारत के शिक्षित वर्ग में इतनी कायरता आ गई है कि चीन से दुबारा युद्ध का वह नाम ही नहीं लेता है। इसी कायरता का दूसरा पहलू यह है कि दुर्बल समूहों पर अपनी सैनिक शक्ति का परीक्षण करता है।

पाकिस्तान के साथ 1965 और 1971 के युद्धों में स्पष्ट जीत हुई थी। लेकिन यह जीत सिर्फ सैनिक जीत थी। राष्ट्र की जो समस्या थी, पाकिस्तान से जो विवाद था, उसका अन्त नहीं हुआ, तो यह जीत भी राष्ट्र के लिए एक बरबादी ही थी। हमारी कूटनीति और हमारे देश के निर्माण का संकल्प इतना कमजोर है कि युद्ध जीतकर भी हम पड़ोसियों से विवाद का अन्त नहीं कर पाते। उल्टे बांगलादेश से भी हमारी शत्रुता बढ़ती गई। देश के निर्माण के संकल्प और सकारात्मक कूटनीति के सन्दर्भ में ही युद्ध फलप्रद होता है। अगर देश के निर्माण का संकल्प है और सकारात्मक कूटनीति है तो युद्ध में हारकर भी राष्ट्र मजबूत हो सकता है। अगर इसका अभाव है तो युद्ध जीतकर भी बरबाद होना पड़ता है। 1917 में रूस हार गया था लेकिन लेनिन के नेतृत्व में जो देश के निर्माण का संकल्प था उसके चलते रूस पहले से भी अधिक मजबूत राष्ट्र हो गया। हिटलर ने बहुत युद्ध जीते लेकिन देश निर्माण का स्वस्थ विचार न होने के कारण

युद्ध से युद्ध ही पैदा होता गया और उसका देश कुछ बरसों के लिए बरबाद हो गया।

हमारे अपने काल में एशिया, अफ्रीका में जितने युद्ध हुए हैं उनकी निरर्थकता का एक मुख्य कारण यह भी है कि दोनों पक्ष महाशक्तियों के आर्थिक और कूटनीतिक चंगुल में रहते हैं और किसी की भी हार हो, किसी की भी जीत हो युद्ध के राजनैतिक परिणामों को महाशक्तियाँ ही निरूपित करती हैं। क्या आप कह सकते हैं कि इन्दिरा गांधी की तुलना में आप महाशक्तियों के प्रभाव से ज्यादा मुक्त हैं ?

तो प्रधानमंत्री जी इस बात को याद रखें कि हमारे जीवन काल में युद्ध का सम्पूर्ण बहिष्कार तो नहीं हो सकता है, लेकिन युद्ध का औचित्य भी सिर्फ देश के निर्माण के सन्दर्भ में ही होगा। युद्ध करने का अधिकार उसी को होगा जो दुनिया की राजनीति बदलने के लिए एक नई कूटनीति चलाना चाहता है या जिसमें देश-निर्माण का संकल्प इतना मजबूत है कि राष्ट्र के हित में अपने प्रियजनों को भी जोखिम में डाल सकता है।

हम आपकी सरकार के संकल्प और सामर्थ्य की यह कसौटी मानते हैं कि बिना युद्ध के कश्मीर समस्या का समाधान हो। युद्ध का निर्णय करने के पहले आपको प्रमाण देना होगा कि युद्ध के बगैर समस्या को सुलझाने का आपने सारा प्रयास कर लिया है ? आप शायद हमसे पूछ बैठेंगे कि आप बताएँ कि समाधान क्या है ? इस प्रकार की समस्याओं का समाधान बोतल बन्द दवा ही तरह नहीं मिल जाता है। इस तरह की समस्याओं के समाधान के लिए स्वस्थ प्रक्रियाएँ चलानी पड़ती हैं। पूरे राजनैतिक शरीर को स्वस्थ बनाना पड़ता है। जिस तरह कमजोर और बदचलनवाले शरीर में बीमारियाँ ज्यादा पनपती हैं और बीमारियों को खत्म करने के लिए दवा-दारू के अलावा परहेजी भोजन तथा आचरण को सुधारने की जरूरत होती है, उसी तरह कश्मीर, पंजाब या असम जैसी समस्याओं को भी सिर्फ कानून और व्यवस्था की समस्या न मानकर, गम्भीरता से निदान ढूँढ़ना होगा। राजनैतिक शरीर को स्वस्थ बनाने की कोई प्रक्रिया आप नहीं चलाएँगे और कहेंगे कि समाधान बताओ तो यह आपकी नादानी होगी।

महँगाई की बात को लें। इतने बड़े राजनैतिक परिवर्तन के छह महीने के अन्दर महँगाई इतनी अधिक बढ़ जाए, वह सिर्फ व्यापारियों की करतूत नहीं हो सकती है और अगर व्यापारियों की करतूत है भी तो इसलिए कि बड़े व्यापारी वर्ग ने जान लिया है कि सरकार में कितना दम है। हम तो अन्दाजा करते हैं संसद के बजट अधिवेशन काल में कई जगह, कई बार बड़ी रकमें एक हाथ से दूसरे हाथ गई होंगी। तभी सारी उपभोक्ता वस्तुओं का बाजार मूल्य इतना बढ़ गया है। हो सकता है कि आपके युद्ध से भी उन्हीं लोगों को सबसे अधिक फायदा होगा जिनको अभी इस बजट अधिवेशन का लाभ मिल रहा है क्योंकि आप जिस तरह से युद्ध की तैयारी कर रहे हैं, उसमें कहीं भी राष्ट्र के चरित्र निर्माण की प्रक्रिया नहीं है। आपने अपने देश के धनी और लुटेरे वर्गों का आह्वान नहीं किया है कि लूट बन्द करना, दामों को स्थिर रखना भी युद्ध की असली तैयारी है। अगर शान्ति के दिनों में आप महँगाई को रोक सकें तो हो सकता है कि युद्ध के दिनों की महँगाई को जनसाधारण बरदाश्त कर ले। लेकिन राष्ट्रीय सम्पत्ति

की एक वर्ग लूट करता रहेगा और दूसरा वर्ग जर्जर होता जाएगा तो राष्ट्रीय एकता का धागा टूटेगा या नहीं ? आप कहिए कि राष्ट्रीय एकता और अखंडता के बारे में आपका दृष्टिकोण किस अर्थ में पहले की सरकार के दृष्टिकोण से भिन्न है।

क्या इस पर भी आपने सोचा है कि युद्ध होगा तो भारत के भीतर साम्प्रदायिक सम्बन्धों पर इसका क्या असर होगा ? आपने कौन-सी प्रक्रिया चलाई है, जिससे देश में साम्प्रदायिक सद्‌भावना बढ़े ! हमारी जानकारी में हिन्दू-सिख और हिन्दू-मुसलमान सम्बन्धों में गुणात्मक परिवर्तन लाने के लिए या ऐसे समूहों के बारे में जो अपनी स्वतंत्र अस्मिता के लिए सचेत हैं और यह महसूस करते हैं कि उनका शोषण दूसरे समूहों के द्वारा हो रहा है—उनके बारे में आपने कौन-सी नई नीति अपनाई है। आप अगर कहते हैं कि ये समस्याएँ पुरानी सरकार ने पैदा की थीं, तो उस सरकार से भिन्न नीतियाँ अपनाकर ही आप इन समस्याओं का मुकाबला कर सकते हैं।

अतः कश्मीर और पंजाब की समस्याओं के समाधान के लिए आपको कुछ नीतियों की घोषणा करनी पड़ेगी : (1) आर्थिक विषमताओं को अधिक बढ़ने नहीं दिया जाएगा जिससे राष्ट्रीय एकता कमजोर होती है। (2) अलग नस्ल एवं सांस्कृतिक समूहों को आश्वस्त करना होगा कि उनका शोषण दूसरे समूहों के द्वारा नहीं होगा। (3) हिन्दू-सिख एवं हिन्दू-मुसलमान सम्बन्धों को सुधारने की सामाजिक-सांस्कृतिक प्रक्रिया को चिन्हित करना और प्रोत्साहित करना होगा (4) हिन्दुओं को प्रशिक्षित करना होगा कि भारतीयता पर आधारित राष्ट्र ही हिन्दुओं के लिए सबसे अधिक लाभप्रद है, जबकि हिन्दुत्व पर आधारित राष्ट्र कई खंडों में विभक्त हो जाएगा। (5) सारे देश के हिन्दुओं के सामने इस बारे में तथ्य रखने होंगे कि कश्मीर का मुसलमान और पंजाब का सिख क्यों असन्तुष्ट है। दूसरा तथ्य यह है कि आजादी के बाद कश्मीर का भारत से जुड़ना केवल धारा 370 के तहत ही सम्भव हुआ है। इसलिए आज की स्थिति में इस धारा पर प्रहार करने का मतलब उस जुड़ाव पर प्रहार करना है। (6) कश्मीरी समूह को भारत के संविधान के तहत कितनी स्वतंत्रता दी जा सकती है और पंजाब एवं कश्मीर के अन्दर सिखों और मुसलमानों के असन्तोष को दूर करने की क्या योजना हो सकती है और उसके बारे में एक प्रारूप की घोषणा करनी होगी। (7) इसके बावजूद यदि युद्ध आपको अनिवार्य लगता है तो युद्ध की तैयारी की भी एक नीति की घोषणा आप करें जिसमें विभिन्न वर्गों के लिए कर्तव्यों का निरूपण करें और प्रशासन तथा व्यापार को अपनी युद्ध नीति के अनुरूप निर्देश दें जिसका उल्लंघन दंडनीय हो। खर्चों पर आत्मानुशासन और आर्थिक अनुशासन लागू करें, मसलन मोटर गाड़ियों पर बेवजह पेट्रोल की खपत को रोकें। विलास और ताम-झाम के सारे खर्च को स्थगित कर दें। नेताओं-मंत्रियों की व्यक्तिगत सुरक्षा पर फिजूल खर्च रोककर और केवल जरूरत की सीमा तक अपने निजी खर्च को बाँधकर आप लोगों में युद्ध को गम्भीरता से अनुभव करने का माहौल बनाते हुए पूरे देश के सामने अपनी युद्ध नीति का बयान कर सकते हैं। लेकिन आप ऐसा कुछ करेंगे हमें नहीं लगता है, क्योंकि आपकी सोच और कार्यशैली में दृढ़ता नहीं दिखती है।

प्रधानमंत्री जी, हम पहले ही कह चुके हैं युद्ध अनावश्यक है। कश्मीर से भी ज्यादा संगीन और विस्फोटक स्थितियों में बातचीत और कूटनीति से समस्याओं को सुलझाया गया है। आप भी सुलझा सकते हैं पर आप 'भेड़िया आया भेड़िया आया' जैसे 'युद्ध होगा, युद्ध होगा' कहकर पूरे देश में डर का वातावरण बना रहे हैं। शायद बेरोजगारी कम करने, दाम बाँधने और विकास प्रक्रियाओं को तेज करने की जिम्मेवारी से निजात पाने की यह आपकी अपनी रणनीति है। प्रधानमंत्री जी अभी ज्यादा वक्त बरबाद नहीं हुआ है। सही नीयत से समस्याओं के विरुद्ध युद्ध छेड़िए, देश आपके साथ है।

आपका

किशन पटनायक

सम्पादक 'सामयिक वार्ता'

(मई, 1990)

कारगिल के सबक

कारगिल में जो हुआ वह लड़ाई थी, युद्ध नहीं। युद्ध घोषित होता है जिसमें खुले तौर पर एक देश दूसरे पर हमला करता है। जब युद्ध चलता रहता है तब भी लोकतांत्रिक राष्ट्रों की संसद में बहस होती है। सरकारी तौर पर कारगिल की घटना को घुसपैठ ही कहा गया है। घुसपैठ के पीछे पाकिस्तान की सेना सक्रिय थी। इसलिए यह एक जटिल और गम्भीर स्थिति थी। राष्ट्र की किसी भी जटिल और गम्भीर स्थिति के बारे में संसद के दोनों सदनों से सलाह-मशविरा करना सरकार का कर्तव्य होता है। लोकसभा भंग होने के बाद भी संसद का एक सदन मौजूद था। ऐसी हालत में राज्यसभा का अधिवेशन न बुलाने का यही अर्थ निकलता है कि सरकार राज्यसभा को गम्भीरता से नहीं लेती है, या फिर उन प्रश्नों से भयभीत है जो उससे राज्यसभा में पूछे जा सकते हैं। अगर इस वक्त कांग्रेस की सरकार होती और भाजपा मुख्य विपक्षी दल होता तो वह राज्यसभा के अधिवेशन की माँग करता या नहीं ? अगर यह पूछा जाएगा कि जब कारगिल की लड़ाई चल रही थी तब राज्यसभा क्या कर रही थी, तो भाजपा के राज्यसभा सदस्य क्या उत्तर देंगे ?

राज्यसभा का अधिवेशन हो या न हो, आनेवाले चुनाव में कारगिल का फायदा शासक दल को मिलेगा। कारण यह है कि लोग इसको युद्ध के रूप में देख रहे हैं, जिसमें अन्तिम सफलता की ही कामना रहती है। कारगिल क्षेत्र के घुसपैठियों से मुक्त हो जाने से आम राय यह बनेगी कि हमें सफलता मिली है और प्रारम्भिक भूल-चूक के बावजूद सरकार ने लड़ाई का संचालन ठीक ढंग से किया। प्रतिरक्षा में कमियों की चर्चा हो जाने के बाद भी कारगिल के मुद्दे पर भाजपा को चुनावी नुकसान शायद नहीं होनेवाला है।

शासक दल का यह कहना सही है कि कांग्रेस की सरकारों ने शुरू से ही कश्मीर के मामले को गड़बड़ा दिया। लेकिन कांग्रेस पर यह आरोप नहीं लग सकता है कि कारगिल के सम्बन्ध में उसकी ओर से जितनी आलोचना हो रही है वह प्रतिरक्षा को किसी तरह का नुकसान पहुँचाएगी। सीमा पर लड़नेवाले जवानों के पीछे सब लोगों को खड़े हो जाना है और एक ही आवाज से बात करनी है—ऐसी खोखली भावुकतापूर्ण बातों से न लड़ाई जीती जाती है, न युद्ध संचालित होता है। कारगिल के बारे में खुद सरकार के प्रधानमंत्री और रक्षामंत्री अलग-अलग ढंग से बात कर चुके हैं।

राष्ट्र के सारे लोग एक जैसी बात करने लगें तो प्रतिरक्षा मजबूत नहीं हो जाती। प्रतिरक्षा के लिए सारे सचेत लोगों को अपने-अपने दायित्व का निर्वाह करना होता है। अगर प्रतिरक्षा की व्यवस्था में कमियाँ दीखती हैं तो उनके प्रतिकार के लिए चर्चा भी होनी चाहिए। कारगिल नियंत्रण रेखा के इस पार है जहाँ भारत सरकार की प्रशासन तथा सैनिक व्यवस्था चलती है। उसी क्षेत्र में पाकिस्तान के द्वारा भेजे गए घुसपैठियों की सामरिक चौकियाँ स्थापित हो गईं जो आधुनिकतम हथियारों से लैस थीं। इतना इन्तजाम एक-दो दिन में या एक-दो हफ्तों के अन्दर नहीं हो पाता है। कश्मीर भारत का वह इलाका है जहाँ गृहमंत्री की भाषा में पाकिस्तान एक अरसे से छद्मवेशी युद्ध चला रहा है तो इस क्षेत्र की सैनिक या गैर-सैनिक निगरानी हर समय रहनी चाहिए। सवाल खुफिया विभाग का नहीं है; गृह मंत्रालय के कश्मीर विभाग और रक्षा मंत्रालय का है। कारगिल जैसे क्षेत्र में भारतीय सेना को अधिक दिक्कत का सामना करना पड़ता है, यह जानकारी पहली बार नहीं मिल रही है। 1965 में भी इसकी जानकारी मिली थी। क्या हमने इस क्षेत्र की निगरानी का कोई तरीका विकसित किया ? एक लम्बी सीमा पर चोरी-छुपे व्यक्तियों की घुसपैठ अलग चीज होती है। सशस्त्र चौकियों का होना दूसरी बात है। सरकार यह नहीं कह सकती है कि इसकी निगरानी असम्भव है।

बुनियादी गलती रणनीति के सम्बन्ध में सोच की गलती है। यह सोच कि परमाणु बम एक निरोधक के रूप में कार्य करेगा, पूरी तरह से गलत सिद्ध हुआ है। अगर परमाणु बम पाकिस्तान को नहीं डरा सकता है तो चीन को क्या डराएगा ? परमाणु बम के कार्यक्रम को अब तो कम से कम समाप्त कर देना चाहिए, ताकि इस कार्यक्रम में जो बड़ा खर्च हो रहा है, उस पैसे को प्रतिरक्षा के उन कामों पर लगाया जाए जो ज्यादा जरूरी हैं। पोखरण विस्फोट के दिनों में ही कहा गया था कि हमारी प्रतिरक्षा समस्या की विशेष परिस्थितियों की ओर रक्षा मंत्रालय का ध्यान नहीं गया है। समग्र उत्तरी सीमा घुसपैठियों से आक्रान्त है। घुसपैठियों की समस्या का मुकाबला परमाणु बम से नहीं होता। वायुसेना भी इसके लिए पर्याप्त नहीं है। पैदल चलनेवाले, पहाड़ों पर चढ़नेवाले मामूली जवानों और उनसे घनिष्ठ सम्पर्क रखनेवाले अफसरों का महत्त्व इस तरह की परिस्थितियों में बहुत ज्यादा है। उनके भोजन, पोशाक, प्रशिक्षण और हथियारों पर ज्यादा खर्च होना चाहिए। प्रशिक्षण में सम्बन्धित इलाकों और सामाजिक समुदायों के बारे में भी ज्ञान होना चाहिए। कारगिल से मिलनेवाली कुछ खबरों पर नजर डालने से यह जाहिर है कि जहाँ एक ओर अपने पक्के ठिकानों में हथियार और गोलाबारूद के साथ ही राशन आदि के साथ घुसपैठिए डटे हुए थे, वहीं दूसरी ओर भारतीय सैनिक अपने आपको मौसम के अनुरूप नहीं ढाल पाए और न ही वे सभी सुविधाएँ उन्हें उपलब्ध हो पाईं जो एक पहाड़ी युद्ध के लिए आवश्यक होती हैं। खाद्य सामग्री की सख्त कमी थी।

यही कारण है कि अपने ही इलाके से घुसपैठियों को निकाल बाहर करने में इतनी बड़ी कीमत देनी पड़ी। कितने सैनिकों की जान गई उसका सही आकलन लड़ाई के बाद

हो पाएगा। लेकिन कीमत कुछ ज्यादा ही लग रही है। निगरानी का अभाव, पहाड़ियों पर लड़ने के लिए प्रशिक्षित जवानों की कमी, जवानों तक राशन और हथियार पहुँचाने की व्यवस्था में कमी, इन्हीं कारणों से मरनेवाले सैनिकों की संख्या अधिक हुई। उन्हें श्रद्धांजलि अर्पित करते समय यह संकल्प करना होगा कि भविष्य में हम अपनी प्रतिरक्षा व्यवस्था में सुधार लाएँगे।

प्रतिरक्षा में सुधार निम्नलिखित बिन्दुओं पर तत्काल जरूरी है :

1. भारत की प्रतिरक्षा का 80 प्रतिशत अंश घुसपैठियों का मुकाबला करना है। उसके लिए आवश्यक प्रशिक्षण, हथियार और राशन आदि की व्यवस्था बेहतर होनी चाहिए। यह बात सुनने में मामूली लग सकती है, लेकिन परमाणु परीक्षण से यह ज्यादा महत्त्वपूर्ण और प्रासंगिक है।
2. घुसपैठियों से मुकाबले के लिए सीमावर्ती स्थानीय समुदायों की एक जिम्मेदारी होती है। इन समुदायों का सामाजिक-आर्थिक विकास प्रतिरक्षा की दृष्टि से भी जरूरी है। इन समुदायों के बारे में जानकारी रखना और उनसे मानवीय सम्पर्क बनाए रखना सैनिक प्रशिक्षण का अंग होना चाहिए।
3. विदेश नीति, कूटनीति और प्रतिरक्षा नीति के बीच समन्वय जरूरी है। अन्यथा प्रतिरक्षा दिशाहीन हो सकती है। पाकिस्तान और चीन से सम्बन्धित विवादों को लेकर हमारा अल्पकालीन लक्ष्य क्या है और दीर्घकालीन लक्ष्य क्या है इसकी स्पष्ट समझ राजनीति के और नौकरशाही के शीर्ष नेताओं को होनी चाहिए, ताकि वे प्रतिरक्षा व्यवस्था को मार्गदर्शन दे सकें।

कारगिल में हमारी जीत सुनिश्चित है, लेकिन हमारी कूटनीतिक हार हो सकती है। हम कई बार पाकिस्तान के खिलाफ विजयी हुए हैं। लेकिन कश्मीर समस्या ज्यों की त्यों बनी हुई है। हम पाकिस्तान को एक बेहतर समझौते के लिए मजबूर नहीं कर सके क्योंकि हमारी कूटनीति मजबूत नहीं थी। इस बार हमारे राजनेता और कूटनीति विशेषज्ञ अमरीका, जी-8 और चीन के एक-एक शब्द पर आश्रित हो गए। ध्यान रहे 1965 या 1971 में हम पश्चिमी शक्तियों पर इतना आश्रित नहीं थे।

कारगिल के दरमियान हमने नियंत्रणरेखा को अपना चरम लक्ष्य बना लिया। यह स्थिति की मजबूरी थी। सारी दुनिया नियंत्रणरेखा की बात कह रही है। उससे नियंत्रणरेखा की एक पवित्रता आ गई है। इसके तत्काल बाद 'समूचा कश्मीर भारत का अविभाज्य अंग' कहना खोखला या अधूरा लगेगा। खोखला या अधूरा तब तक लगेगा जब तक हम कश्मीर की वर्तमान स्थिति को बदलने का कोई विश्वसनीय उपाय नहीं सुझाते।

यह तब सम्भव होगा जब चीन और पाकिस्तान से सम्बन्धित मुख्य विवादों को लेकर हमारे अल्पकालीन और दीर्घकालीन लक्ष्य के बारे में एक राष्ट्रीय समझ बने।

(जुलाई, 1999)

प्रधानमंत्री सचिवालय का देशद्रोह

लोकसभा चुनाव में ध्वस्त होने के बाद विपक्षी नेता हतप्रभ हो गए हैं। अन्यथा वे राजीव गांधी से पूछते, "देशद्रोही विपक्षी दलों में हैं या प्रधानमंत्री भवन में ?" प्रधानमंत्री का समग्र सचिवालय पुलिस की हिरासत में हैं। कोई मासूम दिमाग ही सोच सकता है कि जुर्म सिर्फ निजी सचिव तक सीमित है। केन्द्रीय सरकार के कम-से-कम तीन सचिव, प्रधानमंत्री के मुख्य सचिव अलेकजेण्डर, प्रतिरक्षा विभाग के सरीन और राष्ट्रपति के प्रेस सचिव शंकरन–ये लोग या तो खुद जासूसों से प्रभावित थे या राष्ट्र के गोपनीय दस्तावेजों को टायलेट पेपर समझकर चपरासियों और निजी सचिवों के हाथ छोड़कर खुद गोल्फ खेलने चले जाते हैं या सत्ता-राजनीति की शतरंज में मस्त रहते हैं।

राजीव गांधी विपक्ष को देशद्रोही कहेंगे या विपक्ष के लोग राजीव गांधी के ऊपर ताना कसेंगे, घटना की गम्भीरता के सामने यह सब छिछोरापन है। देश की राजनीति, राष्ट्र का संचालन छिछले स्तर पर ही चल रहा है। तत्काल तीन बातों पर ध्यान जाना चाहिए–(1) प्रधानमंत्री का सचिवालय क्यों जासूसों का केन्द्र बन गया है ? (2) क्या नौकरशाहों में राष्ट्र के प्रति वफादारी की कमी है ? (3) क्या जासूसी कांड का पूरा ब्यौरा बताया जाएगा और अपराधियों को सर्वोच्च सजा मिलेगी ?

प्रधानमंत्री भवन में रहनेवाले सारे लोग अमर्यादित हो चुके हैं। सत्ता और संचालन का अत्यधिक केन्द्रीकरण इसके मूल में है। केवल केन्द्रीकरण कहने से सही बात का पता नहीं लगता है क्योंकि केन्द्रीकरण में मर्यादा और चुस्ती होती है। सत्ता का सबसे अधिक केन्द्रीकरण कम्युनिस्ट देशों में है–इसका मतलब है कि अधिकांश निर्णय केन्द्रीय नेतृत्व के द्वारा होता है, लेकिन काम का और सत्ता का बँटवारा है। जो नीचे है वह ऊपर के काम में दखलअन्दाजी नहीं कर सकता है। भारत का केन्द्रीकरण इस अर्थ में नहीं है। प्रधानमंत्री भवन की हालत एक पतनशील राजपरिवार जैसी है। वहाँ का निजी सचिव कभी-कभी मुख्य सचिव से भी अधिक शक्तिशाली माना जाता है। 1970 के बाद श्रीमती इन्दिरा गांधी ने प्रधानमंत्री भवन को ऐसा बना दिया कि वहाँ का हरेक आदमी अमर्यादित हो गया है। जवाहरलाल नेहरू के पास सचिव के रूप में शुरू से अन्त तक एम.ओ. मथाई नाम के एक व्यक्ति रहे। वे कभी मंत्रियों या कांग्रेस नेताओं के काम में दखलअन्दाजी नहीं कर सकते थे। आर.के. धवन इन्दिरा गांधी के लिए वही थे जो

नेहरू के लिए मथाई थे। किन्तु आर. के. धवन के बारे में हर कोई जानता है कि उनकी बात को कांग्रेस के मुख्यमंत्री निर्देश मानते थे। प्रधानमंत्री सचिवालय का कोई निजी सचिव सरकार के किसी भी विभाग से फाइल मँगा सकता है—इतने अमर्यादित आचरण को जहाँ छूट मिली हुई है वहाँ जासूसी या देशद्रोह नहीं पनपेगा तो आश्चर्य की बात है। आर. के. धवन अब पुलिस की निगरानी में हैं। सवाल यह आता है कि क्या धवन के बारे में तथा सबसे बड़े नौकरशाहों के बारे में भी सारी बातें सामने आएँगी या खोजबीन का ब्यौरा वहाँ तक पहुँचते ही प्रकाशन पर रोक लग जाएगी ? जाँच की बातों को छुपाया जाएगा ?

आज तक जितने राष्ट्रविरोधी कारनामे बड़े अधिकारियों के द्वारा हुए हैं उनको छुपाया गया है। 1962 में चीन आक्रमण के मुकाबले में पूर्वी सीमा पर भारतीय सेना का जो शर्मनाक आत्मसमर्पण हुआ, उसके पीछे पलटन की कमियों के बारे में उच्च स्तरीय जाँच हुई थी। जाँच में क्या पाया गया, देश को उनकी जानकारी मिली ? बाद में एक अंगरेज लेखक ने अपनी किताब में उस जाँच रपट का कुछ अंश छापा तो यह पता चला कि भारत के लोग उस जाँच रपट के बारे में कुछ नहीं जानते हैं लेकिन विदेशियों को मालूम हो गया है। करीब एक साल पहले एक शर्मनाक जासूसी कांड में भारत की पलटन के अफसर (लारकीन बंधु) जुड़े थे। अब तक यह पता नहीं कि उनको क्या सजा मिली ? या उनको छोड़ दिया गया है ? ऐसी चीजें, देशद्रोह-अपराध की बातें, गोपनीय नहीं होती हैं। उसका सारा ब्यौरा प्रकाशित होना चाहिए कि किन तरीकों से, किन सूत्रों से, किन प्रलोभनों के इस्तेमाल से गद्दार बनाए जाते हैं। लोगों को और कर्मचारियों को ऐसी बातें मालूम होंगी तो वे सतर्क रहेंगे और अपनी हैसियत के अनुसार प्रतिकार करेंगे। देशद्रोहियों को सर्वोच्च सजा मिलनी चाहिए। तब दूसरे लोग साहस नहीं करेंगे। भारत में देशद्रोह की सजा किसी को नहीं दी जाती है। देशद्रोह के अपराध के लिए 'गोपनीय दस्तावेज कानून' के तहत कुछ मामले चलाए जाते हैं।

लारकीन बंधु और प्रधानमंत्री के सचिवालय दोनों घटनाओं के देशद्रोहियों के बारे में जो भी मामूली जानकारी मिल सकी है उससे सतही तौर पर कुछ तरीके सामने आए हैं। दौलत और यौन विलास—ये दो तरीके हजारों साल के पुराने साधन हैं; लेकिन आज भी उतने कामयाब हैं, जितना मौर्य युग में रहे होंगे। भ्रष्टाचार-व्यभिचार सब युग में सब देशों में हैं, जासूसी भी सब जगह होती है—क्योंकि सब जगह मनुष्य की कुछ कमजोरियाँ होती हैं। जो सर्वत्र होता है उसके बारे में तुलनात्मक सोच इस ढंग से होता है—'अमुक बुराई को हमारे समाज ने कितना घटा दिया है या बेअसर कर दिया है ?' अगर समाज और राजनीति स्वस्थ और सबल है, अगर राष्ट्रीयता की भावना सम्यक् रूप से है तो जासूसी के हाथ से देश चौपट नहीं हो जाएगा। एक मामूली भेद हासिल करने के लिए जासूसों को लाखों-करोड़ों की रकम खर्च करनी पड़ेगी। यहाँ तो एक बोतल विदेशी (सचमुच विदेशी) शराब से भारत का महानगरीय बुद्धिजीवी अपने राष्ट्र को भूल जा सकता है।

प्रधानमंत्री सचिवालय के देशद्रोह को अखबारवाले आजादी के बाद भारत में सबसे बड़ा जासूसी कांड कह रहे हैं। क्या सिर्फ इतना ही है ? जिन कांडों के बारे में दुनिया जानती है क्या उनमें किसी देश के सारे के सारे गोपनीय तथ्य इस तरह से कुछ कर्मचारियों के द्वारा बेच दिए गए थे ? न सिर्फ प्रतिरक्षा सम्बन्धी भारत की सारी अल्पकालीन और दीर्घकालीन योजनाएँ, बल्कि हमारे पड़ोसी देशों के सम्बन्ध में भी ऐसी योजनाएँ थीं जिनको दिखाकर भारत के बारे में उनके मन में विद्वेष पैदा कर दिया जाएगा। आधुनिक दुनिया का यह सबसे अधिक शर्मनाक जासूसी कांड है।

इसकी जड़ हमारा राष्ट्रीय चरित्र और आर्थिक चरित्र है। भारत के बुद्धिजीवी वर्ग के, खासकर महानगरीय बुद्धिजीवी वर्ग के अधिकांश लोगों में एक खास कमजोरी है जिससे देश जासूसों का स्वर्ग बना हुआ है। इस वक्त हम उन कमजोरियों के बारे में सिर्फ इशारा करेंगे–जिन कमजोरियों की सारे देश में विस्तृत चर्चा होनी चाहिए।

1. राष्ट्रीय भावना महानगरों में और महानगरीय बुद्धिजीवियों में बहुत कम है।
2. भारत का बुद्धिजीवी हीनभावना से ग्रस्त है। बौद्धिक क्षेत्र में हो या यौन सम्भोग के मामले में हो, गोरी चमड़ी के सामने भारतीय बुद्धिजीवी अपना व्यक्तित्व खो देता है।
3. मौर्यकाल में शराब पिलाकर बेहोश करने के बाद ही जासूसी कामयाब होती थी। आधुनिक भारत के महानगरीय सज्जनों को आप अगर विदेशी शराब (सचमुच विदेशी) दिखा देंगे या हाथ में पकड़ा देंगे तब से वह अपनी राष्ट्रीयता खोने के लिए तैयार हो जाएगा। विदेशी शराब और पेरिस-न्यूयार्क की सैर कराने की बात कहकर आप दिल्ली के अधिकांश लेखक, प्रोफेसर, राजनेता और नौकरशाहों को बड़ी गद्दारी के लिए नहीं तो छोटे-मोटे गलत काम करने के रास्ते में खींच ले जा सकते हैं। भारत के अधिकांश 'विशेषज्ञ' जरूरत से ज्यादा गोरे मुल्कों का सफर करते हैं, दूसरे सोपान में अपने कुछ रिश्तेदारों को विदेशी नौकरी प्राप्त करवा विदेशी नागरिकता दिलाते हैं। तीसरे सोपान में...

   इन चीजों के बारे में देश कब सावधान होगा ?

(फरवरी, 1985)

महाशक्ति बनने का ख्वाब

तिब्बत की समस्या पर लेखों व दस्तावेजों से यह बात उजागर होती है कि भारत की विदेश नीति शुरू से किस प्रकार दूरदृष्टिविहीन रही है। तिब्बत पर चीन के कब्जे का आधार कितना कमजोर था, यह इस बात से प्रकट होता है कि खुद चाऊ-एन-लाइ (चीन के तत्कालीन प्रधानमंत्री) ने भारत सरकार को यह आश्वासन दिया था कि तिब्बत पर साम्यवाद नहीं थोपा जाएगा, तिब्बती लोगों की स्वायत्तता रहेगी। ऐसी परिस्थिति में यह भारत के लिए बिलकुल सम्भव था कि वह तिब्बत पर चीन के कब्जे के सवाल को उठाकर (क) कम-से-कम तिब्बतियों की स्वायत्तता का ढाँचा क्या होगा इसको तय कर सकता था और उसकी निगरानी का अधिकार भी वह खुद और नेपाल जैसे देशों को दिला सकता था। (ख) भारत-चीन और भारत-तिब्बत की सीमा को हमेशा के लिए स्पष्ट कर दे सकता था। लेकिन भारत के तत्कालीन प्रधानमंत्री इतने ढुलमुल किस्म के आदमी थे कि कोई निर्णय कर पाना उनके लिए सम्भव नहीं था। इस ढुलमुल दिमाग का पूरा फायदा चीन के नेताओं ने उठाया। बीच के समय में चीन ने आर्थिक स्थिति और सैनिक ताकत को मजबूत कर लेने के बाद भारतीय जमीन पर भी अपना दावा करना शुरू कर दिया। अन्त में चीन ने भारत पर ही आक्रमण कर डाला और भारत को इतना पस्त कर दिया कि अभी तक अपनी सीमाओं की सुरक्षा के सवाल को लेकर भारत को चिन्तित रहना पड़ता है। तिब्बत के मसले पर दखल देना तो दूर की बात हो गई है।

बहुतों की राय है कि चीन-भारत युद्ध में भारत की पराजय के सदमे से जवाहरलाल नेहरू का स्वास्थ्य तेजी से गिरने लगा और दो साल के अन्दर उनकी मृत्यु हो गई। लालबहादुर शास्त्री के बारे में भी इस प्रकार की धारणा प्रचलित है। भारत-पाक युद्ध में विजयी होकर भी ताशकंद में रूसी दबाव में आकर उन्होंने भारत-पाक सीमा के बारे में जिस समझौते पर दस्तखत किया, वह भारत की इच्छा के विपरीत था। इसलिए उनको तत्काल जो सदमा पहुँचा, उसी से दिल का दौरा पड़ा और ताशकंद में ही शास्त्री की मृत्यु हो गई।

इन दोनों घटनाओं का संकेत यह है कि हमारी विदेश नीति हमेशा कमजोर रही है। कमजोर इच्छाशक्ति से संचालित होती रही है। दीर्घकालीन राष्ट्रीय लक्ष्य और मानव

समाज के हितों को मद्देनजर रखते हुए कुछ स्थायी नीतियाँ तय करना और उन नीतियों के अनुसार दृढ़ता के साथ कूटनीतिक कारवाई करते रहना–ऐसा कभी हुआ नहीं। कभी चुनाव जीतने के लिए, कभी विदेशी सरकारों के दबाव में आकर, कभी किसी देश से अधिक आर्थिक या तकनीकी सहायता पाने के लिए भारत की कूटनीतिक कार्रवाइयाँ होती रहती हैं। अभी राजीव गांधी की सरकार के तीन साल के कार्यकाल में कई बार ऐसा हुआ। पाकिस्तान की सीमा पर सैन्य सज्जा लगाकर राजीव गांधी देश की जनता को उनके पीछे होने का आह्वान कर रहे थे जबकि पाकिस्तान के राष्ट्रपति भारत में आकर क्रिकेट देखने के मूड में थे। जब हरियाणा चुनाव को प्रभावित करना था तब तमिल छापामारों पर श्रीलंका की सैनिक कार्रवाई की तीव्र निन्दा करते हुए महाशक्ति के अन्दाज से भारत सरकार ने युद्धविमान भेजकर श्रीलंका की सीमा का उल्लंघन किया। उसके कुछ ही दिनों बाद बगैर पूरी तैयारी के श्रीलंका में जाकर खुद प्रधानमंत्री ने तमिल छापामारों की तरफ से भारत-लंका समझौते पर दस्तखत किया और श्रीलंका में अपनी दखलअन्दाज भूमिका को सुदृढ़ बनाया। लेकिन दूरदृष्टिहीनता और हड़बड़ी का फल ऐसा हुआ कि जिन तमिल छापामारों के प्रति सहानुभूति प्रदर्शित करने के लिए भारत सरकार ने पहले दखलअन्दाजी करने के लिए अपनी वायुसेना को भेजा था, उन्हीं तमिल छापामारों को नेस्तनाबूद करने के लिए अपनी स्थल सेना भेज दी। श्रीलंका की सेना से बचाने के लिए जिनको भारत में न सिर्फ आश्रय दिया गया था, बल्कि प्रशिक्षण की भी सुविधा दी गई, उन्हीं के खिलाफ श्रीलंका की सरकार ने भारतीय सेना का उपयोग किया। दुनिया के इतिहास में ऐसी हास्यास्पद घटना शायद कहीं नहीं मिलेगी। श्रीलंका की सरकार की प्रत्यक्ष निगरानी में वहाँ भारतीय सेना ने तमिल छापामारों से संघर्ष किया और श्रीलंका की सरकार के मुताबिक करीब 700 भारतीय सैनिक मर चुके हैं। अपनी लज्जा कम करने के लिए भारत सरकार इसका खंडन करते हुए इसकी आधी संख्या बताती है।

याद करना होगा कि एक साल पहले भारत सरकार कहती थी कि तमिल छापामारों को शान्त करने के लिए सेना नहीं पुलिस का इस्तेमाल काफी है। तब भारतीय सेना पर यह कितना बड़ा कलंक है कि वह पुलिस का काम नहीं कर पा रही है ! 6 महीने हो गए हैं, भारतीय सेनाध्यक्ष बता नहीं सकते कि सेना को श्रीलंका में और कितने दिन लगेंगे। सेना की यह असफलता निश्चित रूप से एक गम्भीर चिन्ता का विषय है क्योंकि 1962 की पराजय के बाद यह प्रचार किया जा रहा था कि भारतीय सेना को अब इतना तैयार कर लिया गया है कि चीन का भी हम मुकाबला कर लेंगे। क्या श्रीलंका में भारतीय सेना की विफलता से इस दावे पर प्रश्नचिह्न नहीं लग गया है ? इस ग्लानि से बचने का एक ही रास्ता है–कहना यह होगा कि इस तरह के काम में भारतीय सेना को लगाना ही अनुचित था क्योंकि दुश्मन हमारा भाई है और सेना को निर्देश देनेवाली सरकार 'भाई' की 'दुश्मन' है। इसका मतलब हुआ कि या तो हमारी पलटन अयोग्य है या फिर हमारी विदेश नीति का यह दिवालियापन है।

हम कभी नहीं चाहेंगे कि हमारी पलटन को अयोग्य कहा जाए।

शर्म की बात तो यह है कि इस विफलता पर लीपापोती के लिए विदेश मंत्रालय ने कुछ पत्रकारों के द्वारा यह प्रचार शुरू कर दिया है कि भारतीय सेना को कितना भी नुकसान सहना पड़े लेकिन भारत को एक महाशक्ति की भूमिका निभानी पड़ रही है, यह एक गौरव का विषय है और इसके सामने सैनिक खर्च और सैनिकों की मृत्यु महत्त्वहीन है। अगर किसी वजह से हमारे पाठक का ध्यान इस प्रचार की तरफ नहीं गया हो तो इस वाक्य को पढ़ें—"साउथ ब्लाक (विदेश मंत्रालय) का मानना है कि 'ऑपरेशन पवन' में लगा पैसा और भारतीय सैनिकों की शहादत बेकार नहीं जाएगी। इसका फौरी मकसद तो भारत-श्रीलंका समझौते को लागू करवाना है, मगर श्रीलंका में भारतीय सेना की उपस्थिति से कूटनीतिक लाभ है जिसका लक्ष्य भारत को क्षेत्रीय महाशक्ति के रूप में स्थापित करना है।" (इंडिया टुडे, 15 दिसम्बर 87)

मार्क्सवादी नेता नम्बूदिरीपाद जो बार-बार श्रीलंका में भारत की सैनिक कार्रवाई का समर्थन कर रहे हैं, क्या उनको भी यह महाशक्तिवाली बीमारी लग गई है ? (दूसरे कम्युनिस्ट नेता इस बारे में इतने मुखर नहीं हैं जितना कि श्री नम्बूदिरीपाद।) जब तमिल छापामारों को भारत में आश्रय दिया जा रहा था और उन्हें हथियार प्राप्त करने की तथा प्रशिक्षण की सुविधा दी जा रही थी तब भी नम्बूदिरीपाद की पार्टी भारत की उस नीति का समर्थन कर रही थी।

भारतीय विदेश नीति का सबसे आकर्षक नारा है—'गुट-निरपेक्ष आन्दोलन'। हमारे कम्युनिस्ट भाई इसकी तारीफ करने में कभी थकते नहीं। लेकिन यह कैसा आन्दोलन है जो भारत के कूटनीतिक संकट के मौके पर कभी भी सक्रिय और मुखर नहीं होता, न चीन के साथ विवाद में, न पाकिस्तान के साथ संघर्ष में, न श्रीलंका की समस्या में, न तिब्बत के मामले में। ऐसे मौके पर गुट-निरपेक्ष आन्दोलन की भूमिका कभी नहीं दिखाई पड़ती है। अगर सचमुच यह एक आन्दोलन है और भारत सचमुच इसका नेता है, तो श्रीलंका जैसी स्थिति में अपने को अकेले महाशक्ति बनाने के बजाय गुट-निरपेक्ष आन्दोलन को क्यों एक भूमिका सौंपी नहीं जाती है ?

भारत को महाशक्ति बनानेवाले विदेश मंत्रालय के सलाहकारों को इस सामान्य बात की जानकारी नहीं है कि महाशक्ति बनने के लिए महाशक्तियों से टकराना पड़ता है। शिशु आकृतिवाले मुल्कों में सेना भेजकर कोई देश अपने को महाशक्ति नहीं बना सकता है। चीन अमरीका से भी टकराया, रूस से भी टकराया, इसलिए कभी-कभी उसको महाशक्ति के रूप में देखा जाता है, कम्पूचिया और वियतनाम से टकराने की बात को लेकर या तिब्बत को अपने साथ मिला लेने की घटना के आधार पर उसको महाशक्ति का दरजा नहीं मिला है। जब इन दिनों ईरान ने महाशक्तियों के जहाजों पर प्रतिबन्ध लगाने की धमकी दी तो सोचना पड़ता है कि आयातुल्ला खोमानी के मन में एक महाशक्ति बनने का ख्वाब काम कर रहा है। भारत की बात तो ऐसी है कि भारतीय विदेश नीति की समर्थक *मेनस्ट्रीम* पत्रिका भी कहती है कि भारत का

श्रीलंका समझौता अमरीका द्वारा सिर्फ निर्देशित नहीं है, करारनामे का मसविदा भी अमरीका में तैयार हुआ था। यह है महाशक्ति की हैसियत अपने समर्थकों की नजर में !

तिब्बत के मामले में चुप्पी भी इस बात का एक सूचक है कि भारत की हैसियत क्या है। अगर महाशक्ति होने का तनिक भी एहसास अपने दिल में होता तो तिब्बत के बारे में यह सरकार कम-से-कम दुनिया का ध्यानाकर्षण करती, सरकारी स्तर पर नहीं, तो कांग्रेस दल के किसी एक समूह के द्वारा तिब्बत-समर्थक जनमत दुनिया में तैयार किया जा सकता था। लोकतांत्रिक देशों में यह एक गुंजाइश रहती है कि जो काम जरूरी है और सरकार खुद नहीं कर सकती है, उस काम को गैर-सरकारी ढंग से किया जाता है। यह भी हो सकता था कि भारत में दुनिया भर के बौद्ध प्रतिनिधियों का एक सम्मेलन बुलाया जाता और तिब्बत में बौद्धों की हालत के बारे में चिन्ता प्रकट की जाती। बर्मा बौद्ध देश है। राजीव गांधी का वहाँ जाना एक सम्पूर्ण निरर्थक और खर्चीला पर्यटन था। तिब्बत के बारे में वहाँ कोई चर्चा नहीं हुई। बौद्ध धर्म को लेकर, भारतीय भाषाओं को लेकर (नेपाल, बांगला देश, पाकिस्तान, मलय), हिन्दू पुराणों को लेकर (थाइलैंड, इंडोनेशिया, फीजी) अगर भारत के सांस्कृतिक सम्बन्ध दुनिया के देशों से पिछले चालीस सालों में बने होते तो विश्व में भारत का एक मित्रमंडल बन गया होता। हिन्दू धर्म के आधार पर भारत ऐसा मित्र-मंडल बना नहीं सकता है, लेकिन दूसरे ढंग से बना सकता था। भाषा, संस्कृति के आधार पर एक विश्वव्यापी सम्बन्ध बनाना 1947 में सम्भव था। लेकिन हम अपनी भाषा के बारे में अपने देश में शर्मिन्दा हैं। हमारा प्रधानमंत्री विदेशों में अपने को अंगरेजी के माध्यम से पेश करता है। हमारी कोई पहचान नहीं है जिस पर हम गर्व कर सकते हैं, तो ऐसा मुल्क कभी भी विश्व की एक महान शक्ति नहीं बन सकता है। गोरी चमड़ी के प्रति हीनभावना-युक्त मोह के कारण नेहरू ने उन्हीं के साथ राष्ट्रमंडल में रहने का निर्णय किया। उस राष्ट्रमंडल में कितने भी काली चमड़ीवाले सदस्य हों, गोरी चमड़ी की इच्छा के विरुद्ध कुछ नहीं हो सकता है, दक्षिण अफ्रीका की रंगभेद नीति के विरुद्ध वैन्कुवर में अधिकांश सदस्यों की राय होने पर भी राष्ट्रमंडल की कोई नीति नहीं बन पाई क्योंकि ब्रिटिश प्रधानमंत्री श्रीमती थैचर नहीं चाहती थीं कि दक्षिण अफ्रीका के ख़िलाफ कोई कार्रवाई की जाए। ब्रिटेन ही राष्ट्रमंडल का नेता है। गोरी चमड़े के सामने जिनकी हीनभावना है उनके द्वारा दुनिया से रंगभेद नहीं मिटाया जा सकता है।

हैसियत का अन्दाजा कभी-कभी इस बात से होता है कि हम किसको अपना प्रतिद्वन्द्वी मानते हैं। रूस अमरीका को प्रतिद्वन्द्वी मानता है। चीन रूस को प्रतिद्वन्द्वी मानता है। लेकिन भारत का शासक दिन-रात पाकिस्तान को ही अन्तरराष्ट्रीय सम्बन्धों में अपने प्रतिद्वन्द्वी के रूप में याद करता है। अगर अमरीका पाकिस्तान की सैन्यशक्ति को भारत के बराबर बनाने की कोशिश न करता तो राजीव गांधी की सरकार अभी तक अमरीका-परस्त बन गई होती। सोचने का विषय यह है कि अमरीका से कूटनीतिक

दोस्ती रखे बगैर अमरीका और उसकी संस्कृति हमारे समाज पर हावी हो गई है। अगर कभी यह देश कूटनीति में भी अमरीका का अनुयायी या 'दोस्त' बन जाएगा तो हमारे शासक वर्ग की गुलामी सम्पूर्ण हो जाएगी।

कम्युनिस्टों को छोड़कर भारत का कोई भी विरोधी दल विदेश नीति पर गम्भीरता से सोचता नहीं है। कम्युनिस्ट दलों की ही एक कसौटी है—भारत सरकार सोवियत कूटनीति के साथ कदम मिलाकर चल रही है या नहीं ? आर्थिक और शैक्षणिक मामलों में भारत की जो निर्भरता यूरोप-अमरीका पर है और उसके माध्यम से भारतीय समाज जिस तरह पश्चिम का आर्थिक-सांस्कृतिक उपनिवेश हो चुका है, कम्युनिस्ट उसको विदेश नीति की गलती नहीं मानते हैं। विदेश नीति के सिर्फ कूटनीतिक हिस्से को वे विदेशी नीति मानते हैं। देश की सामाजिक-आर्थिक नीतियाँ कितनी भी प्रतिगामी हो, विदेश नीति प्रगतिशील है—यह भारत के कम्युनिस्ट दलों की एक अजीब मान्यता है। इसलिए नेहरू, इन्दिरा गांधी, राजीव गांधी सबको प्रमाणपत्र देते रहते हैं कि कांग्रेस की विदेश नीति बढ़िया है। अभी हाल में राजीव गांधी के अमरीकी 'रुझान' से वे परेशान दिखाई पड़ रहे हैं। पाकिस्तान और चीन, भारत के कूटनीतिक दुश्मन हैं, इनके प्रति लम्बे अरसे से रूस का प्रतिकूल रुख चल रहा है। जब तक वह स्थिति रहेगी तब तक भारत के किसी भी प्रधानमंत्री को रूस से दोस्ती बनाए रखनी पड़ेगी। अन्यथा अमरीका से कूटनीतिक दोस्ती बनाने का सारा सामाजिक-आर्थिक आधार भारत में मौजूद है। मार्क्सवादी होकर भी कम्युनिस्ट इस सत्य को नहीं समझ रहे हैं।

रीगन-गोर्बाचेव निःशस्त्रीकरण सन्धि की अपने संगठन के अन्दर कम्युनिस्ट साथी लोग कितनी भी प्रशंसा करें, जनसाधारण के बीच विश्वास के साथ वे नहीं कह सकते हैं कि इस सन्धि से विश्व शान्ति का कोई रास्ता निकल गया, या हथियारी होड़ के खर्च से तीसरी दुनिया के मुल्कों को कोई राहत मिलेगी। इस सन्धि से आणविक हथियारों में जो कमी आएगी वह नगण्य है—पाँच फीसदी के लगभग। इसको एक शुभारम्भ कहा जा सकता था, अगर इसके बाद आणविक हथियारों में बढ़ोतरी न करने की तथा अधिक शक्तिशाली हथियारों का परीक्षण न करने का निर्णय होता। अमरीका और रूस दोनों देशों में अभी 'नक्षत्र युद्ध' यानी अन्तरिक्ष शस्त्रविद्या का परीक्षण जोर-शोर से चलनेवाला है। यह इतना खर्चीला है कि इस पर प्रतिबन्ध लगने से रूस के लोगों को खुशी होगी। लेकिन अमरीका बनाएगा तो रूस भी बनाएगा यह होड़ जारी है। इस सन्धि के बाद एक महीना भी नहीं हुआ है कि अमरीका ने रासायनिक हथियार का फिर से निर्माण करने का एलान कर दिया है। यह आश्चर्य की बात है कि गोर्बाचेव ने इस सवाल को नहीं उठाया जबकि इस पर लगे प्रतिबन्ध की मियाद खत्म होनेवाली थी। रासायनिक हथियार के नाम से मानव समाज काँपता है। भोपाल गैस कांड की विभीषिका से ही अनुमान किया जा सकता है, जहरीली गैस को जन बस्तियों पर फेंकने का कोई हथियार तैयार हो जाए तो वह कितना भयानक होगा। आणविक हथियार से वह किसी भी प्रकार कम खतरनाक या अमानवीय नहीं है।

निःशस्त्रीकरण एक दिन में नहीं हो जाएगा, हिस्सों में ही होगा। यह दलील तर्कसंगत है। लेकिन जिस हथियार पर प्रतिबन्ध लगता है, उससे अधिक शक्तिशाली और अधिक अमानवीय शस्त्रों के परीक्षण और अनुसन्धान शुरू कर देना शान्तिकामी मानव समाज के प्रति उपहास और अट्टहास है।

(जनवरी, 1988)

किसका दोस्त है अमरीका ?

पिछले दिनों संयुक्त राज्य अमरीका ने पाकिस्तान को एक बहुत बड़ी मात्रा में हथियारी मदद देने के लिए आवश्यक कानून परिवर्तन किया, तो भारत में खलबली मच गई है। लगभग एक हजार करोड़ रुपए की अत्याधुनिक युद्ध सामग्री पाकिस्तान को देनी थी तो प्रेसलर कानून आड़े आता था। रास्ता निकालने के लिए ब्राउन संशोधन लाया गया जिसको अमरीकी कांग्रेस की प्रतिनिधि सभा ने पास कर दिया।

इसका मतलब यह है कि यह घटना मामूली किस्म की हथियार खरीद-बिक्री की नहीं है। इस प्रकार के लेन-देन के लिए राजनीतिक निर्णय करने पड़ते हैं। चूँकि यह एक सुचिन्तित राजनीतिक निर्णय था इसलिए कानून का भी संशोधन करना पड़ा। प्रेसलर कानून के पीछे एक सिद्धान्त था और वह यह प्रतिबन्ध लगाता था कि अमरीका आणविक हथियार बनानेवाले देशों की हथियारों से मदद नहीं करेगा। यह नैतिक मानदंड था। हालाँकि अमरीका के कूटनीतिक इतिहास के साथ इस तरह के नैतिक मानदंडों का कोई मेल नहीं है। बीच-बीच में नैतिकता का ढोंग करना प्रतिष्ठा के लिए जरूरी होता है। प्रेसलर कानून जब अमरीका के असली राजनैतिक उद्देश्य के आगे बाधा के रूप में खड़ा हुआ तो उसको लाँघने के लिए संशोधन पास हो गया।

तो अमरीका का राजनैतिक उद्देश्य क्या है ? भारत की विदेश नीति बनानेवाले या उस पर चर्चा करनेवाले लोग अमरीका के मूल उद्देश्यों को नजरअन्दाज करके अपने देश की नीतियाँ बनाते हैं। यह स्वाभाविक है कि ब्राउन संशोधन से इन सबको परेशानी है और वे अमरीका की बदनीयत की ओर इशारा कर रहे हैं। यह सवाल सहज ही उठता है कि क्या हम अपनी नीतियाँ बनाते समय अमरीका जैसी महाशक्ति के मूल उद्देश्यों का हिसाब-किताब करते हैं ? जब हमको झटका लगता है तब हम सौतेले अन्दाज से कहते हैं कि अमरीकी कसौटियों पर यानी मानवाधिकार और निःशस्त्रीकरण की कसौटियों पर हम ज्यादा निष्ठावान हैं लेकिन अमरीका पाकिस्तान और चीन को, हमसे ज्यादा प्यार करता है। हम अमरीका के इतने नजदीक जाने लगे थे लेकिन अमरीका हमको ठुकरा रहा है। यह हमारी दयनीयता की स्थिति है। पिछले दस साल से यह दयनीय स्थिति और ज्यादा दयनीय होती जा रही है, ब्राउन संशोधन की प्रतिक्रिया में यह स्थिति एकदम प्रकट है।

भारत की विदेश नीति में दिशा की स्पष्टता का अभाव शुरू से रहा है, लेकिन इतनी खोखली वह कभी नहीं थी जितनी राजीव गांधी के जमाने से होने लगी। शुरू के दिनों में भारत की विदेश नीति में कम-से-कम एक बुनियादी समझ दुनिया के बारे में थी—यह कि महाशक्तियों के गुट में हम नहीं रह सकते हैं। दुनिया के भविष्य और विकास के बारे में उनका जो दृष्टिकोण है वह हमारा नहीं है, अतः अन्तरराष्ट्रीय राजनीति से हमको एक अलग खेमा बनाना होगा। नेहरू ने अलग खेमा बनाने का साहस नहीं किया, लेकिन निर्गुट आन्दोलन के नाम से भारत और अन्य कुछ देशों ने अपनी अलग स्थिति बनाई। इन्दिरा गांधी तक यह स्थिति कमोबेश बनी रही। उसके बाद से विदेश नीति के नाम पर जो कुछ हो रहा है उनके पीछे देश-दुनिया की कोई भी समझ नहीं है। इस नासमझी के कारण हमारे पढ़े-लिखे लोगों को ब्राउन संशोधन जैसे मौके पर लगता है कि पाकिस्तान अमरीका को प्रिय है। कभी लगता है कि वह चीन का मित्र है, पाकिस्तान का मित्र है, लेकिन हमसे छल कर रहा है।

यह एक गलत धारणा है। चीन और पाकिस्तान से भी छल किया जा रहा है। चीनी राष्ट्र या पाकिस्तानी जनता के प्रति अमरीका को कोई प्रेम नहीं है। सिर्फ आज की परिस्थिति में अमरीका जो कर रहा है उससे पाकिस्तान के शासक खुश हो रहे हैं और भारत के शासक असन्तुष्ट हो रहे हैं तो हमें लगता है कि पाकिस्तान से अमरीका को ज्यादा लगाव है। किन देशों और किन विषयों के प्रति अमरीका का लगाव है, इसका विवेचन एक-एक घटना के सन्दर्भ में नहीं किया जा सकता। समूची ऐतिहासिक और सामाजिक पृष्ठभूमि को समझकर ही अमरीका के राजनैतिक उद्देश्य को समझा जा सकता है। भारत की विदेश नीति बनानेवाले या उस पर टीका-टिप्पणी करनेवाले इन उद्देश्यों को समझते नहीं हैं, ऐसी बात नहीं है। वे समझते होंगे जरूर लेकिन अपनी नीति तय करते समय अपनी समझ का इस्तेमाल नहीं करते। जो अन्तरराष्ट्रीय राजनीति की कठोर वास्तविकता है उसको मंत्री-सचिव-सलाहकार स्तर के लोग समझते हैं लेकिन उसका मुकाबला करने का साहस या इच्छा-शक्ति न होने के कारण वे जो विदेश नीति बनाते हैं वह किसी काम की नहीं होती। पिछले चार साल से देशवासियों में यह धारणा पैदा की जा रही है कि अमरीका के साथ हमारी मैत्री बढ़ रही है, अमरीका हमसे खुश है। ब्राउन संशोधन से धक्का लगा है, लेकिन जरूरी नहीं है कि यह गलतफहमी टूटे। गलतफहमी को बनाए रखने की भी एक इच्छा होती है। 'विश्व ग्राम' में रहनेवाला बुद्धिजीवी इस इच्छा से ज्यादा ग्रसित होता है। वह अभी भी कहेगा कि एक अमरीकी कम्पनी एनरान की हमने बेइज्जती की, इसलिए अमरीका नाराज है, या ज्यादा नफीस होकर कहेगा कि परमाणु अप्रसार सन्धि पर हस्ताक्षर न करने के लिए हम अड़े हुए हैं इसलिए अमरीका यह दबाव डाल रहा है। यह आंशिक रूप से सही भी हो सकता है कि अगर इस मौके पर भारत परमाणु अप्रसार सन्धि के लिए राजी हो जाए तो अमरीका एक-दो साल के लिए पाकिस्तान को हथियार देना स्थगित कर दे।

लेकिन उससे ज्यादा नहीं। जो अमरीका की अपनी अन्तरराष्ट्रीय नीति बनी हुई है वह इससे बदल नहीं जाएगी, बल्कि और अधिक मजबूत होगी।

दो

अगर हम अमरीका का मित्र सम्बन्ध ढूँढ़ना चाहें तो यह मित्र सम्बन्ध एक छोटे दायरे में सीमित है। अमरीका के लिए यह सम्बन्ध 'नाटो' तक सीमित है। 'जी-7' नाटो से ही मिलता-जुलता दायरा है, मगर उसमें जापान है। नाटो देशों के साथ अमरीका दीर्घकालीन और गोपनीय विषयों पर जितनी बातचीत और निर्णयात्मक साझेदारी कर सकता है, जापान के साथ नहीं कर सकता। जापान से अधिक मित्र इजराइल है। जापान आखिर अश्वेत है। नाटो और गोरे देशों के बाहर अमरीका की कोई मित्रता नहीं हो सकती। पश्चिम यूरोप के देशों के लिए भी यही सही है जो अमरीका के लिए सही है।

तीसरी महत्त्वपूर्ण बात यह है कि अमरीका का कोई अन्तरराष्ट्रीय लक्ष्य नहीं है जिसको हम मानव समाज का आदर्श कह सकें। यानी जिस मुल्क के पास इतनी प्रतिष्ठा, समृद्धि और प्रभाव है, उसका मानव जाति या पृथ्वी के कल्याण के लिए कोई सुन्दर सपना नहीं है। उसका इस तरह का कोई लक्ष्य नहीं है कि उसकी अगुआई में एक बेहतर मानव समाज का निर्माण हो, जिसमें भुखमरी, कंगाली, अशिक्षा और बेरोजगारी न हो। उसका यह भी लक्ष्य नहीं है कि मानव समाज को युद्ध से मुक्ति मिले। रूजवेल्ट ने चार आजादियों की घोषणा की थी (भूख और युद्ध से मुक्ति और धर्म और अभिव्यक्ति की स्वाधीनता)। इस घोषणा को संयुक्त राष्ट्र संघ ने अपना लिया, लेकिन अमरीका की विदेश नीति ने कभी भी इसके लिए अपनी रणनीति नहीं बनाई। रूजवेल्ट की घोषणा के साथ परमाणु अप्रसार सन्धि या 'मानवाधिकार' का कोई सामंजस्य नहीं है। असलियत यह है कि चार आजादियों की घोषणा तब हुई थी जब अमरीका ने विश्व मंच पर सर्वोच्च स्थान प्राप्त कर लिया था। उस वक्त के उत्साह में यह आदर्श अमरीकी दिमाग को सूझा था, लेकिन जब से यह स्थान सुरक्षित हो गया, तब से पराक्रम और आधिपत्य बढ़ाने की लालसा से अमरीकी विदेश नीति ग्रस्त है। जो बची-खुची प्रतिस्पर्धा सोवियत संघ के रूप में थी, वह भी जब 1990 में खतम हो गई तब उदारता के सारे लक्षण समाप्त हो गए। यह युग कुछ पहले से ही (रीगन काल से) शुरू हो गया था। राष्ट्रपति बुश के जमाने में रिओ का धरती सम्मेलन हुआ। उस सम्मेलन के प्रति अमरीकी सरकार का रुख संवेदनाशून्य था। धरती नष्ट हो जाए तो हो जाए पर उससे अमरीका चिन्तित होनेवाला नहीं है।

अमरीकी संस्कृति से सारी दुनिया नफरत करती है। केवल गरीब दुनिया के परम्परा-प्रभावित देशों में ही नहीं, बल्कि पश्चिम यूरोपीय देशों में–खासकर फ्रांस और जर्मनी का सृजनशील तबका अमरीका के सांस्कृतिक प्रभाव से त्रस्त है। आधुनिक युग

की शायद यह सबसे कटु विडम्बना है कि जिस मुल्क का आधिपत्य पूरे संसार पर है उसका सांस्कृतिक प्रभाव मानवीय मूल्यों और मानवीय लक्ष्य के विरुद्ध है। अगर अमरीकी विदेश नीति का कोई मानवीय लक्ष्य नहीं है तो इस बात का तार्किक सम्बन्ध अमरीका की संस्कृति और उसकी साम्राज्यवादी स्थिति से है।

तीन

अमरीकी विदेश नीति में मानवीय लक्ष्यों के अभाव के कारण ही संयुक्त राष्ट्र संघ से उसका विरोध बना हुआ है। संयुक्त राष्ट्र संघ का जो लोकतांत्रिक हिस्सा है—महासभा या जनरल एसेम्बली—उसके प्रस्तावों और निर्णयों की समीक्षा करेंगे तो पाएँगे कि मोटे तौर पर अमरीकी नीति और राष्ट्र संघ की नीति में टकराव रहा है। अभी ताजा घटना है क्यूबा पर अमरीकी पाबन्दी के खिलाफ महासभा का प्रस्ताव, जिसके विरुद्ध अमरीका के पक्ष में सिर्फ दो मत पड़े। एक अरसे से अमरीका ने राष्ट्र संघ को अपना भुगतान बन्द कर दिया है। संयुक्त राष्ट्र संघ पैसे के अभाव में मर रहा है, उसका तीन बिलियन (30 अरब) डॉलर का जो बकाया है उसका एक-तिहाई सिर्फ अमरीका पर है। शीतयुद्ध की समाप्ति के बाद संयुक्त राष्ट्र को अधिक सक्षम और सबल बनाने की बात तो दूर, उसका जो पहले का चरित्र है उसको भी खंडित करने पर अमरीका तुला हुआ है। चूँकि संयुक्त राष्ट्र संघ को समाप्त करने का प्रस्ताव लाना सम्भव नहीं है इसलिए अमरीका का लक्ष्य होगा कि संयुक्त राष्ट्रसंघ की भूमिका गौण बनती जाए और सुरक्षा परिषद पर 'नाटो' या 'जी-7' का एकाधिकार रहे।

जहाँ भी अश्वेत देशों के बीच भौगोलिक-सांस्कृतिक एकरसता और प्रतिरक्षा, संस्कृति तथा आर्थिक विकास के धरातल पर आपसी सहयोग स्वाभाविक ढंग से बन जाना चाहिए वहाँ उनके बीच आपसी कलह को प्रोत्साहित करना अमरीकी विदेश नीति का एक मुख्य कार्यक्रम है। एशिया को ही देखें, तो पश्चिम एशिया, दक्षिण पूर्व-एशिया तथा पूर्वी एशिया में उसकी कूटनीति का यही लक्ष्य है। सिर्फ इतना ही नहीं, 'नाटो' या अमरीका यह भी नहीं चाहते हैं कि चीन और भारत जैसा कोई बड़ा मुल्क दुनिया में रहे या भविष्य में बने। इन देशों के अन्दर जो भी अन्तर्विरोध हैं उनको तीव्र करना और विभाजन या विभाजन जैसी स्थिति पैदा करना उसका लक्ष्य है। सारी दुनिया में जितने गृहयुद्ध और पड़ोसियों से युद्ध चल रहे हैं उनमें से प्रत्येक के लिए नाटो या अमरीका को जिम्मेदार नहीं ठहरा सकते हैं लेकिन ज्यादातर घटनाओं के पीछे उन्हीं का हाथ है। यह उनका राजनैतिक लक्ष्य भी है और विशुद्ध रूप से व्यापारिक लक्ष्य भी। हथियारों का व्यापार पश्चिमी देशों के लिए समृद्धि का एक मुख्य आधार है और अश्वेत देशों के शोषण का एक उपाय है। अमरीका की भारत-पाक नीति इस त्रिमुखी लक्ष्य का तार्किक परिणाम है : (क) अश्वेत देशों के बीच एकात्मता न बनने देना, (ख) पड़ोसियों को लड़ाकर दोनों पक्ष को कमजोर बनाना, (ग) हथियार का बाजार पैदा करना।

जिस परिमाण का सामरिक व्यय पाकिस्तान जैसे मुल्क को करना पड़ रहा है, वह किसी मित्र देश का मकसद नहीं हो सकता। इस दृष्टि से देखें तो पाकिस्तान के प्रति हमारी सहानुभूति होनी चाहिए कि पाकिस्तानी जनता के विकास के मद का सारा पैसा अमरीकी हथियार कम्पनियों को जा रहा है। इस प्रकार की सहानुभूति के बिना हम न अमरीका की नीति को समझ पाएँगे, न भारत-पाक सम्बन्ध का कोई अच्छा हल निकाल पाएँगे।

चार

साम्राज्यवादी विदेश नीति और साम्राज्यवादी अर्थनीति एक-दूसरे से अभिन्न हैं। ऐसा जमाना था या नहीं, कहना मुश्किल है कि जब सिर्फ राजनैतिक दबदबे के लिए कोई राजा चक्रवर्ती होता था। आधुनिक साम्राज्यवाद के साथ साम्राज्यवादी देश के जनसाधारण का हित भी जुड़ गया है। अमरीका की आक्रामक नीति को अमरीका के जनसाधारण का समर्थन मिलता है। इसका कारण अमरीकी संस्कृति है जिसकी चर्चा हम कर चुके हैं। यह संस्कृति एक प्रकार की जीवनशैली—उपभोग के स्तर, मनोरंजन के साधन इत्यादि—के रूप में दिखाई पड़ती है। एक औसत अमरीकी नागरिक के स्वास्थ्य और पारिवारिक शान्ति के लिए जितना खर्च करना पड़ता है; एक औसत अमरीकी के रोजगार के लिए जितनी लागत चाहिए, उसकी पूर्ति सिर्फ एक विश्वव्यापी साम्राज्यवादी नीति के द्वारा ही सम्भव है। इसीलिए जब बिना वजह इराक पर बमबारी की जाती है तो मत-सर्वेक्षण से पता चलता है कि सत्तर फीसदी अमरीकी उससे खुश हैं।

भारत ने उसी अर्थव्यवस्था को स्वीकार कर लिया है जिससे अमरीका और नाटो देशों का आर्थिक साम्राज्यवाद पुष्ट होता है। भारत के कुछ लोग सोचते हैं कि हमने अमरीका के लिए सारे दरवाजे खोल दिए हैं, इसलिए अब अमरीका हमारा दोस्त बनेगा। यह चरम मूर्खता है। कोई हिरण और शेर के बीच की दीवार को तोड़ दे और सोचे कि शेर अब हिरण पर मेहरबान होगा—यह उसी तरह की बात है। साम्राज्यवाद की यह नीति है कि उपनिवेश को विभाजित और कमजोर बनाकर रखो। एक दूसरी गलतफहमी यह है कि विदेशी पूँजीनिवेश करनेवाला देश औपनिवेशिक राष्ट्र में राजनीतिक स्थिरता चाहता है। वह न स्थिरता चाहता है, न लोकतंत्र। कम्युनिस्ट खेमे के पतन के साथ-साथ अमरीकी विदेश नीति के लक्ष्यों में से लोकतंत्र गायब हो गया है, लोकतंत्र के स्थान पर 'मानवाधिकार' आ गया है। लोकतंत्र को कोई भी देख सकता है। दूसरे देशों में 'मानवाधिकारों' की जानकारी सिर्फ जाँच-पड़ताल के बाद मिलती है। पूँजी निवेशक के लिए स्थिरता और मानवाधिकार के सीमित अर्थ होते हैं। उसको एक ऐसी राजनैतिक व्यवस्था चाहिए जिसकी राष्ट्रीय भावना कमजोर हो, प्रशासन चुस्त हो, राजनीति कमजोर हो। प्रशासन चुस्त हो, राजनीति कमजोर हो—यह शायद पूँजी निवेशक के लिए

आदर्श स्थिति है। बिहार में पूँजी निवेश के लिए अनुकूल स्थिति नहीं है, इसलिए नहीं कि वहाँ राजनैतिक अस्थिरता है, बल्कि इसलिए कि वहाँ प्रशासन नहीं है और आधारभूत ढाँचा (इन्फ्रास्ट्रक्चर) नहीं है। अगर कश्मीर, पंजाब, पूर्वोत्तर भारत जैसी समस्या न हो तो भारत की राजनीति अधिक गतिशील और मजबूत होगी। भारतीय राष्ट्र मजबूत हो जाए, यह कोई भी पूँजी निवेशक देश नहीं चाहता है। कमजोर राजनीति से फायदा यह है कि विदेशी कम्पनियाँ यहाँ की राजनीति पर अपना नियंत्रण रख सकेंगी और कम मूल्य देकर देश के संसाधनों का इस्तेमाल कर सकेंगी।

दूसरी ओर नई आर्थिक नीति को अपनाकर भारत के शासक वर्ग और इस नीति के समर्थक समूहों ने अपने को पूरी तरह धनी देशों के ऊपर निर्भर बना लिया है। पिछले चार सालों में अर्थव्यवस्था की रूपरेखा ऐसी हो गई है कि उच्च और मध्य वर्ग के रोजगार का ढाँचा इस तरह का बन गया है कि इन वर्गों के लोगों का आर्थिक भविष्य विदेशी पूँजी, निर्यात, कम्प्यूटरीकरण आदि पर आधारित होता जा रहा है। अमरीका को नाराज करने का मतलब होगा कि सारी योजना बिगड़ जाएगी। इसलिए अमरीका कश्मीर में कितना भी भारत-विरोधी काम करे, हम उसको छोड़ नहीं सकते हैं। यानी भारत की राजनीति जिस हद तक इन वर्गों के हितों का प्रतिनिधित्व करती है उस हद तक अमरीका की सारी बुराइयों को मानने के लिए वह तैयार होगी।

अमरीका शुरू से भारत के विभाजन के पक्ष में है। कश्मीर का विभाजन उसकी कार्यसूची में है—यह कई तरह से प्रकट किया जा चुका है। 1945 से अंगरेजों के लिए जरूरी हो गया था कि अपने साम्राज्य के भविष्य के बारे में अमरीका से भी सलाह-मशविरा करें। 1945 में चीन की कोमिनतांग सरकार के प्रधान जनरल च्यांग काई शेक ने जवाहरलाल नेहरू को सूचित कर दिया था कि अमरीका भारत की आजादी चाहता है, लेकिन विभाजन भी चाहता है। सम्भवतः नेहरू ने उसके बाद विभाजन को अनिवार्य समझा और माउंटबेटन से सहयोग करने का मन बना लिया। सम्भवतः मादाम च्यांग काई शेक ने अमरीकी सलाह से ही वह पत्र अपने पति से लिखवाया था। जो भी हो, अमरीका भारत विभाजन का एक नियामक था और अब भी भारत की मौजूदा अखंडता का हिमायती नहीं है। देश में ऐसे लोग भी हैं जो अपने लोकतांत्रिक और मानवीय दृष्टिकोण से कश्मीर का विभाजन चाहते हैं। लेकिन मौजूदा राजनैतिक दौर में अगर कश्मीर के विभाजन का पक्ष मजबूत होगा तो उनके दृष्टिकोण के द्वारा प्रभावित राजनीति की वजह से नहीं, बल्कि अमरीकी विदेश नीति के उद्देश्यों के चलते। नई आर्थिक नीति के कारण भारत का शासक वर्ग कमजोर हो गया है। अमरीका की जिद के सामने खड़े होने की शक्ति उसमें नहीं है।

(नवम्बर, 1995)

राष्ट्र-राज्य, युद्ध और सम्प्रभुता

राष्ट्र-राज्य का उदय यूरोप में 16वीं-17वीं सदी में हुआ। उसी की ऊर्जा से यूरोपीय सत्ता का भौगोलिक विस्तार हुआ; जिसका अन्तिम रूप आधुनिक साम्राज्यवाद है। बाकी दुनिया को जब अपनी स्वतंत्रता के लिए साम्राज्यवाद से लड़ना पड़ा तो उसे भी राष्ट्र-राज्य के ढाँचे में संगठित होना पड़ा। यह इतिहास का एक नियम है कि अधिक शक्तिशाली से जब लड़ना पड़ता है तो उसके कुछ तौर-तरीकों या गुणों को अपनाना पड़ता है। अपने को राष्ट्र-राज्य घोषित करने के अलावा ग़ैर-यूरोपीय मुल्कों के पास कोई उपाय नहीं था। भारत में गांधीजी ने अपने राष्ट्र-राज्य को साम्राज्यवादी राष्ट्र-राज्य से भिन्न चरित्र प्रदान करने के लिए ग्रामस्वराज्य, स्वावलम्बन आदि नीतियों को भारतीय राष्ट्र-निर्माण का आधार माना था। हालाँकि गांधी के सहयोगियों को (भारतीय राष्ट्रीय कांग्रेस के नेतृत्व को) राष्ट्र-राज्य के विकल्प की तलाश की आवश्यकता नहीं थी।

साम्यवादी क्रान्ति में यह प्रतिज्ञा थी कि राष्ट्र-राज्य समाप्त कर दिए जाएँगे, शासक बनने के बाद मजदूर वर्ग अन्तरराष्ट्रीय इकाई होगा। यह आशा न सोवियत रूस में, न चीन में पूरी हुई। कम्युनिस्ट सरकारों के बन जाने के बाद इन देशों का राष्ट्र-राज्य वाला तेवर तीव्रतर हुआ और रूस-चीन के बीच तथा चीन-वियतनाम के बीच संघर्ष का दौर शुरू हो गया; पूर्वी यूरोप के साथ सोवियत रूस ने उपनिवेश की तरह व्यवहार किया। इसी तरह सारी दुनिया में राज्यों का स्वरूप राष्ट्र-राज्य का हो गया।

यूरोपीय मूल के जनसमूहों के भौतिक तथा सांस्कृतिक विकास के लिए राष्ट्र-राज्य अत्यन्त उपयोगी रहा। साम्राज्यवादी विस्तार जब कुछ अरसे तक स्थिर ढंग से चलता है, तब साम्राज्यवादी देश में भौतिक के साथ-साथ सांस्कृतिक विकास भी होता है—इसके उदाहरण इतिहास में भरे पड़े हैं। राष्ट्र-राज्य में साम्राज्यवादी तत्त्व अन्तर्निहित है। इसलिए महाशक्ति, उपमहाशक्ति या क्षेत्रीय महाशक्ति बनना हमारे समय में राष्ट्रों की सफलता का लक्षण माना जाता है। जो देश महाशक्ति या उपमहाशक्ति नहीं बनेंगे, वे उपनिवेश की स्थिति में रहेंगे, और साम्राज्यवादी देशों का उन पर आर्थिक या राजनैतिक या दोनों प्रकार का नियंत्रण रहेगा। यह राष्ट्र-राज्यों की विश्व-व्यवस्था है। इसको गति प्रदान करनेवाला आधुनिक विकास है। आधुनिक विकास के दर्शन में भौतिक विकास

यानी आर्थिक समृद्धि की कोई सीमा नहीं होती है, धन की कोई सीमा नहीं मानी जाती है, तो सत्ता की सीमा कैसे मानी जाएगी ?

यानी आधुनिक सभ्यताओं में अन्तहीन समृद्धि और असीम सत्ता की अनुमति है—कम से कम अवधारणा के स्तर पर। हिटलर और अमेरिका उसी से उत्पन्न होते हैं। जो सत्ता हिटलर ने प्राप्त करनी चाही या जिस धन और सत्ता को अमेरिका प्राप्त करना चाहता है, वह आज की सभ्यताओं का कोई आकस्मिक भटकाव नहीं बल्कि तार्किक परिणति है। ऐसा भी नहीं कि इराक पर आक्रमण के बाद हमें इस सत्य का इलहाम हो रहा है। द्वितीय विश्व युद्ध के शुरू से गांधीजी ने बार-बार कहा कि दोनों खेमों में समर्थन योग्य कोई भी नहीं है। ब्रिटेन-अमेरिका वाला खेमा लोकतांत्रिक नहीं है। जो अन्य देशों के लोकतांत्रिक अधिकारों को कुचलता है वह भला लोकतांत्रिक कैसे हो सकता है? निश्चय ही लोकतंत्र की अवधारणा आधुनिक यूरोप की देन है; लेकिन औद्योगिक राष्ट्र-राज्य में सही लोकतंत्र की स्थापना नहीं हो सकती है। यह गांधी का दुविधाविहीन विचार था, जो 21वीं सदी में सोचनेवालों के लिए प्रामाणिक साबित हो रहा है। ब्रिटेन, अमेरिका या भारत में लोकतंत्र का वह ढाँचा प्रचलित है, जिसका विकास साम्राज्यवादी राष्ट्र-राज्य में हुआ था। इसलिए हम जब किसी देश को (उदाहरण स्वरूप अमेरिका को) साम्राज्यवादी कहते हैं और उसकी शासन व्यवस्था को लोकतांत्रिक कहते हैं, तब हमें एक विरोधाभास का पता नहीं लगता है। हम इस विरोधाभास को तभी समझते हैं, जब नोम चोम्स्की जैसे लेखक अमेरिकी लोकतंत्र के खोखलेपन को उजागर कर देते है। विडम्बना यह है कि चोम्स्की भी इस लोकतंत्र विहीनता के मूल कारणों को समझ नहीं पाते हैं। वे इतना कहकर सन्तुष्ट हो जाते हैं कि अमेरिका का लोकतंत्र एक धोखा है। जहाँ सत्ता का अत्यधिक केन्द्रीकरण है वहाँ दूसरों के अधिकारों पर अमल नहीं हो पाता है। जैसे-जैसे अर्थव्यवस्था में अधिक से अधिक टेक्नोलॉजी का इस्तेमाल होता है, राज्यसत्ता का केन्द्रीकरण भी शुरू हो जाता है और राज्य के बाहर के संसाधनों और बाजार पर नियंत्रण की जरूरत होने लगती है। साम्राज्यवादी होना, महाशक्ति होना इसीलिए जरूरी हो जाता है। हाल के दिनों में *इंडिया टुडे* पत्रिका ने बिल क्लिंटन, अलवीन टफलर आदि महानुभावों को इलेक्ट्रॉनिक परदे पर बुलाकर एक परिचर्चा चलाई थी, जिसका विषय था, 'भारत : महाबलि बनेगा या बौना ?' *इंडिया टुडे* की सोच बिलकुल आधुनिक है। वह जानती है कि भारत महाबलि नहीं बनता है तो बौना ही रहेगा। आधुनिक विकास को अपनानेवाले किसी विकासशील देश की यही नियति है। राष्ट्र-राज्य को गति देनेवाले दो नियामक तत्त्व हैं : (क) अनन्त विकास की सम्भावना से प्रेरित करनेवाली टेक्नोलॉजी और (ख) सम्प्रभुता की अवधारणा। यहाँ हम सम्प्रभुता की बात करेंगे।

इराक पर अमेरिकी हमले की वैधता को किसी राष्ट्र ने अपने व्यवहार के द्वारा चुनौती नहीं दी है। चुनौती देने का एक ही उपाय था। कई देश मिलकर या एक ही देश अमेरिका के विरुद्ध बहिष्कार की घोषणा करता; जिस तरह भारत और पाकिस्तान

के परमाणु बम परीक्षण की घटना पर अमेरिका ने एक बहिष्कार की घोषणा की थी तथा इन देशों में पूँजीनिवेश बन्द कर दिया था। अमेरिका से व्यापारिक सम्बन्ध तोड़ देना ही उसका बहिष्कार होता। संयुक्त राष्ट्र संघ के माध्यम से कार्रवाई चलाना दूसरा कदम होता। उपरोक्त उपायों को न अपनाने का मतलब है अमेरिकी हमले को वैधता प्रदान करना।

अमेरिका से स्वतंत्र होकर एक महाशक्ति बनने का विचार यूरोप में बहुत पहले से, सोवियत रूस के विघटित होने के पहले से है। सोवियत-विघटन के बाद यह कोशिश ठोस हुई है। यूरोपीय संघ की स्थापना, 'यूरो' मुद्रा का प्रचलन उसी दिशा में उठाए गए कदम हैं। इराक के सम्बन्ध में फ्रांस, जर्मनी और रूस के अमेरिका से मतभेद को लेकर कई विश्लेषकों को लगा कि दो ध्रुवीय विश्व की ओर बढ़ने की सम्भावना उज्ज्वल है। दो ध्रुवीय विश्व साम्राज्यवाद का प्रतिकार नहीं है, न राष्ट्र-राज्य पर रोक है। यह सिर्फ सन्तुलन या महाशक्ति-सन्तुलन है। आज अगर सोवियत रूस होता तो इराक पर अमेरिका हमला नहीं करता—ऐसा सोचना ठीक है। लेकिन यह भी तो हो सकता था कि अरब देशों के तेल-स्रोतों के बँटवारे का कोई समझौता महाशक्तियों के बीच हो जाता। यह सोचना होगा कि आखिर एक महाबलि क्यों समाप्त हो गया और एक महाबलि रह गया? इसके दो बुनियादी कारण थे : (क) सोवियत रूस का साम्राज्यवादी आधार नहीं बढ़ रहा था; बल्कि पूर्वी यूरोप में घट गया था। (ख) सोवियत रूस का वैचारिक आधार (राष्ट्र-राज्य का क्षय, अधिक समानता, बेहतर लोकतंत्र आदि) अविश्वसनीय हो चला था। यूरोप को अमेरिकी खेमे से स्वतंत्र होने के लिए यह दिखना होगा कि यूरोप एकताबद्ध है और उसका साम्राज्यवादी आधार अमेरिका के साम्राज्यवादी आधार के साथ संयुक्त नहीं है। एक भिन्न वैचारिक आधार भी चाहिए। अमेरिका से प्रतिस्पर्धा करनेवाले को हर हालत में संयुक्त राष्ट्र संघ को एक सक्रिय मंच बनाना पड़ेगा। राष्ट्र संघ की संस्थाओं को अधिक लोकतांत्रिक बनाने की कोशिश होगी तो विकासशील देशों का अच्छा-खासा समर्थन मिल जाएगा। इराक के पुनर्निर्माण के सवाल को लेकर राष्ट्र संघ की भूमिका के लिए फ्रांस और जर्मनी कितना अडिग रहते हैं, यह भी देखना है। राष्ट्र संघ की भूमिका को प्रभावी बनाने के लिए उसमें कुछ संस्थागत परिवर्तन करने पड़ सकते हैं। इराक के पुनर्निर्माण का अधिकार अगर ब्रिटेन, अमेरिका तक सीमित नहीं होना चाहिए तो ब्रिटेन-अमेरिका के साथ फ्रांस, जर्मनी और रूस का नाम जोड़ देने से भी कोई गुणात्मक परिवर्तन नहीं हो जाता है। पुनर्निर्माण के सवाल के अलावा एक अति महत्त्वपूर्ण सवाल है कि भविष्य में इराक जैसी स्थिति उत्पन्न होने पर राष्ट्र संघ क्या करेगा, और यूरोपीय संघ क्या करेगा ? अगर गुट-निरपेक्ष सम्मेलन जीवित होने का दावा करता है तो उसको भी इस प्रश्न का उत्तर देना पड़ेगा। किसी भी विकासशील देश के लिए यह अस्तित्व रक्षा और विनाश का प्रश्न है।

सम्प्रभुता एक आधुनिक पश्चिमी अवधारणा है, जैसा कि लोकतंत्र भी एक आधुनिक पश्चिमी अवधारणा है; दोनों में बुनियादी अन्तर्विरोध है। यूरोप के सामन्ती

युग में हो या एशिया की प्राचीन सभ्यताओं में हो, शासकों की निरंकुशता का प्रचलन था। 'वीर भोग्या वसुन्धरा' एक सामन्ती कहावत है। लेकिन औद्योगिक क्रान्ति के पहले अधिकांश स्थानों और कालखंडों में राज्य की सत्ता सीमित थी। समाज, राज्य से बहुत बड़ा था। सम्प्रभुता की कोई कानूनी परिभाषा नहीं थी। पासपोर्ट और वीसा का प्रचलन नहीं था। धर्म के सामने राज्य को बार-बार झुकना पड़ता था। गाँव जैसी छोटी इकाई की स्वायत्तता थी जो कानून के द्वारा प्रदत्त नहीं थी, बल्कि स्वयंसिद्ध थी। समुद्री लुटेरों को यूरोपीय राजाओं के द्वारा सम्मानित करने के पहले धन की प्रतिष्ठा अपने आप नहीं हो जाती थी। राष्ट्र-राज्यों के उदय, यूरोपीय राज्यों का भौगोलिक विस्तार और आधुनिक टेक्नोलॉजी की शुरुआत, इनके संयोग से साम्राज्य तथा सम्प्रभुता के विचार पुष्ट होने लगे। हीगल यूरोप का एक श्रेष्ठ दार्शनिक है, जिसके दर्शन से कार्ल मार्क्स प्रभावित था। राज्य के सम्बन्ध में हीगल जैसा विचार कई दार्शनिकों का था जो 'आदर्शवादी' कहलाते थे। लेकिन हीगल के एक महान विचारक होने के कारण उसकी शब्दावली का अधिक प्रभाव था। उसने राज्य को ईश्वरीय दर्जा प्रदान किया। मनुष्य का जो कुछ अच्छा है वह राज्य के माध्यम से प्राप्त है। राज्य की सम्प्रभुता शर्तशून्य है, जो वास्तविक है वही तर्कसंगत है।...इसी तरह हीगल ने राज्य को महिमामंडित किया।

इस प्रकार के दार्शनिक विचारों से सम्प्रभुता की विधिशास्त्रीय अवधारणा पुष्ट हुई जो आधुनिक शिक्षित मनुष्य की चेतना में संस्कार के तौर पर बैठ गई है। यह सचमुच एक विचित्र अवधारणा है। किसी भी दूसरी पार्थिव इकाई के इस प्रकार की सम्पूर्ण, शर्तविहीन सत्ता से लैस होने की कल्पना नहीं की गई है। यह राज्य केवल देश के अन्दर सर्वशक्ति सम्पन्न नहीं है, देश के बाहर भी वह मनमानी कर सकता है। देश के बाहर अपने सैन्यबल की क्षमता के अनुसार और देश के भीतर पुलिसबल की क्षमता के अनुसार वह जो मर्जी कर सकता है। इसी से यह बात समझ में आएगी कि सोवियत रूस के विघटित हो जाने के बाद भी अमेरिका अपनी सैन्यशक्ति क्यों बढ़ाता जा रहा है। कितनी सैन्यशक्ति होने पर, विध्वंस की कौन-सी प्रौद्योगिकी के ईजाद होने पर समूचे विश्व पर उसकी सत्ता कायम हो सकेगी, और संसार का समूचा आर्थिक संसाधन उसी के नियंत्रण में हो जाएगा !

ऐसा नहीं है कि सम्प्रभुता की वैकल्पिक मान्यताएँ नहीं हैं या लोकतंत्र और बहुलतावाद के विचारक पश्चिम में नहीं हुए हैं। लेकिन आधुनिक औद्योगिक राज्य की आकांक्षाओं के साथ निरंकुश, शर्तविहीन सम्प्रभुता का विचार ज्यादा अनुकूल पड़ता है। वैसे तो व्यक्तिवाद आधुनिक सभ्यता की ही उपज है। लेकिन यह व्यक्तिवाद इतना भौतिकवादी है कि राज्यशक्ति के माध्यम से दुनियाभर की सुख-सुविधा प्राप्त करने का लोभ उसमें निहित रहता है। एक औसत व्यक्तिवादी नागरिक अपने राज्य द्वारा अन्य देशों के शोषण को आसानी से माफ कर देता है।

द्वितीय विश्वयुद्ध के बाद राष्ट्र-राज्य की अवधारणा पर बहुत चर्चा हुई है। चर्चाओं में राष्ट्र-राज्य को नकारा भी जाता है। लेकिन राष्ट्र-राज्य को नकारने का कोई खास

मतलब होता नहीं है। सवाल है सत्ता को परिभाषित करने और मर्यादित करने का। यह तब होगा जब राष्ट्र-राज्य के अधिकार क्षेत्र को, गाँव के अधिकार क्षेत्र के मुकाबले चिह्नित किया जाएगा और नागरिक चेतना की मान्यताएँ स्थापित होंगी। राष्ट्र या राज्य या राष्ट्र-राज्य का लोप इच्छा करने से नहीं हो जाएगा। विविध सत्ताओं के सहअस्तित्व के ढाँचे में ही प्रत्येक सत्ता मर्यादित होगी। संघवाद एक महत्त्वपूर्ण अवधारणा थी जो राज्य और केन्द्र के दो स्तरीय ढाँचे में सिमट गई। गाँव, पड़ोस, विश्व इन आयामों पर सत्ता का वितरण कठिन समस्या बनी हुई है। साम्यवादियों ने राज्य के विलोप के सिद्धान्त को एक अगम्भीर विषय बना दिया, मानो इसके लिए कुछ करना ही नहीं होगा, सोचना ही नहीं होगा। सर्वहारा का सर्वशक्ति सम्पन्न राज्य एक दिन अपने आप विलुप्त हो जाएगा। राज्यसत्ता लुप्त होने के पहले उसको विकेन्द्रित करना होगा—इसके प्रति उनका ध्यान नहीं गया।

इराक युद्ध के बाद विकासशील देशों की सेनाएँ अप्रासंगिक हो गई हैं। धनी शक्तिशाली देशों के आक्रमण से अपने राष्ट्र की प्रतिरक्षा वे नहीं कर सकती हैं। उनकी सेना का उपयोग सिर्फ कमजोर पड़ोसियों पर हो सकता है। इराक हो चुका है, तो देर-सबेर विकासशील प्रतिरक्षा के लिए प्रतिरक्षा की अवधारणा को बदलना पड़ेगा। प्रतिरक्षा की एक अन्तरराष्ट्रीय रणनीति बनानी पड़ेगी। अन्ततोगत्वा असहयोग और अहिंसा का तरीका विकसित करना होगा। आत्मघाती सेना कोई अलग चीज नहीं है क्योंकि युद्ध की सेना हमेशा आत्मघाती होती है। आत्मघाती सेना के बजाय अहिंसक सेना के बारे में सोचा जा सकता है। इराक युद्ध के बाद यह हवाई कल्पना नहीं रह गई है। इसकी आवश्यकता भावी मनुष्य को है।

(2003)

गोलीकांड रुकें तो कैसे

यह सोचकर अजीब लगता है कि जनता पार्टी का चुनाव घोषणापत्र सत्याग्रह को संघर्ष का वैध तरीका मानता है लेकिन उसकी सरकार की पुलिस शान्तिपूर्ण भीड़ पर भी गोली चलाती है। वह शान्तिपूर्ण भीड़ और हिंसक भीड़ में फर्क नहीं करती। मन में तुरन्त एक सवाल उठता है—4 नवम्बर 1974 को कांग्रेस की पुलिस ने जयप्रकाश नारायण पर लाठी चलाई थी, क्या अब ऐसा कोई कायदा-कानून जनता पार्टी की पुलिस के लिए है कि वैसी स्थिति में वह गोली नहीं चलाएगी ?

गोलीकांड शासन और प्रशासन की चरम असफलता का द्योतक है। कांग्रेस शासन के आखिरी दिनों में प्रशासन और कानून की व्यवस्था इतनी अवास्तविक हो चुकी थी कि आतंक और मीसा कानून प्रशासन का सामान्य अंग हो गया था। अपराध का प्रमाण देने में जब पुलिस अक्षम हो जाती है तब मीसा का इस्तेमाल करती है। जब जन-असन्तोष की सुनवाई करने या उसको दूर करने की शासन में इच्छा-शक्ति नहीं रह जाती है तो लाठी और गोली ही असन्तोष के दमन का 'कारगर' उपाय रह जाता है।

एक हद तक जनता पार्टी कांग्रेस की गलतियों की उत्तराधिकारी है। लेकिन कुछ समय बाद यह कारण नहीं रह जाता, बहाना बन जाता है क्योंकि अगर कोई नई सरकार चीजों को बदलना चाहती है तो शुरुआत के दिन ही बदलाव शुरु करने के लिए सबसे अनुकूल होते हैं। इसलिए जनता पार्टी को यह सलाह और चेतावनी है कि आतंक, धमकी, गोलीकांड के सहारे चल रहे प्रशसान की पद्धति को तुरन्त बदले।

इस प्रकार के प्रशासन के पीछे कुछ गलत मान्यताएँ होती हैं। अंगरेज हम पर शासन करते थे तो वे हम लोगों से अलग थे। उनका रंगरूप, रहन-सहन तो अलग था ही, उनके आवास के इलाके भी अलग थे। आज भी वही आवास के अलग इलाके चले आ रहे हैं। राज्यपाल, मंत्रियों, विधायकों के आवास के इलाके जनता से अलग हैं। यह अलगाव लोगों से उनकी दूरी बढ़ाता ही जाता है। इसे समाप्त किया जाना चाहिए।

जो पार्टी या सरकार बुनियादी परिवर्तन को देश की जरूरत मानती है, उसके लिए जन-असन्तोष एक सहारा होना चाहिए क्योंकि उससे बुराई का पता लग सकता है। बुराई को मिटाने के लिए जन-असन्तोष से बल प्राप्त किया जा सकता है। लेकिन जब

शासक जनता से अपने को अलग समझते हैं तो उन्हें आम आदमी का जीवन छोटा लगने लगता है। वे आम आदमी के असन्तोष को समझ नहीं पाते। वे कहते हैं 'लोग जरूर दुष्ट हैं नहीं तो क्यों असन्तुष्ट होते ?' इसी को राजनैतिक रूप देकर शासक कहता है, "मेरे विरोधी, मेरे शत्रु मुझे गद्दी से हटाने के लिए लोगों को बहका रहे हैं।"

कितनी मूर्खतापूर्ण ये बातें हैं ? शासक भूल जाते हैं कि लोकतंत्र में विरोधी दलों को असन्तोष मुखर करने का अधिकार रहता है। अगर जनमानस में असन्तोष नहीं हो तो विरोधी दल और विरोधी नेता लाख कोशिश करके भी उसे आन्दोलित नहीं कर सकते। बेईमान विरोधी नेता समस्या को गलत व विकृत रूप से पेश करने को कोशिश करेगा लेकिन सरकार यदि असन्तोष को समझ लेगी और उसका हल करना चाहेगी तो जन-असन्तोष उसके लिए बाधक नहीं रहेगा। यह अंगरेज की साम्राज्यवादी विरासत है कि प्रशासन जन-असन्तोष को अपना दुश्मन समझता है।

पुलिस और प्रशासन की सारी व्यवस्था इसीलिए बनाई गई है कि समस्याओं और असन्तोष का पता लगाकर उनका हल करे। अरबों रुपयों का बजट इसीलिए बनता है। मंत्री, अफसर और दारोगा को मोटर-मकान-भत्ता इसीलिए दिया जाता है कि लोगों के असन्तोष का पता लगाएँ और उसे दूर करें। इसलिए अगर जन-असन्तोष उभरता रहता है और उत्तेजना बढ़ने लगती है तो वह इस बात का प्रमाण है कि प्रशासन अपना काम नहीं कर रहा है।

कहीं भी गोलीकांड होता है तो कम-से-कम उसके एक-डेढ़ दिन पहले उत्तेजना दिखाई देती है। कहीं-कहीं हफ्तों पहले असन्तोष उभरकर आ जाता है। तो इतने समय के अन्दर प्रशासन ने क्या किया ? बड़हिया में गोलीकांड के तीन दिन पहले से, कानपुर में गोलीकांड के दो सप्ताह पहले से वेतन न मिलने के कारण उत्तेजना थी, सीतामढ़ी में छात्रों को मिट्टी का तेल न मिलने के कारण अशान्ति हो चुकी थी। इस बीच प्रशासन ने असन्तोष को समझकर उसको दूर करने के लिए क्या किया ? इतनी बड़ी कपड़ा मिल में समय पर वेतन न मिले, उस पर एक बार उत्तेजना हो जाने के बाद भी सरकार और मालिक कुछ न करें तो कुछ भी हो सकता है, कुछ भी बिगड़ सकता है। तो ऐसी हालत में स्थिति के बदतर होने के लिए स्थानीय प्रशासन और अधिकारियों को जिम्मेदार ठहराना चाहिए। कहीं भी गोलीकांड होने पर सबसे पहले वहाँ के जिलाधिकारी और मुख्य पुलिस अधिकारी को जिम्मेदार बनाना चाहिए। गोलीकांड को उनकी पदोन्नति के खिलाफ एक सबूत मानना चाहिए। स्थानीय अधिकारी को तत्काल मुअत्तल कर देना चाहिए। अगर यह कायदा अपनाया जाएगा तो कोई जिलाधिकारी या पुलिस अधिकारी गोलीकांड तक स्थिति को बढ़ने नहीं देगा।

एक असभ्य कायदा अभी भी चल रहा है—लाठी चार्ज या गोली से जो जख्मी होते हैं उन्हें सबसे पहले अपराधी समझा जाता है, उनको अस्पताल न ले जाकर उनके विरुद्ध मामला दायर करने की कार्यवाही पुलिस शुरू कर देती है। इस बर्बर कायदे को तुरन्त खत्म करना चाहिए। इसके डर से जख्मी अक्सर अस्पताल जाने से कतराते हैं। जब

तक कि रेड क्रास या नागरिक प्रतिनिधियों को दिखाया न जाए तब तक लाशों को ले जाने का अधिकार तो पुलिस को बिलकुल नहीं होना चाहिए, फोटो लेनेवालों का कैमरा छीनकर पुलिस अक्सर अपने खिलाफ प्रमाण नष्ट करती है। इसे दंडनीय मानना चाहिए।

आखिरकार प्रशासन की गलतियों को रोकने के लिए प्रशासन के अधिकारियों को ही जिम्मेदार ठहराना होगा। भ्रष्टाचार, ज्यादतियों और अन्याय की इतनी अधिक घटनाएँ सामने आती हैं, दोषी भी चिन्हित हो जाते हैं लेकिन कभी दंडित नहीं होते। इससे प्रशासन पर से लोगों का विश्वास उठने लगता है और अधिकारी ज्यादा मनमानी और लापरवाही करने लगते हैं। पिछले दिनों जितने भी गोलीकांड हुए उनमें पुलिस या प्रशासन ने किसी पुलिस के आदमी के मारे जाने का दावा नहीं किया है। ऐसी स्थिति में बिना न्यायिक जाँच किए ही मान लेना चाहिए कि पुलिस ने बिना वजह गोली चलाई है।

भीड़ और प्रदर्शन का शान्तिपूर्ण ढंग से मुकाबला करने के लिए पुलिस को विशेष प्रशिक्षण देना चाहिए। जहाँ अशान्ति हो, उत्तेजना हो, वहाँ शान्ति के लिए जो भी कोशिश करेगा उसे जोखिम उठानी ही पड़ेगी, वह पुलिस हो या समाजसेवी या नागरिक। पुलिस के लोग अगर खुद जख्मी होकर भी भीड़ को शान्त करते हैं तो उसको कर्तव्य-पालन माना जाए, उस बहादुरी की तारीफ होनी चाहिए, पुरस्कार भी मिलना चाहिए। जिन अधिकारियों के चलते गोली से लोग मरते हैं, उनकी पदोन्नति पर रोक लगनी चाहिए। ऐसे नियम बनाए बिना न्यायिक जाँच का कोई अर्थ नहीं रह जाता है।

हथियारबन्द भीड़ का सामना करने के लिए हम बिना लाठी-बन्दूक की पुलिस की बात नहीं कहेंगे। उसके लिए सशस्त्र पुलिस की जरूरत होगी। लेकिन पथराव या आगजनी करनेवाली भीड़ इससे भिन्न है। पुलिस के दुर्व्यवहार और ज्यादती से शान्तिपूर्ण भीड़ और देखनेवाले भी उत्तेजित होकर पथराव और आगजनी करने लगते हैं। अगर पथराव और आगजनी को गोली चलाने का पर्याप्त कारण माना जाएगा तो पुलिस अपने दलालों द्वारा ऐसा काम करवाएगी। ऐसा बहुत बार हो भी चुका है। अगर भीड़ किसी को मार डालती है जिससे गोली न चलाने पर और भी जानों के जाने का खतरा हो तभी गोली चलाए जाने का आदेश दिया जाना चाहिए। भीड़ को भगाने के लिए जानलेवा गोली के बदले रबर या प्लास्टिक की गोली की बात बिहार आन्दोलन में उठी थी, इसलिए इस आन्दोलन के गर्भ से जनमी सरकार उस पर अमल करे।

हिंसक भीड़ के सम्बन्ध में यह कहना जरूरी है कि अगर गोली चलानेवाली पुलिस या सरकार के लिए हिंसक या शान्तिपूर्ण प्रदर्शन या घेराव में फर्क कोई महत्त्व नहीं रखता तो हिंसा विरोधी तर्क हमेशा कमजोर पड़ेगा। अगर यह मान भी लिया जाए कि कानपुर में मजदूरों का घेराव हिंसक था तो क्या फर्क पड़ता है ? बड़हिया में प्रदर्शनकारी शान्त थे, सरकार तक ने उन्हें 'हिंसा पर उतारू' नहीं कहा है, फिर भी इतनी जानें गईं।

फिर भी हिंसा में विश्वास करनेवाले क्रान्तिकारी साथियों से हम यह बहस चलाना

चाहते हैं कि ठीक ढंग से सोचकर तय करें कि कब और कहाँ हिंसा उपयोगी है। उनको यह भी निर्णय करना पड़ेगा कि क्या वे बुर्जुआ लोकतंत्र और फ़ासीवादी तानाशाही दोनों को समान समझते हैं ? या क्रान्ति के संगठन के लिए नागरिक अधिकार युक्त बुर्जुआ लोकतंत्र को अधिक अनुकूल ? अगर बुर्जुआ लोकतंत्र के नागरिक अधिकार वाले ढाँचे को क्रान्ति के प्रसार और संगठन के लिए अधिक अनुकूल मानते हैं तो ऐसी रणनीति अपनानी पड़ेगी जिससे लोकतांत्रिक मूल्यों को ताकत मिले। इसके लिए यह प्रश्न विचारणीय बन जाता है कि शान्तिपूर्ण संघर्ष की रणनीति क्रान्ति का वातावरण बनाने और क्रान्ति की शक्तियों को जगाने के लिए अधिक अनुकूल होगी या नहीं। ऐसा सोचनेवाले जनता पार्टी की सरकारों की गोलीबारी की अधिक कारगर ढंग से निन्दा कर सकेंगे क्योंकि उसके चुनाव घोषणापत्र में सत्याग्रह को वैध संघर्ष माना गया है। सत्याग्रह को वैध संघर्ष माननेवाला अगर हिंसक और शान्तिपूर्ण प्रदर्शन में फर्क न करें, तो बेईमानी का कोई अन्त नहीं है।

अतः नियम और कानून के तौर पर जनता पार्टी की सरकार को निम्नलिखित सूत्रों के आधार पर एक आचरण-शास्त्र बनाना होगा—(1) जन-असन्तोष से उत्तेजना पैदा होकर अगर गोलीकांड की स्थिति बनती है तो वह प्रशासन की अक्षमता मानी जाएगी। जन-असन्तोष को लोकतंत्र की एक स्वाभाविक प्रक्रिया माना जाएगा (2) जहाँ भी गोलीकांड में लोग मारे जाएँगे, वहाँ के अधिकारियों को अयोग्य माना जाएगा और सम्बन्धित स्थानीय अधिकारियों को मुअत्तल किया जाएगा। (3) शान्तिपूर्ण और हिंसक भीड़ में फर्क किया जाएगा। पथराव और आगजनी मात्र से प्रदर्शन को हिंसक घोषित नहीं किया जाएगा। जब तक भीड़ पुलिस या प्रशासन के किसी कर्मचारी को जान से नहीं मारती तब तक गोली चलाना अनुचित माना जाएगा। (4) प्रदर्शनकारियों और उत्तेजित व अशान्त भीड़ से कैसे मुकाबला किया जाए, इसके लिए पुलिस को विशेष प्रशिक्षण देना होगा। (5) इन सबसे भी ज्यादा महत्त्वपूर्ण काम यह होगा कि शासन और जनता के बीच अलगाव खतम करने के लिए, प्रशासन और नागरिक के बीच विश्वास का सम्बन्ध बनाने के लिए व्यापक और बुनियादी कदम उठाने होंगे।

(जनवरी, 1978)

खंड-4

भ्रष्टाचार, राजनीति और प्रशासनिक सुधार

- भ्रष्टाचार की एक पड़ताल
- भ्रष्टाचार की बुनियाद कहाँ है ?
- असहाय सत्य
- तहलका से उठे सवाल
- राजनीति में नैतिकता के सूत्र
- राजनीति में मूल्य
- राजनीति और अपराध के घालमेल का सच
- प्रशासनिक सुधार की चुनौती

भ्रष्टाचार की एक पड़ताल

आजादी के बाद से सबसे अधिक चर्चा का विषय भ्रष्टाचार है। गरीबी, बेरोजगारी, महँगाई, सीमा सुरक्षा या क्रिकेट से भी अधिक चर्चा का विषय भ्रष्टाचार है। देश का कोई भी वर्ग नहीं है जो इससे विचलित नहीं है। फिर भी हमारे बुद्धिजीवियों ने इसको एक खोज का विषय, सामाजिक चिन्तन का विषय नहीं बनाया। जानकार व्यक्तियों से हमने पूछा कि इस विषय पर लिखी गई किसी किताब का नाम बताएँ। उन्होंने कहा कि ऐसी कोई किताब नहीं है जो भ्रष्टाचार की व्यापकता और उसके कारण तथा प्रतिकार से सम्बन्धित हो। एक-दो किताबें हैं (ज्यादा भी हो सकती हैं) जिनमें भ्रष्टाचार की घटनाओं का विवरण है; विभिन्न जाँच आयोगों की रपटों पर ये किताबें आधारित हैं। प्रशासनिक सुधार के उद्देश्य से एक संथानम आयोग नियुक्त हुआ था। प्रशासनिक दायरे में लिखी गई यह रिपोर्ट अभी तक भ्रष्टाचार के सम्बन्ध में सर्वाधिक प्रसिद्ध दस्तावेज है। इसी तरह बाद के दिनों की बोहरा कमेटी की रिपोर्ट है।

भारत पर लिखनेवाले विदेशी बुद्धिजीवियों को हमने ढूँढ़ा तो एक दशक पहले लिखा गया स्वीडेन के अर्थशास्त्री गुन्नार मिर्डल (अर्थशास्त्र में नोबल पुरस्कार विजेता) का विशाल ग्रंथ *एशियन ड्रामा* मिला। दक्षिण एशिया के राष्ट्रों की गरीबी और उसके कारणों को समझने के लिए ग्रंथ लिखा गया था। मिर्डल को हम यह श्रेय देते हैं कि भ्रष्टाचार की समस्या पर उन्होंने एक स्वतंत्र अध्याय लिखा है (अध्याय 20, भाग-2)। मिर्डल ने भी यह टिप्पणी की है कि भारत पर लिखनेवाले देशी-विदेशी बुद्धिजीवियों ने इस समस्या पर चिन्तन या विश्लेषण की कोई किताब नहीं लिखी है।

इस कमी का जो भी कारण मिर्डल की समझ में आया हो, हमारे लिए इसका एक कारण बहुत स्पष्ट है। भारतीय बुद्धिजीवियों ने नहीं लिखा है तो उसकी एक वजह यह है कि पश्चिमी बुद्धिजीवियों ने अभी तक भ्रष्टाचार की समस्या को एक विषय नहीं बनाया है और इस विषय पर सोचने का कोई तरीका पेश नहीं किया है। न ही किसी विदेशी संस्था ने इस विषय पर अनुसन्धान के लिए अनुदान दिया है। इन दिनों भारतीय अनुसन्धान का विषय काफी हद तक अनुदान देनेवाली विदेशी संस्थाओं द्वारा निर्धारित होता है। जहाँ तक विदेशी बुद्धिजीवियों द्वारा किताब न लिखने का सवाल है, आजकल

विदेशी बुद्धिजीवियों का जो हिस्सा एशिया के देशों पर किताब लिखता है, वह उच्च कोटि का नहीं होता। इन विदेशी बुद्धिजीवियों की दृष्टि में एशिया के लोग पश्चिम के लोगों से घटिया होते हैं, इसलिए भ्रष्टाचार जैसी चीजें उनके लिए स्वाभाविक हैं, पारम्परिक हैं। ये लोग 'विकास' को एक विशेष अर्थ में समझते हैं, और इस विकास के चलते अगर महँगाई, बेरोजगारी और भ्रष्टाचार जैसी समस्याएँ बढ़ने लगती हैं तो उन्हें विकास के लिए आवश्यक भी मानते हैं।

इस प्रकार के विदेशी बुद्धिजीवियों के मुकाबले में काफी ऊँचे दरजे का विचारक होने के बावजूद मिर्डल की दृष्टि बहुत साफ नहीं है, एक स्थान पर वह कहता है कि एशिया के देशों में भ्रष्टाचार की एक परम्परा है, इसी अध्याय के दूसरे स्थान पर कहता है कि यूरोप के देशों में काफी पहले इस पर काबू पा लिया गया है। ऐसी मान्यता के कारण मिर्डल कोई समाधान नहीं सुझा पाता है। लेकिन उसने भ्रष्टाचार को एक मौलिक समस्या का दरजा दिया है क्योंकि एशिया के देशों में राजनैतिक हलचल का और गद्दी पलटने का सबसे बड़ा मुद्दा यही है। यह तानाशाही के मार्ग को भी प्रशस्त करता है, आर्थिक क्षेत्र में भी इसका दुष्परिणाम निर्णायक होता है, विकास की योजनाओं का कार्यान्वयन सम्भव नहीं हो पाता है।

राजनैतिक दल और भ्रष्टाचार

राजनीतिक और आर्थिक दोनों क्षेत्रों में अवरोध पैदा करनेवाले इस सामाजिक रोग का निदान और प्रतिकार ढूँढ़ने का कोई गम्भीर प्रयास न होना मौजूदा भारतीय स्थिति का एक स्वाभाविक पहलू है। बुद्धिजीवी और राजनेता, दोनों एक सर्वग्रासी जड़ता के शिकार हैं। भ्रष्टाचार का मुद्‌दा पिछले कई महीनों से भारतीय राजनीति का सबसे गरम मुद्‌दा बना हुआ है। राजीव गांधी की गद्‌दी हिल गई है। इस मुद्‌दे को हथियार बनाकर सारा विपक्ष चुनाव लड़ेगा। लेकिन किसी दल की ओर से यह नहीं बताया जाता है कि भ्रष्टाचार मिटाने के लिए उसके पास क्या कार्यक्रम है ? कम्युनिस्ट राजनेता और बुद्धिजीवी यह कहकर छुटकारा पा लेते हैं कि क्रान्ति के द्वारा भ्रष्टाचार का उन्मूलन हो जाएगा। यह उस तरह की बात है जैसे कुछ लोग कहते हैं कि भ्रष्टाचार को मिटाने के लिए तानाशाही चाहिए।

जब कम्युनिस्ट चीन को भी भ्रष्टाचार बढ़ने की चिन्ता होने लगी और भारत में क्रान्ति होने के पहले ही कम्युनिस्टों ने राज्यों की सरकार सँभालने के लिए रणनीति बनाई है तो कम्युनिस्ट प्रवक्ताओं को भी क्रान्ति की सपाट बात न कहकर अधिक ब्यौरे में जाकर इस प्रश्न का उत्तर देना पड़ेगा।

जब तक भ्रष्टाचार के सामाजिक-आर्थिक कारणों के बारे में समझ पैदा नहीं होगी, तब तक यह सिद्धान्त प्रचलित रहेगा कि शासकों के व्यक्तिगत चरित्र को उन्नत करना ही भ्रष्टाचार निरोध का निर्णायक उपाय है। यही वजह है कि भ्रष्टाचार को मिटाने के

लिए जाँच और छापे मारने की कार्रवाइयों के अलावा दूसरे उपाय भी हो सकते हैं, यह बात लोगों के दिमाग में नहीं आती।

सबसे पहले यह समझना होगा कि भ्रष्टाचार का कारण न व्यक्ति है, न विकास है। अगर विकास के ढाँचे में भ्रष्टाचार का बढ़ना अनिवार्य है तो वह फिर विकास ही नहीं है। मनुष्य स्वभाव की विचित्रता में बुराइयाँ भी हैं, कमजोरियाँ भी हैं। मनुष्य स्वभाव में जिस मात्रा में बुराई होती है वह तो मनुष्य समाज में रहेंगी ही। उस पर नियंत्रण रखने के लिए सभ्यता में धर्म, संस्कृति, राज्यव्यवस्था आदि की उत्पत्ति हुई है। अगर उन पर नियंत्रण नहीं रह पाया तो धर्म, संस्कृति, राज्य, अर्थव्यवस्था—हरेक पर प्रश्नचिन्ह लग जाएगा। अगर प्रशासन और अर्थव्यवस्था सही है तो समाज में भ्रष्ट आचरण की मात्रा नियन्त्रित रहेगी। उससे राज्य को कोई खतरा नहीं होगा। उतना भ्रष्टाचार प्रत्येक समाज में स्वाभाविक रूप से रहेगा। परन्तु जब प्रशासन और अर्थव्यवस्था असन्तुलित है और सांस्कृतिक परिवेश भी प्रतिकूल है तब भ्रष्टाचार की मात्रा इतनी अधिक हो जाएगी कि वह नियंत्रण के बाहर होगा, उससे जनजीवन और राज्य दोनों के लिए खतरा पैदा हो जाएगा। इसी अर्थ में हम कहते हैं कि विकसित देशों में भ्रष्टाचार की समस्या नगण्य है। इसका मतलब यह नहीं है कि वहाँ भ्रष्टाचार की घटनाएँ नहीं होती हैं। उन देशों में भ्रष्टाचार राज्य और समाज के इतने नियंत्रण में है कि उसकी मात्रा खतरे की सीमा से ऊपर नहीं जाती।

यह भी समझना चाहिए कि 'बड़ा' और 'छोटा' भ्रष्टाचार एक जैसा नहीं होता है। जनसाधारण को यह सिखाया गया है कि छोटा चोर और बड़ा चोर दोनों एक हैं। कानून में भी वे दोनों एक नहीं हैं। भ्रष्टाचार की जिस घटना से राज्य और मानव समाज को अधिक हानि पहुँचती है उसे अक्षम्य अपराध माना जाना चाहिए। सत्ता में प्रतिष्ठित व्यक्तियों का भ्रष्टाचार अधिक हानिकारक होता है। रक्षक का भक्षक होना अधिक जघन्य है। सर्वोच्च पदों पर प्रतिष्ठित व्यक्तियों के गलत तौर-तरीकों को नीचेवाले लोग सहज ढंग से अपनाते हैं। इसीलिए नीचे के स्तर का भ्रष्टाचार अपेक्षाकृत कम दोषवाला होगा। इस आपेक्षिक दृष्टि को बगैर अपनाए हम भ्रष्टाचार की जड़ तक नहीं पहुँच पाएँगे। 1962 में राममनोहर लोहिया ने जब यह सवाल उठाया कि प्रधानमंत्री पर इतना अधिक तामझाम, फिजूल खर्च क्यों होता है ? तब देश के राजनेताओं और बुद्धिजीवियों ने इस सवाल को अप्रासंगिक मानकर या तो मखौल उड़ाया या चुप्पी साध ली। मंत्रियों का खर्च और उनकी नकल करनेवालों का खर्च इस दरम्यान बढ़ गया है। वर्तमान प्रधानमंत्री का फिजूल खर्च तो इतना बढ़ गया है कि अखबारवाले भी ताना कस रहे हैं। जो लोग लोहिया के आरोपों को बकवास या द्वेषपूर्ण कहते थे इस वर्ग के लोग भी प्रधानमंत्री, मंत्रियों और सांसदों की फिजूलखर्ची से चिन्तित हैं। लोहिया ने उन्हीं दिनों कहा था कि सर्वोच्च पद पर बैठे हुए आदमी का फिजूल खर्च तथा भोग-विलास पूरे समाज को भ्रष्ट बनाता है। अगर उसको हटाया नहीं गया तो उसके सहयोगियों में, नौकरशाहों में भोगवृत्ति बढ़ जाएगी।

फिजूलखर्ची और विलास

फिजूल खर्च या विलासी खर्च दिखाई देता है, उसका हिसाब किया जा सकता है। रिश्वत, गबन, सार्वजनिक धन की चोरी आदि के लिए विशेष प्रकार के अनुसन्धान और प्रमाणों की जरूरत होती है। भारत जैसे गरीब या पिछड़े देशों में भ्रष्टाचार की शुरुआत फिजूल खर्च और विलासी खर्च से होती है। शायद यह बात सारे मानव समाज के लिए सही होगी, लेकिन इस वक्त हम सिर्फ एशिया और अफ्रीका के देशों के लिए यह समाजशास्त्रीय-अर्थशास्त्रीय नियम बता रहे हैं कि जैसे-जैसे इन समाजों में आर्थिक गैर-बराबरियाँ, खासकर जीवन स्तर की गैर-बराबरियाँ बढ़ती जाएँगी, सामाजिक भ्रष्टाचार की मात्रा भी बढ़ती जाएगी। अगर आज के चीन में माओ के जमाने के चीन के मुकाबले में अधिक भ्रष्टाचार है तो कारण यह है कि आज का चीन गैर-बराबरियों को प्रोत्साहित कर रहा है। इन समाजों में एक विचित्र विरोधाभास है—इनकी अर्थनीति जितने किस्म के आराम और विलास का सामान निजी उपभोग के लिए उत्पादन या आयात की इजाजत दे रही है, वह किसके लिए ? सरकारी गजटी अफसर, विधायक, जज या मंत्रियों की जो तनख्वाह है या वकील, डॉक्टरों की आय पर जो टैक्स की व्यवस्था है, उस आय के अन्दर पाँच सितारा होटल, वातानुकूलित मकान आदि का उपभोग कैसे हो सकता है ? वेतनमान और बाजार में स्पष्ट विरोधाभास है। विलासिता-बाजार का यह दबाव है कि लोग अपने वेतनमान से दो गुना-दस गुना अधिक उपार्जन करें। विलासिता के बाजार को बन्द कर देना, कम-से-कम बीस साल के लिए विलास की सामग्रियों को समाज और बाजार से बहिष्कृत कर देना—एशिया और अफ्रीका के देशों में भ्रष्टाचार से मुक्ति का एकमात्र तरीका है। इसके बगैर सामाजिक, आर्थिक और राजनैतिक अनुशासन की परम्परा विकासशील देशों में बन नहीं पाएगी। औपनिवेशिक काल में यह अनुशासन खतम हो गया था। पुनः विकास के काल में इन समाजों को स्वस्थ बनाने के लिए सबसे पहले आर्थिक अनुशासन की जरूरत होगी।

खर्च पर टैक्स लगाने से खर्च रुकेगा नहीं। किसी को यह भ्रम नहीं होना चाहिए कि खर्च पर टैक्स लगाने का विचार एक प्रगतिशील विचार है। जनसाधारण को गुमराह करने के लिए बीच-बीच में इस प्रकार की चर्चाएँ चलाई जाती हैं। औपनिवेशिक प्रभाववाले समाज में खर्च रोकने का एक ही तरीका है कि खर्चीले सामान को समाज और बाजार से बहिष्कृत कर दो। यह एक आर्थिक नीति होगी, लेकिन यह सचमुच एक सामाजिक नीति है जो राजनीति, संस्कृति, अर्थव्यवस्था—हर क्षेत्र को सशक्त ढंग से प्रभावित करेगी। इस नीति को कारगर बनाने के लिए एक नई संस्कृति का प्रचार आवश्यक होगा। रूस और चीन में खर्च पर काफी रोक लगाई गई थी, क्रान्ति के बाद के अरसे में उनका जो भी विकास हुआ उसके पीछे खर्च रोकने की नीति का एक मौलिक योगदान है। शास्त्र और ग्रंथ लिखनेवालों ने अभी तक इसको महत्त्व

नहीं दिया है। कम्युनिस्टों ने इस नीति को दीर्घकाल तक स्थायी बनाने के लिए कोई संस्कृति पैदा नहीं की। मार्क्स ने एक नई मानव-सभ्यता का वायदा किया था, एक नई संस्कृति होगी जिसमें मनुष्य की प्रवृत्तियाँ भी बुर्जुआ समाज के मनुष्य से भिन्न होंगी। कम्युनिस्टों ने ऐसी एक संस्कृति बनाने की दिशा में कोई प्रयास भी नहीं किया। वे भौतिकवाद के दबाव में आकर अमरीकी नागरिक को आदर्श मानने लगे। रूस के बाद अब चीन भी कहता है कि हम इतने साल के अन्दर अमरीका के समकक्ष हो जाएँगे। जो आर्थिक बराबरी क्रान्ति के फलस्वरूप आई थी उसको भी नष्ट करने में रूस और चीन लगे हुए हैं; क्योंकि एक नया जीवन दर्शन, एक नई संस्कृति का निर्माण वे कर नहीं सके।

प्रशासनिक सुधार

प्रशासनिक सुधार भ्रष्टाचार रोकने के लिए दूसरे नम्बर पर आता है। फिर भी अगर मौलिक ढंग का सुधार हो तो काफी असरदार हो सकता है। राज्य मूलरूप से एक दंड व्यवस्था और सुरक्षा व्यवस्था है। जहाँ दंड और सुरक्षा विश्वसनीय नहीं रह जाती हैं वहाँ राज्य और उसके अनुशासन के प्रति आस्था कमजोर हो जाती है। अदालतों के द्वारा सजा देना दंड का स्थूल हिस्सा है। राज्य के प्रशासक अपना दायित्व निर्वाह करें और उसमें असफलता के लिए उत्तरदायी रहें—यह असल चीज है। आजादी के बाद के भारत में प्रशासकों का उत्तरदायित्व खतम होता गया है, जो प्रशासक एक विदेशी मालिक के सामने भय से जवाबदेही का निर्वाह करते थे, वे खुद अपने लिए शासन के नियम आदि बनाने लगे। आजादी के बाद प्रशासन का नया नियम बनाना इन्हीं पर छोड़ दिया गया और उन्होंने इस प्रकार का एक नौकरशाही का ढाँचा बनाया जिसमें जवाबदेही की कोई गुंजाइश ही नहीं है। कोई इमारत या पुल या बाँध बनाया है और बनने के एक साल बाद ढह जाता है—ऐसी घटनाएँ सैकड़ों होती रहती हैं। उसकी जवाबदेही के बारे में सर्वसाधारण को कुछ मालूम नहीं रहता है। इस प्रकार की असफलता या लापरवाही के लिए कोई प्रतिकार भारतीय शासन व्यवस्था में नहीं है। जनसाधारण के प्रति प्रशासक कभी भी जवाबदेह नहीं रहता है। गुलामी के दिनों में अपने विदेशी मालिकों के प्रति भारतीय प्रशासकों की जितनी वफादारी थी, अपने देश के जनसाधारण के प्रति अगर उसकी आधी भी रहती तो भ्रष्टाचार का एक स्तर खत्म हो जाता। लोकतंत्र में केवल राजनेता प्रशासकों को जवाबदेह नहीं बना सकता है क्योंकि लोकतंत्र में राजनेता और प्रशासकों का गठबन्धन भी हो जाता है। जनसाधारण को अधिकार रहे कि उसको सही समय पर, सही ढंग से कानून के मुताबिक प्रशासन मिले। अगर कोई पेंशन का हकदार है और अवकाश लेने के बाद दो साल तक उसको पेंशन नहीं मिलती है; किसानों को जल आपूर्ति नहीं हो रही है और उनसे सालों से जल कर लिया जा रहा है; किसी का बकाया सरकार पर है और सालों बाद उसे बिना सूद वापस मिलता है—ये सारी

हास्यास्पद घटनाएँ रोज लाखों लोगों के साथ होती रहती हैं। इसलिए आम आदमी के लिए लोकतंत्र का कोई मतलब नहीं है। विकसित देशों में लोकतंत्र हो या तानाशाही, आम आदमी इतना असहाय नहीं रहता है। इसका सम्पर्क लोकतंत्र या तानाशाही से नहीं है बल्कि प्रशासन प्रणाली से है। प्रशासन के स्तर पर किस प्रकार के सुधार भ्रष्टाचार निरोधक होंगे, उसके और कुछ उदाहरण हम नीचे दे रहे हैं।

पुलिस, मिनिस्टर, जज और वकील रोज करोड़ों की रिश्वत सिर्फ इसलिए लेते हैं कि अदालत समय से बँधी नहीं है। किसी अपराध में 100 रु. का जुरमाना है या दस दिन की सजा होनी है, उसके लिए 25 बार वकील को फीस देनी पड़ती है, छह महीने जेल में रहना पड़ता है। न्यायपालिका एक क्रूर मजाक हो गई है। यह कितनी विडम्बना है कि आम आदमी न्यायपालिका के नाम से आतंकित होता है—जबकि न्यायपालिका राहत की जगह है। निर्दोष आदमी ही अदालत से अधिक डरता है। अगर सिर्फ एक सुधार हो जाए कि न्यायालय में एक निश्चित समय के अन्दर फैसला होगा तो देर होने की वजह से होनेवाले भ्रष्टाचार में दो तिहाई कमी आ जाएगी। यदि जजों की संख्या दस गुनी भी अधिक कर दी जाए, तब भी राष्ट्र को कोई आर्थिक नुकसान नहीं होगा क्योंकि जिस समाज में न्याय होगा उसकी उत्पादन-क्षमता और उपार्जन-क्षमता भी बढ़ जाती है।

तबादला या ट्रांसफर प्रशासनिक भ्रष्टाचार का एक प्रमुख स्तम्भ है। तबादला कराने और रोकने के लिए बाबू से लेकर मंत्री तक सब रिश्वत लेते-देते हैं। तबादले की प्रथा ही एक औपनिवेशिक प्रथा है। प्रशासकों को जन विरोधी बनाने के लिए विदेशी शासकों ने इसका प्रचलन किया था। तबादला सिर्फ पदोन्नति या अवनति के मौके पर होना चाहिए। मध्यम और नीचे स्तर के कर्मचारियों की नियुक्ति यथासम्भव उनके गाँव के पास होनी चाहिए। अगर नियुक्ति गलत जगह पर नहीं हुई है तो तबादला दस साल के पहले नहीं होना चाहिए। बड़े अफसरों की नियुक्ति जहाँ भी हो, लम्बे समय तक होनी चाहिए ताकि उनके कार्यों का परिणाम देखा जा सके। अधिकांश निर्णय नीचे के कर्मचारियों और पंचायत जैसी इकाइयों के हाथ में होना चाहिए ताकि निर्णय की जिम्मेदारी ठहराई जा सके। गुलामी के दिनों में जब कलक्टर और पुलिस अफसर भी अंगरेज होते थे, गोरे लोग ही हर निर्णय पर अपना अन्तिम हस्ताक्षर करते थे—यही प्रथा अब भी चालू है। मामूली बातों से लेकर गम्भीर मामलों के हरेक विषय के लिए निर्णय की इतनी सीढ़ियाँ हैं कि गलत निर्णय की जिम्मेदारी नहीं ठहराई जा सकती है।

पिछले वर्षों में योग्य नौजवानों का समूह रिश्वत देनेवाला बन गया है। प्रथम श्रेणी में एम.एससी. पास करने के बाद सप्लाई इन्सपेक्टर की नौकरी पाने के लिए मंत्री और दलाल को रुपए देने पड़ते हैं। रिश्वत की रकम अक्सर बँधी रहती है। रोजगार के अधिकार को सांविधानिक अधिकार बनाकर इस रिश्वत को खतम किया जा सकता है। बेरोजगारी का भत्ता इसके साथ जुड़ा हुआ विषय है। इसकी माँग एक लम्बे अरसे से देश के नौजवानों की ओर से की जा रही है, फिर भी योजना आयोग या

विश्वविद्यालयों की ओर से अभी तक एक अध्ययन नहीं हुआ कि इसके अच्छे या बुरे परिणाम क्या होंगे, सरकार पर इसका कितना बोझ पड़ेगा इत्यादि। नौजवानों को भ्रष्टाचार का शिकार होने देना और बेकारी भत्ते को सांविधानिक बनाकर सरकारी खर्च बढ़ाना—इसमें से कौन बुराई कम हानिकारक है ? हो सकता है कि दोनों के परे कोई रास्ता दिखाई दे।

विकास और मूल्यवृद्धि

दृढ़ इच्छा के साथ समाधान ढूँढ़ने पर सैकड़ों तरीके निकल सकते हैं लेकिन इस वक्त आम आदमी के अलावा दूसरा कोई समूह भ्रष्टाचार मिटाने के लिए आतुर नहीं है। आम आदमी की आतुरता असहायता में व्यक्त होती है। राजनेता या बुद्धिजीवी समूह अगर आतुर होगा तो उससे उपाय निकलेगा। इस बढ़ते हुए अन्धविश्वास को खतम करना होगा कि भ्रष्टाचार विकास का एक अनिवार्य नतीजा है। विकासशील देशों के सारे अर्थशास्त्री इस अन्धविश्वास के शिकार बन चुके हैं कि मूल्यवृद्धि विकास के लिए जरूरी है। अब भ्रष्टाचार के बारे में भी इस प्रकार की धारणा बनती जा रही है। बुद्धिजीवियों की चुप्पी से लगता है कि वे इसको सिद्धान्त के रूप में मान लेंगे। जवाहरलाल नेहरू विश्वविद्यालय के अर्थशास्त्री ईश्वरी प्रसाद का कहना है कि विश्व बैंक अपनी रपट और विश्लेषण आदि में इस प्रकार की टिप्पणी करने लगा है कि लोग टैक्स चोरी, रिश्वत, तस्करी आदि को नैतिकता का सवाल न बनाएँ, इनको व्यापारिक कुशलता जैसा गुण समझें। विश्व बैंक के साथ विकासशील देशों के प्रतिभा सम्पन्न अर्थशास्त्रियों का एक खास सम्बन्ध रहता है। विकासशील देशों के सर्वश्रेष्ठ समाजशास्त्रियों, अर्थशास्त्रियों को विश्वबैंक, अमरीका आदि की संस्थाएँ बड़ी-बड़ी नौकरियाँ देती हैं। विकासशील देशों के बारे में पश्चिम के विद्वान जिस प्रकार का शास्त्र बनाना चाहते हैं, उसी के अनुकूल निबन्ध और शोध लिखनेवालों को वे प्रोत्साहित करना चाहते हैं। इसलिए जाने-अनजाने विकासशील देशों के विद्वान उन्हीं सिद्धान्तों को पुष्ट करने लगते हैं जो पश्चिम विद्वानों के मनमुताबिक हों। इस तरह हमारे सर्वश्रेष्ठ विद्वानों के अन्दर भ्रष्टाचार फैला हुआ है। राष्ट्र का मस्तिष्क भ्रष्टाचार का शिकार बनता जा रहा है।

(फरवरी, 1988)

भ्रष्टाचार की बुनियाद कहाँ है ?

प्रश्न : *क्या भ्रष्टाचार उन्मूलन के लिए जनान्दोलन एक कारगर उपाय हो सकता है ?*

उत्तर : नहीं। सिर्फ भ्रष्टाचार की विशेष घटनाओं के प्रति जन आक्रोश को संगठित किया जा सकता है, किसी एक घटना को मुद्दा बनाकर एक राजनैतिक कार्यक्रम चलाया जा सकता है, जैसे बोफोर्स, बैंक घोटाला इत्यादि। भ्रष्टाचार करनेवाले व्यक्ति के विरुद्ध प्रचार अभियान चलाकर उसे थोड़े समय के लिए बदनाम भी किया जा सकता है। लेकिन इन कार्यक्रमों से भ्रष्टाचार का उन्मूलन नहीं होता। समाज, राजनीति और प्रशासन में व्याप्त भ्रष्टाचार इस तरह के आन्दोलनों के द्वारा प्रभावित नहीं होता है, ज्यों का त्यों बना रहता है।

प्रश्न : *तो क्या भ्रष्टाचार बना रहेगा और मान लेना पड़ेगा कि यह एक अनिवार्यता है, इससे छुटकारा सम्भव ही नहीं ?*

उत्तर : कुछ मात्रा में भ्रष्टाचार रहेगा ही, वह अनिवार्य है। इसीलिए तो राज्य व्यवस्था बनी हुई है—हिंसा और भ्रष्टाचार को नियन्त्रित रखने के लिए। सवाल वहाँ उठता है, जहाँ भ्रष्टाचार पर नियंत्रण नहीं हो रहा है। एक निम्नतम स्तर तक भ्रष्टाचार रहेगा, तो राज्य व्यवस्था उसे सँभाल लेगी, उससे जन-जीवन अव्यवस्थित नहीं हो जाएगा। भ्रष्टाचार तब एक केन्द्रीय समस्या बनता है जब उसके कारण एक औसत नागरिक के लिए सामान्य ढंग से ईमानदारी का जीवन जीना मुश्किल हो जाता है। जब भ्रष्टाचार का शिकार हुए बगैर रोजमर्रा का काम नहीं चल पाता है, तब भ्रष्टाचार से मुक्त होने के लिए तपस्या करनी पड़ती है। तब तो और भी, जब यह आशंका होने लगती है कि मंत्री, विधायक, अफसर या सेनापति अपने स्वार्थ के लिए देश हित और समाज हित के विरुद्ध जानबूझकर काम कर सकते हैं। इस प्रकार का भ्रष्टाचार न स्वाभाविक है और न ही अनिवार्य। यह मनुष्य-कृत और समाज-कृत है। यह इस बात की चेतावनी है कि समाज के सचेत लोग सामूहिक जीवन को संचालित करने में विफल हो रहे हैं। मानो न्यायचक्र का घूमना बन्द हो गया है। इस अवस्था में नेक आदमी भी भ्रष्टाचार करने लगता है और कोई आदमी ईमानदारी से अपना काम करता है, तो उसकी हालत दयनीय हो जाती है। पूरा तंत्र उसके खिलाफ हो जाता है। इसके विपरीत सामान्य अवस्था में भ्रष्टाचार सिर्फ लोभी और बेशर्म आदमियों तक सीमित रहता है

और अधिकांश घटनाओं में लोग आश्वस्त रहते हैं कि दोषी दंडित होगा।

जब भ्रष्टाचार इस दूसरी, खतरनाक अवस्था में पहुँच जाता है, तब 'भ्रष्टाचार-भ्रष्टाचार' चिल्लाने से उसमें कोई कमी नहीं आती। इसका मतलब है कि भ्रष्टाचार को नियंत्रण में रखनेवाली स्थितियाँ बिगड़ चुकी हैं और नियंत्रण करनेवाली व्यवस्था में बहुत खोट आ गई है। कभी-कभी भ्रष्टाचार की कुछ सनसनीखेज घटनाओं को लेकर जो भ्रष्टाचार विरोधी वातावरण बनता है या 'लहर' देश में पैदा होती है। उसका खोखलापन यह है कि उसमें सामाजिक स्थिति और नियंत्रण व्यवस्था की बुनियादी खामियों पर ध्यान नहीं जाता है। यहाँ तक कि मुख्य अपराधी को दंडित करने के बारे में भी गम्भीरता नहीं रहती। वह सिर्फ एक व्यक्ति-विरोधी या घटना-विरोधी प्रचार होकर रह जाता है। कभी-कभी तो लगता है कि इस प्रकार के विरोधी प्रचार को चलाने के पीछे कुछ निहित स्वार्थ सक्रिय हैं।

भ्रष्टाचार को जड़ से समझने के लिए निम्नलिखित आधारभूत विकृतियों की तरफ ध्यान देना होगा—(1) प्रशासन के ढाँचे की गलतियाँ। जवाबदेही की स्पष्ट और समयबद्ध प्रक्रिया का न होना, भारतीय शासन प्रणाली का मुख्य दोष है। (2) समाज में आय-व्यय तथा जीवन-स्तरों की गैर-बराबरियाँ अत्यधिक हैं। जहाँ ज्यादा गैर-बराबरियाँ रहेंगी, वहाँ भ्रष्टाचार अवश्य व्याप्त होगा। (3) राष्ट्रीय चरित्र का पतनशील होना।

जो लोग भ्रष्टाचार के खिलाफ बहुत ज्यादा आक्रोश दिखाते हैं और भ्रष्टाचार को ही देश की अधोगति का केन्द्रीय मुद्दा मानते हैं, वे इस समस्या की जटिलताओं को बिलकुल अनदेखा कर देते हैं, मानो भ्रष्टाचार सिर्फ व्यक्ति-चरित्र का सवाल है। मानो प्रशासन और अर्थनीति जैसे हैं वैसे ही रहें, लेकिन भ्रष्टाचार खत्म हो जाना चाहिए। वे, दरअसल, जटिल और कठिन प्रश्नों से दूर भागने की अन्दरूनी इच्छा से प्रेरित हैं, जबकि जटिल प्रश्नों के साथ जोड़कर ही भ्रष्टाचार के सवाल का कोई कारगर समाधान निकल पाएगा।

भ्रष्टाचार भारत में व्यवस्था का एक अंग है। ऐसे नियम-कायदे बने हुए हैं कि भ्रष्टाचार पनपेगा ही। प्रशासन के नियम और ढाँचे के बारे में कुछ उदाहरण दिए जा सकते हैं। प्रशासन में सुधार करना राजनीति का कोई मुद्दा नहीं है, भ्रष्टाचार-विरोधियों का भी मुद्दा नहीं है। अगर होता, तो इस तरह के गलत नियम अभी तक नहीं रह पाते। उदाहरण के लिए, कुछ राज्यों में, जहाँ गैर-सरकारी स्कूलों के शिक्षकों को वेतन सरकार देती है, ऐसे नियम बने हुए हैं कि प्रत्येक स्कूल का अध्यक्ष प्रतिमाह जिले के एक शिक्षा अधिकारी के दफ्तर में जाकर अपने स्कूल के लिए वेतन की रकम ले आएगा और वितरित करेगा। अधिकारी बहाना बनाकर कई हफ्तों तक टाल भी सकता है या घूस लेकर समूची राशि सही समय पर दे सकता है। प्रत्येक शिक्षक जानता है कि उसके मासिक वेतन का कुछ अंश घूस में जा रहा है। इस विकृति को सुधारना मामूली बात है—चेक द्वारा वेतन सीधे शिक्षकों के खाते में ही जमा होना चाहिए। इस प्रकार के हजारों

गलत नियम बने हुए हैं, जिन्हें बदलने की जरूरत है। लेकिन प्रशासन में सुधार किसी राजनैतिक दल का महत्त्वपूर्ण कार्यक्रम नहीं है। भ्रष्टाचार विरोध को एक महत्त्वपूर्ण कार्यक्रम के रूप में चलानेवाले लोग भी इस पर कोई ध्यान नहीं देते।

यह बात सभी को मालूम है (जिसे मालूम नहीं है, वह सचेत नागरिक नहीं) कि सेवानिवृत्त सरकारी कर्मचारियों को महीनों तक, सालों तक, कभी-कभी मरने तक पेंशन नहीं मिलती। ऐसी कोई प्रक्रिया या नियम अभी नहीं बना है कि सेवानिवृत्त होने के एक महीने बाद से ही मासिक पेंशन मिलने लगे। साल-दो साल के अन्दर पेंशन मिल सके, इसके लिए हजारों कर्मचारी प्रतिवर्ष घूस देते हैं। सेवानिवृत्त होने के एक महीने के बाद अगर पेंशन मिलने लगेगी, तो बहुतों को लगेगा कि रामराज्य आ गया है। हमारे सामान्य नागरिक इस तरह की स्थितियों में जीते हैं कि कुछ मामूली परिवर्तनों से ही रामराज्य का एहसास दिलाया जा सकता है। कुछ प्रक्रियाओं में परिवर्तन कर न सिर्फ प्रति दिन होनेवाली करोड़ों की घूसखोरी को रोका जा सकता है, बल्कि देश के किसानों को रामराज्य के दर्शन कराए जा सकते हैं। जमीन के हस्तान्तरण तथा खरीद-बिक्री के नियमों का सरलीकरण इसके लिए जरूरी है। दूसरी जरूरत यह है कि सरकारी प्रशासन से किसानों का कृषि सम्बन्धी जितना काम पड़ता है, उसके लिए 'एक खिड़की' की व्यवस्था कर दी जाए और यह खिड़की किसी भी गाँव से दस कि. मी. से ज्यादा दूर न हो। क्या ऐसा नियम नहीं हो सकता कि किसी जायज काम के लिए एक किसान को दो बार से ज्यादा सम्बन्धित दफ्तर में न जाना पड़े ?

किताबों के अनुसार कचहरी (अदालत) लोकतंत्र में नागरिकों की आजादी का प्रतीक है। लेकिन गाँववालों के लिए कचहरी और पुलिस में कोई फर्क नहीं होता। कचहरी वह है, जिसके द्वारा पुलिस या पटवारी किसानों को सताता है। क्या यह समाजशास्त्रियों और राजनीतिशास्त्रियों की खोज का विषय नहीं है कि भारत के आम नागरिकों के लिए न्याय विभाग सुरक्षा का एक प्रतीक है या नहीं ? झूठे मामले में फँसना उतनी बड़ी यातना नहीं है, जितनी सैकड़ों बार कचहरी और वकील के यहाँ जाना और बार-बार कचहरी में घूस और वकील की फीस अदा करना। किसानों से करोड़ों रुपयों की लूट प्रति दिन इसी तरीके से होती है। अगर अधिकांश मामलों के निपटारे के लिए समय की सीमा बँध जाए और झूठे मामलों की छानबीन की कोई प्रक्रिया तय हो जाए, तो यह घूसखोरी और जलालत पचास फीसदी घट जाएगी।

ये सब हैं जनता के स्तर पर होनेवाली घूसखोरी और भ्रष्टाचार। इस तरफ पालकीवाला या तारकुंडे जैसे महानुभावों का ध्यान नहीं जाता। भ्रष्टाचार विरोधी आन्दोलनों में ज्यादातर शहरी लोग दिलचस्पी लेते हैं। इसीलिए उनमें भ्रष्टाचार की इस बुनियाद की समझ दिखाई नहीं पड़ती।

यह सवाल उठ सकता है कि अगर इन प्रशासनिक व्यवस्थाओं तथा प्रक्रियाओं को बदलना इतना आसान है तो यह क्यों नहीं कर लिया जाता ? इसका उत्तर यह है कि इससे करोड़ों लोगों की आजादी बढ़ जाएगी। किसानों को अगर पुलिस और पटवारी

के सामने झुकना नहीं पड़ेगा, शहर के वकीलों के मुकाबले अगर उनमें हीनभावना नहीं रहेगी, तो यह औपनिवेशिक व्यवस्था चलेगी कैसे ? अगर लोगों का जायज काम समय पर सही ढंग से होने लगेगा, तो उन्हें आजादी का जो बोध होगा, वह क्या उन बहुत सारे अन्यायों-अत्याचारों के लिए बाधक नहीं हो जाएगा, जिन अन्यायों-अत्याचारों के सहारे भारत का शिक्षित समाज इतना आत्मसन्तुष्ट रहता है ?

प्रशासन के सुधार को हम इसलिए आसान मानते हैं कि इसके लिए संविधान या देश की आर्थिक व्यवस्था में मूलभूत परिवर्तन जरूरी नहीं होगा। सिर्फ औपनिवेशिक नियमों को बदलकर लोकतांत्रिक नियम प्रचलित करने होंगे। लेकिन अनुभव बतलाता है कि देश के उदारवादी नेता और बुद्धिजीवी इस सम्बन्ध में बिलकुल संवेदनशील नहीं हैं। इसलिए यह मामूली परिवर्तन अब कठिन लगता है। इस कठिनाई को समझना चाहिए। ब्रिटिश राज में जो औपनिवेशिक प्रशासन था, नेहरू जी ने अगर उसी को बरकरार रखा, तो लोग मौके-मौके पर क्यों कहते हैं कि इससे तो अंगरेजी राज बेहतर था ? एक अन्तर यह आ गया कि ब्रिटिश राज में जवाबदेही तथा नियंत्रण का एक मजबूत केन्द्र था। कोई भी भारतीय कर्मचारी, अफसर या मजिस्ट्रेट अंगरेज साहब से डरता था। इस डर के स्थान पर जवाबदेही का एक लोकतांत्रिक ढाँचा बनाना जरूरी था, जो कभी नहीं बना। किसी भी प्रशासन के लिए जवाबदेही केन्द्रीय महत्त्व की चीज है, जो भारतीय प्रशासन में नदारद है। किसी गाँव में पुल बना और चार महीने बाद टूट गया, तो इंजीनियर को दंडित किया जाएगा या नहीं ? कोई सेना बिना लड़े भागती जाएगी, तो सेनापति को दंड मिलना चाहिए या नहीं ? कोई कम्पनी लगातार घाटे में चलती है, तो मैनेजर से जवाबतलबी होनी चाहिए या नहीं ? अगर दिल्ली के बैंक में पटना का चेक जमा होता है और छह महीनों के बाद भी भुगतान नहीं होता, तो किसी के खिलाफ कार्रवाई होनी चाहिए या नहीं ? आजादी के बाद से इस जवाबदेही की तरफ राजनेता, प्रशासक, समाजशास्त्री किसी ने गम्भीरतापूर्वक ध्यान नहीं दिया है। फलस्वरूप लापरवाही और अराजकता की ऐसी आदतें बन गई हैं कि कोई भी इसे बदलना चाहेगा तो उसे बहुत सारे कठोर काम करने होंगे। अगर कोई सरकार ये कठोर काम करने लगेगी, तो आइ.ए.एस. अफसर और वामपंथी ट्रेड यूनियन सबसे ज्यादा बाधा डालेंगे। फिर भी संकल्प के बल पर सुधार का काम शुरू हो सकता है, हमने देखा है कि कभी-कभी एक बड़ा और ईमानदार अधिकारी अपने विभाग में व्यक्तिगत संकल्प के बल पर भ्रष्टाचार को रोकने में सफल भी होता है। लेकिन यह कोई कारगर उपाय नहीं।

दो

भ्रष्टाचार की उत्पत्ति के अन्य दो बिन्दुओं पर सचमुच मूलभूत परिवर्तन की यानी क्रान्तिकारी परिवर्तन की जरूरत होगी। आधुनिक समाज में आर्थिक गैर-बराबरी भ्रष्टाचार की जननी है। जैसे-जैसे गैर-बराबरियों के स्तर अधिक होने लगते हैं, उनके

दबाव से निचले स्तरों के लोग अवैध तरीकों से ही उच्च स्तर के जीवन तक पहुँचने की कोशिश कर पाते हैं। नई आर्थिक नीति के बाद आमदनियों की गैर-बराबरी बहुत बढ़ने लगी है। मध्य वर्ग में से एक ऐसा तबका तैयार हो रहा है, जिसका मासिक वेतन 20 हजार रु. से एक लाख रुपया होगा। इसका जो प्रभाव नीचे के स्तरों पर होगा, उससे जहाँ भ्रष्टाचार की गुंजाइश नहीं है, वहाँ अपराध की तीव्रता बढ़ेगी। यह एक विडम्बना है कि भारत के उदारवादी बुद्धिजीवी और उदारवादी राजनेता एक तरफ नई आर्थिक नीति का समर्थन करते हैं और दूसरी ओर भ्रष्टाचार तथा अपराध की निन्दा भी करते हैं। ये सारे उदारवादी उन डॉक्टरों जैसे हैं, जो बहुत उत्साह से बीमारों का इलाज करते हैं, लेकिन अस्वस्थ परिवेश की मौजूदगी से परेशान नहीं होते।

समाजवादी-साम्यवादी विचारों में आर्थिक बराबरी, लगभग सम्पूर्ण बराबरी का एक सपना था और इसलिए दावा था कि समाजवादी समाज में भ्रष्टाचार नहीं होगा। आर्थिक बराबरी का सपना देखना भी इस वक्त सहज नहीं है। आज क्या हम एक ऐसे समाज की कल्पना कर सकते हैं, जिसमें निम्नतम और उच्चतम जीवन स्तर के बीच एक तर्कसंगत अनुपात, मसलन एक और बीस का अनुपात रहेगा ? अपने ही समाज के कमजोर तथा उदासीन लोगों की तुलना में हम बीस गुना अधिक खर्च करें और आडम्बर में रहें, यह क्या योग्य लोगों के समूह के लिए यथेष्ट नहीं है जो वे इससे भी अधिक की माँग करें ? इससे अधिक की माँग करने पर विलासिता नाम की चीज समाज में प्रचलित होती है। विलासिता अत्यधिक गैर-बराबरी का लक्षण है और भ्रष्टाचार को बढ़ानेवाला तत्त्व है। विलासिता का अर्थ अनावश्यक सुख या हानिकारक सुख भी होता है। आधुनिक समाज ने विलासिता को अधिक लोगों तक पहुँचाने के लिए उसे उपभोक्तावाद का रूप दिया है। उपभोक्तावाद विलासिता है भी और नहीं भी। अधिकांश देशों में, खासकर भारत जैसे देश में, यह इसलिए विलासिता है कि आधी या एक-तिहाई आबादी इसका उपभोग नहीं कर सकती। एक बृहत्तर अर्थ में विलासिता नहीं भी है, क्योंकि जितना खर्च उपभोक्तावादी जीवन पर होता है और उसे प्राप्त करने के लिए जितने तनाव से गुजरना पड़ता है, उस अनुपात में लौकिक सुख भी मिलता है या नहीं, यह कहना मुश्किल है। विकासशील देशों में नई-नई गैर-बराबरियों को पैदा करनेवाला कारक उपभोक्तावाद ही है। उसे प्राप्त करने या छूने की होड़ लगी हुई है। अगर उपभोक्तावाद का प्रसार ही आधुनिक विकास है, तो भ्रष्टाचार आधुनिक विकास की आवश्यक बुराई है—पालकीवाला जैसे भ्रष्टाचार विरोधियों को (पालकीवाला ने खैरनार को दस हजार रुपए का एक पुरस्कार भेजा था) यह स्पष्ट करना पड़ेगा कि भारत में भ्रष्टाचार के कायिक विस्तार और प्रसार के साथ उपभोक्तावाद और विलासिता के बढ़ने और फैलने का सम्बन्ध है या नहीं ? क्या पालकीवाला जैसे लोगों का भ्रष्टाचार विरोध कोरा पाखंड नहीं है ? सम्भव है कि अगले दशकों का समाजशास्त्र यह कहने लगेगा कि उपभोक्तावाद का विरोध नहीं किया जा सकता, अगर उससे भ्रष्टाचार को बल मिल रहा है तो मिले; भ्रष्टाचार के प्रकोप को कम करने का तरीका समाज स्वयं

विकसित कर लेगा। यानी भ्रष्टाचार के उद्‌गम बिन्दु पर प्रहार करने की जरूरत नहीं है, उसके प्रभाव को कम नकारात्मक करने के उपाय ढूँढ़े जाएँ।

तीन

सार्वजनिक आवरण तथा निजी आचरण का एक राष्ट्रीय पैमाना होता है (यहाँ राष्ट्र का अर्थ देश है—स्वाभाविक रूप से प्रत्येक व्यक्ति और समुदाय का एक भौगोलिक-सांस्कृतिक-राजनीतिक अंचल होता है, वही देश है)। व्यक्ति-आचरण का इस राष्ट्रीय चरित्र से दोतरफा सम्बन्ध और संवाद होता है। आचरण की एक खास परिधि के भीतर व्यक्ति और राष्ट्र एक-दूसरे को प्रभावित तथा निर्मित करते रहते हैं। कुछ समाजों में यह राष्ट्रीय चरित्र बहुत ही कमजोर और पतनोन्मुख रहता है। प्रशासन, राजनीति तथा सामाजिक जीवन में बढ़नेवाला भ्रष्टाचार इसी का अंग है।

सवाल उठता है कि राष्ट्रीय चरित्र को कैसे बदला जा सकता है ? क्या हम भारत के राष्ट्रीय चरित्र को बदलने की कोशिश कर सकते हैं, ताकि हमारा समाज स्वस्थ हो ? शायद राष्ट्रीय चरित्र के पतन का कारण और उसके पुनरुत्थान का उपाय एक है। जिस समय समाज को नई चुनौतियों का सामना करना पड़ता है, खासकर बाहर से आई हुई चुनौतियों का। उस समय अगर समाज का नेतृत्व करनेवाला राजनीतिक-बौद्धिक समूह उनका सही मुकाबला नहीं कर पाता, तब राष्ट्रीय चरित्र में भारी गिरावट आती है। पुनरुत्थान की कुंजी भी इसी में है। लम्बे अरसे के पतन के बाद अगर किसी काल बिन्दु पर उस समाज ने चुनौतियों का, खासकर बाह्य चुनौतियों का, मुकाबला करना स्वीकार कर लिया, तब राष्ट्रीय चरित्र का पुनरुत्थान शुरू हो सकता है। बीसवीं सदी की शुरुआत में भारत में ऐसी प्रक्रिया शुरू हुई थी।

अगर आज पुनः हम उस प्रक्रिया को जीवित और पुष्ट करना चाहें, तो कर सकते हैं। इसके लिए देश में एक नए बौद्धिक-राजनीतिक-सांस्कृतिक समूह को पैदा होना होगा। राष्ट्रीय जीवन के प्रत्येक महत्त्वपूर्ण क्षेत्र में हस्तक्षेप करना पड़ेगा। राजनीति, अर्थनीति और धर्म के क्षेत्र में प्रभावी हस्तक्षेप के साथ-साथ ही एक नया सांस्कृतिक आन्दोलन विश्वसनीय होगा। लेकिन सांस्कृतिक आन्दोलन का अपना एक मौलिक क्षेत्र है। सम्भवतः सांस्कृतिक मूल्यों को स्पष्ट और गतिशील किए बिना राजनीति और अर्थनीति में भी सार्थक हस्तक्षेप करना सम्भव नहीं होगा, क्योंकि प्रचलित राजनीति, अर्थनीति और धर्म प्रचलित सभ्यता के अंग बन चुके हैं। इस सभ्यता को चुनौती देना नए सांस्कृतिक आन्दोलन के लिए अनिवार्य है। मनुष्य की संस्कृति मनुष्य के कुछ बुनियादी सम्बन्धों पर आधारित होती है—मनुष्य का प्रकृति से सम्बन्ध, मनुष्य का मनुष्य से सम्बन्ध और मनुष्य का समुदायों से सम्बन्ध। प्रचलित सभ्यता में ये सम्बन्ध विकृत या असन्तुलित हो चुके हैं। इस सभ्यता को आगे बढ़ाकर मनुष्य के सुख, शान्ति या स्वास्थ्य को बनाए रखना सम्भव नहीं रह गया है। इन सम्बन्धों को

बदलने से ही नए मूल्यों की स्थापना होगी। नई संस्कृति इसी का परिणाम होगी।

इन सारे गहरे और व्यापक पहलुओं को छुए बगैर भ्रष्टाचार विरोधी अभियान बेमानी हो जाता है। भ्रष्टाचार का मुद्दा इसलिए उठाना चाहिए कि लोग इस मुद्दे को समझते हैं और इसके प्रति संवेदनशील होते हैं। लेकिन इस मुद्दे को निर्णायक बनाने के लिए भ्रष्टाचार की बुनियाद में जाना पड़ेगा।

(अक्टूबर, 1994)

असहाय सत्य

"हमारे भीतर और सभी की जड़ में एक विराट सत्य है; यह बात जो लोग अपने भीतर से उपलब्ध (ग्रहण) नहीं कर सकेंगे, वे कैसे विश्वास करेंगे कि मनुष्य का चरम लक्ष्य है : अपने भीतर छिपे हुए उस (विराट) सत्य को सभी आवरणों को भेदकर प्रकाशित करना... ।"

—रवीन्द्रनाथ ठाकुर (घर और बाहर)

महाराष्ट्र के खैरनार और ओडिशा के अनादि साहु के बयानों से लगता है कि देश में एक शेषन-लहर चल रही है। (ओडिशा के अनादि साहु एक पुलिस अफसर हैं, जिन्होंने बीजू पटनायक की सरकार के एक प्रमुख मंत्री को जहरीली शराब बिक्री के मुख्य अपराधी का सहयोगी होने का न्यायिक प्रमाण अदालती जाँच के सामने पेश किया है।) शेषन ने समकालीन इतिहास में अपना एक स्थान बना लिया है। कुल मिलाकर कहा जा सकता है कि उसने चुनाव-राजनीति में (यानी भारत की लोकतांत्रिक प्रणाली में) कानून का राज स्थापित करने का प्रयास दम्भ के साथ किया है। दम्भी होना एक अवगुण है; लेकिन दम्भी होना न गैरकानूनी है और न भ्रष्ट आचरण है। बल्कि अगर वह दम्भी न होता तो सारे राजनीतिक दलों को झकझोरने की इच्छाशक्ति एक नौकरशाह में कैसे आती ?

चरित्र के मामले में विकासशील देशों का नौकरशाह सबसे घटिया होता है। पिछले एक-डेढ़ दशक से उन देशों की राजनीति का जो चरित्र उभर रहा है उसमें राजनेता नौकरशाह से भी ज्यादा घटिया और खतरनाक साबित हो रहा है। विकासशील देशों के नौकरशाह के बारे में यह शक रहता है कि वह देशी-विदेशी निहित स्वार्थों से निजी फायदा उठाने के लिए देशहित के विरुद्ध कार्य करता है और सर्वोच्च राजनेताओं को भी गलत सलाह देता है। लेकिन अब देश एक ऐसी कालावधि से गुजर रहा है जब देश का राजनीतिक नेतृत्व देश के स्वार्थ को बेचकर अपनी सत्ता को बरकरार रखने की कोशिश कर रहा है।

दूसरी ओर राजनेता-अपराधी सम्बन्ध भी मामूली स्तर को पार कर चुका है, उस स्तर को पार कर चुका है, जहाँ राजनेता यदाकदा मजदूर आन्दोलन को दबाने के लिए या चुनाव जीतने के लिए अपराधियों का इस्तेमाल करता था। लेकिन अब ?

राजनैतिक सत्ता को आधार बनाकर अपराधियों के गिरोह संगठित हो रहे हैं और राजनेता इन गिरोहों के सदस्य हैं (जलगाँव प्रकरण)। बहुत सारे अपराध इस प्रकार घटित हो रहे हैं जो सत्ता के प्रत्यक्ष सहयोग के बगैर सम्भव नहीं हैं। अनेक हत्याएँ, अनेक बलात्कार और अपहरण की घटनाएँ इसी कोटि की हैं। अपराधी गिरोहों का निर्माण अन्तरराष्ट्रीय पैमाने पर हो रहा है तो उनका सहयोगी होकर राजनेता किसी भी समय जाने-अनजाने विदेशी कूटनीतिक साजिशों का औजार बन सकता है। जब राजनीति इस अवस्था में पहुँच जाती है तब यह स्वाभाविक है कि कहीं-कहीं नौकरशाह इसके खिलाफ विद्रोह करे तथा राजनेताओं को सदाचार सिखाने का दम्भ भरे।

ऐसा करनेवाले नौकरशाहों में से इक्के-दुक्के बहुत लोकप्रिय भी हो सकते हैं। इस लोकप्रियता में कोई सामाजिक ऊर्जा नहीं होती है। यह किसी फिल्मी दृश्य की लोकप्रियता जैसी है। डाकू मानसिंह और फूलन देवी की लोकप्रियता जैसी है। इसका मतलब यह नहीं कि ये घटनाएँ सकारात्मक नहीं हैं। भ्रष्टाचार का भंडाफोड़ हमारी सामाजिक और बौद्धिक अधोगति की कुत्सित वास्तविकता का चित्रण करता है और समाज में बचे-खुचे नैतिक आक्रोश को अभिव्यक्त करता है।

भंडाफोड़ कोई प्रतिकार नहीं रह गया है। शायद दो-तीन दशकों के पहले एक समय ऐसा था जब बुराई का उद्‌घाटन अपने में एक प्रतिकार था। यह तब होता है जब समाज की अपनी एक अन्दरूनी ताकत होती है, जिसको कुछ लोग नैतिक शक्ति कहना पसन्द करेंगे, हम उसको न्यायशक्ति कहेंगे। जब समाज में यह न्यायशक्ति रहती है तब भ्रष्टाचार का उद्‌घाटन अपने आप प्रतिकार की तरफ बढ़ने लगता है। मानो न्यायचक्र घूमने लगता है। दोषी का दंडित होना यहाँ अनिवार्य है, लेकिन मुख्य बात यह नहीं है। मुख्य बात यह है कि समाज सुरक्षित रहता है। न्यायशक्ति वह तत्त्व है जो समाज को धारण करती है। 'धर्म' शब्द की कई भारतीय परिभाषाओं में यह एक है : समाज को धारण करनेवाला तत्त्व। इस तत्त्व के बनाए रखने के लिए कानून की व्यवस्था पर्याप्त नहीं है। सामाजिक-राजनैतिक मान्यताओं, प्रथाओं, मर्यादाओं और बुद्धिजीवी वर्ग की नैतिक प्रतिक्रियाओं के द्वारा ही इस तत्त्व की पुष्टि होती है। इसके बगैर कानून भी अप्रभावी हो जाता है। न्यायचक्र के निश्चल होने के पीछे मुख्य जिम्मेदार बुद्धिजीवी वर्ग है। जब तक बुद्धिजीवी वर्ग भ्रष्ट नहीं होगा तब तक किसी भी समाज की न्यायशक्ति नैतिक शक्ति पंगु नहीं हो जाएगी। इसके बाद ही राजनेता निरंकुश होता है और न्याय का गला घोंटता है। जब सेठों, अफसरों या छोटे नेताओं का भ्रष्टाचार पकड़ा जाता था, तब लोगों को खुशी होती थी कि सर्वोच्च नेतृत्व प्रतिकार करेगा और समाज को सुरक्षित रखेगा। लेकिन जिस चरण में सर्वोच्च नेतृत्व खुद अपराधियों की जमात बन गया है तो दंड प्रक्रिया कौन चलाएगा ? उसके ऊपर कोई संवैधानिक शक्ति नहीं है; उसके नीचे कोई नैतिक शक्ति नहीं है। उसका मुखौटा उतर जाने के बाद भी वह बेशर्म रहेगा तो कहाँ से उसका प्रतिकार होगा ?

ऐसी स्थिति में बुराई का उद्‌घाटन या भ्रष्टाचार का भंडाफोड़ सिर्फ कुछ तथ्यों को

दर्शाता है, जो सत्य है लेकिन असहाय सत्य है। जिस सत्य के साथ न्याय जुड़ता नहीं, वह कहने के लिए सत्य है। वह सिर्फ घटनाओं और आँकड़ों की सूची है, प्रतिभूति घोटाले पर मिर्धा समिति का प्रतिवेदन बहुत सारे प्रसंगों और आँकड़ों की सूची है। बोफोर्स कुछ नामों और रकमों की सूची है। चीनी घोटाला, सार्वजनिक उद्योगों के अंश (शेयर) बिक्री का घोटाला–सबके सब तथ्यों की फेहरिस्त हैं। इन तथ्यों को न्याय के ढाँचे में बाँधने की शक्ति भारतीय समाज खो चुका है।

तथ्यों का उद्घाटन तो हर्षद मेहता भी करता है। प्रधानमंत्री के बारे में उसने रहस्यमय तथ्यों का उद्घाटन किया था। कभी कोई पुलिस अफसर, कभी कोई प्रशासनिक अधिकारी अपने भीतर के सत्य को बाहर निकालने की हिम्मत जुटा लेता है। कुछ सत्य जो अपच हो रहा है, कुछ सत्य जो विवेक को परेशान कर रहा है, बाहर आ जाता है। बाहर आ जाने के बाद वह सत्य नहीं रह जाता है–तथ्यों और आँकड़ों के रूप में ग्रंथागारों के अन्दर छिप जाता है। थोड़े समय के लिए अखबार के पाठकों का मनोरंजन करता है।

अतः तथ्यों का उद्घाटन कोई महान कार्य नहीं है। खैरनार उस अनुपात में प्रशंसा के पात्र हैं जिस अनुपात में उन्होंने व्यक्तिगत जोखिम उठाया है–शरद पवार के विरुद्ध आरोप लगाना खतरनाक काम है। पता चला है कि खैरनार शुरू से एक ईमानदार अधिकारी रहे हैं। कभी सचमुच व्यवस्था बदलनी होगी, तो शेषन और खैरनार जैसे अधिकारियों की जरूरत पड़ेगी। लेकिन खैरनार एक महान व्यक्ति हैं या नहीं, इसका निर्णय अभी नहीं हो सकता है। क्या उन्होंने अपने समूचे सत्य को बाहर निकाला है ? तथ्यों को प्रकट करने के लिए सत्य को पहचानना भी पड़ता है। क्या सत्य कुछ बुराइयों के विवरण तक सीमित है ? देश की आज की स्थिति में सत्य नहीं है तो नहीं है, लेकिन कोई अगर उसको पकड़ने की कोशिश करेगा तो सत्य की आकृति इतनी बड़ी हो जाती है कि सत्य को स्थापित करनेवाला खुद सत्य के द्वारा कुचल दिया जाता है।

टी.एन. चतुर्वेदी को लोग भूल चुके हैं। हालाँकि अभी वे जिस स्थान पर पहुँच गए हैं वहाँ से उनकी गतिविधियाँ (अगर हों तो) ज्यादा प्रसारित और प्रभावी होनी चाहिए। अभी वे एक महत्त्वपूर्ण राजनैतिक दल के सांसद हैं। नौकरशाही की भाषा में यह बहुत बड़ी 'पदोन्नति' है। बोफोर्स से सम्बन्धित कुछ सरकारी तथ्यों को प्रकाशित कर उन्होंने उस घोटाले के बारे में रहस्यमय जानकारियाँ दी थीं। उससे उनको जो सार्वजनिक प्रशंसा और सम्मान मिला था, उसी के बल पर उन्होंने भाजपा से राज्यसभा का टिकट प्राप्त कर लिया। भाजपा के बारे में हमारी राय जो भी हो, क्या चतुर्वेदीजी अपने विवेक को सन्तुष्ट कर पाए हैं कि राज्यसभा और भाजपा के माध्यम से वे सत्य का अनुसन्धान कर रहे हैं ? या उनके अन्दर उतना ही सत्य था जितना उन्होंने महालेखा परीक्षक के रूप में उद्घाटित किया।

घोटालों में से प्रत्येक हमारे राष्ट्र और समाज के विरुद्ध एक साजिश है। साजिश की घटनाओं का विवरण आ जाता है; दोषी कौन है दिखाई पड़ जाता है, लेकिन इन

साजिशों का दमन भारतीय व्यवस्था नहीं कर सकती है। संसद के अगस्त अधिवेशन में प्रतिभूति घोटाले को लेकर जो हुआ वह इस बात को पुष्ट करता है कि विपक्ष के नेता एक सीमा तक ही सत्य का पीछा कर सकते हैं उससे आगे नहीं। अब यह माना जा सकता है कि इस घोटाले के जो मुख्य अपराधी थे, जिन्होंने लगभग दस हजार करोड़ रुपए की लूट की और देश की वित्तीय व्यवस्था का मजाक उड़ाया, कभी भी दंडित नहीं होंगे। उनको दंडित करना मुख्य बात नहीं है, उनको दंडित न करने से हमारी अर्थव्यवस्था असुरक्षित हो गई है। अब कभी भी (जब तक माहौल यही है) यह अर्थव्यवस्था सुधरनेवाली नहीं है।

इसलिए तथ्यों का उद्घाटन कोई पवित्र कार्य नहीं है। राजनेता-प्रशासक-न्यायाधीश ऐसे-ऐसे कुकर्म कर रहे हैं जिनके उद्घाटन की जरूरत नहीं है—सबकी नजर के सामने कर रहे हैं और खुद अपना 'भंडाफोड़' कर रहे हैं। हत्याओं और बहुत सारी डकैतियों के अपराधी दुलारचन्द को बिहार के मुख्यमंत्री ने सरकारी गाड़ी, बंगला और टेलीफोन देकर सामाजिक कार्यकर्ता घोषित किया है और एक 'जन अदालत' चलाने की सलाह दी है। यही नहीं अपराधी स्वयं अपने अपराध को महिमामंडित कर उसे 'पुण्यकार्य' बता रहे हैं। किसे यह बात याद आती है कि बीजू पटनायक ने यह दावा किया था कि अतीत में जब वे मुख्यमंत्री थे, पारादीप बन्दरगाह के काम में तेजी लाने के लिए उन्होंने देहाती सड़कों पर सैकड़ों ट्रक चलाने की अनुमति दी थी। फलस्वरूप दो सौ बच्चों की दुर्घटनाजनित मौत हुई थी। बीजू पटनायक ने गर्व से कहा था कि इन दुर्घटनाओं की प्राथमिकी (एफ.आई.आर.) दर्ज न करने के लिए पुलिस विभाग को निर्देश दिया गया था।

यह एक असलियत बन रही है कि अपराधी खुद अपना भंडाफोड़ कर रहा है, बहादुरी बताने के लिए। राजनीतिशास्त्र से पूछा जा सकता है कि इस अवस्था में या इससे भी बदतर स्थिति होने पर लोकतंत्र कितना टिकाऊ होगा ?

हम अपने से इसी सवाल को दूसरे ढंग से पूछ सकते हैं : भारतीय समाज में न्यायशक्ति को पुनःस्थापित करने के लिए या मौजूदा राजनीति को बदलने के लिए क्या उपाय है ? सिर्फ राजनेताओं की निन्दा और विभिन्न तबकों की अपनी-अपनी माँगों के आन्दोलनों तक सीमित रहने से क्या न्यायशक्ति स्थापित की जा सकती है या राजनीति को बदला जा सकता है ? इसके लिए क्या उपाय है ?

(जुलाई, 1994)

तहलका से उठे सवाल

बड़े मीडिया के अधिकांश अंगरेजी स्तम्भ लेखकों के लेखों में चालाकी का भारी पुट रहता है। चालाकी एक प्रकार की बेईमानी है। *आउटलुक* (10 अप्रैल, 2001) में प्रेमशंकर झा तहलका से प्रकट हुए भ्रष्टाचार पर अपना गुस्सा जाहिर करने के लिए जो लिखते हैं उसके पीछे उनका सामाजिक दर्शन भी छुपा हुआ है। सामाजिक दर्शन इस प्रकार है : समाज इसी तरह चलता रहेगा; व्यक्ति-जीवन में भोग एकमात्र लक्ष्य है; सामाजिक सन्दर्भ में उसको प्राप्त करने के लिए नैतिकता का पक्ष लेना पड़ेगा, और भ्रष्टाचार की निन्दा करनी होगी; क्योंकि समाज को चलाए रखना है; अन्यथा नैतिकता कुछ होती नहीं है।

प्रेमशंकर झा का कहना है कि बंगारू लक्ष्मण, जया जेटली और जार्ज फर्नांडीज चोर हैं। उनके निर्दोष होने की कल्पना करके और जार्ज को राष्ट्रीय लोकतांत्रिक गठबन्धन (राजग) के संयोजक के रूप में बरकरार रखकर प्रधानमंत्री ने भारी गलती की है। जाँच के पहले इन राजनैतिक नेताओं को निर्दोष समझना और भ्रष्टाचार के विरुद्ध कठोर कदम नहीं उठाना भ्रष्टाचार से समझौता है।

ये बातें सही हैं और भाजपा के सारे विरोधी भी यही बात कर रहे हैं। यह बात भी सही है कि जाँच से कुछ निकलता नहीं है और निकले भी तो मुकदमा चलाकर कभी किसी बड़े नौकरशाह या नेता को कठोर दंड देने की मिसाल स्मृति में नहीं आती है। हवाला कांड का क्या हुआ ? शेयर घोटाले का क्या हुआ ?

राजनैतिक नेताओं को नरक में ढकेलने के बाद प्रेमशंकर झा एक नौकरशाह को स्वर्ग में स्थापित करने के लिए अंगरेजी के चुने हुए शब्दों का इस्तेमाल करते हैं। वे इस आदमी का वर्णन "भारत के सार्वजनिक संगठनों का योग्यतम नौकरशाह" के रूप में करते हैं जिसको कुछ साल पहले "अनावश्यक ही गर्मी के दिनों में सुविधाविहीन तिहाड़ जेल में रखा गया था, जबकि अदालत में वह निर्दोष पाया गया, क्योंकि पुलिस के पास प्रमाण नाम की चीज नहीं थी।" वे उस घोटाले का नाम भी नहीं बताते हैं जिसके यह शख्स यानी बी. कृष्णमूर्ति प्रधान खलनायक थे। यह था उदारीकरण युग का पहला भयावह घोटाला, जिसके बारे में एक भारी-भरकम जाँच हुई और रिपोर्ट भी बढ़िया ढंग से तैयार हुई, लेकिन अन्त में किसी भी नामी आदमी को जेल में जीवन

नहीं बिताना पड़ा। कारण, पुलिस के पास प्रमाण नहीं थे। एक तरफ जाँच के पहले एक अभियुक्त को प्रधानमंत्री निर्दोष होने की मान्यता दे रहे हैं, दूसरी तरफ अदालत में अभियोग प्रमाणित न होने के कारण झा जी उस अभियुक्त को सर्वश्रेष्ठ नौकरशाह का खिताब दे रहे हैं और मुकदमे के पहले दिए गए दंड को बर्बरता कह रहे हैं। दोनों ही गलत प्रतिमान स्थापित कर रहे हैं। अंगरेजी का स्तम्भ लेखक नौकरशाह का बचाव कर रहा है, और प्रधानमंत्री नेता तथा नौकरशाह दोनों का बचाव कर रहे हैं।

गलत प्रतिमानों के चलते ही पिछले पचास सालों में भ्रष्टाचारी नेता और नौकरशाह दंड से बचे हुए हैं; वे सामाजिक प्रतिष्ठा भी पा रहे हैं। सीवान के शाहबुद्दीन प्रतिष्ठित हो रहे हैं। अगर अंगरेजी पत्रकार की कसौटी को मान लें, तो यह कसौटी शाहबुद्दीन के पक्ष में है। पुलिस अभी तक शाहबुद्दीन को सर्वोच्च न्यायालय द्वारा दंडित कराने में असफल रही है। किसी भी भाषा में शब्दों के चालाकी-भरे प्रयोग से तर्क की विसंगतियाँ छुप जाती हैं; अंगरेजी में यह ज्यादा होता है।

हिन्दी का पत्रकार ज्यादा ईमानदारी से भारतीय समाज के कुछ प्रश्नों की दीवारों पर सर टकराता है। *जनसत्ता* के लेखक अरुण कुमार त्रिपाठी लिखते हैं कि मौजूदा राजनीति भ्रष्टाचार द्वारा कलंकित होने से अपने को बचाने में असमर्थ है। कारण, उसके पास बचाव के दो ही उपाय हैं : सबूत का अभाव और साजिश। (भ्रष्ट कृष्णमूर्ति को बचाने के लिए प्रेमशंकर झा ने दोनों उपायों का इस्तेमाल किया है—साजिश के द्वारा उसको फँसाया गया और अदालत ने उसे दंडित नहीं किया)। अरुण कुमार त्रिपाठी ने लिखा है कि ऐसे कमजोर प्रतिमानों को चलाकर भ्रष्टाचार को रोका नहीं जा सकता, क्योंकि भ्रष्टाचार अपने में एक बीमारी नहीं है बल्कि एक बड़ी बीमारी का लक्षण मात्र है। इसी बड़ी बीमारी को बढ़ाने के लिए हिन्दी लेखक उदारीकरण को उत्तरदायी मानता है।

उदारीकरण भ्रष्टाचार को शुरू नहीं करता है, लेकिन जब उदारीकरण के द्वारा विकासशील समाज के सारे स्वास्थ्य-प्रदायक तन्तुओं को कमजोर कर दिया जाता है तब भ्रष्टाचार न सिर्फ बढ़ता है बल्कि नियंत्रण के बाहर हो जाता है। भारत में उदारीकरण का यह चरण आ चुका है। जब अधिकांश नागरिकों के जीवन में भविष्य की अनिश्चितता आ जाती है, चन्द लोगों के लिए धनवृद्धि और खर्चवृद्धि की सीमा नहीं रह जाती, वर्गों और समूहों के बीच की गैर-बराबरियाँ निरन्तर बढ़ती जाती हैं, सार्वजनिक सम्पत्तियों को बेचने की छूट मिल जाती है, उच्च संवैधानिक पदों पर बैठे लोगों को देश के बाहर से निर्देश लेने होते हैं, जायज तरीकों से मिलनेवाली आय और नाजायज कमाई की मात्रा में आकाश-पाताल का अन्तर होता है, तब भ्रष्टाचार को रोकेगा कौन ?

दो

जनसत्ता और *हिन्दुस्तान* आदि में हिन्दी में कई लेख छपे हैं जिनमें नए प्रतिमानों को

स्थापित करने की कोशिश है। एक लेख से यह साफ होता है कि तहलका के चलते हम जिस रक्षा मंत्रालय या रक्षा विभाग की बात बार-बार कर रहे हैं वह तो असल में हमारी सेना है। प्रतिरक्षा में भ्रष्टाचार न कहकर 'हमारी भ्रष्ट सेना' कहने से असलियत ज्यादा सामने आती है। उच्च शिक्षित समूहों में कुछ लोग हमेशा कहते रहे हैं कि निर्वाचित राजनेताओं के हाथों से सत्ता लेकर सेना के अफसरों के हाथ सौंप देने से भ्रष्टाचार काबू में हो जाएगा। तहलका उनको बता सकता है कि भ्रष्ट राजनेता से भ्रष्ट सेनापति बदतर होगा। हमारी सेना शुरू से अकुशल और भ्रष्ट रही है। भारतीय सेना से ज्यादा भ्रष्ट शायद पाकिस्तान की सेना है। इस कारण पाकिस्तान से कभी-कभी मुकाबला हो जाता है। किसी देश की सेना अपने से कम भ्रष्ट है तो उसके सामने सीमा छोड़कर भागने की शर्मनाक परम्परा भारतीय सेना की है। तहलका में दिखाए गए चेहरों से इसकी सत्यता पुष्ट होनी चाहिए। भविष्य के युद्ध में भारत की अखंडता को बनाए रखने के लिए हमारी सेना का कायापलट करना होगा—जो काम 1947 में ही हो जाना चाहिए था। इस सेना को भ्रष्ट बनाने में हमारे नौकरशाहों और प्रधानमंत्रियों का भी काफी योगदान है। भारत की दीर्घकालीन प्रतिरक्षा नीति कभी भी बन नहीं पाई है। सेना कोई मशीन नहीं होती है। एक कुशल और देशरक्षक प्रतिरक्षा नीति के न होने पर सेना कैसे अपना काम कर सकती है ? सेना के इन अफसरों को मंगल-तिलक लगाने के लिए जब भी सजी-धजी सम्भ्रान्त महिलाओं का कोई झुंड खड़ा होता है तो एक भावनात्मक आभामंडल से सेना का चेहरा उज्ज्वल दिखाई पड़ने लगता है। लेकिन इस सेना के बारे में कुछ कठोर समीक्षाएँ जरूरी हैं। भ्रष्टाचार सेना के अन्दर व्याप्त है, तहलका के बाद हम यह जोर देकर कह सकते हैं। यह पूछा जा सकता है कि क्या जो सेना भ्रष्टाचार में इतनी डूबी हुई है, वह कैसे एक उम्दा किस्म की सेना हो सकती है ? क्या वह राष्ट्र की अखंडता की रक्षा को एक पवित्र कार्य मानकर मर-मिटने को तैयार हो सकती है ?

सेना की राष्ट्रभक्ति को हम अस्वीकार नहीं कर सकते हैं, लेकिन यह राष्ट्रभक्ति बहुत गहरी नहीं है। अनुशासन की कमी के चलते यह राष्ट्रभक्ति दुर्बल तो होगी ही। अगर हमारा लक्ष्य एक महान राष्ट्र होना है और अपनी राष्ट्रीय सम्प्रभुता के साथ समझौता नहीं होने देना है, तो जिन चुनौतियों का सामना करना पड़ सकता है उन चुनौतियों के लिए यह सेना योग्य नहीं है—ऐसा सन्देह पैदा होना स्वाभाविक है और इस पर गम्भीर सोच-विचार होना चाहिए।

एक दूसरा पहलू भी है—जब भी राष्ट्र के अन्दर के किसी क्षेत्र के लोग लम्बे समय तक विद्रोही बने रहते हैं और सीमावर्ती इलाका होने के नाते सेना की किसी टुकड़ी को उस क्षेत्र की शान्ति व्यवस्था में विशेष जिम्मेदारी दी जाती है, तो वहाँ सेना का व्यवहार अपने नागरिकों के प्रति ऐसा हो जाता है, जैसा कि किसी शत्रु देश के नागरिकों के प्रति होता है। भारत के उत्तर-पूर्व इलाकों तथा कश्मीर में सैनिक तथा अर्धसैनिक बलों का जो रेकार्ड है वह बहुत गन्दा है। सामूहिक बलात्कार तक के आरोप लगते रहते हैं।

इन विद्रोही इलाकों के प्रति सरकार की नीतियाँ भी इसके लिए जिम्मेदार हैं। लेकिन ऐसा भी कभी नहीं हुआ है कि सेना के अन्दर होनेवाली गन्दी वारदातों के प्रतिवाद में सेना के किसी अधिकारी ने इस्तीफा दिया हो या जोखिम उठाकर विरोध किया हो।

एक तीसरा पहलू है, सेना के अन्दर की गैर-बराबरी। पाकिस्तान और भारत की सेना पर सामन्तवाद हावी है। भारत की तुलना में पाकिस्तान की शासक श्रेणी का सामन्ती चरित्र ज्यादा स्पष्ट है, लेकिन भारतीय सेना के अधिकारियों का भी अपने सामान्य सिपाही के प्रति रवैया सामन्ती है। उसके साथ घरेलू नौकर की तरह बरताव किया जाता है और उसकी जरूरतों का कोई ख्याल नहीं रखा जाता है। युद्धक्षेत्र में सेना के अधिकारियों को मिलनेवाला भोजन और आराम की सुविधाओं तथा सिपाहियों को मिलनेवाली सुविधाओं की अगर तुलना की जाएगी तो यह बात ज्यादा स्पष्ट होगी। हो सकता है कि सेना के अधिकारियों का यह सामन्ती चरित्र उनको भ्रष्टाचार के प्रति उन्मुख करता है।

तीन

अंगरेजी पत्रकारिता और राजनैतिक चर्चा सदाचार को एक व्यक्तिगत गुण के रूप में समझती है। व्यक्ति का स्वभाव और संकल्प सार्वजनिक जीवन में सदाचार का एक स्रोत जरूर है, लेकिन राजनैतिक व्यक्तियों को सदाचार का प्रशिक्षण देकर या अच्छे स्वभाव के 'सज्जनों' को राजनीति में लाकर सार्वजनिक जीवन में सदाचार की गारंटी नहीं दी जा सकती है। भारत की ही राजनीति में ऐसे सैकड़ों उदाहरण होंगे कि जो व्यक्ति सत्ता-राजनीति में प्रवेश के पहले बिलकुल सज्जन था, सत्ता प्राप्ति के बाद बेईमान या भ्रष्ट हो गया। सदाचार की एक संस्कृति और संरचना होती है। सदाचार का क्षेत्र समाज हो सकता है, राजनैतिक समुदाय हो सकता है, या एक निर्दिष्ट राजनैतिक समूह यानी दल हो सकता है। प्रत्येक क्षेत्र में भ्रष्टाचार कितना होगा, किस प्रकार का होगा, यह उस क्षेत्र की भौतिक संरचना और संस्कृति के द्वारा निरूपित होता है।

क्या इस वक्त भारत के राजनैतिक दलों में कोई दल ऐसा है जो अन्य दलों की तुलना में गुणात्मक रूप से कम भ्रष्ट है ? कोई भी निष्पक्ष व्यक्ति कहेगा कि भारत की कम्युनिस्ट पार्टियाँ कम भ्रष्ट हैं। और, यह अन्तर एक गुणात्मक अन्तर है। भारतीय कम्युनिस्टों को वैचारिक दिशाहीनता और संघर्ष न करने की निष्क्रियता तेजी से ग्रस रही है और वे पतनशील अवस्था में हैं। पश्चिम बंगाल में मार्क्सवादी नेताओं के भ्रष्टाचार के बारे में अभियोग बढ़ता जा रहा है। इसके बावजूद भ्रष्टाचार के मामले में उनमें और बाकी दलों में अभी गुणात्मक अन्तर है।

राजनीतिक समूहों में सदाचार के तीन आधार होते हैं : 1. आदर्शवादी लक्ष्यों से प्रेरित होकर समाज को बदलने-सुधारने के विचारों का सामूहिक रूप से अनुवर्ती होना; 2. समाज के शोषित-पीड़ित वर्ग के प्रति गहरी सहानुभूति की भावनाओं को वाणी और

कर्म के स्तर पर एक संस्कृति के रूप में विकसित करना; 3. समूह या दल के अन्दर समानता, भाईचारा और अनुशासन का होना। राजनीति में धन और सत्ता की प्रबलता होती है। इसलिए संस्कृति-विहीन राजनीति में भ्रष्टाचार का तुरन्त प्रवेश हो जाता है। इसमें आश्चर्य की कोई बात नहीं है, न इस कारण से राजनीति का तिरस्कार होना चाहिए। यह एक चुनौती है कि राजनीति को संस्कृतिनिष्ठ बनाकर सशक्त करें और धन तथा सत्ता का केन्द्रीकरण न होने दें। राजनीति अवश्यम्भावी है; उसको मानव-हित में लगाने के लिए आदर्शवादी विचारों, क्रान्तिकारी भावनाओं और कठिन श्रम की संस्कृति के द्वारा उसे एक महान कर्म का दरजा प्रदान करें।

अगर अंगरेजी पत्रकार चाहता है कि राजनीति से क्रान्तिकारी विचारों की विदाई हो जाए, आदर्शवाद की खिल्ली उड़ाई जाए, धन का केन्द्रीकरण और भोग का प्रदर्शन बढ़ता जाए, राजनीति शोषितों के हित में नहीं बाजार के हित में संचालित हो, और फिर भी वह उम्मीद करता है कि भ्रष्टाचार हटे तो उसकी सोच गम्भीर नहीं है।

राजनैतिक दल तत्काल दो काम कर सकते हैं। मीडिया और जनमत का दबाव इस दिशा में बनना चाहिए। आपराधिक रेकार्डवाले व्यक्तियों को पार्टी का टिकट या पद देना सारे राजनैतिक दल बन्द कर दें। कम से कम विपक्षी दल अवश्य बन्द कर दें। जो तीसरा मंच बन रहा है वह इसके लिए तैयार हो जाए तब भी एक आचरण संहिता की शुरुआत हो सकती है; एक राजनैतिक संस्कृति की शुरुआत हो सकती है। उसी तरह से राजनेताओं और उनके दलों के द्वारा जो धनसंग्रह होता है उसमें पारदर्शिता के नियम बनाए जा सकते हैं। यह काम विपक्षी राजनैतिक दल खुद अपने स्तर पर कर सकते हैं। अगर इतना भी करने के लिए वे तैयार नहीं हैं तो संसद की कार्यवाही को ठपकर देने से क्या फायदा ? संसद को ठप करना एक उग्र कदम है, और उसकी जरूरत होती है जब शासक दल जरूरी बहस को नहीं होने देता है। अगर उपर्युक्त आचरण संहिता पर बहस की माँग करते हुए विपक्षी दल संसद में हल्ला करते तो शासक दल की नैतिक पराजय होती। अन्यथा एक दिन शासक दल (भाजपा) के नेता को घूस लेते हुए वीडियो टेप में दिखाया जाएगा तो दूसरे दिन विपक्षी दल (कांग्रेसी) के नेता को घूस लेते हुए दिखाया जाएगा। इस कुचक्र से देश की राजनीति का उद्धार करने का उपाय यह है कि एक राजनैतिक संस्कृति को विकसित करने की पहल कुछ प्रभावी लोग करें।

केवल राजनीति को नहीं, समाज को भी सदाचार की जरूरत है। यह भावुकता का मुद्दा नहीं है; यह मनुष्य के अस्तित्व का मुद्दा बनने जा रहा है।

(अप्रैल, 2001)

राजनीति में नैतिकता के सूत्र

यह सच है कि कूटनीति के बिना राजनीति पूरी नहीं होती। सफल राजनीति का वह एक अनिवार्य अंग है। पर इस बात का गलत अर्थ लगाकर कुछ लोग समझाने की कोशिश करते हैं कि कूटनीति ही राजनीति है। कुछ तीसरे दर्जे के राजनेता अपनी अवसरवादिता और सारे कुकर्मों का औचित्य साबित करने के लिए उपदेश देते हैं कि 'राजनीति में यह सब करना पड़ता है।' ऐसा कहने और सोचनेवाला न राजनीति को जानता है न कूटनीति को समझता है। दरअसल कूटनीति राजनीति का एक छोटा-सा हिस्सा है। भ्रष्टाचार या अवसरवादिता कूटनीति नहीं है।

महाभारत राजनीतिशास्त्र का एक अनोखा महाकाव्य है। इसमें कौरव और पांडव दोनों पक्ष कूटनीति का इस्तेमाल करते हैं। लेकिन दुर्योधन ने व्यभिचार और सत्ता-लिप्सा के सन्दर्भ में कूटनीति का इस्तेमाल किया है। पांडवों ने नीति और आदर्श के पथ पर चलते हुए उसका मुकाबला किया। अन्तिम युद्ध में युधिष्ठिर ने भी कूटनीति चलाकर लड़ाई जीत ली—एक बार युद्ध का नियम तोड़ना पड़ा।

अतः कूटनीति एक चीज है और भ्रष्टाचार या सत्ता-लिप्सा दूसरी चीज है। जब कोई व्यक्ति या संगठन राष्ट्र या जनता को ऊपर उठाने के लिए त्याग और तपस्या का रास्ता अपनाता है, उसकी कूटनीति से देश महान बन जाता है। उसके आचरण और कार्यपद्धति से समाज में नए नैतिक मानदंड स्थापित हो जाते हैं। इसलिए यह कहना तथ्य और अनुभव के बिलकुल विपरीत है कि राजनीति अनैतिक होती है। सत्य तो यह है कि अनैतिक राजनीति एक पतनशील समाज की निशानी है। कोई मुल्क गुलाम बनने जा रहा है, कोई राष्ट्र तानाशाही के चंगुल में आनेवाला है—उस समय की राजनीति नीतिविहीन, मापदंडविहीन होती है। छोटे स्वार्थ तथा आपसी द्वेष से राजनीति अस्थिर, विभक्त और कलुषित हो जाती है। औसत राजनेता व्यभिचारी, व्यक्तिवादी हो जाता है।

हम जब एक औसत राजनेता से नैतिकता की अपेक्षा करते हैं, तो इस नैतिकता का कोई सम्बन्ध अध्यात्म, भगवान या पाप-पुण्य से नहीं है। यह एक व्यावहारिक नैतिकता है। व्यावहारिक नैतिकता वही है, जिसके बिना राजनीति से राष्ट्र या जनता का कोई हित नहीं होनेवाला है। इस नैतिकता का पहला तत्त्व है कि राजनेता भरोसे

लायक बने। चोरों के बीच भी एक आचार संहिता होती है। व्यापारियों में लाखों का लेन-देन जुबानी हो जाता है और उनमें कोई बहुत घटिया आदमी होगा, जो अपने वचन से मुकरने की कोशिश करेगा। इसलिए धंधा चलता है। किसी धंधे में अगर भरोसे लायक लोग घटने लगेंगे, तो वह धंधा पतला होने लगेगा। इसलिए नैतिकता को कुछ लोग दीर्घकालीन स्वार्थ मानते हैं। दरअसल यह नैतिकता का निम्नतम सूत्र है। राजनीति में भरोसे लायक वही है, जो सरकार के अन्दर, अपनी संस्था या दल में तथा जनता के सामने दिए गए वचनों को निभा लेता है। बड़े-बड़े वायदों को न निभाने के लिए तो बहुत सारे तर्क दिए जा सकते हैं और आकर्षक बहाने बनाए जा सकते हैं। लेकिन ठोस वचनों को, जिनके दो अर्थ नहीं हो सकते, न निभाने के लिए बहाना और टाल-मटोलवाले जवाब नहीं चल सकते।

बच्चों से एक पहेली पूछी जा सकती है 'बच्चे, वह कौन है जिसने—'

'8 जुलाई 1979 को प्रस्ताव पारित किया कि जनता पार्टी के अन्दर रहेंगे, इसको छोड़नेवाला, तोड़नेवाला तानाशाही का दलाल होगा। 13 जुलाई को लोकसभा में जोरदार भाषण देकर कहा कि जनता दल को बचाना हमारा कर्तव्य है। 15 जुलाई को जनता दल से त्यागपत्र दिया। 24 जुलाई की रात को वक्तव्य दिया कि इन्दिरा गांधी के समर्थन से बननेवाली सरकार का समर्थन नहीं करेंगे। 25 जुलाई को सवेरे ऐलान किया कि इन्दिरा गांधी द्वारा समर्थित चरण सिंह सरकार को समर्थन देंगे।'

ऊपर के आचरणवाला व्यक्ति अपने व्यक्तिगत जीवन में चाहे कितना भी वफादार हो, राजनीति में वह भरोसे लायक नहीं है। दलीय लोकतंत्र का सबसे बड़ा गुण यह है कि दलों की नीति और अनुशासन में बँधे रहने के कारण राजनेता भरोसे लायक बनता है। मतदाता यह जान सकता है कि अमुक राजनेता उस पार्टी का है, उस पार्टी के अनुशासन में रहेगा, उससे इन बातों की अपेक्षा की जा सकती है। पिछले दिनों भारत की राजनीति में दलीय संगठन इतना दुर्बल हो गया है कि किसी राजनेता के बारे में यह कहना मुश्किल है कि अगले महीने में वह किस दल में रहेगा और किस नीति की आड़ में किसका समर्थन करेगा। साधारण जनता की नजर में राजनेता की विश्वसनीयता खत्म हो रही है।

राजनीति में नैतिकता का दूसरा प्रमुख तत्त्व यह है कि वह निजी स्वार्थ को सामूहिक स्वार्थ के पीछे रखे। आम चर्चाओं में यह एक सवाल बार-बार आ रहा है कि 'कौन नेता है, जो देश के पहले निजी स्वार्थ की बात नहीं सोचता है ?' किसी व्यापारी, वकील या सचिव, लिपिक के लिए यह अनैतिक नहीं माना जाता है। लेकिन राजनेता के लिए यह अनैतिक है। हम निजी स्वार्थ को मिटा देने की बात नहीं कह रहे हैं। सिर्फ यह कह रहे हैं कि राष्ट्रहित और जनहित को नुकसान पहुँचाकर निजी स्वार्थ को आगे न बढ़ाएँ।

जब किसी प्रधानमंत्री के ऊपर यह आरोप लगातार होता है कि उसका बेटा या दामाद उसके पद का दुरुपयोग करता है और दौलत बढ़ा रहा है, तब उसे खुली जाँच

के लिए तैयार हो जाना चाहिए। वह सिर्फ इसलिए जरूरी नहीं है कि दोषी पकड़ा जाए, बल्कि इसलिए कि जिस प्रधानमंत्री के भ्रष्टाचार के बारे में सन्देह रह जाएगा, वह समाज या प्रशासन से भ्रष्टाचार को दूर कैसे करेगा। जब मोरारजी देसाई अपने पुत्र सम्बन्धी आरोप को छिपाने के लिए जनसंघ घटक का समर्थन लेते हैं तो सखलेचा के बेटे के कारनामों को कौन पकड़ेगा ? अगर चरण सिंह अपने दामाद की चोरी की जाँच नहीं कराते, तो देवीलाल के बेटे को तस्करी का दंड कैसे मिलेगा ? अगर सर्वोच्च पद पर रहनेवालों की तसवीर पाक और साफ नहीं होगी तो नीचे की सीढ़ियों में सफाई आना असम्भव है। शायद इसीलिए 1977 में जनता पार्टी के सरकार में आने के साथ-साथ यह मान लिया गया था कि मंत्री लोग अपनी पारिवारिक सम्पत्तियों की सार्वजनिक घोषणा हर साल करेंगे। उससे पता लगेगा कि उनकी दौलत कितनी बढ़ी और कहाँ से पैसा आया। बाद में वह नियम विधायकों और नौकरशाहों पर भी लागू किया जाता, तो देश में बहुत हद तक भ्रष्टाचार घट सकता था। लेकिन मोरारजी और चरण सिंह दोनों इस नियम के खिलाफ हो गए। सार्वजनिक जीवन को ऊँचा उठाने के इस प्रस्ताव को उन्होंने कुचल दिया, क्योंकि परिवार का स्वार्थ राष्ट्र से बड़ा बन गया है।

एक राजनेता के लिए यौन भ्रष्टाचार उतना बड़ा पाप नहीं है, जितना कि घूसखोरी या दलबदल या किसी की दलाली करना। पश्चिम के कुछ देशों में व्यभिचार को आजकल राजनीति में बहुत तूल दिया जा रहा है, लेकिन उसका असली कारण सेक्स नहीं है। प्रथम महायुद्ध के बाद खुफियागिरी के लिए सुन्दरियों का इस्तेमाल बहुत बढ़ गया था। देश के अन्दर भी इसका इस्तेमाल पैसेवाले लोग मंत्रियों से लाइसेंस लेने के लिए या विधायकों को दलबदल करने के लिए करते हैं। राजनेता कभी-कभी देशी या विदेशी ताकतों द्वारा भेजी हुई सुन्दरियों के चंगुल में फँस जाते हैं—इसीलिए जो राजनेता अपने यौन आचरण में कमजोर होता है, वह राष्ट्र या जनता के स्वार्थ का रक्षक नहीं हो सकेगा। भारत, पाकिस्तान या अरब देशों के लोगों में यौन प्रवृत्ति इतनी अवरुद्ध रहती है कि इस मुल्क के राजनेताओं को अक्सर सुरा-सुन्दरियों के सहारे फँसाया जाता है, अन्यथा यौन-सम्बन्ध अपने में कोई राजनैतिक दोष नहीं है। भारत की जनता में यह संस्कार है कि वह देवताओं के लिए यौन-लीला विशेषाधिकार मानती हैं, इसलिए सर्वोच्च लोगों की प्रेमिकाओं या प्रेमियों के बारे में वह आपत्ति नहीं करती।

राजनीति में नैतिकता का तीसरा तत्त्व है अपने आदर्शों और विचारों के प्रति वफादारी। अगर कोई समाजवादी है, तो वह एक गैर-समाजवादी सरकार का अंग किसलिए बना है ? सत्ता-प्राप्ति की इच्छा राजनीति में नाजायज नहीं है—लेकिन उसकी एक शर्त है घोषित नीतियों और लक्ष्यों के लिए सत्ता का सशक्त इस्तेमाल करना और जब वह सम्भव नहीं रह जाए तो, उसको छोड़ देना। पिछले दिनों एक अजीब तर्क साम्यवादी-समाजवादियों के मुँह से निकल रहा है, 'हम क्या करें ? सारा ढाँचा और नौकरशाही ऐसी बनी हुई है कि हमारी कुछ चलती नहीं है।' नतीजा यह हो रहा है कि व्यवस्था बदलनेवाले लोग व्यवस्था-रक्षक की भूमिका अदा कर रहे हैं। इच्छाशक्ति और

प्रतिबद्धता की कमी क्रान्तिकारी राजनेता की सबसे बड़ी नीतिहीनता हैं। एक सचिव या मुंशी की नौकरी और मंत्री के पदों में फर्क यह है कि सचिव या मुंशी स्थायी होता है, सरकार जैसी बनेगी उसी प्रकार से उसको चलना-चलाना है। मंत्री अस्थायी होता है, क्योंकि उसे अपनी नीति चलानी पड़ती है। जो लोग यह शिकायत करते हैं कि हम अपनी नीति नहीं चला पाएँगे और फिर भी मंत्री पद पर बने रहेंगे, वे असल में गलत स्थान पर चले गए हैं। उनको मुंशी या सचिव होना चाहिए था। यही तो लोकतंत्र की गरिमा है कि मंत्री केवल नीति चलाने के लिए आता है। 'मंत्री' यानी नीति चलानेवाला। भारत के लोकतंत्र का इतिहास बहुत बुरा नहीं लगता जब हम याद करते हैं कि स्वर्गीय लालबहादुर शास्त्री ने रेल मंत्री पद से एक बड़ी रेल दुर्घटना के बाद इस्तीफा दे दिया। नीति के कारण किसी चीज को छोड़ने का तात्कालिक परिणाम तो किसी प्रकार का कष्ट या त्याग होना चाहिए। जिन लोगों ने जनता दल छोड़ा, वे भरसक प्रचार कर रहे हैं कि हम 'दलबदलू' नहीं हैं—हम दलत्यागी हैं। उन पर यही कसौटी लगाई जा सकती है कि दल छोड़कर उन्होंने सत्ता का सुख लिया या त्याग का कष्ट लिया ?

(रविवार, 1980)

राजनीति में मूल्य

राजनीति एक व्यवहार है। जैसे-जैसे किसी राजनैतिक व्यक्ति या समूह की क्षमता और प्रभाव बढ़ने लगता है, उसको अपने आदर्श और नीति का कार्यरूप बतलाना पड़ता है। सिद्धान्त और व्यवहार में तालमेल रखना एक कठिन काम प्रतीत होने लगता है। सत्ता से वह जितना दूर रहेगा उतना वह आदर्श और नैतिकता की बात करेगा। प्रभाव बढ़ने पर और सत्ता हासिल करना सम्भव दिखाई देने पर उसकी असली परीक्षा शुरू होती है। आदर्श की चुनौती और स्खलन का आकर्षण–इन दो पाटों के बीच विवेकशील राजनेता सावधान रहता है। सत्ता से दूर रहते समय उसकी जो प्रतिबद्धताएँ और नैतिक संस्कार बन जाते हैं, सत्ताभोग के काल में उसके लिए कवच बनते हैं। इसलिए लम्बे समय तक सत्ता के पदों पर बने रहना अच्छा नहीं है। सफल और प्रभावी राजनेताओं को चाहिए कि वे स्वेच्छा से कुछ अरसे के लिए सत्ता की इच्छा पर संयम रखें। सत्ता की इच्छाविहीन राजनीति में कोई रस नहीं होता है; मगर सत्ता की इच्छा पर संयम न होने से राजनीति की नैतिक प्रेरणा नष्ट हो जाती है।

अगर प्रधानमंत्री नेहरू ने अपने 18 साल के प्रधानमंत्रित्व के बीच कभी पाँच या सात साल का सत्ता पद से संन्यास लिया होता तो शायद वे आज भी एक आलोक-स्तम्भ बने रहते। सत्तापद पर चिपके रहने के कारण उनकी क्या दुर्दशा हुई है यह हाल के चुनावों में स्पष्ट हो रहा है। उनकी दौहित्र-वधू सोनिया के कांग्रेस के मुख्य प्रचारक होने के बावजूद उनके भाषण में कहीं यह बात नहीं आती है कि नेहरू की सरकारी नीतियों से देश को सही मार्गदर्शन मिला था। एक व्यक्तित्व के तौर पर इन्दिरा गांधी या राजीव गांधी की कोई तुलना जवाहरलाल नेहरू से नहीं हो सकती है। लालबहादुर शास्त्री से भी नेहरू बहुत बड़े आदमी थे। लेकिन आज के चुनाव में शास्त्री, इन्दिरा, राजीव, इन सबका नाम लेकर वोट माँगा जा सकता है। नेहरू के नाम से कोई वोट नहीं माँगता है। यह कितना विचित्र है ?

राजनीति में व्यवहार का पलड़ा कभी-कभी इतना भारी होता है कि मूल्यों से समझौता न करनेवालों को जनता भी हिकारत भरी नजर से देखती है। मानो बिलकुल शुद्ध होना अव्यावहारिकता है और इसलिए राजनीतिक अक्षमता का परिचायक है। मूल्यों और नैतिकता के बारे में जनसाधारण उतना कठोर नहीं है जितना कि हमलोग

अकसर सोचते हैं। जनसाधारण राजनीति से कुछ परिणाम देखना चाहता है। आदर्शवादी व्यक्तियों और समूहों से परिणामों की उम्मीद नहीं जगती है तो आदर्श के प्रति वह उदासीन हो जाता है। जनसाधारण राजनीति से कैसा परिणाम चाहता है ? क्या जनसाधारण राजनीति में नैतिकता का नियामक बन सकता है ? इसका जवाब आज के राजनैतिक अध्ययनों-चिन्तनों से नहीं मिलता है।

समझ लेना चाहिए कि जनसाधारण की उपस्थितिं सार्वजनिक जीवन में एक नियामक का काम नहीं करती है। लोगों की भावना सिर्फ यह होती है कि अनैतिक काम बहुत अधिक नहीं होने चाहिए। अनैतिकता बहुत अधिक दिखाई नहीं देनी चाहिए। अगर दो प्रतिद्वन्द्वी हैं और दोनों पराक्रमी हैं और उनमें से एक ज्यादा कलंकित है तो लोग अपेक्षाकृत साफ-सुथरे आदमी को पसन्द करेंगे। इस अर्थ में जनसाधारण की नैतिकता के बारे में एक नियामक भूमिका है। चूँकि जनसाधारण उपस्थित है और राय देनेवाला है इसलिए भी राजनेता उसकी नैतिकता सम्बन्धी भावनाओं को अपील करने की कोशिश करते हैं। इसी तरह जनसाधारण एक नियामक है। जनसाधारण की उपस्थिति नहीं रहेगी तो शायद नैतिकता का प्रसंग भी नहीं उठेगा। इस सीमित दायरे में जनसाधारण सार्वजनिक नैतिकता का नियामक है।

जनसाधारण पहले पराक्रम को देखता है, बाद में नैतिकता को। सामर्थ्य या पराक्रम हासिल करने के नियम और शुद्धता हासिल करने के नियम अलग-अलग होते हैं। शुद्धता के द्वारा कोई पराक्रमी नहीं बन पाता है। गांधीजी पराक्रमी थे, मगर शुद्धता के कारण नहीं; पराक्रम अर्जन के उनके काम अलग थे, और शुद्ध बनने के अलग। नैतिकता और पराक्रम का संयोग उनमें 1916 से 1945 तक रहा। 1945 के बाद उनका पराक्रम कम हो गया।

पराक्रम प्राप्त करने के महान उपाय भी होते हैं, जोखिम भरे काम होते हैं, लेकिन बहुत छोटे-छोटे रास्ते भी होते हैं। धनी और सम्भ्रान्त लोग राजनीति में जल्द सफल हो जाते हैं। कुछ लोग चोरी करके धनी बनते हैं, धन के सहारे राजनीति करते हैं और सम्भ्रान्त बन जाते हैं। तीसरे कदम पर वे धन और आभिजात्य के बल पर राजनीति की चोटी पर जाने का दाँव लगाते हैं। निर्धनों और शूद्रों के लिए राजनीति में बने रहना बहुत कठिन है। इसलिए भी शूद्र राजनेता नैतिकता के प्रश्न को गौण कर देता है।

पराक्रमी होने के लिए ये सारे छोटे रास्ते हैं। ये रास्ते प्राचीन काल से हैं। इस पराक्रम से सत्ता प्राप्ति हो सकती है—राष्ट्र या जनता को महान नहीं बनाया जा सकता है।

राजनीति का स्वर्णयुग यानी पराक्रम और मानवीय मूल्यों का संयोग तब होता है जब किसी राज्य या भूभाग में धर्म, संस्कृति, ज्ञान, अर्थनीति या राजनीति के क्षेत्र में मूल्यों का आन्दोलन होता है। मूल्यों का यह आन्दोलन राजनीति के बाहरी क्षेत्रों में होने पर भी राजनीति इसके द्वारा प्रभावित होती है, नए मूल्यों को राजनीति में स्थापित करने की एक धारा राजनीति के अन्दर भी सबल होने लगती है। भारत के बौद्ध युग और

गांधी युग की राजनीति में मानवीय मूल्यों का स्तर अन्य युगों की तुलना में उच्चतर था। जिसको भारत में गांधी युग कहा जाएगा वह विश्व के लिए समाजवादी आन्दोलन के विकास का भी युग था। इस संयोग का प्रभाव इतना अधिक था कि पूँजीवादी और प्रतिगामी विचारों के राजनैतिक दलों को भी कुछ मानवीय तथा प्रगतिशील मूल्यों के अनुकूल अपनी घोषणाएँ करनी पड़ती थीं। नेहरू-इन्दिरा की कांग्रेस अपने को समाजवादी कहती थी, यहाँ तक कि भारतीय जनता पार्टी (जनसंघ) ने एक बार अपने को 'गांधीवादी समाजवादी' घोषित कर दिया था। 'आखिरी आदमी'—जो गांधीजी का शब्द था, अभी हाल तक राजनैतिक घोषणापत्रों पर मँडराता था।

ऊपर की बातों से यह स्पष्ट हो जाना चाहिए कि राजनीति में मूल्यों की प्रबलता का होना एक निरन्तर स्थिति नहीं है। यह भी सोचना गलत है कि साधारण मतदाता या जनसाधारण मूल्यों पर बहुत आग्रह रखता है या जनसाधारण के दबाव से ही राजनीति सही दिशा में प्रवाहित होगी; इतिहास बताता है कि यह काम आम आदमी का दायित्व नहीं है। मूल्यों और दिशाओं का प्रवर्तन बुद्धिजीवी करते हैं—तब करते हैं जब वे या तो सत्य की खोज करते हैं या लोक के प्रति अपने को उत्तरदायी समझते हैं। एक छोटे समूह के द्वारा संगठित-प्रचारित होकर ये मूल्य जनसाधारण का समर्थन प्राप्त करते हैं और व्यापक समाज में हलचल पैदा करते हैं। इसी बिन्दु पर जनसाधारण मूल्यों का संरक्षक भी बनता है। लेकिन जब बौद्धिक समाज में जड़ता आ जाती है तब जनसाधारण पुनः मूल्यों के बारे में उदासीन हो जाता है।

उत्तर भारत के मौर्यकाल से हर्षवर्धन तक और गोरे देशों में 17वीं-18वीं सदी में ज्ञान और धर्म के क्षेत्रों में सांस्कृतिक आन्दोलन की प्रबलता थी। उन्नीसवीं सदी के उत्तरार्ध और बीसवीं सदी के प्रथमार्ध में यूरोप के राजनैतिक क्षेत्र में बौद्धिक समूहों ने तीव्रता के साथ हिस्सेदारी की। फलस्वरूप यूरोप की राजनीति में क्रान्तिकारी मानवीय मूल्य स्थापित हुए और बाद में पूरे विश्व में इन मूल्यों का प्रसार हुआ। कई औपनिवेशिक देशों में साम्राज्यवाद-विरोधी राजनीति के तहत वहाँ के बौद्धिक समूह सक्रिय हुए। इन देशों की राजनीति में साम्राज्यवाद-विरोधी और पूँजीवाद-विरोधी मूल्यों और आदर्शों की स्थापना हुई। भारत में गांधी और समाजवाद के अपने-अपने बौद्धिक वर्ग बने। जब बौद्धिक वर्ग व्यापक ढंग से और निरन्तरता के साथ राजनीति को मूल्यों के द्वारा प्रभावित करता है तब जनसाधारण भी मूल्यों के बारे में मुखर होता है। हाल के चुनावों में यह कितना हास्यास्पद लगता था कि कुछ बुद्धिजीवी लोग चुनाव घोषित हो जाने और नामांकन हो जाने के बाद भ्रष्टाचारी और अपराधी प्रत्याशियों की पहचान करवाते थे। बुद्धिजीवियों के लिए यह जीवन भर का काम है; चुनाव के दिनों में वे अपना मत ठीक ढंग से दे दें, तो काफी है। प्रसिद्ध व्यावसायिक पत्रिका *आउटलुक* ने कई नामी-गिरामी बुद्धिजीवियों को लेकर प्रत्याशियों की नैतिकता की जाँच करने की एक टोली बनाई थी। लेकिन इनमें से एक भी आदमी स्पष्ट शब्दों में नहीं बताता कि उदारीकरण और ग्लोबीकरण से भारत की आम जनता को क्या लाभ होगा। इस टोली

का कोई भी व्यक्ति यह नहीं बताता कि लगातार बढ़ती आर्थिक गैर-बराबरी को कैसे रोका जाए और बुद्धिजीवियों की वेतनवृद्धि क्यों वांछनीय है। धन के केन्द्रीकरण का भ्रष्टाचार और अपराध से कोई सम्बन्ध है या नहीं ? अपने युग के ज्वलन्त और बुनियादी सवालों पर जिन बुद्धिजीवियों का कोई स्पष्ट मत नहीं है वे चले हैं चुनाव-राजनीति को प्रभावित करने ! पक्षधर बनकर या अपना खेमा गाड़कर ही कोई बौद्धिक समूह चुनाव को प्रभावित कर सकता है।

असल में राजनैतिक अनैतिकता की वृद्धि का युग समाज में बौद्धिक पतन का भी युग होता है। पिछले कई सालों में भारत की ज्ञान-संस्थाओं की सबसे बड़ी घटना है प्रोफेसरों और विशेषज्ञों के रहन-सहन और वेतन-भत्तों में अभूतपूर्व वृद्धि। उनकी जड़ता और उदासीनता के कारण देश के साधारण जनों का जो अपना पारम्परिक ज्ञान और विवेक था वह भी नष्ट हो गया है और कोई नया मूल्य भी स्थापित नहीं हो पाया है।

फिर भी चुनाव के दिनों में मूल्यों की बात इसलिए होती है कि राजनेता या उसका समर्थक-बुद्धिजीवी जब जनसाधारण के पास जाएगा तो मूल्यों के बिना कोई खुला संवाद हो नहीं सकता है। अगर राजनीति में जनसाधारण न होता तो ये लोग मूल्यों की बात पाखंड के स्तर पर भी नहीं करते। यह सत्य है कि राजनैतिक अस्थिरता जनसाधारण को पसन्द नहीं है, देश के लिए अच्छी चीज नहीं है। लेकिन 'स्थिरता' कोई ऐसा मूल्य नहीं है जो कांग्रेस या भाजपा की सरकार बनने से लोगों को प्राप्त हो जाएगा। अस्थिरता की एक प्रक्रिया चल रही है; इस प्रक्रिया को कहाँ रोका जाएगा ? कहाँ-कहाँ रोकने पर पाँच-दस साल के बाद स्थिरता आएगी ? उन मूल्यों को स्थापित करने का वायदा कोई भी बड़ा राजनैतिक दल नहीं कर रहा है। चुनाव के बाद दल-बदल आधारित सरकार हम नहीं बनाएँगे—यह वायदा कोई नहीं करता। तब स्थिरता कैसे लाएँगे ? किसी भी खेमे के घटक यह वायदा नहीं करते कि जिस खेमे की ओर से चुनाव लड़ते हैं, अगले चुनाव तक उसी खेमे में रहेंगे ? अगर खेमा बदलने की भी गुंजाइश है तो स्थिरता कैसे आएगी ? अन्ततोगत्वा 'राजनैतिक स्थिरता' और 'साम्प्रदायिक शान्ति' आम जनता की आर्थिक सुरक्षा पर ही टिकी रहती है। आर्थिक गैर-बराबरी और असुरक्षा बढ़ती रहेगी और साम्प्रदायिक शान्ति कायम रहेगी, यह कैसे सम्भव है ? करोड़ों लोग बेकार होते जाएँगे, विस्थापित होते रहेंगे तो राजनैतिक स्थिरता का आधार क्या होगा ?

बेरोजगारी, अशिक्षा आदि प्रश्नों का सीधा सम्बन्ध आर्थिक क्षमता से है। मार्च 1998 के चुनाव में भारतीय जनता पार्टी ने 10 वर्षों के कुछ लक्ष्य घोषित किए ? बेकारी 10 वर्ष में पूरी तरह समाप्त हो जाएगी ? इतनी पूँजी और बजट का व्यय कहाँ से आएगा ? वेतन वृद्धि से 50 से 100 हजार करोड़ रु. का जो अतिरिक्त खर्च करना पड़ेगा, वह पैसा कहाँ से आएगा ? क्या इसके बाद भी बजट में इतना पैसा रह जाएगा जिससे भाजपा सरकार नए रोजगार और सम्पूर्ण प्राथमिक शिक्षा की योजनाएँ बना पाएगी ? वित्तीय इन्तजाम का उपाय बताए बगैर लोककल्याणकारी योजनाओं की घोषणा करना विशुद्ध बेईमानी है। वेतन-वृद्धि को रोककर उसी पैसे को या तो प्राथमिक

शिक्षा या रोजगार विस्तार के लिए लगाया जा सकता है। कोई खेमा इसके लिए तैयार नहीं है। यानी उनकी सरकारें न बेरोजगारी दूर करने के बारे में गम्भीर है, न प्राथमिक शिक्षा के विस्तार के बारे में।

जब अच्छाई कहीं भी नहीं होती है, और नए सिरे से अच्छाई पैदा करने की शक्ति मुख्य नायकों में नहीं होती है तब एक तरकीब निकलती है : बुराइयों को छोटी और बड़ी में बाँटने की। वैसे, बुराई से जुड़ना एक मानवीय स्थिति है। व्यवहार के हर मोड़ पर ऐसी स्थिति का सामना करना पड़ता है जिसमें किसी न किसी बुराई के साथ प्रत्यक्ष या परोक्ष ढंग से समझौता करना होता है। लेकिन छोटी बुराई का एक अपना दर्शन है। अगर कोई बड़ी अच्छाई लाने का जोखिम भरा काम करने जा रहे हैं तभी आपका यह नैतिक अधिकार होता है कि किसी छोटी बुराई का सहारा वक्ती तौर पर ले लें। जहाँ अच्छाई की नई धारा प्रचलित करने का कोई संकल्प या साधना है ही नहीं, वहाँ छोटी बुराई की बात केवल अपनी अवसरवादी राजनीति को जारी रखने का बहाना है। इसका एक दुश्चक्र बनता है। छोटी बुराई का सहारा लेते-लेते छोटी बुराई खुद एक बड़ी बुराई हो जाती है और आप बड़ी बुराई को छोटी समझने लगते हैं।

1967 में कांग्रेस को बड़ी बुराई मानकर गैर-कांग्रेसवाद की रणनीति अपनाई गई थी। इस रणनीति के प्रवर्तकों ने सोचा था कि समाजवाद की राजनैतिक ताकत को बढ़ाने के लिए यह एक वक्ती कौशल है। जैसे-जैसे समाजवाद का अपना जनाधार सशक्त और व्यापक होता जाएगा, वैसे-वैसे छोटी बुराई और भी छोटी हो जाएगी। समाजवादियों और प्रगतिशीलों को इस रणनीति से बहुत फायदा हुआ। उनको शक्ति बढ़ाने का बहुत मौका मिला—1967 से 1997 तक, तीस साल का मौका मिला। लेकिन समाजवादियों और प्रगतिशीलों ने इस मौके का इस्तेमाल किया सत्ता-भोग के लिए, जनाधार बढ़ाने के लिए नहीं। जन संघ उर्फ भारतीय जनता पार्टी ने इस समय का इस्तेमाल जनाधार बढ़ाने के लिए किया। फलस्वरूप ऐसी स्थिति पैदा हो गई है कि समाजवादियों और प्रगतिशीलों का खेमा एकदम शक्तिहीन हो गया है।

(फरवरी, 1998)

राजनीति और अपराध के घालमेल का सच

सारे विश्व में सामाजिक शास्त्रों की हालत लचर है वे ज्यादा से ज्यादा कामचलाऊ हैं। लेकिन भारत में तो राजनीति शास्त्र बिलकुल अविकसित है। राजनीति विज्ञान या राजनीतिक दर्शन के नाम पर विश्वविद्यालयों और अनुसन्धान परिषदों का जितना काम है, सबको मिलाने पर भी एक शास्त्र कहलाने लायक ज्ञान उनमें दिखाई नहीं पड़ता है, जिसकी रोशनी में देश की राजनीति को समझा जा सके और उसकी समस्याओं का हल ढूँढ़ा जा सके।

यह बात इसलिए अखरती है कि राजनीति और राजनैतिक समस्याओं को हम किसके सहारे समझें ? जल्द से जल्द सत्ता प्राप्त करने की आकांक्षा रखनेवाले राजनेता और दैनिक अखबारों के सम्पादक–सिर्फ ये दो समूह हैं जो हमको रोज राजनीति और उसकी समस्याओं के बारे में उपदेश देते रहते हैं; ऐसा करना उनके लिए धंधे की मजबूरी है, लेकिन हमारी राजनैतिक समझदारी का कोई अन्य स्रोत नहीं है।

राष्ट्रीय आन्दोलन और क्रान्तिकारी (समाजवादी तथा साम्यवादी) आन्दोलनों के माध्यम से राजनीति को समझना, उसके बारे में कुछ राय बनाना आसान था। जब राष्ट्र निर्माण या व्यवस्था परिवर्तन का आन्दोलन प्रभावी रहता है तब उसका दूरगामी लक्ष्य शेष राजनीति को भी अपना लक्ष्य बनाने के लिए मजबूर करता है। उन लक्ष्यों के सहारे उनकी कसौटी पर राजनीति को समझने की एक प्रक्रिया समाज में बनती है।

राष्ट्रीय आन्दोलन का लक्ष्य पचास के दशक में धूमिल हो चुका था, वामपंथियों का तेवर साठ के दशक में क्षीण होने लगा। सम्पूर्ण क्रान्ति (जे.पी.) आन्दोलन में पुनः कुछ दूरगामी लक्ष्य स्थापित होने लगे थे, लेकिन 1977 में ही उनकी समाप्ति हो गई। उसके बाद भी आन्दोलनों की कोई कमी नहीं हुई है। लेकिन अस्सी के दशक में जो आन्दोलन हुए और अभी हो रहे हैं, उनका कोई राष्ट्रीय लक्ष्य नहीं है। आन्दोलन हैं, लेकिन आन्दोलनों में राष्ट्र के भविष्य का कोई सपना नहीं है। दलित आन्दोलन, ईसाई दलित आन्दोलन, झारखंड आन्दोलन, किसान आन्दोलन, बाँध विरोधी आन्दोलन, अयोध्या आन्दोलन–कुछ खास वर्गों, जातियों, इलाकों या सम्प्रदायों की माँगों को लेकर जो आन्दोलन हो रहे हैं उनमें राष्ट्र के समग्र विकास सम्बन्धी कोई सोच या बेचैनी नहीं है। ये समूहों के सीमित आन्दोलन हैं जिनमें समग्र के बारे में, दूसरे समूहों के बारे में

कोई एहसास नहीं है। इनमें से कई आन्दोलनों का चुनावों पर असर पड़ता है लेकिन राजनीति के चरित्र पर या राष्ट्र की मूल समस्याओं पर कोई गहरा असर नहीं पड़ता। देश की राजनीति में पिछड़ों और दलितों की भागीदारी बढ़ती जा रही है, फिर भी पिछड़ों और दलितों की राजनीति गिरोहों की राजनीति के रूप में ही प्रकट हो रही है। यह एक भयावह स्थिति है क्योंकि जो समाज की उभरती हुई शक्ति है, उसे पूरे समाज की कोई चिन्ता नहीं है, राष्ट्र के समझ खड़ी चुनौतियों का कोई एहसास नहीं है। शूद्र राज करेगा और राष्ट्र के भविष्य के बारे में ब्राह्मण सोचेगा ?

अगर पिछड़ों और दलितों के नेता राजनीति के अपराधीकरण, शिक्षा के गिरते स्तर और राष्ट्र की सम्प्रभुता पर खतरे के बारे में चिन्तित और उद्वेलित होंगे तो वे गिरोहों के नेता नहीं रह जाएँगे। फिर आम लोग राजनीति को समझने लगेंगे। उर्ध्व गति से ही राजनीति को लोग समझ पाते हैं। यह एक सूत्र के रूप में माना जा सकता है कि राष्ट्र निर्माण के दूरगामी लक्ष्य को जनभावना में स्थापित किए बगैर राजनीति सामान्य आदमी की समझ से बाहर रहती है। इसके बगैर राजनीति एक धंधा है। लोकतांत्रिक ढाँचे का यह तकाजा है कि सैकड़ों-हजारों लोग राजनीति करेंगे और राजनीति उनके लिए एक प्रवृत्ति होगी।

राजनीति का धंधा हमारे संविधान का एक तार्किक परिणाम है। लेकिन भारतीय राजनीतिशास्त्र के विशेषज्ञों ने इस बारे में एक भी किताब नहीं लिखी है कि यह धंधा किस तरह चलाया जा रहा है और उसके नियम-कायदे क्या हैं ? इसमें हानि-लाभ किसे होता है ? जब दूरगामी लक्ष्यों का दबाव नहीं होता, तब राजनीति का धंधा करनेवालों को बहुत फायदा मिल सकता है। इस धंधे को और अधिक फायदेमन्द बनाने के लिए राजनेता को पहले धनाढ्य वर्ग से और बाद में अपराधियों से सम्बन्ध बनाना पड़ता है। खैरनार और जलगाँव का प्रकरण जिस बात का सबूत देते हैं वह है राजनीतिक धंधे का आखिरी रूप, जिसमें राजनेताओं, व्यापारियों और अपराधियों का एक गठजोड़ बन जाता है। जहरीली शराब की बिक्री के सम्बन्ध में ओडिशा में हुई न्यायिक जाँच में पुलिस के एक अफसर ने अवैध शराब के व्यापारी और जनता दल के एक मंत्री के बारे में जो बयान दिया वह भी इसी आशंका को पुष्ट करता है कि व्यापारियों, राजनेताओं और अपराधियों का गठजोड़ हमारी राजनीति की मुख्य धारा बन गया है। राजनीति एक ऐसे बिन्दु पर पहुँच गई है जहाँ राजनीति अपराध को रोकने के बजाय अपराध का मुख्य आधार हो गई है। जब राजनीति इस अवस्था में पहुँच जाती है तब बगैर राजनीति को बदले देश और समाज की समस्याओं के बारे में सोचना बेमानी है।

क्या यह भारतीय स्थिति की एक विशेषता है, या यह लोकतांत्रिक राजनीति का नियम है ? यहाँ पर राजनीतिशास्त्र की चुप्पी अखरती है। लगभग एक ही समय में एशिया, अफ्रीका और लैटिन अमरीका के कई देशों ने एक ही प्रकार की विकास नीति अपनाई थी। उनमें से बहुत सारे देशों ने पश्चिम के लोकतांत्रिक ढाँचे को भी अपनाया था। भारत के राजनीतिशास्त्र ने अभी तक इस बात का अध्ययन नहीं किया है कि एक

खास किस्म की विकास नीति और इस प्रकार के लोकतंत्र को अपनाने के बाद राजनीति का रूप और चरित्र विभिन्न देशों में कैसे बदलता है। सब देशों में जहाँ की विकास नीति भारत जैसी है, वहाँ की राजनीति में क्या-क्या परिवर्तन आए हैं और लोकतंत्र का कार्यान्वयन किस तरह से हो रहा है, क्या वहाँ की राजनीति भी अपराधी गिरोहों की गिरफ्त में है ? इन प्रश्नों का उत्तर देने के लिए हमारे सामने तथ्य नहीं हैं। यूरोप और अमरीका की राजनीति के बारे में हम अधिक जानते हैं, मगर अपने जैसे मुल्कों के बारे में, उनकी बदलती राजनीति और समस्याओं के बारे में हमारा ज्ञान शून्य है। उन देशों के सम्बन्ध में हम तब सुनते हैं, जब यूरोप या अमरीका वहाँ के युद्ध या अकाल पर कुछ करने लगते हैं। हम अपने लोकतंत्र की तुलना पश्चिम यूरोप या अमरीका से करते हैं और सोचते हैं कि लोकतंत्र वहाँ सफल है। लोकतंत्र को हम सफल नहीं बना रहे हैं। यह असफलता हमारी विशेषता है। अगर सभी मुल्कों का सर्वेक्षण हो और किताब लिखी जाए तो यह बात उजागर होगी कि यह विशेष स्थिति सिर्फ भारत की नहीं है।

सभी विकासशील देशों में जहाँ हमारे जैसी विकास नीति अपनाई गई है और पश्चिम का लोकतंत्र भी अपनाया गया है—सब जगह राजनीति का अपराधीकरण हो रहा है और आर्थिक समस्याएँ भी असाध्य हो रही हैं। आधुनिकीकरण की विकास नीति न सिर्फ आर्थिक समस्याओं को जटिल कर देती है बल्कि लोकतंत्र को भी विरूप और विकृत कर देती है। आधुनिकीकरण की आर्थिक नीति का ही यह परिणाम है कि व्यापारियों, राजनेताओं और अपराधी गिरोहों का गठजोड़ राजनीति को संचालित कर रहा है। पश्चिम के तथाकथित सफल लोकतंत्र में कोई गुणात्मक फर्क नहीं है। व्यावहारिक भिन्नताएँ हैं, क्योंकि वे देश समृद्ध हैं और लोग खुशहाल हैं। धनाढ्य वर्ग से राजनेता का गठजोड़ वहाँ भी आधुनिक विकास नीति का परिणाम है। इस गठजोड़ के बाहर कोई राजनीति वहाँ टिक नहीं पाती है। राजनीति और अपराध का सम्बन्ध वहाँ वीभत्स रूप धारण नहीं करता है क्योंकि राजनीति पूरी तरह बिगड़ जाएगी तो बाहरी देशों का शोषण कुशलतापूर्वक नहीं हो पाएगा और देश और जनता दोनों की खुशहाली समाप्त हो सकती है। राजनीति को अनुशासन के दायरे में बनाए रखना वहाँ के धनाढ्य वर्ग के लिए जरूरी है। वहाँ के लोग जो आर्थिक अपराध करते हैं वे ज्यादातर दुनिया के पिछड़े मुल्कों की कीमत पर होते हैं। वहाँ की राजनीति ऐसे अपराधों का साथ देती है क्योंकि उससे नुकसान तो दूसरे देशों का होगा। जिन यूरोपीय देशों के पास साम्राज्यवादी शोषण तथा समृद्धि नहीं है वहाँ की आर्थिक और राजनैतिक दुर्गति एशिया-अफ्रीका से तुलनीय है। पूर्व साम्यवादी देशों में जहाँ नई विकास पद्धति विधिवत् ढंग से लागू हो गई है और लोकतांत्रिक ढाँचा भी खड़ा हो रहा है, दस-बीस सालों के बाद वहाँ की आर्थिक और राजनैतिक दुर्गति कहाँ कब पहुँचेगी, उसका अन्दाजा आज भी हो सकता है। यही कारण है कि दक्षिण अफ्रीका की आजादी का कोई उत्साह तीसरी दुनिया में नहीं है, क्योंकि यह पहले से मालूम था कि दक्षिण अफ्रीका भी इसी पद्धति

को और इस लोकतांत्रिक ढाँचे को अपनाएगा। ब्रह्मदेश (म्यांमार) की सू-की के प्रति ज्यादा उत्साह पैदा नहीं हो रहा है। कारण सू-की जिस लोकतंत्र की प्रतीक हैं वह बांग्लादेश, भारत और फिलीपींस में पहले से है और लोगों को बेहतरी नहीं दे पा रहा है। विकासशील देशों की राजनीति एक ऐसे बिन्दु पर पहुँच गई है जहाँ समाज की हर बुराई को राजनीति से बल प्राप्त हो रहा है।

राजनीति का कोई विकल्प नहीं होता। अभी हमारे देश की जो स्थिति है उसमें मौजूदा विकास नीति और मौजूदा लोकतांत्रिक प्रणाली को बदले बगैर एक स्वस्थ राजनीति भी सम्भव नहीं है, जो वर्तमान राजनीति की जगह एक वैकल्पिक राजनीति को जन्म दे। राजनीति का चरित्र व्यक्ति के चरित्र पर आधारित नहीं होता, शासन का स्वरूप और विकास की प्रणाली दोनों के संयुक्त प्रभाव से राजनीति का चरित्र बनता है।

(नव भारत टाइम्स, 12 दिसम्बर, 1994)

प्रशासनिक सुधार की चुनौती

इस विषय पर लिखते समय मुझे कुछ पीड़ा होती है। लोकतंत्र को आम आदमी के लिए अर्थवान बनाने की दृष्टि से, भ्रष्टाचार को मिटाने की सार्थक दृष्टि से तथा जनता के अधिकारों को व्यवहार में लाने के लिए भारत जैसे पूर्व उपनिवेशों के प्रशासनिक ढाँचे में सुधार सर्वाधिक महत्त्व का काम है, क्योंकि इन देशों में एक औपनिवेशिक शासन-तंत्र प्रचलित था। परन्तु इसे अभी तक राजनीति का प्रमुख मुद्दा नहीं माना गया है। आश्चर्य की बात है कि राजनीति में जो लोग सचमुच जनाभिमुखी हैं, वे भी इसको जनहित की एक शर्त के रूप में नहीं देख रहे हैं। चुनाव प्रणाली में सुधार की बात सब कोई करते हैं, प्रशासन प्रणाली में सुधार की बात जोर देकर कोई नहीं करता है। व्यक्तिगत पीड़ा यह है कि इस सवाल को महत्त्वपूर्ण बनाने के लिए मैंने जो भी प्रयास किए हैं, मेरे निकटतम समूहों में भी उनका कोई प्रभाव नहीं हो पाया है। मैं मानता हूँ कि चुनाव प्रणाली में सुधार के बिना चुनाव न्यायपूर्ण नहीं होगा, लेकिन मौजूदा प्रशासन तंत्र को बदले बिना आम आदमी की स्थिति में कोई गुणात्मक फर्क नहीं होनेवाला है।

भोले लोग समझते हैं कि अगर आम नागरिकों का सम्पर्क विधायकों-सांसदों से घनिष्ठ होगा तो प्रजा की स्थिति बेहतर हो जाएगी। इससे प्रजा को जो भी लाभ मिलेगा वह परोक्ष ही होगा। क्योंकि प्रजा को दैनंदिन जरूरत और काम प्रशासन से पड़ता है, विधायकों से नहीं। आम आदमी का काम कलेक्टर जैसे अधिकारियों से रहता है जिन तक वह पहुँच नहीं पाता है। एक बार बिहार के पूर्व मुख्यमंत्री (दिवंगत) कर्पूरी ठाकुर ने साथी राम एकबाल से कहा ''रोज सबेरे सैकड़ों लोग मेरे बंगले पर पहुँच जाते हैं।'' राम एकबाल ने सटीक प्रतिक्रिया की ''इसका मतलब है कि आपका प्रशासन बिलकुल काम नहीं कर रहा है।''

स्वाधीनता पूर्व की राजनीति में गांधीजी के कारण कांग्रेस का एक बड़ा नारा और मुद्दा था कि औपनिवेशिक प्रशासनतंत्र को बदला जाएगा। स्वाधीनता आते ही नेहरू और पटेल आई.सी.एस. अफसरों से चिपक गए। गांधीजी की मृत्यु के पहले ही सरदार पटेल ने एक बार सार्वजनिक तौर पर 'इंडियन सिविल सर्विस' की तारीफ की। गांधीजी हैरान रह गए थे। अब ग्लोबीकरण ने इस मुद्दे को फिर उभारा है। संयुक्त प्रगतिशील

गठबन्धन (संप्रग) के साझा न्यूनतम कार्यक्रम में इससे सम्बन्धित एक पैरा है। कहा गया है कि प्रशासन में सुधार के उद्देश्य से एक आयोग गठित किया जाएगा। अगर इस आयोग के फलस्वरूप प्रशासन का सुधार आम आदमी की सुविधा तथा अधिकारों के मद्देनजर रखकर हो जाता है, तो मैं इस सरकार की बहुत तारीफ करूँगा। मेरी अपनी पीड़ा दूर हो जाएगी।

वैसे, प्रशासन को सुधारना कोई क्रान्तिकारी या वामपंथी कदम नहीं है। यह पूँजीवाद पर हमला नहीं है। यह दक्षिणपंथ तथा वामपंथ दोनों के लिए जरूरी है, क्योंकि यह कदम राज्य को विश्वसनीय बनाता है। इससे कानून का बेहतर ढंग से पालन होगा। अगर सड़क पर कोई दुर्घटना हो जाती है और उसे देखनेवाला कोई सामान्य आदमी पुलिस थाने जाकर उसकी सूचना दे पाता है तो निश्चय ही इससे कानून-व्यवस्था कायम करने में मदद होगी। इसी पूँजीवाद के रहते अगर सरकारी दफ्तरों में लोगों के वैध काम सहज ढंग से और अविलम्ब हो जाया करेंगे, तो लोग इतना खुश होंगे कि एक अरसे तक पूँजीवाद के समर्थक हो जाएँगे।

ब्रिटिश साम्राज्य का दिया हुआ शब्द है प्रशासन (अंगरेजी में एडमिनिस्ट्रेशन)। वाशिंगटन यानी अमरीका का शब्द है 'गवर्नेन्स'। विश्व बैंक के दस्तावेजों में बार-बार विकासशील देशों से आग्रह किया जाता है कि 'गवर्नेन्स' को जल्दी बेहतर किया जाए ताकि विकास के जो कार्य निर्धारित हुए हैं, जिनके लिए कर्ज मिल रहा है और पूँजीनिवेश हो रहा है, उनके कार्यान्वयन के रास्ते में प्रशासनिक बाधाएँ न आएँ। विदेशी सलाहकारों तथा निवेशकों को जरूरी सूचनाएँ, अनुमति-पत्र, अधिकार-पत्र आदि बिना विलम्ब के प्राप्त हो जाने चाहिए। 'सूचना का अधिकार' उसी गवर्नेन्स का ही हिस्सा है, अरुणा राय ने इसका स्तर बदल दिया। उन्होंने इसी अस्त्र का राजस्थान के गरीब देहातों में ले जाकर भ्रष्टाचार विरोधी जन आन्दोलन के लिए इस्तेमाल किया। सूचना का अधिकार आम आदमी को मिले ताकि वह भ्रष्टाचार पर निगरानी रख सके और उससे लड़ सके।

हमें उम्मीद है कि यह आन्दोलन देश के अनेक भागों में चलेगा, और इसके अनुभव से यह सीख मिलेगी कि प्रशासन का ढाँचा इतना गलत है कि सूचना के अधिकार का प्रयोग आम आदमी नहीं कर सकता है। इसके लिए प्रशासन के ढाँचे में मौलिक परिवर्तन की माँग करनी होगी। राजनीति में यह माँग व्यापक हो जाएगी तो प्रशासन में सुधार करना पड़ेगा, और साझा न्यूनतम कार्यक्रम के द्वारा नियुक्त आयोग को सोचना पड़ेगा कि अच्छा 'गवर्नेन्स' बहुराष्ट्रीय कम्पनियों तक सीमित नहीं हो सकता है। गत 24 अगस्त को व्यापारिक संघ 'एसोचेम' को सम्बोधित करते हुए प्रधानमंत्री मनमोहन सिंह ने 'इन्सपेक्टर राज' को खत्म करने का जो आश्वासन दिया है, उससे लगता है कि 'गवर्नेन्स' में सुधार की बात उनके दिमाग में है, लेकिन इस सुधार का कोई सरोकार आम आदमी से नहीं है।

भारत के विश्वविद्यालयों में पढ़ा हुआ शिक्षित व्यक्ति सोचता है कि दुनिया में

सर्वत्र प्रशासन का ढाँचा ऐसा ही होता है, क्योंकि नौकरशाही सब जगह है। उसको समझाना होगा कि नौकरशाही सब जगह आम आदमी के प्रति संवेदन शून्य तो होती है लेकिन प्रशासन का ढाँचा सब जगह एक जैसा नहीं है। अधिकांश विकसित देशों में प्रशासन तंत्र सामान्य आदमी के दैनंदिन कामों में बाधक नहीं है। फ्रांस या ब्रिटेन में सेवानिवृत्त कर्मचारी को पेंशन के लिए सालों इन्तजार नहीं करना पड़ता है बल्कि महीनों का इन्तजार भी नहीं करना पड़ता है। ब्रिटेन का पुलिसकर्मी साधारण आदमी से किस तरह बरताब करता है इसका पाठ भारत के स्कूली किताबों में अवश्य होना चाहिए—यह बताते हुए कि भारत की पुलिस व्यवस्था ब्रिटेन की दी हुई है। भारत का शिक्षित व्यक्ति यह भी कहता है कि प्रशासन इसलिए खराब है क्योंकि यहाँ भ्रष्टाचार ज्यादा है। सत्य यह है कि प्रशासन का ढाँचा ही गलत है, इसलिए घूसखोरी ज्यादा होती है।

खासकर घूसखोरी का जो दैनंदिन अनुभव सामान्य नागरिक को होता है, वह प्रशासन की गलत व्यवस्था के कारण है। सुनवाई और विलम्ब—इन दो समस्याओं का समाधान हो जाए तो आम जनता और निम्न मध्य वर्ग के हिस्से का भ्रष्टाचार दूर हो जाएगा।

दो

दरअसल, न प्रशासन सही शब्द है, न गवर्नेन्स। पारम्परिक शब्द 'राजा-प्रजा' सम्बन्ध दोनों से बेहतर है। लोकतांत्रिक जमाने में हम उसको कहेंगे राज्य-प्रजा सम्बन्ध और यह सटीक भी है। राज्य को आम आदमी अपनी बात कह पाता है या नहीं ? किंवदन्ती के अनुसार सम्राट जहाँगीर के अन्तःपुर में एक घंटी होती थी जिसकी जंजीर महल के बाहर सड़क पर टंगी रहती थी। कोई भी उसको खींचकर सम्राट को खिड़की पर बुला सकता था। यह अगर राज्य-प्रजा सम्बन्ध की मध्ययुगीन कसौटी थी, तो आधुनिक विकासशील लोकतंत्र में क्यों नहीं हो सकती ? अपनी वाजिब बात कहने के लिए या किसी कानूनी प्राप्य को लेने के उद्देश्य से, कलेक्टर को छोड़िए, तहसीलदार या दारोगा के सामने आम नागरिक सहज ढंग से बात कर लेगा, तो उसको लगेगा कि उसे लोकतंत्र मिल गया है। इसी का नाम है 'सुनवाई' यानी लोकतंत्र का पहला सोपान। वोट का महत्त्व इसके बाद।

दूसरी बात है विलम्ब। घूसखोरी और आतंक का सबसे बड़ा कारण है विलम्ब। सौ रुपए का डाक टिकट खरीदने के लिए डाकघर में और पचास हजार का चेक भुनाने के लिए बैंक में आधे घंटे से कम समय लगता है। अगर इसी ढंग का कोई काम सचिवालय या कलेक्टर कार्यालय से हासिल करना है तो महीनों या सालों लग सकते हैं। अदालत में भी उतना ही समय लगेगा। लोकतंत्र की पाठ्यपुस्तक लिखती है कि अदालत मौलिक अधिकारों तथा अन्य अधिकारों की रक्षक है। भारत का आम

आदमी इस रक्षक से जितना डरता है, उतना और किसी से नहीं। अदालत पुलिस की चाकर है, अपने अधिकारों की माँग करनेवाले किसी भी निर्दोष व्यक्ति पर झूठा इल्जाम लगाकर अदालत के द्वारा जेल भिजवा सकती है पुलिस। पुलिस-अदालत की जोड़ी से आन्दोलनकारी राजनीतिक कार्यकर्ता भी आतंकित रहता है। फिर अधिकारों की माँग करे कौन ? हम जनान्दोलनवाले कहते रहते हैं कि सूचना का अधिकार मिलना चाहिए, और अनेक अधिकार मिलने चाहिए। कभी हम आत्मसमीक्षा करें, पूछें कि बेचारे आम आदमी पर कितने अधिकार लादते जाएँगे। वह क्या करेगा इन अधिकारों को लेकर। अधिकार को कानून बनाने के लिए आन्दोलन करना तो समझ में आता है, लेकिन जरा सोचिए हम जनता से कानूनी अधिकार के लिए लड़ने का आह्वान करते हैं। वह तो लड़ नहीं पाएगी, लड़ने के लिए नेता या एन.जी.ओ. या वकील ढूँढ़ना पड़ेगा। इनका धंधा अच्छा चलेगा। अधिकार, अधिकार, अधिकार और अधिकारों के कानून बनने के बाद लड़ो, लड़ो, लड़ो तो लोकतंत्र किसलिए ? कभी विश्व बैंक कह देगा, ''साँस लेने का अधिकार होना चाहिए, पहले साँस लेने का कानून बनाओ, बाद में साँस लेने का आन्दोलन करो।'' हम निश्चित नहीं हैं कि विश्व बैंक के वाशिंगटन स्थित दफ्तर में 'हवा पर अधिकार' का दस्तावेज प्रस्तुत नहीं हो चुका है।

अधिकार से अधिक महत्त्वपूर्ण है 'सुनवाई' और 'कार्रवाई।' वाजिब बातों की तत्काल सुनवाई और अविलम्ब कार्रवाई। महत्त्वपूर्ण यह है कि नागरिक को सम्मानित आदमी समझा जाए। गांधीवादियों ने अधिकारी को 'सेवक' बनाना चाहा था। यह फिजूल बात है। मतदाता सूची में जिसका नाम है अधिकारी उसे मनुष्य समझे, यह काफी है। भारत का दरोगा, कलेक्टर, मजिस्ट्रेट और सीमान्त इलाकों में भेजा गया सेना का अधिकारी आम नागरिक को कुत्ते जैसा समझता है। इस वाक्य में कोई अतिशयोक्ति नहीं है।

समाज के बड़े-बड़े प्रतिष्ठित नागरिक मानव अधिकार का मुद्दा उठाते हैं, इराक, कश्मीर, नागालैंड के विद्रोहियों के प्रति पुलिस के बर्बर आचरण के बारे में छानबीन करते हैं। इतने बड़े लोग पारिवारिक और व्यक्तिगत कामों से समय निकालकर विद्रोहियों के ऊपर पुलिस बर्बरता का प्रतिवाद करते हैं तो यह समाज में विवेक होने का प्रमाण है। लेकिन क्या इस बर्बरता को सज्जनों का यह समूह रोक पाएगा ? जिस देश का प्रशासन और कानून-व्यवस्था रोज कानून के प्रति वफादार लोगों पर शर्मनाक ढंग से ज्यादतियाँ करती रहती हैं, उसी का अधिकारी गैर-कानूनी काम करनेवालों के प्रति कैसे सदय हो सकता है ? मानवाधिकारों के लिए समर्पित इन भद्र लोगों के समूहों से हमारा अनुरोध है कि मनमोहन सिंह द्वारा गठित प्रशासन-सुधार आयोग पर यह दबाव डालें कि पुलिस, प्रशासन तथा अदालतों की कार्यशैली में ढाँचागत परिवर्तन लाकर वफादार नागरिकों के प्रति सभ्य और लोकतांत्रिक आचरण का नियम बनवाएँ। तब इस आचरण का एक अंश विद्रोहियों को भी मिल जाएगा।

भारतीय प्रशासन में राजा है जिला कलेक्टर। वह अपने क्षेत्र का सम्राट होता है। उसके अधीन कितने विभाग हैं, कोई नहीं जानता है। जब कोई प्रगतिशील विचार का अच्छा विद्यार्थी आई.ए.एस. होता है, पहले दो साल तक संवेदनशील रहता है। जिला कलेक्टर होने के बाद उसमें औद्धत्य का गुण प्रवेश करता है। जिला कलेक्टर की संस्था के रहते हुए विकेन्द्रीकरण की बात करना बेमानी है। शासन के विकेन्द्रीकरण का कोई लक्षण पंचायती राज में नहीं है। पंचायती राज एक प्रकार की ठेकेदारी है। उसके पास कोई कोष नहीं होता है जिसका खर्च वह अपनी स्वतंत्र बुद्धि से कर सके। गाँव के लिए अच्छी सड़क चाहिए तो उसके लिए प्रधानमंत्री योजना चाहिए। संसद के सदस्य के पास किसी भी सरपंच से अधिक कोष होता है। यूरोपीय देशों में शासन का जितना विकेन्द्रीकरण है, उतना ही करना है तो भी मौजूदा जिला कलेक्टर व्यवस्था को समाप्त करना होगा। राजनीति विज्ञान के किसी शिक्षक से यह बात कहेंगे तो वह कहेगा कि देश शासनविहीन हो जाएगा। उसकी मूर्खता पर यह शासन व्यवस्था टिकी हुई है।

सचिवालय में सबसे पहले किरानी के पास जाना पड़ता है। यह बेचारा दुष्ट होता है, क्योंकि इतना महत्त्वपूर्ण होकर भी उसके पास निर्णय की कोई क्षमता नहीं है। पचास रुपए के भुगतान पर भी वह हस्ताक्षर नहीं कर सकता है। मुहल्ले में लाउड स्पीकर बजाने की अनुमति भी नहीं दे सकता है। उसके लिखे हुए 'नोट' पर अधिकारी हस्ताक्षर करता है। बिना संशोधित किए हस्ताक्षर लगाने का अनुपात है अस्सी प्रतिशत। अतः अस्सी प्रतिशत निर्णय का अधिकार किरानियों को सौंप दिया जाए तो उनको आत्मगौरव का बोध होगा और किरानी के बीच वेतन भत्तों की गैर-बराबरी कम हो जानी चाहिए।

प्रस्तुत लेख के लिए अन्तिम बात है उत्तरदायित्व, यानी जवाबदेही। ब्रिटिश काल में नौकरशाही में जो थोड़ी-बहुत जिम्मेदारी की भावना या जवाबदेही का डर था, वह इसलिए कि छोटे से लेकर बड़ा अधिकारी गोरे मालिक से डरता था। गोरे मालिक चले जाने के बाद भारतीय नौकरशाही ने प्रशासन के सारे नियम कायदे खुद बनाए तो जवाबदेही का कोई ढाँचा उन्होंने अपने लिए ईजाद नहीं किया। किसी इंजीनियर के तत्वावधान में पुल बन रहा है। बनने के एक-दो साल बाद टूटा दिखाई पड़ता है। इसका उत्तरदायित्व लेने के लिए वह तैयार नहीं है। किसी जिले में वृद्धावस्था पेंशन दो महीनों से नहीं मिली है, एक पेंशन लेनेवाले गरीब आदमी की मृत्यु भूख से हो जाती है, जिला कलेक्टर को उत्तरदायी माना नहीं जाता है। सेना के सिपाहियों ने मणिपुर में बलात्कार के बाद एक औरत की हत्या कर दी। सेना के स्थानीय अधिकारों को दोषी नहीं बनाया जाता है। ऐसी है उत्तरदायित्व की शून्यता। फाँसी की सजा कानून से हटा दी जानी चाहिए। जब तक कानून में ऐसा प्रावधान रहता है, इंजीनियर, जिला कलेक्टर और सेनाधिकारी को हत्या करवाने के अपराध में सर्वोच्च सजा मिलनी चाहिए। उत्तरदायित्व का सिलसिला इसी तरह शुरू हो सकता है।

विडम्बना यह है कि जब कोई युवा विद्यार्थी आई.ए.एस. होकर प्रशासनिक सेवा के लिए चुना जाता है, उसको सर्वश्रेष्ठ योग्यता सम्पन्न समझा जाता है। सर्वश्रेष्ठ योग्यता सम्पन्न समूह ने प्रशासन तंत्र निर्मित किया है, जो पूरी तरह भ्रष्ट, अकुशल और अमानवीय है। उसे सुधारने के लिए एक कठोर इच्छा शक्तिवाले राजनैतिक नेतृत्व की आवश्यकता है।

(सितम्बर, 2004)

खंड-5

जनान्दोलन और आगे का रास्ता

- जे.पी. आन्दोलन और अकेला नायक
- युवा वर्ग दूसरा सर्वहारा
- किसान आन्दोलन की कमजोरियाँ
- आखिरी फैसला बाकी है
- विषमता विरोधी आन्दोलनों की एकता : एक ऐतिहासिक जरूरत

जे.पी. आन्दोलन और अकेला नायक

इतिहास की एक घटना के रूप में जे.पी. आन्दोलन (1974-77) की कोई विस्तृत और विधिवत् समीक्षा या समाजशास्त्रीय अध्ययन नहीं हुआ है। हमारे देश में जो शास्त्रज्ञ हैं और समसामयिक घटनाओं को इतिहास की दृष्टि से देखना जानते हैं, वे ज्यादातर साम्यवादी (कम्युनिस्ट) राजनीति से सम्बन्धित हैं। मार्क्सवाद की यह खूबी है कि हरेक बड़ी सामाजिक-राजनैतिक घटना को इतिहास की एक कड़ी के रूप में देखने के लिए अपने अनुयायियों को प्रेरित करता है। कोई दूसरा दर्शन ऐसा नहीं करता है। लेकिन उन दिनों साम्यवादी राजनीति ने जयप्रकाश नारायण और उनके आन्दोलन को प्रतिगामी घोषित किया था। इसलिए उस खेमे से जुड़े हुए समाजशास्त्रियों ने इसका गम्भीर अध्ययन नहीं किया। मार्क्सवादी परिधि के बाहर इक्के-दुक्के ही हैं जो समकालीन या हाल की घटनाओं का ऐतिहासिक-समाजशास्त्रीय विश्लेषण करते हैं। मार्क्सवादी खेमे का स्वभाव है शास्त्र को राजनीति से दूर रखना—जब तक घटना इतनी पुरानी न हो जाए कि बीते जमाने की चीज लगने लगे।

प्रस्तुत लेख शास्त्र की उपर्युक्त कमी को पूरा करने के लिए नहीं, बल्कि इस अपेक्षा से प्रेरित है कि शास्त्रवाले भी और सामाजिक कार्यकर्ता भी 1974-77 की घटनाओं को पहले के तीन दशकों के घटनाक्रम में और उसकी परिणति के रूप में समझें।

जे.पी. आन्दोलन एक महान ऐतिहासिक घटना नहीं भी था, तो एक बहुत बड़ी राजनीतिक उथल-पुथल तो था ही। जब भी इस तरह की उथल-पुथल होती है, उसके पीछे या साथ-साथ समाज के कुछ महत्त्वपूर्ण तबकों की बेचैनी और आकांक्षाएँ होती हैं, और उन आकांक्षाओं के दबाव से राजनीतिक सन्तुलन बदलता है। उन आकांक्षाओं को गति देने के लिए या उनको प्रतिहत करने के लिए नई किस्म की राजनैतिक शक्तियाँ दिखाई पड़ती हैं। 1962 (चीन से युद्ध और तीसरी पंचवर्षीय योजना का प्रारम्भ) के बाद से स्वाधीन भारत के जनसाधारण के बोध में यह बात आ गई थी कि जिस तरह से देश को चलाया जा रहा है उससे उनकी आर्थिक या अन्य प्रकार की प्रगति नहीं हो रही है। 1967 में पहली बार कई राज्यों में कांग्रेस की सरकारें चुनाव में पराजित हुईं। यह उस असन्तोष का परिणाम था। कई राज्यों में सरकारें तो बदल गईं लेकिन जनता की स्थिति नहीं बदली; असन्तोष बढ़ता गया।

अपने को कमजोर समझनेवाले सारे समूहों में यह बोध प्रवेश कर रहा था जो भी योजनाबद्ध विकास हो रहा है वह कुछ खास वर्गों और तबकों के लिए ही हो रहा है। हरित क्रान्ति द्वारा लाभान्वित हो रहे किसान तबकों को छोड़कर बाकी सारे किसान, पिछड़े इलाकों के लोग, उत्तर भारत की पिछड़ी जातियाँ, हिन्दी प्रदेशों का युवा वर्ग, ये समूह स्वयं को उपेक्षित समझ रहे थे। सबसे ज्यादा उपेक्षित आदिवासी समाज में कोई मध्यवर्ग नहीं था जो उनके असन्तोष को राष्ट्रीय समाज में व्यक्त करता। दलितों की स्थिति चेतना के स्तर पर आदिवासियों से बेहतर थी और उनकी आकांक्षाएँ व्यक्त हो रही थीं। उपर्युक्त सारे तबके वे हैं जिनकी आकांक्षाएँ और असन्तोष बाद के दशकों में अधिक मुखर हुए। इन असन्तोषों का गलत या सही ढंग से राजनीतिकरण हुआ, ज्यादातर खंडित रूप में, यानी अलग-अलग तबकों का अलग-अलग राजनीतिकरण हुआ। लेकिन कभी-कभी समग्र असन्तोष की समन्वित राजनीति की भी कोशिश हुई। जब खंडित या आंशिक राजनीतिकरण होता है तब प्रचलित व्यवस्था में अपने लिए अधिक हिस्सा प्राप्त करने का राजनैतिक लक्ष्य बनता है। समग्र या समन्वित आकांक्षाओं के राजनीतिकरण में व्यवस्थागत परिवर्तन का लक्ष्य बनता है, जिसके अभाव में हर प्रकार की तबकाई (खंडित) भावनाएँ तीव्र हो सकती हैं—जातिगत, क्षेत्रीय, साम्प्रदायिक भावनाएँ उग्र हो सकती हैं।

सत्तर के दशक तक कांग्रेस का राजनैतिक जनाधार राष्ट्रव्यापी और समाजव्यापी था। समाज के हर तबके में उसका अच्छा-खासा समर्थन था। लेकिन जिस राज्य-व्यवस्था और विकास-ढाँचे को संचालित करने में उसकी प्रमुख भूमिका रही उसके परिणामस्वरूप समाज के विभिन्न वर्गों और तबकों के बीच दूरियाँ और गैर-बराबरियाँ बढ़ती गईं। सो इस एकमात्र राष्ट्रीय पार्टी का सत्ता पर एकाधिकार टूटने लगा। तब सत्ताधारी दल और उससे जुड़े हुए निहित स्वार्थ-समूहों का भरोसा लोकतांत्रिक संस्थाओं और मूल्यों पर कम होने लगा। सत्ता के संकट से गुजर रही प्रधानमंत्री इन्दिरा गांधी ने अपने गैर-लोकतांत्रिक इरादों पर परदा डालने के लिए और एक प्रगतिशील मुखौटा ओढ़ने के लिए राजाओं के भत्ते में कटौती तथा बैंकों का राष्ट्रीयकरण जैसे कदमों की घोषणा की। ये सही कदम थे; समाजवादियों और साम्यवादियों ने उनका समर्थन किया तो यह समर्थन भी सही था। लेकिन इन राजनैतिक दलों ने अर्थव्यवस्था की कमजोरियों और जनता के असन्तोष के आधार पर अपनी आगे की राजनीति और रणनीति प्रस्तुत करने के बजाय सरकार को शाबाशी देकर अपनी प्रगतिशीलता को प्रमाणित करने का आसान और अल्पदृष्टि का रास्ता अपनाया। जनता में व्याप्त जिस सामाजिक-राजनैतिक असन्तोष को छिपाने के लिए इन्दिरा गांधी ने गैर-लोकतांत्रिक नीतियाँ अपनाईं और कभी-कभी लोकप्रिय कदम भी उठाए, उस असन्तोष को व्यवस्था परिवर्तन (विकास नीति में परिवर्तन) की दिशा में संचालित करना उस समय के समाजवादियों-साम्यवादियों के लिए बहुत कष्टदायक काम होता, और वे सहज मार्ग ढूँढ़ रहे थे। परिवर्तन की सम्भावनाओं के काल में अकसर यह होता है कि परिवर्तनवादी नेतृत्व आसान रास्ता

ढूँढ़ लेता है और कठोर जीवन से गुजर रहे कार्यकर्ताओं का संकल्प भी कमजोर होने लगता है। आसान रास्ता चुनने के लिए बहुत अच्छे-अच्छे कारण मिल जाते हैं—तात्त्विक कारण और रणनीति से सम्बन्धित कारण बताते हुए सारे वामपंथियों ने, समाजवादी और कम्युनिस्ट दलों ने इन्दिरा गांधी को मजबूत बनाया।

जयप्रकाश नारायण को राजनीतिक मैदान में देखकर समाजवादी सँभल गए, हालाँकि 1967 की अल्पावधि के सत्ता-सुख के बाद राष्ट्रीय पैमाने पर जन-आन्दोलन चलाने की योग्यता उनमें नहीं रह गई थी। वे सत्ता-लोलपुता और व्यक्तिवादिता से ग्रसित थे। उनकी तुलना में कम्युनिस्टों का तेज अधिक था। उनमें सत्ता-लोलुपता और व्यक्तिवादिता बहुत कम थी। लेकिन राजनीति के स्तर पर वे घोर अवसरवादी हो चुके थे। उनकी किताबों में दो प्रकार की रणनीति थीः क्रान्तिकारी और लोकतांत्रिक। 1956 के बाद से क्रान्तिकारी रणनीति किताब में ही रह गई; लोकतांत्रिक रणनीति के व्यवहार में उन्होंने शासक दल का साथ देने की रणनीति अभी तक चला रखी है। वे उन दिनों सोवियत रूस के इन्दिरा समर्थन से भ्रमित थे। सोवियत रूस का वह समर्थन कूटनीतिक था और विदेश नीति के स्तर पर था। लेकिन कम्युनिस्टों को यह भ्रम हुआ था कि सोवियत संघ की मदद पाकर इन्दिरा गांधी भारत की अर्थव्यवस्था में क्रान्तिकारी परिवर्तन लाने के लिए तैयार हो जाएँगी (एक केन्द्रीय कम्युनिस्ट नेता ने ओडिशा के अपने कार्यकर्ताओं की बैठक में एक प्रश्न के उत्तर में कहा था : 'इन्दिरा गांधी हमारी शरणागत हो चुकी हैं।' कांग्रेस के वर्ग-चरित्र की समझ और संजय गांधी के उदय के बावजूद कम्युनिस्टों ने इस भ्रम को पाला, तो यह सिर्फ भ्रम नहीं हो सकता है। कठिन रास्ता न अपनाने के लिए कुछ भ्रमों को पालना होता है।

जे.पी. आन्दोलन में समाजवादियों का आधा मन और कम्युनिस्टों का पलायन—इसको भारत के इतिहास की पिछले एक हजार साल की परम्परा में देखा जा सकता है। कबीलाई युग के बाद औसत मनुष्य में सामूहिक हित के लिए जोखिम उठाने की प्रवृत्ति खतम हो गई है। इसलिए समाज को गतिशील बनाए रखने के लिए बौद्धिक-राजनीतिक समूहों से यह अपेक्षा रहती है कि वे अपने निजी जीवन की तकलीफों को सहकर सामाजिक हितों की सेवा करें। (हम क्यों राजनीति के भ्रष्टाचार से ज्यादा चिन्तित होते हैं और व्यापारिक भ्रष्टाचार से कम ?) पिछले एक हजार साल से भारत के बौद्धिक-राजनीतिक वर्ग ने इस जोखिमपूर्ण दायित्व का निर्वाह नहीं किया है। अतः राष्ट्र के संकट और निर्माण के काल में यह समीक्षा का विषय होना चाहिए कि किसी उथल-पुथल के समय में, भविष्य-निर्माण के किसी काल में यह वर्ग क्या करता है ? सिर्फ यह नहीं कि किसका पक्ष ले रहा है, बल्कि जोखिम उठाने के लिए कितना तैयार है ? सफलता और असफलता—दोनों के काल में उसको जोखिम उठाने का काम करना होगा। तभी जन-असन्तोष का सही राजनीतिकरण हो सकेगा, और राजनैतिक सफलता के बाद देश का निर्माण हो सकेगा।

इतिहास की दृष्टि में जे.पी. आन्दोलन एक सारहीन, हास्यास्पद घटना है—अर्नेस्ट

हेमिंग्वे के बूढ़े मछुआरे के किस्से की भाँति। बूढ़े मछुआरे की शारीरिक क्षमता का ह्रास हो चुका था। उस दिन उसने दूर समुद्र में जाकर बहुत कड़ा संघर्ष किया और सबसे बड़ी मछली को पकड़ लिया, जैसा कि नौजवान मछुआरे नहीं कर पाते। लेकिन वापस किनारे आते-आते समुद्र ने ही उस मछली के सारे मांस को नोच लिया; सिर्फ हड्डियाँ बच गई थीं उसके नाव से बँधी हुई। यह उस बूढ़े की त्रासदी थी, और जयप्रकाश नारायण की भी।

मछली के मांस को कौन खा गया ? उत्तर यह नहीं होगा कि 1977 के चुनाव में जीतने के बाद विजयी लोगों ने सबकुछ लूट लिया। 1974 में ही इसका उत्तर ढूँढ़ना होगा। इस आन्दोलन को ही समाज ने, उस समय की राजनीति ने खोखला बना रखा था।

दो

1974 पूर्व जयप्रकाश नारायण के राजनैतिक जीवन की समीक्षा इस लेख का विषय नहीं है। 1952 से 1974 के अध्याय में जे.पी. ने अपने प्रारम्भिक राजनैतिक जीवन की बहुत सारी मान्यताओं का त्याग किया जिनको 'समाजवादी रूढ़िवादिता' कहा जा सकता है। राष्ट्रव्यापी आन्दोलन के संचालन की क्षमता उनमें शुरू से थी। उग्र राजनैतिक हस्तक्षेप का समय कब आता है उसको पहचानने की घ्राण-शक्ति उनमें शुरू से थी। गांधी के 'भारत छोड़ो' आवाहन के काफी पहले से जे.पी. ने एक अत्यन्त जोखिमपूर्ण भूमिका के लिए समाजवादियों को तैयार रखा था। उनके साथी और प्रतिद्वन्द्वी डॉ. लोहिया ने एक गुण में जे.पी. को अपने से श्रेष्ठ माना था : 'वह देश को हिला सकता है, बशर्ते कि खुद न हिल जाए।' वाक्य का दूसरा अंश ईर्ष्या-जनित हो सकता है। निश्चय ही 1974 के राष्ट्रीय हालात के प्रति संवेदनशील होकर जे.पी. एक उग्र राजनीतिक हस्तक्षेप के लिए विद्यार्थी आन्दोलन के प्रति आकर्षित हुए। सर्वोदयवाला वनवास खत्म हुआ। वनवास में उन्होंने गांधी की शिक्षा ली और राजनीति में हस्तक्षेप के उनके तरीके उदात्त हो चुके थे। इसलिए संघर्ष के लिए उतरते ही उनका कद बहुत ऊँचा हो गया। उग्र हस्तक्षेप के लिए देश तैयार था, जे.पी. तैयार थे। इसलिए देश हिल भी गया।

क्या इतिहास की किसी बड़ी घटना का नायक इतना अकेला रहा होगा जितना जयप्रकाश नारायण थे ? अक्सर बड़ी घटनाओं के नायकों के बगल में उच्च कोटि के सहयोगी पाए जाते हैं और तपे-तपाए सहयोगियों का एक समूह भी रहता है। जे.पी. के संग कोई नहीं था। विनोबा नहीं थे, कम्युनिस्ट नहीं थे (1941 के पहले थे)। समाजवादी आ गए थे, लेकिन उनको समझ नहीं थी कि इस आन्दोलन में समाजवादी तेवर कैसे पैदा करें। सारे दक्षिणपंथी दल आन्दोलन के पक्ष में आ गए थे क्योंकि कम्युनिस्ट इन्दिरा गांधी के पक्ष में हो गए थे और रूस का समर्थन इन्दिरा गांधी को

मिल रहा था। एक दक्षिणपंथी नेता मीनू मसानी बाद में संजय गांधी का कम्युनिस्ट विरोधी रुख देखकर संजय के बारे में आश्वस्त हो गए थे। ऐसी हालत में जे.पी. ने अपना रास्ता साफ करने के लिए अपने नायकत्व को परिभाषित किया: 'मैं सबकी राय पर गम्भीरता से विचार करूँगा; निर्णय मेरा होगा।' जे.पी. के पास अपना कहने के लिए स्कूल-कॉलेज से निकले बच्चे थे जिनका कोई राजनैतिक या वैचारिक प्रशिक्षण नहीं था। जे.पी. ने एक बार सर्वेक्षण कराया और बयान दिया कि संघर्ष में जेल जाने की सबसे बड़ी संख्या निर्दलीय युवाओं की है, दलवालों की नहीं है। तो, दलवाले क्या कर रहे थे ? जे.पी. को बिहार में इतना काम करना पड़ता था कि बाहर नहीं जा पाते थे। अन्य राज्यों में जहाँ समाजवादियों तथा अन्य दलवालों का विशेष प्रभाव था, वहाँ दलवालों ने आन्दोलन को कितना तेज किया ?

कम्युनिस्टों के बारे में पूछना होगा कि वे जे.पी. के समर्थन में नहीं थे तो जनता का पक्ष लेकर कहाँ-कहाँ आन्दोलन कर रहे थे ? ऐसा भी नहीं था कि जे.पी. ने जनसंघ को विशेष आमंत्रण भेजा था जो कम्युनिस्टों को नहीं भेजा। कुल कम्युनिस्टों को मिलाकर कहें तो स्थिति अजीब थी। उनका एक छोटा लेकिन उग्र हिस्सा (नक्सलपंथी) पूरा-का-पूरा इन्दिरा गांधी की जेल में था। कम्युनिस्ट-भूमि बंगाल में इन्दिरा कांग्रेस के मुख्यमंत्री सिद्धार्थशंकर राय का मार्क्सवादियों पर नृशंस हमला चल रहा था। फिर भी कम्युनिस्ट कुल मिलाकर दर्शक या तटस्थ थे। बंगाल में जे.पी. का प्रवेश जोखिमपूर्ण था। उनकी गाड़ी की छत पर युवा कांग्रेसियों ने तांडव नृत्य किया। वहाँ भी कम्युनिस्टों का कोई सार्वजनिक सहयोग नहीं मिला। अगर समाज के बने-बनाए और प्रतिष्ठित वामपंथी समूहों की कोई सकारात्मक भूमिका आन्दोलन में जनता के स्तर पर नहीं होगी तो आन्दोलन के राजनीतिक तौर पर विजयी होने पर भी उसका क्या परिणाम निकलेगा ? सच पूछें तो जयप्रकाश नारायण से किसी की अपेक्षा नहीं थी कि वे आकर जन-असन्तोष को दिशा दें। उनको हम सब लोगों ने आश्रम का सन्त मान लिया था। अगर जन-असन्तोष था, भ्रष्टाचार बढ़ रहा था और लोकतंत्र पर खतरा आ रहा था तो अपने को लोकतांत्रिक, समाजवादी, वामपंथी माननेवालों पर यह सामाजिक जिम्मेदारी थी कि लोकतंत्र की रक्षा के लिए और परिवर्तन के लिए वे राष्ट्र को आन्दोलित करें। यहाँ जे.पी. को सहयोग देने या उनको नेता मानने का सवाल नहीं था। सवाल था लोकतंत्र की रक्षा के लिए विपक्ष क्या कर रहा है और प्रगतिशील समूह कितना जोखिम उठा रहे हैं ?

आन्दोलन के दिनों में ही इस लेखक के जैसे जनाधारविहीन आदर्शवादी समूहों के कुछ लोग आपस में यही चर्चा करते थे कि आन्दोलन सफल भी हो जाएगा तो देश को कितना फायदा मिलेगा ? बड़े लक्ष्यों को लेकर आन्दोलन होना भी अपने में एक फायदा है, लेकिन उसके आगे क्या ? आन्दोलन में अन्तर्निहित व्यर्थता की आशंका बार-बार इसलिए सर उठाती थी कि समूचे राजनीतिक परिदृश्य में सिर्फ राष्ट्रीय स्वयंसेवक संघ एक ऐसा संगठन था जिसको दीर्घकालीन भविष्य की चिन्ता थी और

उस चिन्ता के आधार पर वह अपनी व्यूह-रचना कर रहा था। अन्य सारे समूह, जो पक्ष में थे या विपक्ष में, तात्कालिक उपलब्धियों की आशा में जी रहे थे।

तीन

जे.पी. से इस लेखक की एक बातचीत का उल्लेख यहाँ अप्रासंगिक नहीं होगा। जे.पी. के मन में यह सोच जोरदार ढंग से आने लगी थी कि आन्दोलन के निर्दलीय युवाओं का एक संगठन बनना चाहिए। क्योंकि कांग्रेस सरकार की गैर-लोकतांत्रिक हरकतों के खिलाफ तो आन्दोलन का सहयोग राजनैतिक दल भी कर रहे हैं, लेकिन सम्पूर्ण क्रान्ति की बातों को अपनानेवाला कोई भी नहीं है। आन्दोलन के बाद क्या रह जाएगा ? हम लोगों का संगठन उन दिनों निर्दलीय था—समाजवादियों की अवसरवादिता के प्रतिवाद में एक मंच का गठन हुआ था। बिहार आन्दोलन के हमलोग गौण पात्र थे। बिहार में हमारी इकाई मुख्यतः युवाओं की थी जो पूरी तरह सक्रिय थी। जे.पी. ने हमसे आग्रह किया कि सर्वोदय के युवा संगठन और हमारे संगठन मिलकर आन्दोलन में से एक निर्दलीय युवा संगठन बनाने की प्रक्रिया चलाएँ जो सम्पूर्ण क्रान्ति के लक्ष्य के प्रति समर्पित होगा। मैंने उनसे कहा, हमारा संगठन इतना छोटा है; बिहार में समाजवादी दल से सम्बन्धित जो युवा संगठन है उससे भी मेरा निकट सम्पर्क है; क्या मैं उनसे भी बात कर सकता हूँ ? जे.पी. ने कहा, आप कर सकते हैं, लेकिन निर्दलीयता की शर्त रहेगी और शीघ्र मुझे आपका उत्तर मिलना चाहिए। बिहार आन्दोलन शुरू होने के समय बिहार का समाजवादी दल किसी राष्ट्रीय दल का हिस्सा नहीं था। कर्पूरी ठाकुर उसके सर्वमान्य नेता थे। मैंने 'समाजवादी युवजन सभा' के लोगों से मिलकर बातचीत की। इसकी सूचना दल के नेताओं तक भी पहुँच गई। अन्त में पता चला कि अलग से एक युवा संगठन बनाने के प्रस्ताव पर वे तैयार नहीं हैं। मैं खाली हाथ लौटा। जे.पी. ने कहा, "मैं जानता था कि आपको सफलता नहीं मिलेगी। लेकिन आप लोग इसमें रहेंगे।"

आपातकाल घोषित होने के पहले बिहार के 'खादीग्राम' में एक शिविर चला था। उस शिविर में जे.पी. को एक धक्का यह लगा कि राजनैतिक दलों के बुद्धिजीवी लोग 'जनेऊ तोड़ो' जैसे सामाजिक कार्यक्रम के विरुद्ध हैं। उसी शिविर के दौरान ही युवा संगठन के लिए बैठक बुलाई गई थी। पहले दिन की बैठक हो गई। दूसरे दिन जे.पी. ने मुझे बुलाकर कहा कि 'युवा संगठन बनाने की प्रक्रिया में आपका संगठन नहीं रहेगा।' मैंने कारण पूछा तो कहा : 'आप मुझे पटना में मिलेंगे तो मैं बताऊँगा।'

मैं पटना में जे.पी. से मिला तो उन्होंने कहा : 'मैं घिर गया हूँ और अकेला हूँ। मैं आन्दोलन के प्रारम्भ से सोच रहा था कि सर्वोदय के तेजस्वी लोगों और निष्ठावान समाजवादियों की टीम बने और इस निर्दलीय आन्दोलन का नेतृत्व करे। ऐसा नहीं हो पाया। निर्दलीय आन्दोलन की घोषणा के समय बिहार के समाजवादी अपनी अखिल भारतीय पार्टी से अलग थे। उससे मेरी आशा बनी थी। लेकिन अब वे भी एक पार्टी

में जुड़ गए हैं' (यह शब्दशः उद्धरण नहीं है, क्योंकि सारे शब्द हूबहू याद नहीं हैं)।

समाजवादियों की ओर से जे.पी. को भरोसा दिलाने का मैं अधिकारी नहीं था। मैंने जे.पी. को आश्वासन दिया कि युवा संगठन जैसा भी बने, हम बाहर से उसका स्वागत करेंगे और अपना सहयोग देंगे। 'छात्र युवा संघर्ष वाहिनी' के साथ या उसके कार्यकर्ताओं के साथ अभी तक जो मेरी दोस्ती है, उसके मूल में यह घटना है।

चार

आन्दोलन में जे.पी. ने सिर्फ निर्दलीय युवाओं को अपना समझा था और उनको प्रशिक्षित करने की एक विचित्र आशा उनमें थी। छात्र युवा संघर्ष वाहिनी के जो सदस्य बने थे उनकी प्रतिबद्धता अभी तक बुनियादी मूल्यों के प्रति है, और सत्ता-पदों की होड़ में वे कभी नहीं रहे। उस समय के राजनैतिक दलों के चरित्र से जे.पी. परिचित थे और इसलिए शुरू से उन्होंने स्पष्ट कर दिया था–'सबकी राय मैं ध्यान से सुनूँगा, लेकिन निर्णय मेरा होगा।' आन्दोलन के हर मोड़ पर उन्होंने अपना निर्णय दिया और हरेक निर्णय आन्दोलन की दृष्टि से सही साबित हुआ। उनका निर्णय दक्षिण या वाम किसी राजनैतिक दल द्वारा प्रभावित नहीं था।

अपने सहयोगी राजनैतिक दलों को जे.पी. कितना सतही समझते थे यह इस बात से स्पष्ट हो जाता है कि उन्होंने चुनाव आते ही कह दिया कि सब अपनी-अपनी पार्टी का विलय एक नए दल में कर दें। यह सलाह हास्यास्पद हो सकती थी, क्योंकि अपने-अपने दल को उसका नेतृत्व एक विशिष्ट विचारधारा का प्रतिनिधि समझता है। दस साल पहले के नेतृत्व ने इस प्रस्ताव से अपने को अपमानित महसूस किया होता। लेकिन जे.पी. ने चुनाव के समय की कमजोरी को समझा। नया दल किसलिए ? सम्पूर्ण क्रान्ति के लिए नहीं, चुनाव के लिए ! चुनाव के बाद बनी सरकार को सम्बोधित करके उन्होंने इस बात को स्पष्ट किया था कि इस सरकार से क्रान्ति की उम्मीद नहीं की जा सकती है; लोकतंत्र के लिए प्रतिबद्धता ही काफी है। इन राजनैतिक दलों का आखिरी अच्छा काम यह रहा है कि जे.पी. की सलाह मानकर एक हो गए और उनके हाथों लोकतंत्र की संस्थाओं की पुनर्स्थापना हुई।

आन्दोलन का स्थायी परिणाम सिर्फ यही हुआ कि सत्ता पर कांग्रेस का एकाधिकार, जो 1967 से टूटना शुरू हुआ था, हमेशा के लिए टूट गया। राजनीति में नई शक्तियाँ उभरीं और देश को बदलने की नई सम्भावनाएँ चुनौती बनकर उनके सामने आईं। कम्युनिस्ट पार्टी, जो आन्दोलन के विरुद्ध थी, उसको भी इस आन्दोलन का फायदा हुआ। चुनाव के तत्काल बाद ही कम्युनिस्ट पार्टियों ने कांग्रेस से अपनी दूरी बना ली और जनता पार्टी के सहयोगी बन गए। पश्चिम बंगाल में उनकी सरकार का बनना शुरू हुआ था 1967 के गैर-कांग्रेसवाद की रणनीति के तहत। उसी गैर-कांग्रेसवाद की रणनीति के फलस्वरूप 1977 में सत्ता पर उनकी पकड़ मजबूत हो गई, और आज तक

वे बने हुए हैं। अगर 1974 के आन्दोलन में भी उनकी भागीदारी होती तो हिन्दी भाषी इलाके के जनाधार से वे कटे नहीं होते, और भारतीय जनता पार्टी को जिस तरह का फायदा मिला उसी तरह का फायदा उनको भी हुआ होता, क्योंकि आन्दोलन के जनाधार को संगठन में परिणत करने की कला कम्युनिस्ट जानते हैं। 1942 और 1974 दोनों घटनाओं में कम्युनिस्टों ने गलती नहीं की होती तो आज वे वहीं होते जहाँ जनसंघ (भारतीय जनता पार्टी) है। हालाँकि इस तरह की चर्चा को—यह न होता तो इतिहास कुछ और हुआ होता—ज्यादा खींचना नहीं चाहिए। इस तरह के सोचने का परिणाम कुछ भी नहीं होता है।

जयप्रकाश नारायण ने किसी को कोई फायदा नहीं दिलाया है। समाजवादियों के सारे, दूसरी-तीसरी पंक्ति के नेता भी मंत्री, राज्यपाल और चेयरमैन बन गए। जे.पी. ने उनको यह सब नहीं दिलाया। उसी तरह भारतीय जनता पार्टी को जो ताकत मिली, वह जे.पी. की देन नहीं है; भाजपा ने जे.पी. आन्दोलन का फायदा अपने बुद्धि-विवेक से उठाया। जिन दिनों समाजवादियों में कुर्सी के लिए आपस में मारामारी हो रही थी, उन दिनों राष्ट्रीय स्वयंसेवक संघ जनाधार और संगठन बनाने का काम कर रहा था। जनसंघ और कम्युनिस्ट दोनों को 1967 का लाभ मिला था। 1977 में कम्युनिस्टों को उतना फायदा नहीं मिला, क्योंकि वे जन-उभार की विपरीत दिशा में चले गए। जन-उभार के साथ चलना हमेशा अच्छा नहीं होता है। जनता ईश्वर नहीं है। गलत दिशा में भी उसका उभार हो सकता है, और तब उसके द्वारा कुचला जाना भी वीरत्व है। लेकिन 1974 की गलतियों को कम्युनिस्टों ने अपने व्यवहार के जरिए स्वीकार किया है। उसके बाद से उन्होंने हमेशा जनता पार्टी के किसी-न-किसी टुकड़े के साथ अपना मोर्चा बनाया है। इसलिए ये कुतर्क समाप्त होना चाहिए कि भारतीय जनता पार्टी की बढ़ी हुई ताकत जे.पी. आन्दोलन की देन है और यह जे.पी. आन्दोलन की बुनियादी गलती थी।

प्रचार के लिए यह आरोप लगाना अलग चीज है; लेकिन कोई सचमुच ऐसा समझता है तो वह महामूर्ख होगा—क्योंकि दुनिया में जब कभी युद्ध या क्रान्ति के लिए ध्रुवीकरण की रणनीति अपनानी पड़ती है, हरेक राष्ट्र-नेता को यह करना पड़ता है। किसी के आधिपत्य को तोड़ने के लिए उसके विरुद्ध पनप रहे सारे विरोध को कुछ समय के लिए एकत्रित करना पड़ता है, और उसमें यह नहीं देखा जाता है कि कौन मेरा अतीत का शत्रु है या भविष्य में शत्रु बन सकता है। स्तालिन, माओ, गांधी सबने इस ध्रुवीकरण की रणनीति को कभी-न-कभी, कुछ समय के लिए अपनाया है। स्तालिन ने अमरीका से भी दोस्ती की और हिटलर से भी दोस्ती की। माओ ने जापान के साम्राज्यवाद के खिलाफ च्यांग-काई-शेक से दोस्ती की। गांधी जिन्ना से दोस्ती के लिए उतावले थे। डॉ. लोहिया ने 1967 के गैर-कांग्रेसवाद में जनसंघ और कम्युनिस्ट दोनों को सहयोगी बनाया था।

फर्क यह होता है कि समझौते की रणनीति को समझदार नेता कुछ ही समय के

लिए चलाता है और द्वन्द्व पैदा कर देता है, जबकि मामूली समझवाले नेता रणनीति चलाना नहीं जानते हैं। वे समझौते की बात को स्थायी बना देते हैं क्योंकि उसके अभ्यस्त हो जाते हैं। जे.पी. कहने लगे थे कि आन्दोलन में आकर जनसंघ के चरित्र में सुधार हो रहा है। और उनकी इस टिप्पणी से रा. स्व. संघ के लोग तिलमिला रहे थे। आपातकाल के दौरान जे.पी. ने 'बिहारवासियों के नाम चिट्ठी' नामक एक पुस्तिका लिखी थी। उसमें यह लिखा हुआ था कि "सम्पूर्ण क्रान्ति के आन्दोलन में उन्हें शामिल कर मैंने उनको (आरएसएस और जनसंघ को) 'डी-कम्युनालाइज' करने, यानी असाम्प्रदायिक बनाने की कोशिश की है।" इससे संघवाले अपमानित हुए, लेकिन कुछ कह न सके। छपने के बाद पुस्तिका की बहुत सारी प्रतियाँ उन्होंने अपने लोगों में वितरण के लिए ले लीं और वितरण करने के बजाय उन प्रतियों को नष्ट कर दिया।

चुनाव के आते ही जनसंघ को भंग करा देने की एक रणनीति जे.पी. को सूझी। दलों की एकता भी हो गई और जनसंघ का अस्तित्व लोप हो गया। एक अरसे तक आर.एस.एस. का कोई अपना राजनैतिक दल नहीं रहा। और आर.एस.एस. को जे.पी. ने सार्वजनिक ढंग से सलाह दी कि गैर-हिन्दुओं को भी उसमें सदस्यता दी जाए। इसका सार्वजनिक प्रतिवाद संघ नहीं कर पाया। अन्ततोगत्वा जब जनसंघ ने जनता पार्टी से बाहर निकलकर अलग भारतीय जनता पार्टी की स्थापना की, उसके संविधान में 'गांधीवादी समाजवाद' को लक्ष्य माना गया। जयप्रकाश नारायण के दबाव के हट जाने के बाद भाजपा ने पुराने जनसंघ के चरित्र को अपना लिया। लेकिन कुछ अरसे के लिए जे.पी. ने संघ की राजनीति को अपने नियंत्रण में रखा था। हिन्दुत्व को गाली देने से या धर्म को प्रतिगामी मानने से रा. स्व. संघ कमजोर नहीं होता है। अच्छी राजनीति की इच्छाशक्ति के द्वारा ही रा.स्व. संघ को कमजोर बनाया जा सकता है।

पाँच

अतः 1977 के बाद रा. स्व. संघ की शक्ति में जो बढ़ोतरी हुई है उसके कारण निरूपित किए जा सकते हैं। इसमें कोई शक नहीं है कि जे.पी. आन्दोलन का सबसे अधिक लाभ संघ को मिला; क्योंकि 1. समाजवादियों की राजनीति कुर्सी-केन्द्रित हो जाने के बाद हिन्दी भाषी प्रदेशों में उनके जनाधार को संघ परिवार ने छीन लिया। 2. कम्युनिस्टों की राजनीति इन्दिरा-कांग्रेस के पक्ष में और आन्दोलन के विरुद्ध होने के कारण बंगाल और केरल के बाहर साम्यवादी जनाधार का विस्तार नहीं हो पाया, उलटे जो पहले से था वह भी खतम हो गया; इसका भी लाभ संघ परिवार को मिला। 3. रा. स्व. संघ अगले पचास या सौ साल का लक्ष्य बनाकर एक दीर्घकालीन रणनीति बनाता है जो समाज के हर पहलू को प्रभावित करती है। अन्य सारे दल अगले चुनाव तक की ही कोई रणनीति बना पाते हैं। 4. 1967 के पहले कांग्रेस और समाजवादियों की ओर से राष्ट्रवाद की उदार नीतियों और धर्म से जुड़ी एक उदार संस्कृति का प्रचार होता था,

तो लोगों के मन में भारतीयता और राष्ट्रीयता की गैर-साम्प्रदायिक धारणाएँ पुष्ट होती थीं। 1977 के बाद राष्ट्रवाद और भारतीय संस्कृति पर संघ परिवार का एकाधिकार हो गया। 5. संघ की सबसे बड़ी कमजोरी आर्थिक नीतियों के मोर्चे पर रही है, क्योंकि उसकी आर्थिक नीति खुले ढंग से पूँजीवाद और धनी वर्ग के हित में तथा अमरीका के समर्थन में शुरू से रही है। 1990 के बाद देश के सारे राजनैतिक दलों ने समतावादी-लोककल्याणकारी आर्थिक नीतियों को त्याग दिया है, और राष्ट्रीय राजनीति के केन्द्रीय मुद्दे के तौर पर ज़नसाधारण की आर्थिक समस्याओं को छोड़ दिया है। अभी सिर्फ संघ के दिए हुए मुद्दों पर राष्ट्रीय राजनैतिक बहस होती है—मन्दिर का मुद्दा, अल्पसंख्यकों का मुद्दा और पाकिस्तानी हमले का मुद्दा। इन मुद्दों पर केन्द्रित राजनीति में संघ को कमजोर करना मुश्किल है।

(सितम्बर, 2002)

युवा वर्ग दूसरा सर्वहारा

1974-75 में भारत के कम्युनिस्टों ने युवा आन्दोलन की वैधता पर आपत्ति उठाई थी। यह आपत्ति अवैज्ञानिक थी और विरोधाभास से भरी हुई भी। उनकी आपत्ति तीन बातों को लेकर थी–'युवा कोई वर्ग नहीं होता;' 'मजदूर आन्दोलन होता है लेकिन युवा-आन्दोलन नहीं होता;' 'युवा-समूह की कोई खास क्रान्तिकारी भूमिका नहीं होती।'

उनका कहना था कि युवा या विद्यार्थी सामाजिक वर्गों में विभाजित रहते हैं। समाज में जितने वर्ग होते हैं उतने ही वर्ग युवा या विद्यार्थियों में होते हैं। अतः उनका कोई आन्दोलन नहीं हो सकता। विद्यार्थियों में ज्यादातर बुर्जुआ होते हैं–इसलिए उनका आन्दोलन बुर्जुआ आन्दोलन होगा।

ऐसी बातें विरोधाभासपूर्ण हैं क्योंकि सारी दुनिया में कम्युनिस्ट पार्टियाँ युवाओं को, विद्यार्थियों को अलग से संगठित करती हैं और उनके लिए अलग-अलग संगठन बनाती हैं–युवाओं के लिए अलग और विद्यार्थियों के लिए अलग। अगर छात्रों और युवाओं की कोई विशेष भूमिका क्रान्ति के लिए नहीं है तो ये संगठन क्यों बनाए जाते हैं ? क्या ये सारे संगठन धोखा हैं ? भारतीय कम्युनिस्टों ने युवा और छात्रों की विशेष भूमिका को स्पष्ट करते हुए कोई किताब या थीसिस लिखी है या नहीं, यह पूछना पड़ेगा। शायद इस दुविधा या दोहरी नीति के कारण कम्युनिस्ट अकसर युवा-विद्यार्थी आन्दोलनों में आरम्भ में शामिल हो जाते हैं लेकिन बीच में साथ छोड़ देते हैं।

लेकिन यह भी सही है कि 1974-1975 आन्दोलन के अधिकांश युवा और छात्र-नेताओं के दिमाग में अपनी भूमिका के बारे में गलतफहमी भी थी और कुछ बिन्दुओं पर उनकी इस मूर्खता के सन्दर्भ में कम्युनिस्ट आलोचना सही साबित होती है। पहले हम उस गलतफहमी को दूर करना चाहेंगे। युवा अपने-आप क्रान्तिकारी या प्रगतिशील होता है, यह एक गलतफहमी है। जिस समूह में अधिक संख्या में युवा रहेंगे वहाँ प्रगतिशीलता की मात्रा अधिक होगी, यह भी गलत है। यह बात केवल युवाओं के लिए नहीं, मजदूर वर्ग के लिए भी लागू होती है। मजदूर अपने आप क्रान्तिकारी या प्रगतिशील नहीं होता है। भारतीय जनता पार्टी में भी किसान, मजदूर, युवा रहते हैं–लेकिन उनकी दिशा प्रतिगामी होती है।

विधानसभा, संसद में युवा प्रतिनिधि अधिक संख्या में जाएँगे तो संसद अधिक

जीवन्त होगी, यह कथन भी हास्यास्पद है। मौजूदा संसद का शासक-दल इसका सबसे बड़ा नमूना है–क्योंकि इतनी मुरदा संसद कभी नहीं थी और इसके पूर्व संसद में इतने नौजवान कभी नहीं थे।

तथ्य यह है कि कोई भी सामाजिक तबका अपने आप क्रान्तिकारी नहीं होता। मजदूर बहुत अधिक धर्म और व्यवस्था को माननेवाला होता है। लेकिन उसकी सामाजिक और ऐतिहासिक स्थिति ऐसी होती है कि क्रान्ति की चेतना उसमें सहज ढंग से पैदा की जा सकती है। सबसे पहले क्रान्तिकारी चेतना (यानी मौलिक परिवर्तन की जरूरत) कुछ बुद्धिजीवियों में पैदा होती है जो आमतौर पर निम्न मध्यमवर्ग के व्यक्ति होते हैं। मजदूरों में सामूहिक चेतना पैदा होती है। इसलिए एक वर्ग के तौर पर उनको संगठित किया जा सकता है। तीसरी बात यह है कि मजदूर एक समूह के तौर पर मौजूदा व्यवस्था के शासकवर्ग के साथ टकराने के लिए तैयार हो जाता है।

अतः पहले हम इस सवाल का उत्तर दें कि मजदूर को क्यों हम क्रान्तिकारी वर्ग मानते हैं। इसलिए कि उसकी तीन विशेषताएँ हैं–(1) उनके मानस में विद्रोह और क्रान्ति की चेतना स्वाभाविक रूप से पैदा की जा सकती है। कारण, इस व्यवस्था में वह कोई सुधार की उम्मीद नहीं कर पाता है, व्यवस्था बदलने से उसका कोई नुकसान नहीं होनेवाला है। (2) उसका विद्रोह, संघर्ष सामूहिक होता है, इसलिए एक वर्ग के तौर पर उसे संगठित किया जा सकता है। (3) यह समूह शासकवर्ग से टकराने के लिए तैयार हो जाता है।

मजदूर वर्ग की विशेषता को जानने के बाद हम युवा-विद्यार्थियों की विशेषताओं का उल्लेख करेंगे :

(1) सारी दुनिया में युवा मानस भावुक, आदर्शवादी, उग्रवादी और सीमा-लंघनकारी होता है। वह अपनी शारीरिक, सामाजिक सीमाओं को लाँघ सकता है; नई दुनिया के सपने देखता है, नए-नए कीर्तिमान स्थापित करने की इच्छा करता है। वह सुख नहीं चाहता है, रोमांच और अनुभव चाहता है। इसलिए पागलों और बेवकूफों की तरह असम्भव को सम्भव मान बैठता है। किशोरावस्था और युवावस्था के एक छोटे अरसे में यह दौर तीव्र रहता है, जब युवा मानस में असीम और अजय होने का भ्रम रहता है। असल में यह न पागलपन है, न बेवकूफी है, न भ्रम है, न उन्माद है। यह युवा मानस का एक अनिवार्य लक्षण है और यह जीवन का सबसे अधिक उर्वर और सृजनशील समय होता है। इस अवस्था में वह उस बीज को पनपा सकता है, जो पूरे जीवन की प्रवृत्ति बन सकता है। इस अवस्था में किस प्रकार की शिक्षा या प्रशिक्षण दिया जाना चाहिए–शिक्षाशास्त्र अभी तक यह निर्धारित नहीं कर सका है। यहाँ मुख्य बात यह है कि इस अवस्था में मनुष्य अपनी सीमा से बाहर निकलने की और बड़े-बड़े काम करने की प्रवृत्ति से लैस रहता है। अत्यधिक सुख या अत्यधिक अभाव की स्थिति में यह प्रवृत्ति कुंठित हो जाती है, इसलिए मध्यमवर्ग में ही यह प्रवृत्ति सबसे अधिक तेज रहती है।

अगर युवा मानस ऐसा है तो उसकी राजनैतिक अभिव्यक्ति किस प्रकार की होगी ? सम्पन्न समाजों में युवा मन की अभिव्यक्ति वैज्ञानिक आविष्कार, खेल, सेक्स इत्यादि की दिशा पकड़ती है। गरीब मध्यमवर्ग की स्थिति में आर्थिक और सामाजिक विषमता की बाधाएँ चुनौती खड़ी कर देती हैं। प्रतिक्रिया में एक विद्रोह का तत्त्व मानस में आ जाता है। इसलिए गरीब या निम्नमध्य वर्ग के नौजवानों में सामाजिक तथा राजनैतिक सुधार के काम में रुचि पैदा हो जाती है। समाज बदले, यह बात उन्हें अच्छी लगती है। बदलने में जोखिम या गड़बड़ी आ सकती है, उसको वे झेल सकते हैं।

इस अर्थ में युवा वर्ग भी मजदूर वर्ग जैसा ही एक तबका बन जाता है। मजदूरी में गरीबी अधिक है। नौजवानों में जोश और कल्पना अधिक है। व्यवस्था बदलने से मजदूर को कोई नुकसान नहीं है (नकारात्मक), निम्नमध्य वर्ग के नौजवानों को मामूली नुकसान हो सकता है परन्तु उनमें नई व्यवस्था की कल्पना और चाह तीव्र होती है (सकारात्मक) और इस चाह के कारण वे नुकसान झेल सकते हैं।

(2) दुनिया के सम्पन्न देशों और गरीब औपनिवेशिक समाजों के नौजवानों में एक बुनियादी फर्क है। इस फर्क को न समझने के कारण भारत के कम्युनिस्ट युवा आन्दोलन की सम्भावनाओं को नहीं जानते। सम्पन्न देशों के नौजवानों में भी युवा उत्तेजना रहती है। खोज, खेल, हिंसा और सेक्स में उसकी अभिव्यक्ति अधिक दिखाई देती है। गरीब औपनिवेशिक समाज में युवाओं का सबसे बड़ा हिस्सा निम्नमध्यम वर्ग का होता है। विद्यार्थियों में और साक्षर बेरोजगारों में निम्नमध्य वर्ग के युवाओं का अनुपात और भी अधिक है। युवा और विद्यार्थियों के नाम पर जो सामूहिकता बनती है, वह मुख्यतः इसी वर्ग की होती है। इसलिए भारत के युवा-आन्दोलन में यह वर्गचरित्र स्पष्ट दिखाई देना चाहिए। 75 फीसदी तक विद्यार्थियों में वर्ग-भिन्नता नहीं के बराबर होती है। इसलिए उनमें सामूहिकता भी स्वाभाविक रूप से आ जाती है। कम्युनिस्ट लोग जब कहते हैं कि विद्यार्थी बहुत सारे वर्गों में विभाजित हैं, तो वे भारत के विश्वविद्यालयों और कॉलेजों को नजदीक से नहीं देख रहे हैं। अगर कोई सर्वेक्षण करके देखेगा तो यह मिलेगा कि युवा-विद्यार्थी समूह का मतलब है निम्नमध्य वर्ग की अगली पीढ़ी। तो क्या इस पेटी-बुर्जुआ समूह में क्रान्ति की चेतना आ सकती है ? कम्युनिस्टों को इसके साथ-साथ दूसरा प्रश्न भी करना होगा—इन विद्यार्थियों के बाप-चाचा-मामा जो टाटा-बिड़ला के कारखानों में या सार्वजनिक क्षेत्रों में नौकरी करते हैं और जीवन की सुरक्षा के एहसास में जीते हैं, उनमें क्रान्तिकारिता कैसे आती है ? श्रमिक संगठन के नाम से जब ऐसे लोग संगठित होते हैं तब वह क्रान्तिकारी संगठन कैसे हो जाता है ? क्या युवा संगठन कर्मचारी संघों तथा कारखानों के श्रमिक संगठनों से कम क्रान्तिकारी है या समान रूप से अक्रान्तिकारी है ? कारखानों के श्रमिकों में इस व्यवस्था के अन्दर भी बेहतर जीवन और लगातार सुधार के लिए उम्मीद हो जाती है और जब अपने श्रमिक संगठनों के जरिए इस उम्मीद तक पहुँच जाते हैं तब वे गैर-क्रान्तिकारी हो जाते हैं। फिर भी वामपंथियों में यह विश्वास बना रहता है कि श्रमिक संगठन की कार्यशैली को अगर

हम बदल सकेंगे तो मजदूर आन्दोलन क्रान्तिकारी आन्दोलन में परिणत हो जाएगा। देश का सबसे गरीब तबका वह नहीं है (खेतिहर मजदूर, हरिजन-आदिवासी समूह ही सही मानी में सर्वहारा है); फिर भी औद्योगिक मजदूरों से यह उम्मीद की जा सकती है।

आर्थिक दृष्टि से युवा-विद्यार्थियों की हालत औद्योगिक मजदूरों से बेहतर नहीं है। औद्योगिक मजदूरों में कम-से-कम रोजगार की सुरक्षा आ गई है, युवा-समूह के लिए कोई आर्थिक सुरक्षा नहीं है। जिस अनुपात में औद्योगिक मजदूर को रोजगार और पदोन्नति की सुरक्षा मिल जाती है, जिस अनुपात में उसके पास जमीन या कोई छोटा-मोटा धंधा परिवार के लिए हो जाता है, उस अनुपात में वह सर्वहारा नहीं रह जाता है। निम्नमध्यम वर्ग की श्रेणी में आ जाता है।

युवा-विद्यार्थी समूह भी परिवार की ओर से निम्नमध्य वर्गीय होता है। लेकिन संयुक्त परिवार के आश्रय को हटाकर देखें तो उसकी आर्थिक सुरक्षा मजदूरों से कम है। भारत जैसे मुल्क में बेरोजगारी की गणना जानबूझकर नहीं की जाती है। शायद किसी भी गरीब औपनिवेशिक समाज में नहीं की जाती है क्योंकि इससे यह भयंकर तथ्य उद्‌घाटित हो जाएगा कि युवाओं में 75 फीसदी बेरोजगार या अर्द्धबेरोजगार हैं। संयुक्त परिवार, अनावश्यक पढ़ाई, समाजविरोधी कार्य और आंशिक रोजगार के परदे के नीचे यह तथ्य छुपा हुआ है, इसका मतलब है कि इन औपनिवेशिक समाजों का युवा समूह न सिर्फ एक सामाजिक तबका है, बल्कि एक वर्ग है। यह एक दूसरा सर्वहारा है। उत्पादनव्यवस्था के अन्दर भी इसका स्थान नहीं है। यह एक बहिष्कृत समूह है। यह अपनी सेवा और श्रम बेचकर ही मनुष्य की जिन्दगी जी सकता है, लेकिन पूँजीवादी उत्पादन व्यवस्था में यह क्षमता नहीं है कि इस विशाल समूह को अपने अन्दर ले सके, उसे रोजगार प्रदान कर सके।

मजदूरों के समान युवा-विद्यार्थी समूह भी संगठित हो सकता है। लेकिन उसको संगठित करने के लिए कोई पद्धति या कला विकसित नहीं हुई है। उसकी चेतना को क्रान्तिकारी रुझान देने के लिए कोई प्रचार-प्रशिक्षण का साहित्य नहीं है जिससे वह अपनी स्थिति, अपना संख्याबल और व्यवस्था से अपने सम्बन्ध के बारे सचेत हो। मजदूरों को उनकी अपनी स्थिति के बारे में, उनकी क्रान्तिकारी सम्भावनाओं के बारे में जितने शास्त्र, साहित्य और प्रचार-साधन तैयार मिलते हैं, अगर उतने प्रचार-प्रशिक्षण और संगठन की कोशिश युवाओं के बीच होगी तो युवा-संगठन औद्योगिक मजदूर संगठनों से अधिक क्रान्तिकारी साबित होंगे। औद्योगिक मजदूर, गरीब किसान, बेरोजगार कारीगर और औरत इन चारों शोषित समूहों का प्रतिनिधित्व युवा संगठन कर सकता है। ये चार समूह ऐसे हैं जिनकी आर्थिक स्थिति खेतिहर मजदूर और भिखमंगों से बेहतर है। लेकिन औद्योगिक मजदूरों को छोड़कर शेष तीन तबकों की स्थिति बहुत ही शोचनीय है। ये वर्ग उत्पादक श्रम करते हैं। इनको सुरक्षा, रोजगार और बेहतर जीवन पूँजीवादी व्यवस्था के अन्दर मिलना असम्भव है। जबकि औद्योगिक मजदूर के लिए इनसे अधिक उम्मीद इसी व्यवस्था के अन्दर है। औद्योगिक मजदूरों को आदर्श या

नमूना मानकर ये सारे समूह अपनी मौजूदा स्थिति को इसी व्यवस्था के अन्दर बेहतर बनाने की कल्पना करते हैं और अपनी माँगें पेश करते हैं। देहात का किसान अपने अनाज का दाम बढ़ाना चाहता है, उसके बच्चे विश्वविद्यालय में राहत और आरक्षण की माँग करते हैं। आन्दोलन यहाँ से शुरू हो जाता है। लेकिन यह समझदारी उसको कोई देता नहीं है कि उसका कोई भविष्य इस व्यवस्था में नहीं है। कम्युनिस्ट भी उसको कहते हैं कि वह बुर्जुआ है। बुर्जुआ का मतलब है कि इस व्यवस्था में उसका भविष्य है।

अतः हम इस निष्कर्ष पर पहुँचते हैं कि :

(1) हमारा देश एक गरीब औपनिवेशिक समाज है, जहाँ साम्राज्यवादियों के इशारे से एक पूँजीवादी व्यवस्था चल रही है। इसका वर्ग विभाजन सम्पन्न पूँजीवादी देशों के वर्ग विभाजन से भिन्न है।

(2) इस समाज में सबसे असहाय तबका भिखमंगों, चोर, डाकुओं और वेश्याओं का है जिनको क्रान्ति के लिए संगठित नहीं किया जा सकता है।

(3) हरिजन, आदिवासी, खेत-मजदूर समूह ही यहाँ का सर्वहारावर्ग है जो अपना श्रम बेचता है, लेकिन जिसको रोजगार या न्यूनतम मजदूरी की सुरक्षा नहीं मिलती।

(4) छोटा किसान और छोटा कारीगर, खेत-मजदूरों से बेहतर स्थिति में हैं। छोटी सम्पत्ति के मालिक भी हैं, लेकिन रोजगार या निम्नतम मजदूरी की सुरक्षा नहीं है। उनकी औरतों की हालत बदतर है।

(5) औद्योगिक मजदूर की स्थिति इन सबसे बेहतर है, लेकिन तानाशाही और पूँजीवादी व्यवस्था के पूर्णरूप से स्थापित होने पर हड़ताल-आन्दोलन पर पूरी पाबन्दी हो जाने के बाद इनकी आर्थिक स्थिति में सुधार पूरी तरह रुक जाएगा।

(6) अतः उपर्युक्त तीन प्रकार के समूह व्यवस्था परिवर्तन के लिए प्रासंगिक हैं। युवा-विद्यार्थी समूह का मतलब है हरिजन-आदिवासी, खेत-मजदूर, औरत, गरीब किसान, गरीब कारीगर और औद्योगिक मजदूर, इन सारे समूहों के युवा।

मौजूदा व्यवस्था को यानी औपनिवेशिक समाज और उत्पादन के पूँजीवादी ढाँचे को उखाड़ फेंकने के लिए इन सारे तबकों का संगठित विद्रोह जरूरी है। अगर इन अलग-अलग तबकों का आन्दोलन सही दिशा में संचालित होने लगेगा तो युवा-विद्यार्थी एकता अपने आप आ जाएगी। दूसरी ओर, अगर संगठन के दायरे में युवा-विद्यार्थी एकता स्थापित हो जाती है और उनकी समझदारी बढ़ने लगती है तो उनके द्वारा उपर्युक्त वर्ग-आन्दोलनों को संयोजित करना, सही दिशा में संचालित करना सहज हो जाएगा; क्योंकि युवा-विद्यार्थी भी उन्हीं वर्गों के हैं। युवा संगठन के इस वर्ग-सम्बन्ध को न समझने के कारण दक्षिणपंथी दलों के अनुरूप वामपंथी राजनैतिक दल भी युवा-विद्यार्थी संगठनों को अपने-अपने राजनैतिक पिछलग्गू के रूप में देखते हैं।

(अगस्त, 1981)

किसान आन्दोलन की कमजोरियाँ

दो अक्तूबर, 1989 को दिल्ली के वोट क्लब पर करीब पाँच लाख किसान प्रतिनिधियों का विशाल जमावड़ा हुआ। तीन माह पहले 13-14 जुलाई को देश भर के निर्दलीय किसान संगठनों के एक सम्मेलन में अखिल भारतीय किसान यूनियन का गठन किया गया था। उसी के आह्वान पर किसानों की यह अखिल भारतीय पंचायत एकत्रित हुई थी। उत्तर प्रदेश, महाराष्ट्र, गुजरात, पंजाब से बड़ी संख्या में किसान आए थे। बिहार, ओडिशा, हरियाणा से भी काफी संख्या में प्रतिनिधि पहुँचे थे। तमिलनाडु, मध्यप्रदेश, उत्तर बंगाल, राजस्थान की टोलियाँ भी आई थीं, भीड़ की संख्या का पता लगाना अक्सर गलत होता है; संख्या के द्वारा सभा की ताकत बताना भी भ्रामक है। लेकिन प्रत्यक्षदर्शी अखबारवालों का कहना था कि वह पंचायत हरियाणा के मुख्यमंत्री देवीलाल के जन्मदिन की रैली से काफी बड़ी थी। एक हफ्ता पहले विपक्षी दलों ने देवीलाल की हीरक जयन्ती मनाने के लिए इसी स्थान पर रैली की थी। इतनी बड़ी पंचायत चल नहीं पाई, शुरू से ही बिगड़ गई। दो हिस्सों में बँट गई। दूसरे दिन दिल्ली के अखबारों ने समाचारों और चित्रों के द्वारा चिल्ला-चिल्लाकर प्रचारित किया कि किसान एकता छिन्न-भिन्न हो गई। एक विश्वस्त सूत्र से जानकारी मिली कि कुछ खास चित्रों को, जिसमें किसान नेताओं का झगड़ना दिखाई पड़ता है, छापने की हिदायत सरकारी सूचना विभाग द्वारा अखबारों को दी गई थी। अखबारों का प्रचार निराधार नहीं था, विद्वेषपूर्ण था।

गाँव से आए किसान प्रतिनिधि इतनी बड़ी सभा देखकर अपनी ताकत और व्यापकता से प्रभावित हो चुके थे। देश भर के किसानों की एकता उनकी एक महान उपलब्धि थी। पंचायत के टूटने और बँटने से सभा तो बिगड़ गई, संगठन में भी दरार पड़ गई, लेकिन एकता का अहसास खत्म नहीं हुआ। सभा को चला नहीं पाना नेतृत्व की असफलता थी। एक शानदार रैली का संचालन नहीं हो सका। इसकी निराशा थी। वापसी की यात्रा उदास थी। लेकिन किसान एकता की आकर्षक छवि जो मन में रह गई है, वह आगे के लिए एक बुनियाद साबित होगी। शायद आम चुनाव के बाद पुनः एक अखिल भारतीय किसान संगठन बनाने की प्रक्रिया शुरू होगी।

अखबारों ने महेन्द्र सिंह टिकैत को इस गड़बड़ी के लिए अधिक दोषी बताया। आए हुए किसान प्रतिनिधि इसके बारे में स्पष्ट नहीं थे। शरद जोशी और टिकैत पर

सबकी निगाह थी। पंचायत का संचालन न कर सकने की असफलता पूरे नेतृत्व की थी। सभा स्थल में जो विवाद हुआ, किसी एक के मान जाने से उसका समाधान हो सकता था। पंचायत का संचालन कैसे हो, मंच की व्यवस्था क़ैसी हो—इसी पर विवाद था। अध्यक्ष मंडल, इस पर एकमत नहीं था। टिकैत का कहना था कि मंच पर सिर्फ सभापति और संचालक बैठेंगे, नेतागण नहीं बैठेंगे। नेतागण नीचे बैठेंगे। जिसको बुलाया जाएगा वह मंच पर अपना भाषण देगा और लौटकर नीचे बैठेगा। यह उत्तर प्रदेश किसान संगठन की शैली है। टिकैत का यह भी आग्रह था कि मंच पर छाजन नहीं रहेगी, नेतागण भी लाखों लोगों की तरह धूप में बैठेंगे। शरद जोशी टिकैत का सुझाव मानने के लिए तैयार नहीं थे। महाराष्ट्र की शैली अलग है। उनका कहना था कि मंच पर सारे वक्ता बैठेंगे। यह एक मामूली विवाद था। दोनों में से कोई एक दूसरे की बात को मान सकता था। कुछ लोग कहते हैं कि टिकैत को मान जाना था क्योंकि यह तो आम प्रचलन है कि नेता लोग मंच पर बैठते हैं। दूसरे लोग कहते हैं कि शरद जोशी ज्यादा पढ़ा-लिखा अनुभवी व्यक्ति है उसी को मान जाना चाहिए था। नीचे बैठने से प्रतिष्ठा की तो हानि नहीं होती।

टिकैत के ऊपर यह भी आरोप है कि अखिल भारतीय संगठन उन्होंने बनवाया। शरद जोशी के घर जाकर उनको इसके लिए बाध्य किया। इसक़ा मतलब है कि टिकैत जोशी को झेलने के लिए तैयार थे। लेकिन तीन महीना भी झेल नहीं सके। शरद जोशी पर भी एक गम्भीर आरोप है। जब जुलाई में अखिल भारतीय संगठन बन रहा था तब टिकैत ने बार-बार आग्रह किया था संगठन का एक अध्यक्ष होना चाहिए। शरद जोशी इससे सहमत नहीं थे। जोशी का कहना था कि संगठन की जो समिति होगी (किसान समन्वय समिति) उसका कोई एक अध्यक्ष नहीं होगा, बल्कि सात सदस्यीय अध्यक्ष मंडल रहेगा। टिकैत को समझाने के लिए उन्होंने कहा था, ‘‘कलियुग में सामूहिक नेतृत्व चलता है।’’ यही निर्णय हुआ। बाद में टिकैत की गैरहाजरी में जोशी ने महाराष्ट्र के विजय जावंधिया को समिति का अध्यक्ष घोषित कर दिया। इसी से टिकैत का सन्देह जोशी पर उभरने लगा था और दो अक्तूबर को इसका विस्फोट हुआ।

राजनैतिक दल इस तरह कभी नहीं लड़ते। बैठक आदि में तो लड़ते हैं, मार-पीट भी हो जाती है। लेकिन इतनी बड़ी रैली या आम सभा में वे लड़ते नहीं हैं। पहले अपना-अपना लच्छेदार भाषण दे देते हैं, बाद में रात की बैठक में एक-दूसरे को भद्दी गालियाँ देते हैं। किसान नेता तो बिलकुल गँवार साबित हुए जो इतनी बड़ी सभा में भाषण देने का उन्होंने मौका गँवाया। वे अनुभवहीन थे। तीन महीने पहले अखिल भारतीय संगठन बनाने में उन्होंने जल्दबाजी की थी। इसके पहले केवल राज्य-स्तरीय या जिला-स्तरीय संगठन थे। कर्नाटक, महाराष्ट्र और उत्तर प्रदेश में मजबूत राज्य-स्तरीय संगठन थे। लेकिन यह मजबूती सिर्फ भीड़ की थी। नेतृत्व व्यक्ति केन्द्रित था। कर्नाटक, महाराष्ट्र, उत्तर प्रदेश में किसान संगठन बिलकुल व्यक्ति केन्द्रित हैं। अपने संगठन में नेता को मसीहा का दर्जा मिला हुआ है। ऐसे नेताओं को मिलाकर एक अखिल भारतीय

संगठन बनाना आसान काम नहीं है। कर्नाटक के नंजूदास्वामी इस बात को शायद जानते थे। इसलिए अखिल भारतीय संगठन से उन्होंने कर्नाटक को अलग कर दिया। शरद जोशी भी अखिल भारतीय संगठन बनाने के लिए सहमत नहीं हो रहे थे। लेकिन टिकैत का विश्वास था कि वह जोशी को मना लेंगे। जोशी को अखिल भारतीय अध्यक्ष बनाने का प्रस्ताव भी टिकैत ने जुलाई के दिल्ली सम्मेलन में रखा था। इससे लग रहा था कि सामूहिक नेतृत्व के लिए टिकैत अपने को तैयार कर रहे हैं। लेकिन दो अक्तूबर की घटना से यह साबित हुआ कि टिकैत भी इसके लिए तैयार नहीं हैं। व्यक्ति केन्द्रित संगठन मौजूदा सारे बड़े किसान आन्दोलनों की एक मुख्य कमजोरी है। सबसे पहले तमिलनाडु में नारायण स्वामी नायडू के नेतृत्व में इस प्रकार का संगठन बना था। नायडू की मृत्यु के साथ-साथ संगठन में टूट हो गई और उसका प्रभाव घट गया। इस वक्त तमिलनाडु में किसान संगठन का उतना प्रभाव नहीं है जो नायडू के जमाने में था। कर्नाटक, महाराष्ट्र और उत्तर प्रदेश में भी यह खतरा बना हुआ है कि किसी कारण अगर नेता नहीं रहेगा, तो संगठन भी खत्म हो जाएगा।

इसका मतलब यह नहीं है कि अत्यधिक प्रभावशाली नेता नहीं होना चाहिए। अत्यधिक प्रभावशाली नेता गांधीजी थे, लेनिन भी थे। लेकिन उनका संगठन सिर्फ एक व्यक्ति द्वारा संचालित नहीं था। गांधी या लेनिन के साथ कई राष्ट्रीय नेता थे। गाँव से लेकर राज्य और राष्ट्र स्तर पर समितियाँ थीं। निर्णय समितियाँ करती थीं। संगठन का जाल होता था। इसके अलावा एक विचारधारा थी। कोई भी कार्यकर्ता इस विचारधारा का प्रतिनिधित्व कर सकता था। किसान संगठनों में न इकाइयों का जाल बना हुआ है, न उनकी कोई विचारधारा है। जिस तरह किसान आन्दोलनों का विकास हुआ है, नेता पहले उभरे हैं। अब उन्हीं का दायित्व है कि संगठन का एक ढाँचा गाँव, प्रखंड, जिला और राज्य स्तर पर बनाएँ। विचार और बहस के द्वारा एक विचारधारा को विकसित करें। वैसा अभी तक नहीं हुआ है। इस प्रकार के विकास के बगैर अखिल भारतीय संगठन तो बनना मुश्किल ही होगा। राज्यों के संगठन भी टूटेंगे। कर्नाटक, तमिलनाडु और पंजाब में राज्य संगठन टूट चुके हैं, दो हिस्सों में बँट चुके हैं।

विशाल भीड़ एकत्रित कर आन्दोलन करना किसान आन्दोलन की विशेषता है और कमजोरी भी है। किसान के खिलाफ प्रगतिशील तबकों में, शहरी बुद्धिजीवियों में एक जबरदस्त पूर्वाग्रह यह था कि वह छोटे स्तर का एक शोषक वर्ग है और लुप्त हो जानेवाला समूह है। विशाल भीड़ के प्रदर्शन के द्वारा ही इस पूर्वाग्रह का निराकरण हो रहा है। जब बिलकुल गरीब चेहरों और पोशाक में हजारों-लाखों किसान इकट्ठा होने लगते हैं तब यह प्रत्यक्ष दिखाई देता है कि यह एक गरीब समूह है, कोई शोषक समूह नहीं। यही जनसाधारण का मुख्य अंश है—इसको नजरअन्दाज नहीं किया जा सकता। अगर विशाल भीड़ का आन्दोलन न होता तो एक महत्त्वपूर्ण आन्दोलन के तौर पर किसान आन्दोलन को स्वीकृति न मिलती। लेकिन हर काम के लिए भीड़ इकट्ठा करना न सम्भव है, न उपयोगी है। जब भीड़ नहीं रहती है तो लोग कहते हैं कि किसान

आन्दोलन कमजोर हो गया है, खत्म हो रहा है। जो काम विचारों के प्रचार द्वारा होता है, छोटे-छोटे कार्यक्रमों के द्वारा होता है, एक या दो-तीन कार्यकर्ताओं की टोली के द्वारा हो सकता है, वैसा काम होता नहीं है। भीड़ हर जगह और हर समय होती नहीं है। गरीबी अधिक होने पर भी भीड़ इकट्ठा नहीं हो पाती है। सिंचाईवाले इलाके में अधिक भीड़ होती है क्योंकि हरेक के पास साईकिल होती है, अनेक परिवारों में मोटर साईकिल और ट्रैक्टर होते हैं। असिंचित इलाके में बस का किराया देने का पैसा नहीं होता है। हर परिवार में साईकिल भी नहीं होती है। शहर में जाकर एक बार के भोजन पर दस रुपया खर्च करने की ताकत नहीं होती है। इसलिए सूचना भेजकर भीड़ इकट्ठा करना सम्भव नहीं होता है। किसान आन्दोलन में जो विशाल भीड़ दिखाई देती है उसका बड़ा हिस्सा सिंचाई तथा 'नकदी' फसलवाले इलाकों का होता है। इसी तथ्य को समझे बगैर शहरी बुद्धिजीवी लोग कह देते हैं कि यह धनी किसानों का आन्दोलन है। गाँववाला अगर कंगाल नहीं है तो धनी दीखता है। शहरवाले के पास अगर मोटरकार नहीं है तो वह गरीब माना जाता है। सिंचाई के इलाके का औसत किसान कंगाल नहीं होता है।

देश की सत्तर फीसदी खेती असिंचित है। इसके किसान तेजी से कंगाल बन रहे हैं। ऐसे लोगों में उत्साह और उत्तेजना भी कम होती है। भीड़ इकट्ठा करने के तरीकों के द्वारा इनको संगठित नहीं किया जा सकता। अधिक नीचे जाकर पंचायत, प्रखंड के स्तर पर इनको संगठित करना होगा। संगठन का ऐसा तरीका अपनाना पड़ेगा जिससे गरीब परिवार का आदमी भी कार्यकर्ता और नेता बन सके। असिंचित इलाकों में चावल, ज्वार, रागी जैसी फसल होती है। महाराष्ट्र में शरद जोशी ने चावल और ज्वार की खेती करनेवाले किसानों को संगठित कर उनका आन्दोलन करने की कोशिश की थी। लेकिन वह सफल नहीं हुए, कारण उनका संगठन बनाने के तरीके माकूल नहीं थे। टिकैत ने बिहार जाकर, पूर्वी उत्तर प्रदेश जाकर इन कंगाल किसानों को देखा है, लेकिन उनको विशाल पैमाने पर संगठित करने का कोई सफल प्रयास अभी तक नहीं हुआ है।

जब अखिल भारतीय किसान संगठन और आन्दोलन बनाना है तब अखिल भारतीय दृष्टि और विचार तैयार करना होगा। किसानों की अखिल भारतीय स्थिति क्या है, किसान की कंगाली खतम करने के लिए किस प्रकार की कृषि नीति, उद्योग नीति, विकास नीति अपनाई जाएगी ? किसानों की स्थिति को सुधारने के लिए कोका कोला और पेप्सी कोला जैसी उद्योगों की क्या भूमिका हो सकती है, हाथकरघा उद्योग की क्या भूमिका हो सकती है, पंचायत कानून में क्या परिवर्तन हो सकता है ? ग्राम विकास का क्या अर्थ होगा, शहर और गाँव में कितना फर्क रखा जाएगा ? इन प्रश्नों पर विचार-बहस और निर्णय की प्रक्रिया चलाकर ही एक अखिल भारतीय दृष्टि और कार्यक्रम तैयार किया जा सकता है।

अन्त में, किसान आन्दोलन की एक बहुत बड़ी कमजोरी राजनीति को लेकर है। तमिलनाडु, कर्नाटक, महाराष्ट्र के किसान आन्दोलनों ने अपनी शुरुआत के दिनों में कसम खाई थी कि राजनीति उनके लिए अस्पृश्य रहेगी। अभी तमिलनाडु और कर्नाटक

बिलकुल विपरीत छोर पर चले गए हैं। उन्होंने अपना-अपना राजनैतिक दल बना लिया है। वे चुनाव लड़ते हैं। कर्नाटक रैयत संघ ने चुनाव आयोग के नियमानुसार रैयत संघ और 'कन्नड़ देशा' दोनों को पंजीकृत कर लिया है। अगले विधानसभा चुनाव में कर्नाटक की सरकार बनाने का रैयत संघ का दावा है। शरद जोशी भी राजनीति के कई प्रयोग कर चुके हैं। राजनैतिक दलों के नेताओं को बुलाकर कई कार्यक्रम कर चुके हैं। टिकैत उनकी तुलना में नए हैं, उनका आन्दोलन तीन साल पुराना है। टिकैत ने अभी तक अपना 'अराजनैतिक' चरित्र बरकरार रखा है। वह भी कहते हैं कि जब जरूरत होती, 'अ' को हटा देंगे। चुनाव के बारे में कहते हैं कि मतदान के 15 दिन पहले बताएँगे कि क्या करना है। राजनीति के प्रति यह सारा आचरण—कर्नाटक से लेकर उत्तर प्रदेश तक—असन्तुलित है। किसान संगठन जानते नहीं हैं कि राजनीति में उनकी नीति और रणनीति क्या होगी। अभी की स्थिति में सारे देश में किसान आन्दोलन की अलग-अलग राजनीति चल रही है। किसी भी जन-आन्दोलन को अगर लम्बे समय तक चलाना है तो राजनीति के साथ एक सम्बन्ध बनाना ही होगा। उसके बगैर जन-आन्दोलन का रूप ट्रेड यूनियनवाला ही रहेगा। ट्रेड यूनियन को भी बनाए रखने के लिए राजनीति का आश्रय लेना पड़ता है। या तो अपनी कोई राजनीति होगी या फिर किसी बनी-बनाई राजनीति का आश्रय लेना पड़ेगा।

राजनीति की जरूरत और अधिक हो जाती है, जब हम यह देखते हैं कि किसानों का स्वार्थ कई दूसरे स्वार्थों से सम्बन्धित है। मजदूरों का स्वार्थ, व्यापारियों का स्वार्थ, शहरी गरीब वर्ग का स्वार्थ—इन सबसे या तो टकराना है या समझौता करना है। किसानों के अच्छे भविष्य के लिए समग्र अर्थनीति, शिक्षानीति, परिवेश और तकनीकी नीति में भी सुधार की जरूरत होगी। बगैर राजनीति के यह सब कैसे सम्भव है ? जहाँ भी बुनियादी ढंग से कानून बदलना होगा वहाँ राजनीति की जरूरत होगी। 'अराजनैतिक' शब्द का सिर्फ यह अर्थ हो सकता है—मौजूदा राजनैतिक दलों की संस्कृति और तिकड़म से अपने को अलग रखना। इस अर्थ में 'अराजनैतिक' रहना ठीक है। तब फिर एक नई राजनीति शुरू करनी पड़ेगी। हरेक क्रान्ति एक नई राजनीति शुरू करती है।

(नवम्बर, 1989)

आखिरी फैसला बाकी है

नर्मदा बचाओ आन्दोलन हमारे समय का एक केन्द्रीय आन्दोलन है। केन्द्रीय आन्दोलन का मतलब है कि अपनी प्रतिबद्धता, संघर्षशीलता, शान्तिमयता और रचनात्मकता के कारण उसको जो नैतिक प्रतिष्ठा और सार्वजनिक महत्त्व मिला है उसके चलते बहुत सारे जन-आन्दोलनों में मनोबल पैदा हुआ है। विकास के रथ द्वारा रौंदे जा रहे कमजोर और गरीब जनसाधारण देश के सैकड़ों स्थानों पर जीने का अधिकार माँग रहे हैं। इस आन्दोलन के साथ जुड़कर नौजवानों और बुद्धिजीवियों की एक नई पीढ़ी का आकर्षण एक वैकल्पिक विचारधारा की ओर बढ़ रहा है। वैकल्पिक विचारधारा अभी तक मजबूत नहीं हुई है, लेकिन प्रचलित विकास के मूल्यों की आलोचना करनेवालों की एक जमात सारे देश में, सब जगह उभर रही है। उसकी एक अप्रकट लेकिन समानान्तर धारा बनती जा रही है। नर्मदा आन्दोलन ने उसको व्यापक बनाया है। शायद यह उसी का प्रभाव है कि अंगरेजी समाचार पत्रों के भी एक छोटे लेकिन महत्त्वपूर्ण हिस्से में सर्वोच्च न्यायालय के बहुमत फैसले की जमकर आलोचना हुई है। जब सर्वोच्च न्यायालय की खंडपीठ के तीन न्यायाधीशों में से एक न्यायाधीश कहता है कि विशेषज्ञों की समितियों के द्वारा पर्यावरण की रक्षा तथा समुचित पुनर्वास सम्बन्धी प्रमाणपत्र न मिलने तक परियोजना का कार्य रुका रहे, तो यह मानना पड़ेगा कि समानान्तर विचारधारा अन्तःसलिला के रूप में मौजूद और सक्रिय है।* आखिरकार ऐसे मामलों में न्यायालयों का जब कोई ऐतिहासिक फैसला होता है वह किसी-न-किसी प्रचलित या उदीयमान विचारधारा का प्रतिनिधित्व करता है। नर्मदा मामले में बहुमत फैसला अगर प्रचलित प्रभावशाली विचारधारा का प्रतिनिधित्व करता है तो अल्पमत फैसला उदीयमान, विचारधारा का। यह उदीयमान असंगठित विचारधारा आगे चलकर बौद्धिक तथा राजनैतिक रूप से संगठित हो सकती है।

बाँध की ऊँचाई को कम कराना इस आन्दोलन का लक्ष्य नहीं है। पुनर्वास योजना

* यह लेख वर्ष 2000 में सरदार सरोवर बाँध के पक्ष में सर्वोच्च न्यायालय के फैसले के बाद लिखा गया था। हाल ही में, 8 मई, 2006 को पुनः सर्वोच्च न्यायालय ने नर्मदा बचाओ आन्दोलन की याचिका खारिज करके स्पष्ट कर दिया कि ग्लोबीकरण के साथ समानान्तर विचारधारा की अन्तःसलिला भी सूखती जा रही है। पुनर्वास सम्बन्धी निर्देशों का पालन न होने के बावजूद सर्वोच्च न्यायालय ने बाँध का काम रोकने से इंकार कर दिया।

का कार्यान्वयन भी नर्मदा बचाओ आन्दोलन का मूल लक्ष्य नहीं था। लेकिन न्यायपूर्ण पुनर्वास और पर्यावरण की सुरक्षा आदि अवधारणाओं को भारत के न्यायालय समझने लगे हैं; तो सर्वोच्च न्यायालय के माध्यम से बाँध निर्माण में निहित मानवाधिकार के प्रश्नों के बारे में सामाजिक चेतना को तीव्र करना लोकतांत्रिक जन-आन्दोलन का उद्देश्य हो जाता है। न्यायपूर्ण पुनर्वास और पर्यावरण की रक्षा का मामला कमजोर वर्ग, गरीब और खासकर आदिवासियों के मौलिक अधिकारों का मामला है। इन समूहों के लिए संविधान की धारा 21 अभी तक अपरिभाषित रह गई है।

मानवाधिकार को किसी व्यक्ति के मौलिक अधिकार के रूप में न्यायालय ज्यादा समझ पाता है। सम्पत्तिवान या मध्यवर्गीय व्यक्तियों के मौलिक अधिकारों की अच्छी सुनवाई हो जाती है। जब कमजोर व गरीब समूहों का मौलिक अधिकार खतरे में होता है तो उन समूहों के एक-एक व्यक्ति के लिए यह सम्भव नहीं होता कि न्यायालय के दरवाजे तक पहुँचे। समूहों के रूप में, संगठित होकर, आन्दोलन में शरीक होकर उनकी पहुँच कभी-कभी न्यायालय तक हो जाती है। न्यायालय का अपना कोई तरीका नहीं है कि वह खुद इन समूहों के पास पहुँचे, खासकर उन स्थानों में जहाँ किसी बड़ी दुर्घटना या बड़ी परियोजना के प्रारम्भ होने से जनसाधारण का जीवनाधिकार खतरे में पड़ जाता है। विकासशील देशों के पिछड़े इलाकों में जब विकास की कोई बड़ी परियोजना शुरू हो जाती है, वह इलाका मानवाधिकार की दृष्टि से संवेदनशील क्षेत्र बन जाता है; वहाँ के दलित, आदिवासी, छोटे किसान, कारीगर जैसे समूहों का जीवनाधिकार छीना जाने लगता है। जितने लोग प्रभावित होते हैं उनमें से कितने लोग न्यायालय में जा सकते हैं ? भारत में न सिर्फ लोकतांत्रिक संविधान है और उसकी धारा 21 है, बल्कि संयुक्त राष्ट्र के मानवाधिकार प्रस्ताव (1993) पर भी भारत का हस्ताक्षर हुआ है, जिसके अनुसार, "लोगों को उनकी इच्छा के विरुद्ध जबरन विस्थापित करना मानवाधिकार का उल्लंघन" माना गया है। फिर भी लोग न्यायालय में नहीं पहुँच पाते हैं; इसलिए नहीं कि वे अपने भाग्य और अधिकार के बारे में उदासीन हैं, बल्कि इसलिए कि न्यायालय पर उनका भरोसा नहीं बन पाता है। वे न्यायालय में कम जाते हैं और आन्दोलन में उससे अधिक जाते हैं। नर्मदा बचाओ आन्दोलन का मामला एक मौका था कि सर्वोच्च न्यायालय देश के सारे न्यायालयों के सामने विकास के नाम पर होनेवाले विस्थापन की घटनाओं में कमजोर समूहों के जीवनाधिकार को सुरक्षित करने के लिए कुछ प्रतिमान स्थापित करता—ऐसे प्रतिमान, जिसका अनुसरण नीचे के न्यायालय भी कर सकते और विस्थापित होनेवालों को हमेशा सर्वोच्च न्यायालय तक न जाना पड़ता, और न हर मामले की पैरवी के लिए शान्ति भूषण-प्रशान्त भूषण जैसे श्रेष्ठ वकीलों को लगाना पड़ता। जिन मामलों में न्याय पाने के लिए सर्वोच्च न्यायालय में ही जाना पड़ता है उन मामलों के विषय पर सर्वोच्च न्यायालय ने स्पष्ट प्रतिमान स्थापित नहीं किए हैं। गरीब समूहों के मौलिक अधिकारों के बारे में सर्वोच्च न्यायालय ने अभी तक कोई प्रतिमान स्थापित नहीं किए हैं।

बहुमत फैसले में एक अजीब दलील दी गई है (जिसको अल्पमत फैसले ने नकारा है) कि नर्मदा आन्दोलन के लोग "अनुचित विलम्ब के दोषी हैं"। वे बहुत विलम्ब से न्यायालय में आए। क्या इसका यह मतलब निकलता है कि पहले आते तो बहुमत का फैसला भी दूसरे ढंग का होता ? सौभाग्य से नर्मदा बचाओ आन्दोलन के नेतृत्व में कठोर परिश्रम और अटल प्रतिबद्धता के कई लोग हैं। आन्दोलन के प्रारम्भ में उनको कोई नहीं जानता था। आन्दोलन की लम्बी अवधि में ही उनको राष्ट्रीय-अन्तरराष्ट्रीय प्रसिद्धि मिली। उनके आन्दोलन को सामाजिक-राजनैतिक महत्त्व मिला; प्रगतिशील तत्त्वों का चारों ओर से सहयोग मिला। बड़ी मात्रा में सम्बन्धित तथ्य इकट्ठा हो पाए। तब जाकर सर्वोच्च न्यायालय में उनकी गम्भीर सुनवाई हुई तथा बारीकियों में जाकर बहस भी हुई। अगर वे बिलकुल प्रारम्भ में जाते तो क्या न्यायालय में इतनी लम्बी सुनवाई हो पाती ? हमारा ख्याल है कि नहीं। पिछले पचास सालों में बाँधों के निर्माण में करोड़ों लोग विस्थापित हुए हैं। उनके मामलों को लेकर ज्यादा नहीं तो सैकड़ों शिकायतें न्यायालयों में गई होंगी। कुछ शिकायतें बाँध निर्माण की प्रारम्भिक अवस्था में हुई होंगी। उनकी सुनवाई कहाँ हुई ? या तो सुनवाई नहीं होती है या गम्भीर बहस के लिए मौका नहीं दिया जाता है। सम्बन्धित तथ्यों को उपलब्ध कराने के लिए सरकार को बाध्य नहीं किया जाता है। नतीजा यह है कि अतीत की सारी परियोजनाओं से हुए विस्थापन और पर्यावरणीय नुकसान के बारे में व्यवस्थित तथ्य और आँकड़े नहीं हैं।

छिटपुट सर्वेक्षणों या गैर-सरकारी अध्ययनों के द्वारा जो हिसाब मिलता है वह चिन्ताजनक है। विश्व के सारे बड़े बाँधों के परिणामों के निष्पक्ष आकलन करने के उद्देश्य से एक विश्व आयोग बना है, जिसकी रिपोर्ट आनेवाली है। उसका लोकार्पण नेलसन मंडेला के हाथों होना है। उस आयोग को भारत नहीं आने दिया गया। फिर भी उपलब्ध तथ्यों के आधार पर भारत के बाँधों का एक आकलन है। इसके प्रकाशित होने पर बड़े बाँधों के बारे में एक सही दृष्टि बनाना आसान होगा। लोक प्रशासन संस्थान (इंस्टिट्यूट ऑफ पब्लिक एडमिनिस्ट्रेशन) के विशेषज्ञ शेखर सिंह के अनुसार 1978 तक भारत में बड़े बाँधों के सामाजिक तथा पर्यावरणीय परिणामों का कोई आकलन नहीं होता था। जब से यह होने लगा है तब से सम्बन्धित विभाग राजनैतिक और प्रशासनिक दबाव में आकर पूरी तरह जाँच-पड़ताल करने से पहले ही बाँधों के निर्माण के लिए अनुमति-पत्र दे देते हैं। जो कसौटियाँ निर्धारित की गई हैं उनका उल्लंघन हो जाता है। भारत सरकार के बिजली तथा सिंचाई विभाग के अपने आकलन के अनुसार अधिकांश बड़े बाँधों की कार्यक्षमता निर्धारित लक्ष्यों से बहुत कम है और कृषि भूमि पर जो प्रतिकूल परिणाम हुआ है उसका पूर्वानुमान योजना बनाते समय नहीं था। केन्द्रीय जल तथा बिजली आयोग के पूर्व अध्यक्ष वाई.के. मूर्ति ने 131 बाँधों का अध्ययन किया था; उनका निष्कर्ष भी यही है। सरकारी या अर्ध-सरकारी संस्थाओं के द्वारा अभी तक जितने अध्ययन हुए हैं उनको इकट्ठा करने से पता लगता है कि एक औसत बाँध के कारण 20 हजार एकड़ भूमि डूब में आ जाती है; और अब तक करीब

पाँच करोड़ लोग सिर्फ बाँध के कारण विस्थापित हुए हैं। 34 बाँधों के एक अध्ययन से जानकारी मिलती है कि विस्थापित लोगों में आदिवासियों की संख्या 47 प्रतिशत है, जबकि जनसंख्या में वे मात्र आठ प्रतिशत हैं। इसी से अनुमान लगाया जा सकता है कि बाँधों की असली कीमत किनको चुकानी पड़ रही है। पिछले सौ सालों में भारत में 4291 बड़े बाँध बने हैं; इनके द्वारा विस्थापित 11 करोड़ से अधिक लोगों का पुनर्वास अभी तक कितना हो पाया है इसका कोई अध्ययन नहीं हुआ है। कुछ आंशिक अध्ययनों से पता चलता है कि तीस-चालीस साल पहले विस्थापित हुए लोगों में से कम-से-कम एक-तिहाई का पुनर्वास अभी तक नहीं हुआ है। जहाँ आन्दोलन नहीं होता है या आन्दोलन का नेतृत्व श्रेष्ठ कोटि का नहीं होता है वहाँ के विस्थापितों को कुछ नहीं मिल पाता है। सरदार सरोवर के लिए पुनर्वास के जो नियम बने हैं वे सर्वोच्च न्यायालय के दबाव से नहीं, आन्दोलन की तीव्रता के दबाव से बने हैं। लेकिन सर्वोच्च न्यायालय उनके कार्यान्वयन की गारंटी नहीं दे सका। जिन राज्यों में आन्दोलन नहीं है, सिर्फ न्यायालय है, वहाँ विस्थापितों के साथ सड़क के कुत्ते की तरह व्यवहार होता है। सरकारें चाहती हैं कि न्यायालय ऐसा रुख अपनाएँ कि लोग आन्दोलन न करें और भाग जाएँ। गुजरात सरकार के वकील ने न्यायालय में यही तो कहा था, ''न्यायालय की ओर से यह संकेत दिया जाना चाहिए कि बाँध का निर्माण बन्द नहीं हो सकता है,...तब जाकर बाहर से पैसा मिलेगा और लोग अपने गाँव से हटेंगे।'' विडम्बना यह है कि सर्वोच्च न्यायालय की भाषा इस वकील की इच्छा के मुताबिक हो गई है।

बाँध को रोकने की चेष्टा को तर्कहीन और अवैज्ञानिक कहकर समुचित पुनर्वास और बाँध निर्माण के समर्थन में आर्च वाहिनी नाम से एक प्रसिद्ध संस्था गुजरात में स्थापित हुई। विश्व बैंक का समर्थन उसको मिला। मणिबेली में उसने नर्मदा बचाओ आन्दोलन के विरुद्ध सरकार का साथ दिया। हालाँकि बाद के दिनों में उसने पश्चाताप भी किया, और कहा कि उसकी कोशिशें असफल रहीं, पुनर्वास की समस्या अनसुलझी रह गई है। आर्च वाहिनी ने अपना काम समाप्त कर दिया, मगर नर्मदा बचाओ आन्दोलन चल रहा है। इससे भी यह बात कुछ हद तक साबित होती है कि सिर्फ पुनर्वास चाहनेवाले समुचित पुनर्वास दिलाने में भी सफल नहीं होते हैं; अभी तक नहीं हुए हैं। नर्मदा बचाओ आन्दोलन समाप्त नहीं हो सकता है क्योंकि वह बड़े बाँधों की असलियत को जानता है। उसी के प्रचंड दबाव से पुनर्वास का काम कहीं-कहीं हुआ है।

देश के पढ़े-लिखे लोग बड़े बाँधों की असलियत के बारे में लगभग कुछ नहीं जानते हैं। वे सिर्फ यही जानते हैं कि बाँधों के बनने से खेत लहलहाता है और बिजली कौंधती है। बिजली और खेत की पैदावार के तो कई उपाय हैं। बड़े बाँध के उपायों से एक धनी शहरी वर्ग पैदा होता है। कृषि भूमि का दोहन करनेवाले धनी कृषकों का भी एक वर्ग पैदा होता है। बाँध विरोधी आन्दोलनकारी, जो आदिवासी किसानों को देखते हैं, गलती से कह देते हैं कि बाँध की सिंचाई से केवल धनी कृषकों को फायदा होता है।

उनको ऐसा नहीं कहना चाहिए, क्योंकि भारत के किसी भी भूखंड में छोटे खेतिहरों की संख्या बहुत अधिक होती है। बाँध के बाद सघन सिंचाई की सुविधा मिल जाती है तो उन्हें काफी लाभ होता है। असिंचित क्षेत्र के किसान उस तरह की सिंचाई का सपना देखते हैं। इसलिए बाँध निर्माण की बात कहकर शासक-राजनेता आम किसानों में लोकप्रिय होता है। धनी कृषकों की तरह छोटे और मध्यम किसानों में भी बाँध के प्रति आकर्षण है। लेकिन आकर्षण तो सिंचाई को लेकर है और आर्थिक स्थिति सुधारने के प्रति है। उनका यह प्रशिक्षण नहीं हुआ है कि बड़े बाँध के बिना भी सिंचाई उपलब्ध हो सकती है। किसानों के आर्थिक सुधार के लिए जिस प्रकार की स्थितियाँ पैदा करनी चाहिए उस दिशा में राजनीति, प्रशासन और विशेषज्ञों का कोई संयुक्त प्रयास नहीं है। अगर पिछले सौ सालों में 4291 बड़े बाँध बनाकर भी देश के अस्सी फीसदी किसानों की जमीन को सिंचाई उपलब्ध नहीं है और इन बाँधों के कारण देश कर्जभार से डूबने लगा है, तो बड़े बाँधों की सिंचाई से छोटे किसानों को मिलनेवाली सुविधाएँ व्यर्थ हो सकती हैं, क्योंकि बड़े बाँध के साथ-साथ खेती में उदारीकरण की नीतियाँ तेजी से लागू की जा रही हैं जिससे छोटे किसानों का अस्तित्व ही खतरे में पड़ जाएगा, आत्महत्या उनका पीछा नहीं छोड़ेगी। जन-समर्थन प्राप्त करने के लिए कभी-कभी बाँधों के बारे में यह प्रचार होता है कि यह सिंचाई की योजना है, लेकिन दीर्घकालीन उद्देश्य कुछ और रहता है। एक सन्देह यह बन रहा है कि 1980 के बाद बननेवाले बड़े बाँधों का एक प्रमुख उद्देश्य भविष्य में शहरी और औद्योगिक क्षेत्रों में होनेवाले पानी के संकट को कम करना है। झारखंड में प्रस्तावित कोयलकारो परियोजना निश्चय ही कृषि-योजना नहीं है। आदिवासियों की जमीन की सिंचाई के लिए भारत का आधुनिक शासक वर्ग कोई बड़ी परियोजना नहीं बना सकता है।

भविष्य में पानी का एक बड़ा व्यवसाय खुलनेवाला है, क्योंकि प्रकृति को शुष्क बनाया जा रहा है। तब बड़े बाँधों की मिल्कियत न ग्रामवासियों के हाथ में रहेगी और न सरकार के हाथ में, बल्कि निजी कम्पनियों के हाथ में रहेगी, जो अपने मुनाफे के हिसाब से तय करेंगी कि पानी किसानों को बेचा जाएगा या प्यासों को बेचा जाएगा, या उद्योगों को बेचा जाएगा। नर्मदा पर ही महेश्वर बाँध के साथ इस प्रवृत्ति की शुरुआत हो रही है। महेश्वर बाँध के मालिक से कितने छोटे किसान पानी लेकर अपनी कृषि को बचा पाएँगे ?

बाँधों की असलियत के बारे में भारत के पढ़े-लिखे लोगों को प्रशिक्षण लेना होगा। बड़े बाँधों से भारत की कृषि का सुधार कभी भी नहीं हो सकता है। बड़े बाँधों पर जितना खर्च हो रहा है उससे कम खर्च की योजनाओं से कई गुना अधिक लाभ कृषि को हो सकता है। विज्ञान के हिसाब से यह सम्भव है, लेकिन सरकार या विशेषज्ञों या बुद्धिजीवी वर्ग का इसके प्रति कोई आग्रह नहीं दीखता। भारत सरकार का जो कुल राजस्व है उससे कर्ज वापसी की प्रतिवर्ष की किस्त अधिक होने लगी है। ऐसे में और कितने दिनों तक बड़ी परियोजनाओं के लिए हम कर्ज लेते जाएँगे ? कर्ज की ऐसी

स्थिति होगी कि इन बाँधों को कम्पनियों को बेचना पड़ेगा। एक औसत बड़ा बाँध कृषि और बिजली की पैदावार को बढ़ाकर कितना लाभ देता है और दूसरी तरफ विस्थापित किसानों को भूमिहीन बनाकर और जंगल तथा कृषि भूमि को डुबोकर कितना नुकसान करता है ?

इन सारे प्रश्नों का सही आकलन और व्यवस्थित अध्ययन होगा तो सम्भवतः हमारा यह अनुमान (प्रतिपादन) सही होगा कि भारत जैसे गरीब और पिछड़े देशों के लिए बड़े बाँधों की व्यवहार्यता नहीं बनती है। फायदा से ज्यादा नुकसान होगा।

आधुनिक विकास पर प्रश्नचिह्न लग चुका है और पुनर्विचार हो रहा है। सर्वोच्च न्यायालय का फैसला कोई आखिरी फैसला नहीं है, और नर्मदा की यह आखिरी लड़ाई भी नहीं है। बहुमत फैसले में इतना अन्तर्विरोध और असंवैधानिक बातें हैं कि सर्वोच्च न्यायालय को फिर से इस पर विचार करने की जरूरत हो सकती है। उधर नर्मदा की कुल परियोजना में और कई बड़े बाँध बनाने हैं, उनमें नर्मदा सागर उल्लेखनीय है। यह मध्य प्रदेश के 254 गाँवों के ढाई लाख लोगों को विस्थापित करेगा। 91,000 हेक्टर भूमि को डुबोकर 1,25,000 हेक्टर भूमि के लिए सिंचाई की व्यवस्था करनेवाला यह बाँध बिलकुल तर्क विरोधी है, और म. प्र. की सरकार अभी से कह रही है कि पुनर्वास के लिए उसके पास कृषिभूमि उपलब्ध नहीं है। यानी न्यायपूर्ण पुनर्वास हो ही नहीं पाएगा। अतः गुजरात सरकार और भारतीय जनता पार्टी कितना भी जश्न मनाएँ, नर्मदा बचाओ आन्दोलन समाप्त नहीं होगा। मेधा पाटकर, उनके सहयोगियों और हम सबको स्थिति का अवलोकन कर पहले से भी एक बड़े आन्दोलन के लिए प्रस्तुत होना होगा।

(नवम्बर, 2000)

विषमता विरोधी आन्दोलन की एकता एक ऐतिहासिक जरूरत

हमारे समाज में कई तरह की विषमताएँ हैं। इनके खिलाफ असन्तोष बढ़ता जा रहा है और वह अलग-अलग आन्दोलनों या राजनैतिक उभारों में रूप में प्रकट भी हो रहा है। किन्तु इन आन्दोलनों से जो व्यवस्था परिवर्तन की शक्ति बननी चाहिए थी, वह नहीं बन पा रही है। इसका कारण उनमें एकता का अभाव और उनकी कुछ कमजोरियाँ हैं।

भारत में आजादी के आन्दोलन ने समाज-व्यवस्था और राज्य-व्यवस्था की जकड़न को ढीला किया। आजादी के बाद बालिग मताधिकार मिलने के बाद दबे हुए सामाजिक तबकों की आकांक्षाएँ आकार लेने लगीं। 1957 के चुनाव आते-आते ही ब्राह्मण मुख्यमंत्रियों के स्थान पर शूद्र मुख्यमंत्री आने लगे। महाराष्ट्र से लेकर दक्षिण के प्रान्तों में यह पहले हुआ। अब उत्तर भारत में हो रहा है। पिछले दशकों में भारतीय समाज, राजनीति और संस्कृति में चौतरफा गिरावट आई है। इस सारी गिरावट के अन्दर कोई प्रगति हुई तो वह है शूद्रों के नए सत्ता केन्द्रों का उभरना। लेकिन इसका कोई तार्किक परिणाम नहीं दिखाई दे रहा है।

अक्तूबर 1993 के उत्तर प्रदेश के चुनाव में समाजवादी पार्टी और बहुजन समाज पार्टी के मोर्चे को जो सफलता मिली, वह एक ऐतिहासिक घटना थी। 6 दिसम्बर 1992 को बाबरी मस्जिद को गिराए जाने की घटना के बाद साम्प्रदायिकता का खतरा पूरे देश पर मँडरा रहा था। इस साम्प्रदायिकता की बाढ़ को रोकना 'सेकुलरवादियों' के वश की बात नहीं थी। किन्तु जब शूद्रों और दलितों का मोरचा बना, तो साम्प्रदायिकता पिट गई। अफसोस की बात है कि सपा और बसपा को जिस बड़े काम के लिए सफलता मिली थी, वह तो उन्होंने किया ही नहीं। राजनीति से जो एकता बनी थी, उसको समाज में फैलाने और नीचे तक ले जाने की कोई कोशिश ही नहीं की, तो उनके हाथ से सत्ता भी छीन गई। कांशीराम और मुलायम सिंह ने जनादेश के साथ विश्वासघात कर भारतीय समाज को आगे बढ़ाने का एक मौका गँवा दिया।

इसका कारण यह था कि उनके सामने सत्ता प्राप्त करने के अलावा कोई दृष्टि

ही नहीं थी। उनके पास ऐसा कोई सपना नहीं था कि शूद्रों और दलितों का आर्थिक, सामाजिक और शैक्षणिक उत्थान हो। यह तभी सम्भव था जब राष्ट्र के उत्थान का भी सपना होता और देश की राजनीति एक क्रान्तिकारी दिशा पकड़ती। इसकी न तो इच्छा शूद्र-दलित नेतृत्व में थी, न कोई सोच थी और न ही कोई तैयारी थी। शूद्र आन्दोलन, दलित आन्दोलन, आदिवासी आन्दोलन, नारी आन्दोलन, किसान आन्दोलन आदि को आपस में जोड़ने की भी कोई सोच उनके पास नहीं थी।

आज उच्च जातियों के नेतृत्व में जो शठता, चरित्रहीनता, मर्यादाविहीनता है, वे सारी की सारी इन नवोदित तबकों के नेतृत्व में भी दिखाई देती है। वे द्विज नेतृत्व का ही अनुकरण कर रहे हैं। यह एक निराशाजनक स्थिति है। यदि शूद्र नेतृत्व की नई पीढ़ी में सकारात्मक बदलाव नहीं आया, तो भारतीय समाज में जितना शूद्र जागरण हुआ, वह बाद में इतिहास में अपना कोई योगदान सिद्ध नहीं कर पाएगा।

विषमता विरोधी आन्दोलन में एक नारीवादी आन्दोलन भी है। पचास और साठ के दशक में समाजवादी लोग नारीवादी आन्दोलन में गाँव की औरतों के लिए पाखाना, गाँव में पानी, अच्छे ढंग के चूल्हे और प्राथमिक शिक्षा जैसे कुछ मुद्दों का उभारने की चेष्टा कर रहे थे। उन दिनों नारीवादी आन्दोलन बहुत शक्तिशाली भी नहीं था। लेकिन आज जब भारत में और दुनिया में नारीवादी आन्दोलन शक्तिशाली हो रहा है तो ये मुद्दे उसमें स्थान नहीं ले पा रहे हैं। बीजिंग के अन्तरराष्ट्रीय नारी सम्मेलन में हिलेरी क्लिंटन की उपस्थिति नारी आन्दोलन को ग्लोबीकरण की व्यवस्था के साथ जोड़ने की द्योतक थी। सम्मेलन में ऐसी कोई धारा नहीं थी, जो पूरे मानव समाज की मुक्ति की ओर आन्दोलन को ले जाने के लिए प्रयत्नशील हो। सवाल यह उठता है कि नारी आन्दोलन को किसके साथ जोड़ना है। शूद्र आन्दोलन, दलित आन्दोलन और आदिवासी आन्दोलन के साथ जुड़कर इसकी एक परिणति दिखाई देनी चाहिए जो पुरुष वर्चस्व पर कुठाराघात करे और स्त्री-पुरुष के बीच स्वस्थ और सकारात्मक सम्बन्धों का एक नया आयाम विकसित करे। नारीवादी आन्दोलन की माँगें प्रायः ऐसी होती हैं जिनसे कुछ सहूलियतें तो मिल जाएँगी, लेकिन पुरुष सत्तात्मक व्यवस्था वैसी ही रह जाएगी। इस सिलसिले में एक उदाहरण ट्रेड यूनियन आन्दोलन का दिया जा सकता है। इस आन्दोलन से मजदूर की ताकत और सुरक्षा बढ़ती है, उसका स्थान बेहतर हो जाता है। लेकिन ट्रेड यूनियन आन्दोलन कितना भी ताकतवर क्यों न हो जाए, वह मालिक-मजदूर के रिश्ते को बदलने का आन्दोलन नहीं बनता है। आज जितने सामाजिक आन्दोलन हैं, उनकी भी आखिरी गति वहीं तक है, जहाँ तक ट्रेड यूनियन आन्दोलन पहुँचते हैं।

विषमता विरोधी आन्दोलनों में सबसे कमजोर है आदिवासी आन्दोलन। भारतीय समाज में सबसे कमजोर तबका आदिवासी समूह ही है। आधुनिक सभ्यता पूरी तरह उसके खिलाफ है और इस सभ्यता के केन्द्रों को स्थापित करने के लिए आदिवासी का बलिदान किया गया है। अमरीका और आस्ट्रेलिया में तो आदिवासी को पूरी तरह मिटा दिया गया है। भारत में भी हम उसी दिशा में बढ़ रहे हैं। आधुनिक विकास, बाँधों,

खदानों, कारखानों की जितनी भी बड़ी-बड़ी परियोजनाएँ बनी हैं, वे आदिवासी से उसका सर्वस्व—उसका घर, उसका जंगल और उसकी संस्कृति—छीनने की योजनाएँ हैं।

भारत के विकास और भारत की पुलिस, इन दोनों से भारत के किसी बड़े समूह को अगर कुछ भी फायदा नहीं हुआ है, तो वह आदिवासी हैं। पुलिस में हम वन विभाग को भी शामिल मानते हैं। अगर किसी आदिवासी इलाके से पुलिस थाने और वन विभाग की चौकियाँ-दफ्तर हटा दिए जाएँ, तो निश्चित तौर पर आदिवासी की स्थिति बेहतर हो जाएगी। इतनी दुर्दशा के बाद भी आजाद भारत में आदिवासियों का सशक्त नेतृत्व नहीं उभर पाया है। आदिवासी ही एक ऐसा दबा हुआ तबका है जो कि आज भी ब्राह्मण नेतृत्व में आन्दोलन करने को तैयार है। शूद्र समूह अब तैयार नहीं है। मराठा और लिंगायत से लेकर चमार-बाल्मिकी जाति तक के लोग, यदि ब्राह्मण नेता के साथ कोई दलित-शूद्र नेता नहीं दिखाई देता है, तो उस आन्दोलन के साथ नहीं चलनेवाले हैं। केवल आदिवासियों के लिए ही यह सम्भव है। यह भारत के सामाजिक दैन्य और विषमता का एक और पहलू है।

किसी भी सामाजिक आन्दोलन की दोहरी गतियाँ हैं, दोहरी सम्भावनाएँ हैं। अन्य विषमता विरोधी आन्दोलन के साथ मिलकर वह अपनी बेहतरी की आकांक्षा को पूरे शोषित-पीड़ित समाज की बेहतरी के साथ जोड़ सकता है। इसमें क्रान्तिकारी सम्भावनाएँ छिपी रहती हैं। या फिर नेतृत्व के छोटे-से तबके को ऊपर उठाते हुए वह पूरी व्यवस्था को छोटे-मोटे समायोजनों के साथ बरकरार रख सकता है। इससे कुल मिलाकर पूँजीवाद और मजबूत हो सकता है। इसके उदाहरण हमारे चारों ओर बिखरे हुए हैं। दक्षिण में पेरियार, अन्नादुरई, एम.जी.आर. से जयललिता तक आते-आते द्रविड़ आन्दोलन का ब्राह्मणीकरण हो चुका है। जयललिता एक ब्राह्मण है। जब तक आन्दोलन पेरियार के हाथ में था, उसमें दोनों सम्भावनाएँ थी। एम.जी.आर. के आन्दोलन में दूसरी सम्भावना बची ही नहीं थी। इसी प्रकार से झारखंड राज्य बन चुका है, पर आदिवासियों का दोहन व शोषण पहले से ज्यादा होनेवाला है। शूद्र, दलित, आदिवासी मुख्यमंत्री बन रहे हैं और उनके फरमान से ही विदेशी कम्पनियों को खुली लूट के लिए आमन्त्रित किया जा रहा है।

विषमता विरोधी सामाजिक आन्दोलन की एकता आज की एक ऐतिहासिक जरूरत है। अकेले-अकेले वे अपने लक्ष्यों को हासिल नहीं कर पाएँगे। कोई बड़ा सामाजिक समूह जब अपने को आगे बढ़ाने के लिए गतिशील होता है, तो पूरे समाज को आगे बढ़ाए बगैर उसकी आकांक्षा पूरी होना मुश्किल है। विषमता के किले को ढहाने के लिए संयुक्त प्रयास किए बगैर उन्हें सफलता नहीं मिलनेवाली है। इसके लिए सामाजिक आन्दोलनों को अपना लक्ष्य बड़ा और उदात्त बनाना होगा। लोकतंत्र और समता के मूल्यों से स्वयं को जोड़ना होगा।

आज जो अलग-अलग आन्दोलन हैं, यदि उनमें एकता स्थापित होगी या स्थापित करने की कोशिश होगी, तो उनके नेतृत्व का चरित्र भी बेहतर होगा। कुर्मी और यादव

अलग-अलग महारैली करें तो जो नेतृत्व पनपेगा और उसके चरित्र का जो स्तर होगा, उसके मुकाबले अगर बिहार-उत्तरप्रदेश की पिछड़ी जातियों का एकीकृत आन्दोलन होगा, तो ऐसे आन्दोलन के नेतृत्व का स्तर कुछ तो ऊँचा होगा ही। यदि शूद्रों और दलितों का मिला-जुला आन्दोलन होगा तो उसके नेतृत्व का चरित्र इससे भी बेहतर होगा। एकता का महत्त्व इस दृष्टि से भी है। जितनी व्यापक एकता होगी, नेतृत्व के चरित्र में उतना ही निखार आएगा। उसकी सामाजिक और विश्वदृष्टि में भी निखार आएगा। जितने भी विषमता के शिकार समूह हैं, सबको इससे लाभ होगा। उनके नेतृत्व का अवसरवादी, भ्रष्ट व स्वार्थी चरित्र टिक नहीं पाएगा और एक नया नेतृत्व इन समूहों में पैदा होगा।

विषमता विरोधी आन्दोलन में एक बहुत बड़ी कमी वैचारिक है। विषमता की इस व्यवस्था के मूल में क्या है, विषमता के विभिन्न तत्त्वों का आपसी सम्बन्ध क्या है, आदि का सही ज्ञान न होने के कारण आन्दोलन करनेवाले अपनी सही दिशा नहीं बना पाते। सारी निष्ठा और आन्तरिकता के बावजूद कुछ नहीं कर पाते हैं। ज्ञान की यह कमी काफी अखरनेवाली है। इस कमी को पूरा करने की चुनौती बुद्धिजीवियों की है।

विषमता के खिलाफ असन्तोष से उपजे विभिन्न आन्दोलन यदि एक होंगे, पूरे समाज को बदलने का विचार और लक्ष्य अपने सामने रखेंगे, तो नया इतिहास रच सकेंगे।

(मई, 1996)

खंड-6

बिहार और झारखंड का दर्द

- चाणक्य-चन्द्रगुप्त की जोड़ी की जरूरत है बिहार को
- क्यों इस कदर हिंसक है बिहार !
- अस्मिताओं की मृत्यु
- झारखंड राज्य के विकास के लिए एक घोषणापत्र

चाणक्य-चन्द्रगुप्त की जोड़ी की जरूरत है बिहार को

अभी तक लिखे गए इतिहास के अनुसार बिहार लम्बे समय तक भारतीय राष्ट्र के ऐतिहासिक अभ्युदय के केन्द्र में रहा। ऐसी क्रान्तियों और विद्रोहों का उद्गम यहाँ से हुआ, जिनका लक्ष्य मनुष्य समाज को उदात्त और मानव कल्याणकारी बनाना था। महावीर जैन तथा गौतम बुद्ध के सघन प्रचार का यह क्षेत्र रहा; बाद में दुनिया का सर्वश्रेष्ठ सम्राट भी यहाँ से हुआ। चन्द्रगुप्त मौर्य से अशोक मौर्य तक का काल भारतीय इतिहास का एक ऐसा कीर्तिमान रहा, जो बिहार राज्य का हमेशा आदर्श बना रहना चाहिए।

संस्कृत साहित्य से उपलब्ध जानकारी के हिसाब से चन्द्रगुप्त शूद्र था। सम्राट अशोक उसका पोता था। 1992 में लालू प्रसाद यादव और उसके साथ शूद्र राजनीति के उत्थान ने चन्द्रगुप्त की याद ताजा कर दी थी। कल्पना में चन्द्रगुप्त उसी तरह की उम्र और नाक-नक्श का दिखाई पड़ा। चन्द्रगुप्त और लालू प्रसाद की तुलना आगे नहीं बढ़ पाती है। चन्द्रगुप्त के दरबार में चाणक्य था, चापलूसों की जमात नहीं। चन्द्रगुप्त महान योद्धा था, जिसने अपना शेष जीवन जैन संन्यासी की तरह बिताया (जैन साहित्य के अनुसार)। अशोक ने युद्ध से मुँह मोड़ लिया और बौद्ध होकर 'धम्म' का सम्वाहक बना। यानी दो महान दार्शनिक आदर्शों को लोक-जीवन में उतारने का काम इस वंश के राजाओं ने किया। अपने समय की सीमाओं में भारत का सर्वश्रेष्ठ ब्राह्मण राजनेता चाणक्य था। वह भारत का प्रथम राष्ट्रनेता था, राजा न होते हुए। मगध उसका विशेष क्षेत्र हो गया। प्रखर मेधावाला यह ब्राह्मण वशिष्ठ-परम्परा का नहीं था। द्विज-क्षत्रिय राजतंत्र को दृढ़ करने के लिए वशिष्ठ ने राम द्वारा शूद्र संन्यासी का मस्तकच्छेदन कराया। उसी परम्परा के पंडितों ने शिवाजी को राज्याभिषेक के लिए अयोग्य घोषित किया। चाणक्य ने एक शूद्र को सम्राट बनाकर वर्ण-व्यवस्था को कट्टर न होने देने के लिए अर्थशास्त्र की रचना की ताकि कट्टर वर्ण-व्यवस्था के चलते भारतीय राज्य-व्यवस्था कमजोर न हो जाए। चन्द्रगुप्त कोई सामान्य सूझबूझ का आदमी नहीं था। अगर सामान्य सूझबूझ का होता तो एक बार स्थापित हो जाने के बाद संकीर्ण स्वार्थ से या चापलूसों की कुमंत्रणा के वश में आकर उसने चाणक्य को मरवा दिया होता या भगा दिया होता। फिर वह (चन्द्रगुप्त) बिहार का निर्माता न हो पाता।

यह है बिहार की विरासत की पहली कड़ी। विरासत एक प्रकार की स्मृति है। यह स्मृति मानसिक तथा शारीरिक, दोनों स्तर पर होती है। यह खून में होती है और अवचेतन में होती है; उसी तरह काम करती है जैसे जीन करता है। यह जरूरी नहीं है कि हमारे कार्य-कलाप में हमारी विरासत की सारी सम्भावनाएँ सक्रिय होती हों। किसी वंश की दो-तीन पीढ़ियों में अगर प्रतिभा का असाधारण विकास हुआ तो बाद की पीढ़ियों में भाटा आ सकता है। भौगोलिक क्षेत्रों के जनसमूहों के विकास का कोई नियम अभी तक मानवशास्त्र द्वारा उन्मोचित नहीं हुआ है। आनुवंशिक नियम भी स्पष्ट नहीं हो पाए हैं। इसलिए समूहों की विरासत की बात सिर्फ एक धारणा ही है। यह खोज के लिए एक अवधारणा है। सामूहिक पहचान बनाने का एक औजार है। क्षेत्रीय इतिहास के बारे में सचेतन होने पर उस इतिहास में सबकी भागीदारी का प्रतीक विरासत है। हालाँकि विरासतों को सूत्रबद्ध करने का कोई नियम या पद्धति नहीं है। विरासत सिर्फ गौरवमय और सकारात्मक नहीं हो सकती। अगर सकारात्मक विरासत है तो नकारात्मक विरासत भी होनी चाहिए। विरासत सिर्फ प्रेरणादायक नहीं होनी चाहिए, नकारात्मक विरासत से चेतावनी भी मिलनी चाहिए। अपने इतिहास को संवेदनशील होकर देखने से दोनों प्रकार की विरासतें दिखाई पड़ सकती हैं।

मध्यकाल और आधुनिक काल की बिहार की विरासत गौरतलब नहीं है। समाज-सुधार का कोई बड़ा आन्दोलन बिहार में व्याप्त नहीं हुआ। आर्यसमाज, ब्राह्म समाज, रामकृष्ण-विवेकानन्द आदि सामाजिक-सांस्कृतिक आन्दोलनों का गहरा प्रभाव बिहार में नहीं था। उपरोक्त आन्दोलनों का नेतृत्व करनेवाला कोई महापुरुष बिहार को अपना प्रचार-क्षेत्र या प्रयोग-क्षेत्र नहीं बना पाया।

गांधी ने भारत में सत्याग्रह का पहला प्रयोग-क्षेत्र बिहार को बनाया और उसमें बिहारवासियों की शानदार भागीदारी रही। स्वतंत्रता आन्दोलन के नेतृत्व में बिहार का अच्छा-खासा योगदान रहा। लेकिन यह योगदान स्वातंत्र्योत्तर बिहार के नवनिर्माण में सहायक नहीं हुआ। यह बात पूरे भारत के लिए भी कही जा सकती है। लेकिन बिहार के बारे में कहने के लिए स्वतंत्रता आन्दोलन के बिहारी नेताओं का जिक्र करना पड़ेगा, जिनमें सर्वोच्च स्थान राजेन्द्र प्रसाद को मिला हुआ है। राजेन्द्र प्रसाद न क्रान्तिकारी थे, न मनीषी थे। नेतृत्व की अन्य योग्यताओं के अलावा कर्तव्यनिष्ठा, सादगीपूर्ण और समर्पित जीवन के कारण उनको इतना ऊँचा स्थान मिला और वे भारत के प्रथम राष्ट्रपति चुने गए। उनमें कुछ कमियाँ थीं जिनके कारण वे स्वातंत्र्योत्तर बिहार के नव-निर्माण में प्रेरणा का स्रोत नहीं बन पाए। स्वतंत्रता आन्दोलन के नेता राजेन्द्र प्रसाद के प्रति डॉ. लोहिया की श्रद्धा अवश्य थी, लेकिन आजाद हिन्दुस्तान के नवनिर्माण के लिए राजेन्द्र प्रसाद अप्रासंगिक हो गए थे। इस सम्बन्ध में लोहिया ने अपनी बेबाक टिप्पणी की थी, जब राष्ट्रपति रहते हुए राजेन्द्र प्रसाद ने सार्वजनिक ढंग से काशी में ब्राह्मणों के चरण धोए। इस कर्मकांड द्वारा उन्होंने अपने को मनुवादी जाति-प्रथा का पृष्ठपोषक बना दिया। चम्पारण सत्याग्रह बिहार में क्रान्तिकारी भूमिसुधार आन्दोलन की

पहली कड़ी हो सकता था। उसकी सम्भावनाओं को रोकनेवालों में भी राजेन्द्र प्रसाद जाने-अनजाने (?) शामिल हो गए थे। कांग्रेसजनों ने शासक बनने के बाद चम्पारण के अंगरेज भूस्वामियों से मुक्त कृषिभूमि को आपस में बाँटना शुरू कर दिया था। लाभान्वित नेताओं की सूची में राजेन्द्र प्रसाद का भी नाम रहा।

यह बात इसलिए महत्त्वपूर्ण है कि अंगरेज भूस्वामियों के विरुद्ध लड़े गए चम्पारण सत्याग्रह से भूमि और किसान सुधारों की एक क्रान्तिकारी परम्परा बननी चाहिए थी। बड़े भूस्वामियों का आधिपत्य और गैर-हाजिर भूपतियों का होना बिहार की आर्थिक अवस्था में गतिहीनता का कारण बना हुआ है। अंगरेज भूस्वामियों से मुक्त किए गए कृषिक्षेत्र को अगर भूमिहीनों और सीमान्त किसानों को देकर एक सहकारी मॉडल शुरू किया जा सकता था, जो शेष बिहार के लिए भी आदर्श बनता और वहीं से भूमि की मिल्कियत तथा कृषि के ढाँचे की एक नई धारा शुरू हो जाती। लेकिन गैर-हाजिर भूस्वामियों का एक नया वर्ग चम्पारण में ही पैदा कर दिया गया और भारत के प्रथम राष्ट्रपति को उसी वर्ग में शामिल कर दिया गया। निश्चय ही यह एक विपरीत लक्षण था, नील की खेती करानेवाले अंगरेज भूस्वामियों से इस वर्ग का अधिक सामंजस्य बनता है। दूध में मक्खी इस तरह गिरी।

चम्पारण सत्यागह पराधीनता से मुक्ति के आन्दोलन की ही एक घटना नहीं थी, असली किसानों के शोषण और कृषि में अन्याय के विरुद्ध भी इसका एक मतलब निकलना चाहिए था, जो कांग्रेस के नेतृत्व ने नहीं होने दिया। इसके लिए बड़े से बड़े कांग्रेसी नेता दोषी हैं। नेहरू परिवार के पास फार्महाउस कहाँ से आ गया और राजेन्द्र प्रसाद के परिवार को चम्पारण की जमीन कैसे मिल गई ?

बिहार के साम्यवादी आन्दोलन में नेतृत्व हमेशा उच्च जातियों का रहा, और समाजवादी आन्दोलन का भी नेतृत्व 1955 तक उच्च जातीय रहा। उच्च जाति के होने के बावजूद साम्यवादी और समाजवादी नेतृत्व को भूमि में न्याय दिलाने का आन्दोलन करना पड़ा क्योंकि ग्रामीण क्षेत्र में शोषण विरोधी संघर्ष का मुख्य मुद्दा भूमि समस्या से जुड़ा हुआ था। कहीं कोई खोट थी क्योंकि साठ के दशक से ही साम्यवादी और समाजवादी नेता प्रभावशाली होने लगे थे और सत्ता में आते-जाते रहे। न समाजवादियों ने, न साम्यवादियों ने (न सर्वोदयियों ने) कभी भी बिहार में भूमि की मिल्कियत में मौलिक परिवर्तन के लिए बड़ा आन्दोलन किया। बड़े आन्दोलन का मतलब लम्बे समय तक अभियान चलाना और बीच-बीच में संघर्ष करना होता है। ऐसा किसी भी नेतृत्व की ओर से नहीं हुआ। गैर-हाजिर भूस्वामियों के सवाल को किसी ने उठाया भी नहीं। एक सरल और पाखंडी उत्तर है : हम 'जोतनेवाले को जमीन' की बात कहते रहे हैं तो क्या उसमें गैर-हाजिर भूस्वामी नहीं आते हैं ? जी, नहीं। 'तबीयत खराब है' कहने से यह जानकारी नहीं बनती है कि कैंसर या कोढ़ हुआ है। साम्यवादियों ने मजदूरी बढ़ाने और बटाईदार का हिस्सा बढ़ाने का आन्दोलन अधिक निरन्तरता के साथ किया है। समाजवादियों ने कुछ समय तक किया है। लेकिन बड़े भूस्वामियों की और गैर-हाजिर

भूपतियों की समाप्ति के लिए कोई गम्भीर आन्दोलन नहीं हुआ है। चम्पारण की विरासत को आगे नहीं बढ़ाया गया है।

जयप्रकाश नारायण भूमि-सुधार के बारे में ज्यादा संवेदनशील थे, लेकिन सर्वोदय के अन्दर जमीन की मिल्कियत और कृषि के ढाँचे के सम्बन्ध में कोई स्थिर नीति नहीं थी। 1967 में बिहार में संविद सरकार बनने के बाद जे.पी. ने कई बार भूमि-सुधार का सुझाव दिया था। 1974 में बिहार आन्दोलन के समय उनके कुछ सहयोगियों ने मिल्कियत का सवाल उठाया और बोधगया में भूमि आन्दोलन की शुरुआत हुई। बाद में जे.पी. द्वारा संगठित छात्र-युवा संघर्ष वाहिनी ने बोधगया भूमि आन्दोलन को लम्बे संघर्ष का रूप दिया और उसे सफल बनाया। भूमि के बँटवारे के सवाल पर इतना बड़ा और कामयाब भूमि आन्दोलन बिहार में और किसी ने नहीं किया। चम्पारण की परम्परा यहाँ पुष्ट हुई, विरासत से एक आगे की कड़ी बनी। लेकिन इसकी भी कोई धारा नहीं बनी। यह एक क्षेत्र की एक घटना के रूप में सीमित हो गई क्योंकि छात्र-युवा संघर्षवाहिनी ने कभी क्रान्तिकारी राजनीति की दिशा में अपने को परिवर्तित नहीं किया। अगर करती भी तो क्या वह प्रभावशाली बनती ? जनता दल, साम्यवादी तथा सर्वोदय समूहों में इस महत्त्वपूर्ण घटना को (बोधगया को) व्यापक राज्य स्तरीय रूप देने का कोई आग्रह नहीं था, इसलिए अकेले छात्र-युवा संगठन क्या कर पाता ?

आज की स्थिति में भूमि संघर्ष की साम्यवादी विरासत को बिहार की मार्क्सवादी लेनिनवादी पार्टी (माले) ने एक निरन्तरता दे रखी है। इस समूह के क्रान्तिकारी तेवर और चरित्र के बावजूद कोई बड़ा भूमि आन्दोलन या किसान आन्दोलन उसकी विचारधारा से निकलना सम्भव नहीं है। विरासत में उन्हें एक त्रुटिपूर्ण विचार मिला है। इस विचार में दो मौलिक त्रुटियाँ हैं : पहली यह कि समाज को बदलने के लिए या अर्थव्यवस्था को मौलिक रूप से बदलने के लिए किसानों की कोई मुख्य भूमिका नहीं हो सकती। यह काम सिर्फ पूँजीवादी व्यवस्था के संगठित क्षेत्र के मजदूर कर सकते हैं, उनकी तुलना में किसान या तो प्रतिगामी हैं या ज्यादा से ज्यादा एक सहयोगी भूमिका के योग्य है। दूसरी त्रुटि यह है कि साम्यवादियों की समाजवादी व्यवस्था में छोटे किसान का कोई स्थान नहीं है, वह या तो सरकारी फार्म का मैनेजर होगा या खेतिहर मजदूर होगा। फिर भी किसान को क्रान्ति के लिए इस्तेमाल किया जा सकता है। वैचारिक त्रुटियों के बावजूद साम्यवादियों का क्रान्तिकारी तेवर और चरित्र रहता है तो वे किसानों के एक तबके को संघर्षशील बना लेते हैं। बिहार में यह प्रयोग एक बन्द गली में आ पहुँचा है। विरासत की कमजोरियों को सुधारने का समय आ गया है।

बिहार डॉ. राममनोहर लोहिया का भी एक प्रयोग-क्षेत्र रहा है—खासकर राज्य की राजनीति में शूद्र नेतृत्व स्थापित करने के लिए। इसमें सफलता भी मिली। समाजवादी आन्दोलन की एक धारा 1956 से लोहिया के नेतृत्व में शुरू हुई और सारे देश में समाजवादी आन्दोलन के हाशिए पर पड़े कुछ लोग लोहिया की धारा में शामिल हुए, जिनको लोहिया ने 'शिवजी की बारात' भी कहा। मुख्यधारा के लोग उनसे अलग रहे।

बिहार में लोहिया का साथ देनेवाले लोग पिछड़े वर्ग के थे, कारण लोहिया ने अपनी जाति-नीति का सघन प्रचार शुरू कर दिया था और डॉ. अम्बेडकर से मिलकर एक संयुक्त दल बनाने का प्रस्ताव रखा था। आठ साल बाद यह धारा व्यवस्थित हो सकी और बिहार में एक पूरा शूद्र कार्यकर्ता दल तैयार हो चुका था, एक गरीब नाई परिवार के कर्पूरी ठाकुर बिहार में दल के सबसे महत्त्वपूर्ण नेता बने। इसके बाद बिहार के सार्वजनिक जीवन में शूद्र प्रभाव बढ़ता ही गया; 1992 में लालू प्रसाद यादव इसके उत्तराधिकारी हुए। लोहिया की जाति-नीति (जाति विनाश नीति + आरक्षण नीति) बिहार में लोकप्रिय हुई। लेकिन आर्थिक नीतियों का कोई प्रयोग नहीं हो पाया। वर्ग संगठन के मामले में लोहिया का झुकाव किसानों की ओर था। छोटे किसानों को राजनैतिक और आर्थिक रूप से दृढ़ बनाना, उनका एक लक्ष्य रहा। इसलिए 'अनार्थिक जोत' का सवाल उन्होंने बार-बार उठाया और दो एकड़ तक के किसानों को कर के बोझ से मुक्त रखने के लिए और उनको मुफ्त सिंचाई मुहैया करने के लिए लोहिया का दल माँग करता रहा।

लोहिया के अनुयायियों ने इस कार्यक्रम को औपचारिकता के रूप में ग्रहण किया, जबकि इसका मकसद यह था कि किसान समूह का राजनैतिक प्रतिनिधित्व छोटा किसान करे। अब तक किसान आन्दोलन के नाम से जितने आन्दोलन होते रहे हैं उनमें शीघ्र ही एक धनी किसान नेतृत्व हावी हो जाता है और आन्दोलन की क्रान्तिकारी सम्भावनाओं को नष्ट कर देता है। लोहिया द्वारा उठाए गए सवाल उपेक्षित रहे। बिहार के शूद्र नेताओं ने पिछड़ों के उत्थान पर ही ध्यान केन्द्रित किया और भूमि समस्या को कभी गम्भीरता से नहीं लिया। कर्पूरी ठाकुर व्यक्तिगत रूप से भूमिहीन तथा कमजोर किसान के प्रति सहानुभूतिशील थे, लेकिन कुल मिलाकर बिहार का समाजवादी नेतृत्व भूमि के सवाल पर उदासीन रहा। बिहार के पिछड़े नेतृत्व में धनी किसानों का एक तबका था जो अपने वर्ग-स्वार्थ से ऊपर उठ नहीं सका। लोहिया अगर जीवित होते तो क्या करते, यह मालूम नहीं, लेकिन लोहिया की अकाल मृत्यु (1967) के बाद शूद्र नेतृत्व का झुकाव जातिवादी राजनीति के प्रति होगा गया। उच्च जातियों तथा मध्य जातियों के लोग जातिवादी राजनीति को तीव्र करने लगे, प्रकट ढंग से करने लगे। जातिवादी राजनीति की वेदी पर भूमि समस्या बलि चढ़ी, प्रगतिशील दलों का नेतृत्व मुँह से भूमि के प्रश्न उठाता रहा लेकिन कार्यतः उनको गौण बनाता गया। समाजवादी नेतृत्व का एक हिस्सा तो हदबन्दी कानून का भी विरोध करने लगा।

इस तरह आर्थिक क्षेत्र में मौलिक परिवर्तन की विरासत बिहार में कमजोर रही। विरासत की चर्चा में भूमि को केन्द्रीय महत्त्व देने का तात्पर्य यह है कि अंगरेजों के शासन ने जिस प्रकार की साम्राज्यवादी आर्थिक नीतियों का प्रचलन भारत में किया था, उसके चलते देश के कुछ क्षेत्रों में शहरीकरण और औद्योगीकरण बढ़ा और बाकी क्षेत्रों में पिछड़ापन व्याप्त हुआ, इन पिछड़े क्षेत्रों में जब भी आर्थिक विकास की गम्भीर योजना बनेगी, उसमें कृषि अर्थनीति को तथा किसानों की आर्थिक-सामाजिक स्थिति को

सुधारने का कार्य केन्द्रीय महत्त्व का होगा। बिहार में शूद्र, दलित और महिलाओं की स्थिति को तभी सार्थक ढंग से सुधारा जा सकता है जब आर्थिक नीतियाँ भी प्रगतिशील हों। बिहार में सामाजिक न्याय के उभार से सामाजिक समानता का लक्ष्य पूरा नहीं हो सका क्योंकि आर्थिक नीतियों में कोई बदलाव नहीं हुआ। शूद्र उत्थान एकांगी होकर जातिवादी दलदल में बिखर रहा है। जातियों के नए समीकरण के चलते कुछ जातियों में मध्यम वर्ग पैदा हो जाएगा जो पहले नहीं था, कुछ जातियों का विशिष्ट वर्ग (मलाईदार तबका) भी हो जाएगा, लेकिन बिहार की आबादी का आधे से बड़ा हिस्सा घोर सामाजिक-आर्थिक पिछड़ेपन में ढकेल दिया जाएगा।

सम्भवत चाणक्य (कौटिल्य) के समय से बिहार के सार्वजनिक जीवन में शूद्र और कृषि का केन्द्रीय महत्त्व रहा है। कौटिल्य का फिर से उल्लेख करना प्रासंगिक होगा। कौटिल्य का अध्ययन करनेवाला एक विद्वान लिखता है : कौटिल्य ने विवाह और सामाजिक सम्बन्ध के विषय में मनु, याज्ञवल्क्य और नारद से अधिक उदार और व्यवस्थित नीतियाँ बनाईं (शायद इसीलिए मनुवादी पंडितों ने कौटिल्य के अर्थशास्त्र को 'कौटिल्य-स्मृति' कहकर धार्मिक ग्रंथ का दरजा नहीं दिया)। कौटिल्य पूरी तरह वर्ण-व्यवस्था का विरोधी तो नहीं था, लेकिन शूद्रों को उच्चतर दरजा देने का पक्षपाती था। उसकी दृष्टि में शूद्रों से वैश्यों के समान व्यवहार किए जाने की बात थी। उसके युग में राज्य में जो नए ग्राम बसाए जा रहे थे, उनमें शूद्रों की संख्या अधिक रहे, क्योंकि शूद्र ही उत्पादक वर्ग है, ऐसा कौटिल्य का आग्रह था।

अर्थशास्त्र को आज अधिक प्रगतिशील ढंग से लिखना होगा, इसलिए कौटिल्य प्रासंगिक है। बिहार की राज्य-व्यवस्था चरमरा रही है उसमें चाणक्य-चन्द्रगुप्त को संयुक्त रूप से एक जोड़ी के रूप में याद करना ज्यादा प्रासंगिक होगा। आज के सन्दर्भ में चन्द्रगुप्त-चाणक्य जोड़ी का मतलब होगा बुनियादी परिवर्तन के लिए तेजस्वी शूद्रों और उदारमना द्विजों का संयुक्त नेतृत्व, इस मान्यता के साथ कि राजसत्ता के प्रथम स्थान पर शूद्र रहेगा। एक दुर्बल, पतनशील राज्य को चन्द्रगुप्त और चाणक्य ने मिलकर दृढ़ता प्रदान की थी, भारतीय राष्ट्र के अभ्युदय का केन्द्र बनाया था, उदार सामाजिक-आर्थिक नीतियों के द्वारा, एक मजबूत जनहितकारी शासन व्यवस्था के द्वारा। चाणक्य भ्रष्टाचार रहित दृढ़ शासन व्यवस्था का, उदार सामाजिक नीति और विलक्षण बुद्धि का प्रतीक है। चन्द्रगुप्त संन्यासी मनवाले योद्धा और शासक का प्रतीक है।

आधुनिक बिहार की विरासत में एक कारक शूद्रों का उत्थान है तो एक कारक मुसलमानों की स्थिति भी है। अलग झारखंड राज्य बनने के बाद मुसलमान को ही राज्य का एकमात्र अल्पसंख्यक समुदाय कहना गलत नहीं होगा। स्वतंत्रता के ठीक पहले बिहार में जो साम्प्रदायिक दंगे हुए थे उनसे गांधीजी को गहरा सदमा पहुँचा था। दंगे नोआखाली के बदले में हुए थे। बिहार की राजनीति में जैसे-जैसे शूद्र नेतृत्व अधिक प्रभावशाली होने लगा है, साम्प्रदायिक दंगों की आशंका कम होती गई है। इस वक्त संघ परिवार बिहार में कमजोर स्थिति में है और मुसलमान समुदाय में भी पिछड़ों का

जागरण हुआ है। इसकी शुरुआत स्वतंत्रता आन्दोलन के दिनों में अब्दुल कयूम अंसारी के द्वारा हुई थी। कयूम अंसारी ने अखिल भारतीय स्तर पर पिछड़े मुसलमानों को संगठित करने का प्रयास किया था। शूद्र-मुसलमान सहयोग, पिछड़े मुसलमानों का जागरण—यह भी बिहार की विरासत में दर्ज हो गया है।

बिहार संकट से गुजर रहा है। लेकिन भारतीय राष्ट्र और मनुष्य जाति के लिए भी जीवन-मरण का संकट गहरा रहा है। जल्द वह समय आएगा जब नवनिर्माण की बड़ी कोशिशें भी होंगी। बिहार को एक नया नेतृत्व चाहिए। अगले तीस सालों में यह नेतृत्व पैदा हो सकता है। बिहार के लोग अपनी विरासतों से उत्साहित होकर अपना क्षेत्रीय इतिहास ठीक ढंग से याद करना शुरू करें और विरासत की पूजा-आरती करके नहीं, उसकी आलोचनात्मक समीक्षा करके एक आत्मचेतना पैदा करें तो बिहार, जो इस वक्त भारत के पतन का सबसे बदनाम केन्द्र स्थल है, भारत के नवनिर्माण का भी प्रधान केन्द्र हो सकता है।

बिहार की प्रतिभा निर्माण में प्रकट नहीं होती है। बिहारी जनता का विशेष गुण है, विद्रोह को विस्तार देना। महावीर-बुद्ध के समय से हम देख सकते हैं कि बिहार एक अच्छी प्रचार भूमि है। औसत बिहारी व्यक्तित्व में ऐसी एक संवेदनशीलता विद्रोह के प्रति है कि जल्द आग लग सकती है। गांधी ने जन-सत्याग्रह का पहला प्रयोग बिहार में सफलतापूर्वक किया। जे.पी. आन्दोलन की निर्णायक शुरुआत गुजरात में न होकर बिहार में हुई। विद्रोह के किस पहलू, किस तत्त्व की तरफ बिहारी मन उद्वेलित होता है, यह समझना पड़ेगा। राजनीति में बिहारी जनता अक्सर गैर-बिहारियों को चुन लेती है। भारत को बिहार से बनाने की परम्परा की स्मृति इसका कारण हो सकती है। बिहार की जनता के ऐसे कुछ रहस्यमय गुण हैं जो सही उत्प्रेरक के अभाव में अपराध और अराजकता की प्रवृत्तियों को गति दे रहे हैं। अनुकूल परिस्थितियाँ बनने पर किसी भी क्षण बिहार का यह मन एक अखिल भारतीय क्रान्तिकारी आन्दोलन को खड़ा कर सकता है। परिस्थितियों का इन्तजार करना सचेत बिहारियों के लिए दायित्वहीनता और मूर्खता माना जाएगा। परिस्थितियों का निर्माण करना, उनके लिए एक ज्वलन्त चुनौती है।

(मार्च, 2001)

क्यों इस कदर हिंसक है बिहार !

अरवल कांड ने फिर से देशवासियों का ध्यान बिहार की ओर खींचा है (इसके बाद कंसारा का कांड भी हो चुका है।) बिहार में ऐसा क्यों होता है ? अरवल कांड की जब बड़ी चर्चा थी तब उन दिनों मैं कर्नाटक में था। कोलार जिले की दलित संघर्ष समिति के एक जिला स्तरीय समावेश में मैं मुख्य अतिथि था और आन्ध्र प्रदेश दलित महासंघ के अध्यक्ष और दलित कवि तारकम मुख्य वक्ता थे। तारकम को रामाराव सरकार नक्सल समर्थक मानती है और तारकम रामाराव की सरकार को फासीवादी क्योंकि वह सरकार नक्सलवादी नाम देकर सामन्तवाद विरोधियों की हत्या करवा रही है। किसानों और भूमिहीनों का एक संगठन हो सकता है या नहीं ? इस बहस की शुरुआत में तारकम की प्रतिक्रिया थी "असम्भव है।" अन्त तक उनका सन्देह बना रहा।

इस प्रकार सोचनेवाले तारकम ने भी बिहार की घटनाओं पर प्रतिक्रिया करते हुए कहा। "यह बिहार कैसी जगह है ? मैं समझ नहीं पाता। ऐसा क्यों होता है ? सिर्फ हिंसा, कत्ल, डकैती...मैंने खुद बन्दूक पर कविता लिखी है, 'मुझे बन्दूक दो, बन्दूक दो'–लेकिन वह तो कविता है, कविताएँ प्रतीक होती हैं।"

तारकम के मुँह से यह सुनकर मैं कुछ अचरज में पड़ गया क्योंकि 'तारकम' खुद सामन्तवाद के विरुद्ध लड़ रहे हैं और अहिंसा में विश्वास नहीं करते। बिहार की तरह आन्ध्र प्रदेश में भी सामन्तवादी प्रभाव काफी है। फिर भी बिहार की घटनाएँ गुणात्मक ढंग से अलग दिखती हैं। उन्होंने कहा, "कुछ सामाजिक आन्दोलन भी होना चाहिए। बिहार में दलित साहित्य है या नहीं ?" मैंने अपनी जानकारी के मुताबिक कहा "मैं सिर्फ एक हरिजन कवि को जानता हूँ। लेकिन जिस अर्थ में आप दलित साहित्य की बात कर रहे हैं, उस प्रकार का दलित साहित्य ओडिशा या बिहार में नहीं है।"

इस बार कर्नाटक में दलित संघर्ष के एक नए कार्यक्रम के बारे में जानकारी मिली। दलित संघर्ष समिति की इकाइयों ने अपने-अपने गाँव के केन्द्र स्थान पर अपने बरतन में पानी लाकर रखा और गाँववालों से निवेदन किया कि आप हमारा पानी पीजिए। सवर्णों का रुख सकारात्मक रहा। उल्लेखनीय है कि दलित संघर्ष समिति कट्टर सामन्तवाद विरोधी है, अहिंसा की भक्त नहीं है। मध्यम किसानों के साथ दलितों का सहयोग बन सकता है–इस पर उसका सन्देह बना हुआ है। लेकिन वह इस पर बहस कर रही है।

दो

बिहार की हिंसा को दो तरह से देखना होगा—(1) राजनैतिक और आर्थिक संघर्ष में हिंसा (2) बिहार की विशेष सामाजिक-सांस्कृतिक परिस्थितियों के परिणामस्वरूप उभरनेवाली हिंसा की व्यापकता। बिहार की विशेष सामाजिक-सांस्कृतिक परिस्थितियाँ क्या हैं, इसको समझने की मैंने जो चेष्टा की है वह अधूरी है। सैकड़ों सालों से बिहार में कोई सामाजिक या सांस्कृतिक आन्दोलन नहीं हुआ है। आधुनिक काल में बंगाल, महाराष्ट्र या दक्षिण में जो सब सामाजिक-सांस्कृतिक आन्दोलन हुए थे, बिहार उनसे अछूता रहा। मुगल जमाने की जो भी सांस्कृतिक धाराएँ रहीं उनकी छाप उत्तर प्रदेश पर है, लेकिन बिहार में नहीं है। मिथिला का इलाका विद्यापति से रससिक्त हुआ, लेकिन बिहार का बाकी समूचा हिस्सा विद्यापति से अप्रभावित है।

यह उल्लेखनीय बात है कि मिथिला के इलाकों में अपेक्षाकृत हिंसा की घटनाएँ कम होती हैं। आजादी के आन्दोलन का राजनैतिक प्रभाव बिहार में प्रबल था, लेकिन उसने सामाजिक आन्दोलन का रूप कभी नहीं लिया। राजेन्द्र प्रसाद जैसे गांधीवादी भी सामाजिक चिन्तन में इतने रूढ़िवादी थे कि राष्ट्रपति रहते हुए उन्होंने हिन्दू कोड बिल का विरोध किया था।

एक दूसरी बड़ी वास्तविकता यह है कि ब्रिटिश-पूर्व काल में अधिकांश बिहार शूद्रों और आदिवासियों का ही इलाका था। इसका अध्ययन होना चाहिए कि अंगरेजों की सामन्तवादी-पूँजीवादी-नौकरशाही की नीति के चलते किस प्रकार सवर्ण और उच्च जाति के लोग हरेक इलाके में जाकर जमीन, सम्पत्ति और शासन के मालिक के रूप में जम गए। इन इलाकों में पारम्परिक जाति-व्यवस्था की संस्कृति नहीं रही, बल्कि प्रशसान और नई अर्थनीति के कारण आए हुए लोग इन इलाकों में मालिक और शासक के रूप में स्थापित हो गए, नतीजा यह हुआ है कि पिछड़ी और उच्च जाति के बीच तथा हरिजन, आदिवासी और सवर्ण जातियों के बीच जो फासला है वह पारम्परिक समाज की तुलना में अधिक है। दबी हुई जातियों के प्रति जितनी जबरदस्ती और सामाजिक अत्याचार बिहार के कुछ इलाकों में होता है, वह पारम्परिक हिन्दू समाज के ग्रामीण जीवन का लक्षण नहीं है। वह विजेता और पराधीन के सम्बन्ध जैसा है। औरत विशेष रूप से असुरक्षित है। शायद सारे देश में पटना ही एक शहर है जहाँ महिलाएँ दिन में भी साइकिल चलाने की हिम्मत नहीं कर सकतीं।

इसलिए गाँव की अस्मिता, इलाके की अस्मिता, राज्य की अस्मिता को गौण बनाकर जाति की अस्मिता सर्वाधिक प्रभावी है। अगर खास जातियों के जोड़ का समर्थन मिल गया तो बम्बई या केरल का आदमी भी बिहार में चुनाव जीत सकता है। कर्नाटक, तमिलनाडु और केरल में भी राजनीति पर जातीय नियंत्रण बहुत है, लेकिन बिहार में जातीयता की जो स्पष्ट, निर्णायक और सर्वव्यापी भूमिका है वह कहीं नहीं है। यहाँ तक कि बिहार से सटे हुए उत्तर प्रदेश के भोजपुरी जिलों में भी मात्रा बदल जाती है।

कुछ साल पहले बिहार के एक वरिष्ठ पत्रकार सूर्यनारायण चौधरी ने बिहार की अस्मिता पर एक निबन्ध लिखा था। उनकी कुछ बातों से मेरी धारणा पुष्ट होती है। उन्होंने भी लिखा था कि बिहार का शिक्षित वर्ग बिहार की किसी संस्कृति (आधुनिक या लोक कला, लोक गीत) के साथ अस्मिता के स्तर पर अपने को नहीं जोड़ता। बिहार (जे.पी.) आन्दोलन के दिनों में बिहार की कई समस्याओं के बारे में दृष्टि साफ हो रही थी। चौधरी लिखते हैं कि जयप्रकाश नारायण इस निष्कर्ष पर पहुँचे थे कि नक्सलवादी क्षेत्र में संघर्ष का मुख्य कारण आर्थिक गैरबराबरी न होकर सामाजिक अत्याचार है। सूर्यनारायण चौधरी की यह बात मुझे सही लगती है कि बिहारवासियों में इस प्रकार की एक बेचैन आत्मा निवास करती है जो कुछ प्रकार के व्यापक आन्दोलन के प्रति ग्रहणशील हो जाती है। बिहारियों में एक आन्दोलन प्रवणता है जो बिहार के व्यक्तित्व का सकारात्मक गुण है और यह कभी क्रान्तिकारी परिवर्तन का आधार बन सकती है। अभी तक राजनैतिक आन्दोलन में यह प्रमाणित हुआ है (बुद्ध-महावीर के जमाने को बीता हुआ मानें)। जयप्रकाश नारायण ने राजनैतिक आन्दोलन के साथ-साथ सामाजिक कार्यक्रम जोड़ने की कोशिश की थी। दलीय नेताओं के विरोध के कारण यह प्रयोग कारगर नहीं हुआ। सारी हिंसात्मक घटनाओं के बावजूद मुझे लगता है कि बिहार के लोगों में, एक सरलता है। उनकी हिंसा के पीछे कुटिल बुद्धि के बजाय एक प्रकार का अनाड़ीपन दिखाई देता है—यह एक प्रकार की संस्कृति विहीनता हो सकती है। हिंसा का बड़ा भाग यहाँ प्रतिहिंसा है। जो भी हो, बिहार के लोगों में एक उछाल है जो सिर्फ अन्धकार की ओर नहीं, आलोक की दिशा में भी देश को ले जा सकता है। बिहार में जिनकी राजनीति जम जाती है उनको बिहार में रस मिलता है। मेरी राजनीति उखड़ी हुई है, फिर भी मुझे बिहार अच्छा लगता है।

तीन

बिहार का सामन्तवाद सारे देश में चर्चा का विषय है। विडम्बना यह है कि हमारे बुद्धिजीवियों ने अभी तक सामन्तवाद को परिभाषित नहीं किया है। कानूनी तौर पर सामन्तवादी अर्थव्यवस्था समाप्त है। लेकिन बेनामी जमीन के रूप में सबसे अधिक अवैध कब्जा बिहार में है। इस रूप में सामन्तवाद का अवशेष वहाँ है। इस प्रकार के लोगों के हाथ में सर्वोच्च राजनैतिक सत्ता नहीं है। राजनैतिक सत्ता उनके हाथों में चली गई है जिनका गहरा सम्बन्ध औद्योगिक और व्यापारिक पूँजी के साथ है। लेकिन प्रशासन और पुलिस में सामन्तवादी तत्त्वों का प्रभाव बिहार में बहुत ज्यादा है। जाति उसका निर्णायक आधार है।

जहाँ तक सामन्तवादी 'चरित्र' की बात है यह तो सारे देश में बढ़ रहा है। औद्योगिक तथा शहरी क्षेत्र में आज देहातों से गई गुना सामन्तवाद है। नौकरों और गुलामों की पलटन रखना, गरीबों से किसी प्रकार का सामाजिक सम्पर्क न रखना,

ऐयाशी का प्रदर्शन और क्रूरता जैसे सामन्तवादी अवगुण औद्योगिक इलाकों में अधिक हैं बनिस्बत देहातों के। बिहार के लोगों को सामन्तवादी कहने के पीछे दो आधार बनते हैं : (1) इतने सारे भारी उद्योग होने के बाजवूद बिहार के लोगों में उद्योग की ओर रुझान नहीं है। (2) औरत और कमजोर जातियों के प्रति क्रूरता की मात्रा अधिक है।

जहाँ तक आर्थिक गैर-बराबरी का प्रश्न है, कुछ अपवादों को छोड़कर देहाती इलाकों में आर्थिक गैर-बराबरी दिनोंदिन घट रही है क्योंकि खेतिहरों की गरीबी बढ़ रही है। इसकी सत्यता में सन्देह नहीं होना चाहिए। अरवल और आसपास के इलाकों के बारे में जहाँ नक्सली संघर्ष बार-बार हुआ है, 'द इकानामिक एंड पोलिटिकल वीकली' ने जो विवरण छापा है (31 मई, 1986) उसके अनुसार जमींदारी प्रथा की समाप्ति के बाद इन इलाकों में उच्च जातियों के स्थान पर मध्य जाति यानी शूद्र किसानों का प्रभाव बढ़ा है जो खुद खेती में काम करते हैं। 10 लाख की जनसंख्यावाले जहानाबाद अनुमंडल में 40 फीसदी लोग भूमिहीन या दरिद्र खेतिहर हैं जिनमें अधिकांश हरिजन हैं। यादवों में मध्यम किसान और दरिद्र किसान हैं। कुर्मी जाति के लोग मध्यम किसान हैं और सम्पन्न भी हैं, बड़े जमींदार नहीं। मध्यम किसानों की संख्या 40 फीसदी है।

इस प्रकार के इलाकों में जब साम्यवादी ध्रुवीकरण होता है तो वह मध्यम किसान और भूमिहीनों के बीच होता है। भारत के ग्रामीण समाज में सामन्तवाद के विरुद्ध संघर्ष के बारे में सोचते वक्त दिमाग में उपरोक्त चित्र को रखना चाहिए। सामन्त का मतलब मुख्यतः मध्यम किसान है। उसको सम्पन्न कहने के लिए देश के सम्पन्न वर्गों से उसको अलग खड़ा करके सिर्फ भूमिहीन हरिजनों की तुलना में देखना पड़ेगा, क्योंकि टाटा कम्पनी के मिस्त्री के मुकाबले में मध्यम किसान गरीब दिखेगा। देश के सम्पन्न वर्ग के सामने खड़ा करने पर उसकी स्थिति निम्न मध्यम वर्ग के बराबर होती है।

लेकिन शहरी या औद्योगिक क्षेत्र में निम्नमध्य वर्ग मजदूर वर्ग पर ऐसा अत्याचार नहीं कर सकता, जो देहात में होता है। देहात की टूटती अर्थनीति में निम्नमध्यम वर्ग ही जमीन का मालिक है। स्थानीय बी. डी. ओ. और दारोगा से जाति का सम्बन्ध बन गया तो रोकनेवाला कोई नहीं है। ग्रामीण क्षेत्र में लूट और ऐयाशी के भी स्रोत नहीं होते सिवाय इसके कि असहाय जाति के कंगाल परिवारों को लूटो और उनकी औरतों से बलात्कार करो। इन इलाकों में खेती की घटती आय और किसान की बिगड़ती साख के बारे में राजनैतिक चेतना नहीं है, किसानों को पूँजीवादी शोषण से बचाने का कोई आन्दोलन नहीं है। मजदूरों के हकों के विरुद्ध उनका संगठन बन गया है। हरिजनों को लूटना और बलात्कार ही उन्हें गरीबी से बचने का उपाय दीखता है। इसलिए प्रत्येक समर्थ जाति ने लूट और बलात्कार की 'सेना' खड़ा कर दी है। दूसरे किसी राज्य में इस प्रकार की जातीय सेना नहीं है।

ऐसी स्थिति का मुकाबला किस तरह से हो ? स्थान-काल के छोटे दायरे में प्रतिहिंसा का भी औचित्य रहता है। फूलन देवी या बिहार के एक मशहूर डाकू मोहन बिन्द को इसलिए बहादुर समझा जाता है कि वे प्रतिहिंसा द्वारा अन्याय का बदला लेते

हैं। मोहन बिन्द का यह बयान था कि कमजोर जाति की औरतों पर बलात्कार बन्द होगा तो उसकी डकैती बन्द होगी। राजनैतिक समूहों की हिंसा का औचित्य भी इसी तरह ठहराया जा सकता है। हालाँकि परिणाम कुछ अधिक होते हैं। नक्सलवादी हिंसा के द्वारा कुछ समय के लिए कमजोर शक्तियाँ भी संगठित हो जाती हैं और उनमें अपने अधिकारों की चेतना जागृत होती है। स्थानीय और तात्कालिक सन्दर्भ में यह एक उपलब्धि है।

लेकिन पूरे देश की और दीर्घकालीन राजनीति के सन्दर्भ में यह हिंसा दिशाहीन है। मार्क्सवादी विचार के साथ भी इसका कोई मेल नहीं बैठता हैं क्योंकि मार्क्सवाद के अनुसार सम्पत्ति और राजसत्ता पर एकाधिकार जिस वर्ग के साथ जुड़ा हुआ है उसी वर्ग के खिलाफ गरीबों को संगठित करके ध्रुवीकरण पैदा करना है। इसके लिए वर्ग समझौता भी जरूरी होता है—चीन में यह अनुभव रहा। नक्सली हिंसा सामन्तवादी चरित्र के मध्यम किसानों के खिलाफ है जिनके पास राजसत्ता नहीं है और जिनकी आर्थिक स्थिति पूरे देश की व्यवस्था में निम्नमध्यम वर्ग की है। नक्सलवादी हिंसा अभी तक उन इलाकों में प्रभावी हुई है जहाँ अत्याचारी खुद आर्थिक रूप से कमजोर है। बिहार के सर्वोच्च जमीदारों के इलाके में नक्सली हिंसा प्रभावी नहीं बन सकी है। धनबाद का कोयला क्षेत्र आधुनिक अर्थव्यवस्था का अंग है; लेकिन वहाँ के शोषकों का चरित्र और लूट बिलकुल सामन्ती है। आर्थिक गैर-बराबरी वहाँ अत्यन्त अधिक है। इन इलाकों में भी नक्सलवादी हिंसा प्रभावी नहीं है। क्या देश के शोषक वर्ग, सर्वोच्च धनी वर्ग इससे खुश नहीं हैं कि भारत के उग्र साम्यवादी समूह देहात के कमजोर भूपतियों के खिलाफ फँसे हुए हैं ?

चार

और भी कुछ सवाल हैं जो अनुत्तरित हैं। प्रश्न न पूछे जाने और उसका उत्तर न दिए जाने पर वैज्ञानिक दृष्टिकोण अधूरा रह जाता है। मुझे आशंका होती है कि हमारे प्रश्नों को मार्क्सवादी-लेनिनवादी साथी बहस न समझकर गाली समझते हैं। हम दुबारा आग्रह करते हैं कि इन सवालों को बहस मानें आरोप या आलोचना नहीं। हम भी तो फूँक-फूँककर चल रहे हैं, पथ-निर्माण कर रहे हैं।

गाँव में रहनेवाले सारे हरिजन, आदिवासी लोग और उनके भावी वंशधरों को 'भूमिहीन' क्यों कहा जाता है ? क्या यह एक पूँजीवादी साजिश नहीं है कि उनके मानस को इस तरह बनाया जा रहा है कि देश की कुल सम्पत्ति और उत्पादन के साधनों पर, उद्योग, व्यापार या शासनतंत्र पर उनका कोई अधिकार नहीं हो सकता है ? भले एक गाँव में 500 एकड़ जमीन के मुकाबले में 700 परिवार हों, लेकिन उनको आर्थिक लड़ाई लड़नी है तो उतने के अन्दर ही लड़ें। जिस जमीन के टुकड़ों को गैर-मजरुआ कहकर देहातों में भूमिहीनों और मध्यम किसानों के बीच संघर्ष खड़ा हो जाता है वह दरअसल

खेती की जमीन नहीं होती है। वह होती है सड़क या चरागाह या ग्रामीण जंगल के बचे हुए टुकड़े। बिहार के बहुत सारे गाँव हैं जहाँ सड़क नाम की चीज नहीं है। जमीन पर कब्जा दिलाने को हम क्रान्तिकारी लड़ाई कहते हैं क्योंकि हम समझते हैं कि हरिजनों का जन्मसिद्ध अधिकार यह नहीं है कि वह गाँव की जमीन के अलावा और किसी आर्थिक साधन पर नजर रखें। उनकी बेरोजगारी, सम्पत्तिहीनता के लिए पूँजीवादी वर्ग जिम्मेदार नहीं है, क्या हर प्रखंड में, हर पंचायत में उद्योग नहीं होने चाहिए जिससे भूमिहीन, मध्यम किसान, छोटे किसान परिवारों के लोगों को आर्थिक आधार मिले ? यह समझने का शायद समय आ गया है कि हरिजन और कमजोर जातियों के लोग सामाजिक तौर पर ग्रामीण सामन्ती वर्ग के अत्याचार के शिकार होते हैं; लेकिन आर्थिक तौर पर उनका शोषण पूँजीवादी व्यवस्था के द्वारा हो रहा है। सामाजिक अत्याचार के मुकाबले में संघर्ष होते रहते हैं, लेकिन आर्थिक शोषण के विरुद्ध कोई रणनीति नहीं है।

अगर उपरोक्त बहस निरर्थक नहीं है तो हमें यह भी सोचना पड़ेगा कि मध्यम और निम्नमध्यम किसानों को हम कैसे समझाएँ कि उनका दुश्मन हरिजन-भूमिहीन नहीं है ? क्या दूसरे प्रकार के भी संघर्ष किसानों को, या भूमिहीनों को, या दोनों को लेकर हो सकते हैं ?

गया जिले में छात्र-युवा संघर्षवाहिनी का बोधगया महंथ विरोधी आन्दोलन चल रहा है। सम्पूर्ण क्रान्ति आन्दोलन का यह एक जीवन्त अवशेष है। यहाँ भी भूमिहीन कमजोर जाति के लोगों को संगठित किया गया है। यहाँ का सामन्त मध्यम किसान नहीं, बल्कि बहुत बड़ा महंथ है। शान्तिमय संघर्ष के तहत आर्थिक लड़ाई भी कारगर ढंग से चल रही है और अत्याचार, बलात्कार से भी आत्मरक्षा का कवच बना हुआ है। बोधगया के एक मुख्यपात्र (कारू) ने मुझे कहा कि उनके आन्दोलन में लगातार यह कोशिश रही कि मध्यम किसान हमारा दुश्मन न बने। कहीं-कहीं वे समर्थक भी हो रहे हैं। बोधगया के इलाके में आन्दोलन व्यापक हो रहा है, दूसरे जमींदारों की बेनामी जमीन पर भी आन्दोलन हो रहा है। अमानवीय अत्याचारों का सिलसिला इस इलाके में उस प्रकार नहीं है कि राष्ट्रीय शर्म की खबर बने।

रोहतास जिले के दिनारा क्षेत्र में और धनबाद की कुछ खदानों में समता संगठन की गतिविधियाँ हैं। दिनारा क्षेत्र में जिनको संगठित किया गया है उनको छोटा और मध्यम किसान कहा जा सकता है। इस तरह के किसान जब अपने को पूँजीवादी शोषण के शिकार के रूप में देखते हैं तो भूमिहीनों-मजदूरों पर अत्याचार करने की प्रवृत्ति घट जाती है। ऐसा अभी तक नहीं हुआ है कि किसानों और भूमिहीनों को मिलाकर कोई लड़ाकू संगठन बनाया गया हो; लेकिन जहाँ भी किसान आन्दोलन पूँजीवादी शोषण के विरुद्ध संगठित हो रहा है वहाँ भूमिहीनों और हरिजनों पर अत्याचार का सिलसिला टूटता है। धनबाद में भी जहाँ कमजोर जाति के लोगों ने ट्रेड यूनियन की लीक से हटकर अपना राजनैतिक संगठन बनाया है, वहाँ उनकी सामाजिक सुरक्षा की ताकत बनी है।

इन वैकल्पिक उदाहरणों से कोई जल्दबाजी का निष्कर्ष नहीं निकालना है। अगर

नक्सलवादी हिंसा ने भूमिहीन हरिजनों को सामाजिक सुरक्षा दी है, तो क्या वैकल्पिक संघर्ष की नीतियाँ भी कारगर हैं या नहीं। क्या वे सामाजिक ताकत पैदा करने के साथ-साथ आर्थिक शोषण की पूँजीवादी व्यवस्था के विरुद्ध एक मोर्चा तैयार कर रही हैं। अगर ऐसा नहीं होगा तो इस विकल्प को हम सार्थक नहीं मानेंगे।

समता संगठन या छात्र-युवा संघर्षवाहिनी की कमी यह है कि उनमें राजनैतिक तीव्रता नहीं है। इसलिए न उनका फैलाव हो रहा है, न उनकी एक स्पष्ट छवि प्रचारित हो रही है। कृषक आन्दोलन और समता संगठन एक चीज नहीं है। कृषक आन्दोलनों में अभी तक एक स्पष्ट पूँजीवाद विरोधी रणनीति नहीं है, ना ही उनकी कोई राजनीति स्पष्ट हो सकी है। समता संगठन यह भी नहीं चाहता है कि गाँव बनाम शहर का कोई ध्रुवीकरण हो। ऐसा करके पूँजीवादी व्यवस्था के विरुद्ध लड़ा नहीं जा सकता। बल्कि शहर के बुद्धिजीवी मजदूर और बेरोजगार समूहों का सहयोग लेकर ही कृषक आन्दोलन की पूँजीवाद विरोधी राजनीति कारगर होगी। समता संगठन मध्यम तथा गरीब किसानों को एक महत्त्वपूर्ण वर्ग मानता है जिसकी चेतना जागृत होने पर पूँजीवाद और साम्राज्यवाद के खिलाफ एक बड़ा संगठन पैदा होगा। इसका समूह इतना बड़ा है कि इसकी संगठित ताकत पूँजीवाद और नौकरशाही की संयुक्त शक्ति का मुकाबला कर सकती है। भारत जैसे मुल्क में इस वर्ग के अन्दर इतिहास चेतना भी पैदा की जा सकती है। इसलिए वह नए युग का निर्माता भी बन सकता है।

पाँच

हिंसा और सशस्त्र संगठन के बारे में और एक बहस होनी चाहिए। छह साल पहले हमारे एक दोस्त कहते थे कि देश पर जो उदासीनता आ गई है उसको झकझोरने के लिए गोलियाँ चलनी चाहिए। उसके बाद पंजाब और त्रिपुरा तथा बहुत सारे इलाकों में गोलियाँ बहुत चली हैं, हत्याएँ इतनी बढ़ रही हैं कि एक नए किस्म की उदासीनता पैदा हो रही है। चेतना और कर्म के द्वारा उदासीनता टूटती है। सही चेतना और सही कर्म के दायरे में कभी-कभी हिंसा भी मुक्ति का साधन होती है। लेकिन हिंसा अपने में मुक्तिदाता नहीं बल्कि मानवीय भावना को कुंठित करनेवाली है। मानवीय भावना जहाँ कुंठित हो जाएगी वहाँ क्रान्ति आगे नहीं बढ़ती है। भारत के हरिजन-आदिवासी समूहों को मौके-मौके पर हिंसा के लिए संगठित करना सम्भव है। लेकिन उनका कोई सशस्त्र संगठन नहीं बनाया जा सकता जो लम्बे समय तक चले। सशस्त्र संगठन सिर्फ वहाँ बनाया जा सकता है जहाँ विदेशी ताकतों के समर्थन से पर्याप्त शस्त्र मिल सके। सीमावर्ती इलाकों में युवकों के सशस्त्र संगठन कारगर होते हैं, लेकिन उनमें विदेशी घुसपैठ भी होती है। भारत के किसी भी इलाके में आंचलिक या सामाजिक समूह का सशस्त्र संगठन होगा तो उसमें विभेदकारी शक्तियाँ घुसकर आन्दोलन को मूल लक्ष्य से हटा देंगी।

(अगस्त, 1986)

अस्मिताओं की मृत्यु

झारखंड आन्दोलन की जीत हो चुकी है। झारखंड राज्य बन चुका है। उस जीत की एक औपचारिक तस्वीर राँची के समारोहों में देखने को मिली होगी। उस जीत की असली और मार्मिक तसवीर कुछ अखबारों में छपी थी–शपथ ग्रहण समारोह के कुछ दिन पूर्व। आपने उस चित्र को देखा होगा, जिसमें भाजपा नेता और ब्राह्मण प्रधानमंत्री अटल बिहारी वाजपेयी के चरण छूकर वर्तमान समय का सबसे बड़ा आदिवासी नेता शिबू सोरेन (शूद्र) फर्श पर लेट गया है। मुख्यमंत्री का पद पाने के लिए झारखंड आन्दोलन के नेता का भाजपा नेता के सामने अक्षरशः गिड़गिड़ाने का यह चित्र उन सबको लज्जित करता है जिन्होंने कभी न कभी कहा था या सोचा था कि झारखंड आन्दोलन आदिवासियों की अस्मिता और पुरुषार्थ की लड़ाई है। क्या झारखंड राज्य बन गया और झारखंड आन्दोलन मर गया ? एक अंगरेजी कहावत की तर्ज पर कहें कि झारखंड आन्दोलन मर गया, झारखंड राज्य की जय हो ?

जब किसी जनसमूह की आकांक्षाएँ आन्दोलन का रूप धारण करती हैं तब यानी आन्दोलन के प्रारम्भिक समय में उसका लक्ष्य विशुद्ध लोकहित का होता है। शेष समाज को वह एक अव्यावहारिक या अत्यन्त दूरस्थ उद्देश्य प्रतीत होता है। लेकिन जैसे-जैसे उसका एक व्यापक जनाधार बनने लगता है, उसके चारों ओर एक निहित स्वार्थ का उदय होता है। पहले तो निहित स्वार्थ का उदय आन्दोलन के भीतर–नेतृत्व में–होता है, जो चाहता है कि आन्दोलन की सफलता से उसका अपना स्वार्थ भी सधे। बाद में सफलता के चरम सोपानों पर आते-आते बाहर के ऐसे तत्त्व उस नेतृत्व के साथ जुड़ जाते हैं जो असली लड़ाई के दिनों में आन्दोलन के दुश्मन थे, या जिनके खिलाफ यह आन्दोलन था। कहीं-कहीं ये बाहरी या शत्रु-तत्त्व सफलता पर काबिज हो जाते हैं। जिनकी आकांक्षाओं का यह आन्दोलन था वे और उनका नेतृत्व गौण हो जाता है।

झारखंड आन्दोलन इसका सबसे बड़ा उदाहरण है। आदिवासियों की आकांक्षाओं से और आदिवासी पुरुषार्थ से यह आन्दोलन पैदा हुआ था। आरम्भ में इसको ईसाई धार्मिक संस्थाओं का प्रोत्साहन प्राप्त था। लेकिन झारखंड-भावना के पीछे जो व्यापक जनाधार बना उसमें ईसाई आदिवासी, गैर-ईसाई आदिवासी तथा मूलवासी (महतो आदि) सम्मिलित थे। सत्तर के दशक में नेतृत्व की प्रतिस्पर्धा में ईसाई नेतृत्व के मुकाबले

हिन्दू या हिन्दू-आदिवासी नेतृत्व और महतो-मूलवासी नेतृत्व भी बनने लगा और इन्हीं दिनों गैर-आदिवासी तथा गैर-मूलवासी तत्त्वों को झारखंड आन्दोलन में अपना स्वार्थ दिखाई पड़ा। नब्बे के दशक में यह स्पष्ट हो गया कि अगर झारखंड राज्य बनेगा तो कांग्रेस तथा भारतीय जनता पार्टी के जरिए गैर-झारखंडी नेतृत्व ही वहाँ की सत्ता का नियन्त्रक होगा।

एक ब्राह्मण प्रधानमंत्री के चरण छूने के लिए एक आदिवासी नेता का साष्टांग दंडवत होना आजाद भारत की उसी तरह की दूसरी घटना है। पहली अशुभ घटना बहुत पहले हो गई थी, जब कायस्थ राजेन्द्र प्रसाद ने राष्ट्रपति बनने के बाद काशी के कुछ कर्मकांडी ब्राह्मणों का सार्वजनिक रूप से पैर-प्रक्षालन किया था। उसी दिन भारत के राष्ट्रीय नागरिक की अस्मिता को नकारने की शुरुआत हुई थी।

जवाहरलाल नेहरू, सरदार वल्लभभाई पटेल और डॉ. राजेन्द्र प्रसाद ने भारत के राष्ट्रीय नागरिक की अस्मिता को कुचलने का ढाँचा बनाया था—आजादी के बाद भी अंगरेजों के द्वारा चलाई गई शिक्षा व्यवस्था और औपनिवेशिक प्रशासनिक ढाँचे को पुनः प्रचलित कराकर। औपनिवेशिक शिक्षा तथा शासन व्यवस्था, जाति-प्रथा, नारी-उत्पीड़न और साम्राज्यवादी व्यापार—इन चार कारकों से भारत की सामाजिक विषमता की सामन्तवादी संरचना बनी रही है। क्षेत्रीय विषमता, सांस्कृतिक विषमता और साम्प्रदायिक विषमता जिस तरह का विस्फोटक रूप धारण कर रही है वह भी इसी की उपज है। सामन्तवाद का केन्द्रीय लक्षण है सामाजिक विषमता—जिसकी उत्पत्ति कई स्तरों पर होती है; और इतनी सारी सामाजिक विषमताओं के रहते एक दृढ़ राष्ट्रीय अस्मिता बन नहीं पाती है। राष्ट्रीय अस्मिता को खोने के बाद भारत का नागरिक तरह-तरह से अपनी अस्मिता बनाने की कोशिश कर रहा है—धर्म के आधार पर, वर्ण और जाति के आधार पर, उपजाति के आधार पर, क्षेत्र के आधार पर। इस तरह की उसकी अस्मिता बन नहीं सकती है; कारण, अपनी राष्ट्रीय अस्मिता बनाने की मूल नियति से वह पलायन कर रहा है। हिन्दी जाति बगैर हिन्दी भाषा का राष्ट्रीय सम्मेलन किए विश्व हिन्दी सम्मेलन का ढोंग करती है। तमिल और तेलुगु भाषी भी वही करते हैं। अन्त में एक ही अस्मिता रह जाती है—वह है औपनिवेशिक नागरिक होने की अस्मिता। लेकिन उसको अस्मिता नहीं कहा जा सकता है—जब तक अस्मिता का अर्थ गरिमाबोधक है। स्मरणीय अतीत और कल्पित भविष्य की गरिमा के द्वारा परिचय-बोध पैदा करना ही अस्मिता है।

भारत का आदिवासी प्राचीन भारतीयों का वह अंश है जिसको मनुवादी हिन्दू व्यवस्था आत्मसात नहीं कर सकी। उसका दंड आदिवासी भुगत रहा है। विकास के हर लाभ से उसको वंचित किया गया है। जंगलों-पहाड़ों में जाकर उसने शरण ली। लेकिन जब से उच्चजातीय व उच्चवर्ग की वासना-तृप्ति का साधन जंगलों और पहाड़ों में चिन्हित होने लगा है उसको जंगलों-पहाड़ों से भी मार-मारकर भगाया जा रहा है। झारखंड अस्मिता से बने झारखंड राज्य की पहली घोषणा यह होनी थी :

झारखंड राज्य के विकास के पहले दस वर्षों में किसी भी आदिवासी को उसकी अपनी जगह से भगाया नहीं जाएगा, न जंगल कटेगा, न पहांड़ खोदा जाएगा, न किसी नदी पर बड़ा बाँध बनेगा। किसी भी गैर-आदिवासी और गैर-मूलवासी को प्राकृतिक संसाधनों को लूटने का ठेका नहीं दिया जाएगा। कोई भी गैर-आदिवासी मूलवासी एक औसत आदिवासी-मूलवासी से दस गुने से अधिक धन अर्जित नहीं कर सकेगा। विकास के इस प्रथम चरण में योजनाएँ वे बनेंगी जिनका कार्यान्वयन आदिवासी-मूलवासी की विद्याबुद्धि के द्वारा या उसको प्रशिक्षण देकर सम्पन्न हो सकता है। कृषि, लघु उद्योग और वनीकरण रोजगार के मुख्य साधन होंगे। जंगल का संचालन जंगलवासी करेंगे। अभयारण्य नहीं बनेंगे। निरक्षर कोई नहीं रहेगा। नए खदान नहीं खोले जाएँगे; खदानों पर मिल्कियत झारखंड सरकार की होगी।

औरतों का सामाजिक शोषण बन्द करने के लिए एक औरत मंत्रालय होगा।

अस्मिता का उद्घोष इसी रूप में हो सकता था; कदाचित यह एक नई मानसिक सभ्यता के निर्माण की शुरुआत होती। इसी प्रकार के उद्घोष के द्वारा झारखंड राज्य का शुभारम्भ करने की कल्पना जिसके मन में होती वह अटल बिहारी के सामने गिड़गिड़ाता नहीं।

शिबू सोरेन के लिए एक आत्मसम्मान का मार्ग था। नरसिंह राव के भ्रष्टाचार में लिप्त होने की स्वीकारोक्ति वह करते, और प्रायश्चित के तौर पर सात साल के लिए सत्ता-त्याग का वनवास करते; राजग या लालू-सोनिया द्वारा मुख्यमंत्री नियुक्त होने की इच्छा को पूर्ण रूप से त्यागकर विपक्ष में रहते; जनता के द्वार पर जाकर झारखंड नव-निर्माण के सूत्रों को समझाते। नए सिरे से शक्ति प्राप्त करने का यह उपाय था। फिर झारखंड की अस्मिता मरती नहीं।

अस्मिताओं की मृत्यु छत्तीसगढ़ और उत्तरांचल में भी हुई है। इसको समझने का एक ही सूत्र है। इन राज्यों पर जिनका वर्चस्व बन रहा है उनके मन में अपने राज्य के सामान्य जनसमूहों की अस्मिता के निर्माण के लिए कोई खाका या संकल्प है या नहीं ? छत्तीसगढ़ के किसानों को बार-बार पड़नेवाले सूखे से उबारने के लिए, छत्तीसगढ़ी भाषा को प्राथमिक शिक्षा के स्तर पर स्थापित करने के लिए, जिन्दल कम्पनी द्वारा रायगढ़ जिले में हो रही जनसाधारण के प्राकृतिक संसाधनों की लूट को रोकने के लिए, भिलाई औद्योगिक क्षेत्र में मजदूरों की छँटनी रोकने के लिए कोई संकल्प या कार्यक्रम न अजित जोगी के पास है, न अजित जोगी को अपदस्थ करने के लिए हर क्षण प्रयासरत शुक्ल परिवार के मन में है। अगर कहीं इसकी सोच है तो छत्तीसगढ़ मुक्ति मोर्चा के कार्यक्रमों में है, जिसको सत्ता से बिलकुल बाहर रखने के लिए कांग्रेस और भाजपा दोनों कटिबद्ध हैं।

क्या उत्तरांचल का नया शासक वर्ग पहाड़ी अंचल के बारे में कोई दूसरी दृष्टि रखता है, जो राजनाथ सिंह से भिन्न है ? क्या टिहरी बाँध के बारे में उत्तर प्रदेश सरकार की नीति को उत्तरांचल की सरकार बदल देगी ? क्या पर्यटकों के मनोरंजन स्थल होने

के अलावा पहाड़ी अंचलों की कोई अन्य सम्भावना चिन्हित हो रही है ? शिक्षा के क्षेत्र में देश के अंगरेजीदां विशिष्ट वर्ग के लिए विद्यालय (दून स्कूल) मुहैया कराने का एक परिचय उत्तरांचल का है ? क्या शिक्षा के क्षेत्र में इससे भिन्न परिचय उत्तरांचल का बन पाएगा ? अगर नहीं तो पहाड़ी अंचल के अस्मिता-निर्माण की सम्भावना उत्तरांचल में शून्य है। देहरादून को राजधानी घोषित करना और नित्यानन्द स्वामी को मुख्यमंत्री के रूप में दिल्ली और लखनऊ के नेताओं के द्वारा स्थापित करना इस बात को पुष्ट करता है। उत्तरांचल के लोग भी कह रहे हैं 'देहरादून को राजधानी बनाना लखनऊ में राजधानी रहने से भिन्न नहीं होगा।'

नए राज्य बनाने के प्रसंग में शायद अस्मितावाली बात एक अरसे से नहीं रह गई थी। अस्सी के दशक से अस्मिता की बात कम और 'छोटे राज्य' तथा 'अलग राज्य' की बात अधिक होने लगी। यह छोटा राज्य क्या है ? छोटे राज्य के लिए दलील दी जाती है कि राज्य की भौगोलिक परिधि छोटी होगी तो प्रशासन आम लोगों तक पहुँच जाएगा। यह पूरी तरह से बकवास है। कलेक्टर या कमिश्नर या बी.डी.ओ. या पटवारी कितने किलोमीटर दूर रहते हैं इससे आम लोगों को कोई फर्क नहीं पड़ता है। आम लोगों का, यहाँ तक कि मध्यवर्ग के भी अधिकांश लोगों को, यह अधिकार नहीं है कि वे नौकरशाहों से संवाद कर सकें या जवाब माँग सकें। नौकरशाहों को अधिकार जरूर है कि वे लोगों के साथ कुत्ते जैसा बरताव करें। अस्मिता-फस्मिता को वे कुछ नहीं समझते हैं। कई स्थानों में प्रशासन के द्वारा बार-बार अपमानित होने के बाद अतृप्त और लांछित अस्मिताएँ हथियार उठा लेती हैं, और हथियारों के अवैध व्यापारियों के माध्यम से अन्तरराष्ट्रीय कूटनीति का मोहरा बन जाती हैं। गरीब देशों की सरहदों पर युद्ध और कलह को तेज करने में, कभी-कभी राष्ट्रतोड़क साजिशों में उनको लगाने की कोशिश अन्तरराष्ट्रीय कूटनीति में होती है। अस्मिता के आन्दोलनों को अलगाववाद के आन्दोलनों में परिणत करने में प्रशासन तंत्र का विशेष हाथ रहता है।

अस्मिता के सवाल को राष्ट्रतोड़क कार्य में लगाने की कूटनीति महाशक्तियाँ किस तरह चलाती हैं इसके बारे में अस्मिता आन्दोलनों को होशियार होना चाहिए। लेकिन सिर्फ इतना काफी नहीं है। उससे भी अधिक सतर्क और समझदार उन प्रशासकों को होना चाहिए जो अस्मिता आन्दोलनों का विरोध करते हैं। अधिकांश अस्मिता आन्दोलन, जो अभी आतंकवादी बने हुए हैं, आरम्भ में एक लम्बे अरसे तक संविधान के दायरे में शान्तिपूर्ण आन्दोलन कर रहे थे। लेकिन तब तो प्रशासन उन्हें लांछित करता था, तरह-तरह के गैर-जनतांत्रिक उपाय अपनाकर आन्दोलनकारियों को बेइज्जत करता था, लाठी और गोली से कुचलता था। प्रचार माध्यम उनकी दलीलों को लोगों के सामने रखते नहीं थे। फिर आतंकवाद के शक्तिशाली हो जाने के बाद मीडिया उनके पीछे दौड़ता है और शासक उनको समझौता वार्ता के लिए सम्मानपूर्वक आमन्त्रित करता है। तब तक वे नियंत्रण से बाहर हो जाते हैं, दूसरे देशों का कूटनीतिक प्रभाव उन पर हो गया रहता है।

अब उत्तर बंग के आतंकवाद को देखिए। बुद्धदेव भट्टाचार्य कई बार इस बारे में बयान दे चुके हैं और बंगाल के अखबारों में बार-बार उसका समाचार मुखपृष्ठ पर छप रहा है। जब उतजास (उत्तर बंग तपशीली जाति ओ आदिवासी संगठन) ने लगभग उसी सवाल को–उत्तर बंग की अस्मिता के सवाल को–एक शान्तिपूर्ण लोकतांत्रिक आन्दोलन का रूप दिया था (अभी भी वह शान्तिमय आन्दोलन जारी है) उसके कार्यकर्ताओं और समर्थकों की बेरहमी से पिटाई होती थी, उनकी एक भी बात मीडिया नहीं छापता था। ज्योति बसु की सरकार ने एक बार भी उनकी दलीलों को सुनने के लिए समय नहीं दिया था। अब उस सवाल को उठाने के लिए एक आतंकवादी समूह पैदा हो गया है। प्रशासन कह रहा है कि उसको उल्फा और आई.एस.आई. मदद कर रहे हैं। आई.एस.आई. को केवल पाकिस्तान का खुफिया विभाग समझना बेवकूफी है। राष्ट्र की सरहदों पर और पड़ोसी देशों में आतंकवाद का विस्तार होता है। वहाँ हमेशा बड़ी अन्तरराष्ट्रीय शक्तियों की मौजूदगी होती है–पैसे, हथियारों या कभी-कभी प्रशिक्षण टोलियों के जरिए। आतंकवाद के लिए जिस प्रकार के और जितने हथियारों की आवश्यकता होती है उनकी आपूर्ति उनके धन से और अवैध व्यापार के माध्यम से होती है। उतना धन या हथियार गरीब देशों के पास नहीं होता। विश्व-स्तर पर हथियारों का अवैध व्यापार चल रहा है, जिसको हथियार उत्पादक देशों की शह मिली हुई है। महाशक्तियों की कूटनीति का सम्पर्क इन अपराधियों से है। हथियार या धन के लिए जब कोई आतंकवादी समूह अन्तरराष्ट्रीय तत्त्वों पर निर्भर रहने लगता है तब उस पर कूटनीतिक नियंत्रण बढ़ने लगता है। आजकल कई बार यह खबर पढ़ने को मिल रही है कि अमरीका का दबाव है इसलिए अमुक आतंकवादी नेता बातचीत के लिए तैयार हो रहे हैं। आतंकवाद और अन्तरराष्ट्रीय कूटनीति का जुड़ाव एक तथ्य है। भारत जैसे गरीब देश की सरकार अगर इससे अनभिज्ञ रहकर शान्तिपूर्ण और जायज आन्दोलनों को आतंकवादी होने के लिए बाध्य करती है तो उसका यह रवैया देशद्रोह के समान है।

हम अस्मिता आन्दोलनों के नेतृत्व से भी आशा करेंगे कि वह इस कूटनीतिक फन्दे के प्रति सचेत रहें। क्षेत्रीय अस्मिता, राष्ट्रीय अस्मिता और वैश्विक अस्मिता के समन्वय से एक बहुआयामी अस्मिता का निर्माण कहीं आदर्श मात्र होकर न रह जाए। इसका अभ्युदय एक वास्तविक चेतना के रूप में हो। अन्तरराष्ट्रीय कूटनीति न सिर्फ वैश्विक और राष्ट्रीय चेतना को नष्ट करती है बल्कि क्षेत्रीय चेतना को भी विकलांग कर देती है। पश्चिम एशिया और कश्मीर में इसका आभास मिल रहा है।

(जनवरी, 2001)

झारखंड राज्य के विकास के लिए एक घोषणापत्र

झारखंड राज्य क्यों बना ? उसकी कल्पना क्या थी और वह कैसे बना ? इन सवालों का उत्तर पाने के लिए हमें पचास साल या उससे भी अधिक पीछे जाना होगा और भारत के जन-भूगोल को याद करना होगा। भारत के पेट में, उसके बिलकुल बीचवाले हिस्से में आदिवासियों का एक विशाल क्षेत्र है, जिसका विस्तार पूर्व में बंगाल के मेदिनीपुर इलाके से लेकर मध्य प्रदेश के अम्बिकापुर (छत्तीसगढ़) या झाबुआ तक; दक्षिण में ओडिशा के केंदुझर-मयूरभंज तथा उत्तर में धनबाद से मिर्जापुर तक है। यह सारा क्षेत्र सम्पूर्ण रूप से आदिवासी क्षेत्र था। अंगरेजी राज के कायम होने के पहले आदिवासियों की अंगरेजों से बहुत सारी लड़ाइयाँ हुई थीं। अंगरेजी राज में भारत में नौकरशाही का गठन हुआ और आधुनिक विकास का प्रवेश शुरू हुआ तो सब तरफ आदिवासियों को विस्थापित किया गया, उनकी सम्पत्ति लूटी गई और प्रशासन व विकास के लाभों से उन्हें पूरी तरह वंचित रखा गया। नौकरशाही ने उन्हें दास बनाया और बेगार प्रथा चलाई। जब भी कठिन श्रमवाले कामों के लिए मजदूरों की जरूरत होती थी—जैसे, सड़क-निर्माण, पत्थर ढोने, पालकी ढोने, शिकार के लिए जंगल के अन्दर हिंस्र पशुओं को खदेड़ने आदि के काम—तब आदिवासियों को जबरदस्ती बुलाया जाता था और उन्हें पशुओं की तरह खटाया जाता था। उनके राज्य पहले ही छीन लिए गए थे और उनका अपने जीवन पर कोई अधिकार नहीं रह गया था। जेलों में उनको बिना विचार के सालों रखा जाता था।

देश की आजादी की पुलक आदिवासियों ने भी महसूस की और उनके मन में यह कल्पना आई कि स्वाधीन भारत में उनके अपने इलाकों का एक राज्य बनेगा, जिसमें उनकी प्रधानता रहेगी, उनका स्वशासन रहेगा और इस राज्य का नाम झारखंड (झार यानी जंगल) होगा। इस कल्पना को लेकर आदिवासियों की आकांक्षाएँ उभरने लगीं और झारखंड राज्य की माँग करने के लिए झारखंड पार्टी बनी। प्रधानमंत्री जवाहरलाल नेहरू ने विद्रूप के साथ झारखंड राज्य की माँग ठुकरा दी। किसी भी राजनैतिक पार्टी ने झारखंड राज्य का समर्थन नहीं किया। लेकिन झारखंड राज्य के लिए आदिवासियों की आकांक्षा प्रबल होती गई और बिहार राज्य में झारखंड पार्टी को चुनावी सफलता भी मिली। जिस जनसमूह में बहुत अधिक गरीबी और अशिक्षा होती है, उसके नेताओं को

बरगलाना और उनको भ्रष्ट बनाना उच्च जातियों के नेताओं के लिए आसान होता है। झारखंड का नेतृत्व बार-बार टूटा, भ्रष्टाचार के कलंक से कलंकित हुआ। लेकिन जन-आकांक्षा नेतृत्व की टूट और हार के बावजूद बढ़ती गई, अदम्य होती गई। अन्त में 14 नवम्बर 2000 को झारखंड राज्य बना। लेकिन जो राज्य बना है, वह छोटा झारखंड है क्योंकि उसमें ओडिशा, बंगाल और मध्य प्रदेश के इलाके नहीं हैं, सिर्फ बिहार राज्य का आदिवासी क्षेत्र झारखंड राज्य में परिणत कर दिया गया है। बिहार में भी नौकरशाही और आधुनिक विकास ने आदिवासियों की जनसंख्या की काया पलट दी है। आदिवासियों के अपने इलाके में कुल आबादी में उनका अनुपात शत-प्रतिशत से घटकर 34 प्रतिशत हो गया है। इसी 34 प्रतिशत के बल पर झारखंड राज्य आदिवासी राज्य कहलाएगा। उत्तर-पूर्व के सीमावर्ती राज्यों के बाद देश के मध्य में यह पहला आदिवासी राज्य है।

इस झारखंड राज्य का विकास कैसा होगा ? क्या इसका शासन, आदिवासियों का स्वशासन होगा ? क्या झारखंड के विकास के कार्यों में आदिवासियों की पहल, उनकी भागीदारी और उनका नेतृत्व रहेंगे ? क्या इस राज्य की आदिवासी पहचान रहेगी ?

प्रारम्भ में ही दो विपरीत कार्य हुए हैं। पहला, नौकरशाही के एक सदस्य को इसका राज्यपाल नियुक्त किया गया है। आदिवासी को जिसने सबसे ज्यादा सताया है वह है नौकरशाही। पिछले डेढ़ सौ सालों में नौकरशाही ने आदिवासी को पशु मानकर उस पर अमानुषिक अत्याचार किया है। एक तो नौकरशाह को राज्यपाल नियुक्त करना एक बुरा प्रतीक है, बुरी शुरुआत है। दूसरा, राज्य का प्रथम मुख्यमंत्री ऐसा व्यक्ति होना चाहिए था, जो झारखंड आन्दोलन का प्रतिनिधित्व करता हो। दुर्भाग्य से प्रथम मुख्यमंत्री की नियुक्ति एक ऐसे दल (भारतीय जनता पार्टी) के द्वारा हुई है, जो झारखंड आन्दोलन का और आदिवासियों की आकांक्षाओं का हमेशा से विरोधी रहा है।

औपचारिक शुरुआत कितनी ही दुर्भाग्यपूर्ण क्यों न हो, यह सबका फर्ज बनता है कि झारखंड के विकास की नीतियाँ सही दिशा में निरूपित हों और झारखंड के नवनिर्माण की संकल्पना को परिभाषित किया जाए।

निर्माण और विकास के जिन कार्यों को आदिवासी जानते हैं, उन्हीं कार्यों को झारखंड के विकास में प्राथमिकता दी जानी चाहिए। आदिवासी जिन कार्यों को जानते हैं, वे हैं—कृषि, जंगल और लघु उद्योग। आदिवासी की मामूली प्रशिक्षण से (जितना वह आसानी से ग्रहण कर सकता है) कार्य-कुशलता बढ़ जाएगी। लघु उद्योगों में कुछ यंत्रों की सहायता से उसकी उत्पादकता बढ़ जाएगी। अतः विकास के प्रथम दस वर्षों में कृषि, जंगल और लघु उद्योग, इन तीन क्षेत्रों को ही प्राथमिकता देनी होगी ताकि विकास के केन्द्र में आदिवासी हो और विकास के कार्यों में केवल उसकी भागीदारी ही नहीं, उसका संचालन और प्रबन्ध भी रहे।

खदान झारखंड का मुख्य वैभव नहीं है। आधुनिक खदानों के काम से आदिवासी परिचित नहीं है और उसमें उसकी कोई भागीदारी नहीं हो पाती। झारखंड का मुख्य

वैभव आदिवासी और आदिवासी जैसे जनसमूह (यथा महतो—महतो झारखंड आन्दोलन में शुरू से ही हैं) हैं। इन समूहों की श्रम-शक्ति को झारखंड के वैभव का मुख्य स्रोत मानना चाहिए। इस शक्ति के पूर्ण उपयोग से झारखंड का नवनिर्माण हो सकता है और होना चाहिए। आधुनिक (प्रचलित) विकास प्रणाली में खदान आदिवासियों-मूलवासियों के लिए अभिशाप है क्योंकि इसके जरिए बाहरी शोषकों और अत्याचारियों का झारखंड में प्रवेश होता है और आदिवासियों-मूलवासियों के जीवन व परिसम्पत्ति पर उनका आधिपत्य कायम हो जाता है। आदिवासी क्षेत्र की सम्पत्ति बाहर चली जाती है। इसलिए प्रथम दस वर्षों तक, जब तक विकास की वैकल्पिक प्रणाली स्थापित न हो जाए तब तक कोई नई खदान नहीं खोदी जानी चाहिए। पुरानी खदानों का निजीकरण भी नहीं होना चाहिए क्योंकि निजीकरण से खदानों में काम करनेवाले आदिवासी-मूलवासी मजदूरों का खदेड़ा जाना अनिवार्य है। खदानों में यंत्रों का अत्यधिक इस्तेमाल किया जाने लगा है और पे लोडर काम में लाए जाने लगे हैं; आदिवासी-मूलवासी मजदूरों की भारी संख्या में छँटनी हुई है। पहले से चली आ रही खदानों और बड़े उद्योगों को, जैसा कि महात्मा गांधी ने कहा था, सार्वजनिक क्षेत्र में ही रखना होगा। सार्वजनिक उद्यमों की कुशलता और उत्पादकता बढ़ाने के लिए उन्हें नौकरशाही के आधिपत्य से मुक्त करना होगा और उनके संचालन का दायित्व विशेषज्ञों और सामाजिक कार्यकर्ताओं की संयुक्त समितियों को प्रदान करना होगा।

कृषि की उन्नति के लिए सिंचाई की छोटी योजनाओं को प्रधानता देनी होगी। जिन देहातों में सामूहिक कार्य हो सकते हैं उनमें छोटी योजनाएँ अभूतपूर्व ढंग से सफल होंगी क्योंकि आदिवासी-मूलवासी समूहों में सामूहिक कार्य करने की क्षमता बची हुई है, क्योंकि उनके स्वभाव और चरित्र का स्वार्थ-आधारित 'निजीकरण' नहीं हुआ है। समूचे झारखंड की कृषि को सिंचित करने का यह एक ऐतिहासिक प्रयोग सिद्ध हो सकता है। दस वर्षों तक झारखंड की नदियों पर कोई बड़ा बाँध नहीं बनने देना होगा। कोयलकारो बाँध योजना को स्थगित करना होगा। बड़े बाँध की नहरें झारखंड की लहरदार पथरीली भूमि पर नहीं बन सकतीं। पूरे बाँध से और उसकी सिंचाई से जितनी जमीन को लाभ मिलेगा उससे अधिक जमीन डूबेगी और उसके लोग उजड़ेंगे। अभी तक दुनिया के 'झारखंडों' में विकास के नाम पर आदिवासियों-मूलवासियों का जनसंहार (जेनोसाइड) हुआ है और लाखों-करोड़ों की संख्या में वे विस्थापित हुए हैं। छोटानागपुर की खदानों से लेकर सरकारी आवास के लिए सबसे पहले आदिवासियों को ही विस्थापित किया गया है। झारखंड राज्य के प्रथम दस वर्षों में एक भी आदिवासी को विस्थापित होने नहीं देना होगा। कृषि की जमीन आदिवासियों-मूलवासियों के हाथों में ही रहने देनी होगी और वे ही खेती का काम करेंगे। आदिवासियों की भूमि को व्यावसायिक इकाइयों को ठेके पर देने की अनुमति केन्द्र सरकार की कृषिनीति देती है। केन्द्र सरकार की इस कृषिनीति को झारखंड राज्य में लागू होने नहीं देना होगा।

झारखंड में खदान से बड़ा वैभव जंगल है। जंगल के ही कारण आदिवासी का

सामूहिक अस्तित्व कुछ बचा हुआ है। आधुनिक आदमी जंगल से डरता है। जंगल से अपने डर के कारण आधुनिक आदमी उसका ध्वंस करता है। झारखंड में जंगल की आधी मिल्कियत राज्य की और आधी मिल्कियत जंगलवासियों की होनी चाहिए। प्रबन्ध और शासन का जिम्मा जंगलवासियों पर छोड़ देना होगा। जिलों के निचले स्तर पर जंगल सम्बन्धी कोई नौकरशाही विभाग नहीं रहना चाहिए। जंगलवासियों की पंचायत ही जंगल का परिवर्धन करे, उस पर निगरानी रखे, वनोपज के विपणन की व्यवस्था करे और वनोपज पर आधारित लघु उद्योगों की स्थापना करे। जिस तरह मध्य प्रदेश के होशंगाबाद जिले के आदिवासी मछुआरों के सहकारी संघ ने मत्स्य व्यवसाय को ठेकेदारों की तुलना में अधिक लाभप्रद बनाया है, उसी तरह झारखंड के जंगलवासियों की पंचायत जंगल का प्रबन्ध (शासन) कर जंगल की आय से झारखंड राज्य को चला सकती है। कुछ इस तरह की बात शिबू सोरेन भी कहते हैं। उनको चाहिए कि वे आदिवासी प्रबन्ध और शासन में चलनेवाले जंगल विभाग की माँग करें।

आदिवासी प्रबन्धवाले जंगल में पेड़ और पशु रहेंगे, जंगलवासी भी रहेंगे, लेकिन वहाँ कोई अभयारण्य नहीं बनने दिया जाएगा, राष्ट्रीय बाग (नेशनल पार्क) जैसे पर्यटन-स्थल नहीं बनने देने होंगे। अभयारण्य और राष्ट्रीय बाग को पर्यटन उद्योग का नाम देकर आदिवासियों और राष्ट्र की वनसम्पदा पर कब्जा करने की एक अन्तरराष्ट्रीय साजिश चल रही है। खर्चीले पर्यटन उद्योग के नाम से भारी कर्ज देकर वित्तीय स्थिति को दिवालिया बना देने के बाद अन्तरराष्ट्रीय शक्तियाँ देश के जंगलों पर अपनी मिल्कियत की माँग करेंगी। आगे की शताब्दी में कई प्रकार के कई खनिज पदार्थों के समाप्त होने की भविष्यवाणी की जा चुकी है। प्रति व्यक्ति पानी की उपलब्धता भी कम होनेवाली है और शुद्ध वायु एक दुर्लभ चीज होती जा रही है। इस तरह की स्थिति लगातार बढ़ती जा रही है। ऐसे में जंगल का आर्थिक मूल्य आज की तुलना में कितना अधिक हो जाएगा, इसका अनुमान करें। सौगुना या हजार गुना ? तब दुनिया के सारे जंगल न आदिवासियों के काम में आएँगे, न राष्ट्र की मिल्कियत उन पर होगी। उन पर बहुराष्ट्रीय ठेकेदारों का कब्जा हो चुका रहेगा।

दुनिया के कई विकसित धनी देशों की अर्थव्यवस्था जंगल पर निर्भर है। उनकी अर्थनीति जंगल पर आधारित है। इन देशों में अत्याधुनिक टेक्नोलॉजी के द्वारा जो काम होता है, वह झारखंड में देश में प्रचलित यंत्रों में सुधार कर हो सकता है। आदिवासियों-मूलवासियों के लघु उद्योगों के कामों के लिए किस प्रकार की टेक्नोलॉजी की जरूरत होगी और प्रचलित तकनीक में कितना सुधार हो सकता है—इसको समझने के लिए वैज्ञानिकों की एक कमेटी गठित की जा सकती है। यह ध्यान में रखना आवश्यक है कि यंत्रों में उतना ही सुधार हो जिससे यंत्र आदिवासियों-मूलवासियों द्वारा संचालित हो सकें।

लघु उद्योग जंगल और कृषि उपज पर आधारित होंगे। पिछले पचास सालों में बाहर से आकर ठेकेदारों ने जंगलों का दोहन कर और कई प्रकार के उद्योग और व्यापार

चलाकर करोड़ों-अरबों कमाए हैं। जंगल का परिवर्धन कर आदिवासी-मूलवासी यानी सारे जंगलवासी सामूहिक रूप से ठेकेदारों की तुलना में बहुत ज्यादा दौलत पैदा कर सकते हैं। साल के बीज से तेल निकालने का उद्योग स्थापित कर लोग मालामाल हो रहे हैं। वीरप्पन की मिसाल हमारे सामने है—किस प्रकार उसने जंगलों की चंदन की लकड़ी और हाथी दाँत का व्यापार करके अपना साम्राज्य कायम किया है। स्वातंत्र्योत्तर भारत की आर्थिक प्रगति के जो आँकड़े दिखाए जाते हैं उनमें जंगल के दोहन का उल्लेखनीय योगदान है।

आदिवासियों के बारे में यह कहा जाता है कि वे शराब पिए बिना नहीं रह सकते, लेकिन उनमें शराब के व्यसन को रोकने की चेष्टा करना तो दूर रहा, सरकार राजस्व की उगाही के लिए उनमें शराबखोरी बढ़ाती है। शिबू सोरेन ने भी कहा है कि झारखंड में शराबबन्दी करने से राजस्व में जो घाटा होगा, उसकी पूर्ति जंगल की आय से हो सकती है। इस तरह की बातों को शिबू सोरेन अधिक जोर के साथ कहें तो उन्हें भारतीय जनता पार्टी के सामने नतमस्तक नहीं होना पड़ेगा। शराब की बिक्री झारखंड में पूरी तरह बन्द होनी चाहिए। शराब के व्यवसाय ने झारखंड के मजदूर वर्ग और खासकर आदिवासियों का सर्वनाश किया है। अगर शराब बनाना और पीना आदिवासी का संस्कार बन गया है तो वह घर में बनाकर संयमित होकर पिए। आदिवासी को अगर अपने राज्य में सम्मान मिलने लगेगा, अपना जीवन सार्थक लगने लगेगा तो उसका पीना भी संयमित हो जाएगा।

संविधान के अनिवार्य प्राथमिक शिक्षा सम्बन्धी निर्देश को लागू न करना झारखंड के आदिवासी-मूलवासियों के विरुद्ध एक षड्यंत्र है क्योंकि वे किसी सरकारी या व्यावसायिक काम के लिए अयोग्य माने जाते हैं। मामूली कामों के लिए बाहर से लोग बुलाए जाते हैं। किरानी, चपरासी, मिस्त्री, शिक्षक, बस कंडक्टर, पटवारी कौन बाहर से आया नहीं होता ? इस तरह आदिवासियों की अपने ही क्षेत्र में संख्या निरन्तर घटती जाती है। झारखंड राज्य की स्थापना के प्रथम दस वर्षों में राज्य में उच्च शिक्षा और महँगी प्राथमिक शिक्षा की कोई संस्था नहीं खुलनी चाहिए। प्राथमिक शिक्षा और माध्यमिक शिक्षा की एक ऐसी जबरदस्त योजना बनानी होगी कि प्रथम पाँच वर्षों में झारखंड का शिक्षा का स्तर देश के औसत स्तर पर पहुँच जाए और दस वर्षों में केरल के स्तर पर।

देश के जंगल के इलाकों में आदिवासियों की सबसे ज्यादा बेइज्जती नौकरशाही ने की है। झारखंड राज्य के प्रशासन में जिला कलक्टर के प्रशासन को खत्म किया जाना चाहिए। जहाँ भी आदिवासी बहुसंख्या में हों वहाँ पुलिस थाना और जंगल अधिकारी नहीं होना चाहिए। नौकरशाहीवाले प्रशासन का स्थान पंचायत ले। किसी भी सरकारी या निजी क्षेत्र के अधिकारी को महँगाई-भत्ता छोड़कर कोई अतिरिक्त भत्ता और विशेष सुविधाएँ न दी जाएँ। दस हजार रुपए से अधिक वेतनवालों पर विकास-कर लगाया जाए। इस तरह प्राप्त होनेवाला राजस्व प्राथमिक-माध्यमिक शिक्षा के विकास में व्यय

हो। इस तरह के कदमों से सारे देश के लिए भी प्रशासन का एक वैकल्पिक ढाँचा खड़ा होने लगेगा।

झारखंड के विकास में कृषि, जंगल, लघु उद्योगों के विकास और शिक्षा और प्रशासन में सुधार को सर्वोच्च प्राथमिकता देना परम आवश्यक है। झारखंड में प्रवेश करने के लिए बाहरी लोगों पर कोई प्रतिबन्ध नहीं होना चाहिए, लेकिन बाहरी लोगों के लिए इस शर्त का पालन करना अनिवार्य हो कि वे किसी आदिवासी-मूलवासी को बेदखल नहीं करेंगे और झारखंड की प्रति व्यक्ति आय से 10 गुना से अधिक आय या सम्पत्ति किसी की नहीं होगी।

देश की सारी राज्य सरकारों की वित्तीय स्थिति इस वक्त दिवालिया हो रही है। झारखंड राज्य को इस बारे में शुरू से ही सावधान रहना चाहिए। यह नियम लागू किया जाए कि जितना राजस्व होगा उसके 50 प्रतिशत से अधिक किसी भी हालत में सरकारी मुलाजिमों पर खर्च नहीं होगा। इसके लिए वेतन, भत्तों और आडम्बरपूर्ण खर्च में निर्ममता से कटौती करनी होगी।

ठेकेदार राज और नौकरशाही का जुल्म समाप्त होते ही झारखंड में नक्सली हिंसा समाप्त हो जाएगी। सामाजिक और साम्प्रदायिक हिंसा का कठोरतापूर्वक दमन करना होगा। हमने आगामी दस वर्षों के लिए झारखंड के विकास के लिए जिस योजना की रूपरेखा रखी है उससे झारखंड कोई आदर्श राज्य नहीं बनेगा लेकिन वह एक समाजवादी राज्य की दिशा में अवश्य चल पड़ेगा।

(फरवरी, 2001)

●●●